TRATADO DE SEGURANÇA E SAÚDE OCUPACIONAL

Aspectos técnicos e jurídicos

Volume VI

NR-23 a NR-28

ALEXANDRE DEMETRIUS PEREIRA

Bacharel em Direito pela Faculdade de Direito da USP. Promotor de Justiça no Estado de São Paulo. Especialista em higiene ocupacional pela Escola Politécnica da USP. Pós-Graduado em Administração pela Fundação Getúlio Vargas. Graduando em contabilidade pela FEA-USP e Mestrando em Direito Comercial na Faculdade de Direito da USP. Professor e conferencista no 1º Congresso Brasileiro de Segurança do Trabalho e no Congresso Oswaldo Cruz em Meio Ambiente, Saúde e Segurança do Trabalho (COCMASST)

TRATADO DE SEGURANÇA E SAÚDE OCUPACIONAL

Aspectos técnicos e jurídicos

Volume VI

NR-23 a NR-28

LTr
70 anos
2006

Dados Internacionais de Catalogação na Publicação (CIP)
(Câmara Brasileira do Livro, SP, Brasil)

Pereira, Alexandre Demetrius
Tratado de segurança e saúde ocupacional: aspectos técnicos e jurídicos, volume VI: NR-23 a NR-28 / Alexandre Demetrius Pereira. — São Paulo: LTr, 2006

Bibliografia.
ISBN 85-361-0861-4

1. Ambiente de trabalho 2. Normas regulamentadoras — Brasil 3. Saúde ocupacional — Serviços — Brasil 4. Segurança do trabalho — Brasil. I. Título.

06-5601 CDU-34:331.47 (81) (094.56)

Índices para catálogo sistemático:

1. Brasil: Normas regulamentadoras: Segurança e saúde ocupacional: Comentários: Direito do trabalho 34:331.47 (81) (094.56)
2. Brasil: Segurança e saúde ocupacional: Normas regulamentadoras: Comentários: Direitos do trabalho 34:331.47 (81) (094.56)

(Cód. 3243.9)

LTr
EDITORA LTDA.

Rua Apa, 165 — CEP 01201-904 — Fone (11) 3826-2788 — Fax (11) 3826-9180
São Paulo, SP — Brasil — www.ltr.com.br

Setembro, 2006

Aos meus pais, José Osvaldo Pereira e
Maria Aparecida Marini Pereira,
por tudo dedicaram à minha formação moral e intelectual.
À Dirce Alves Benedito, pelo amor e afeto sempre presentes,
incentivo nos momentos difíceis e
pelas horas dedicadas à revisão deste trabalho.

ÍNDICE

LISTA DAS PRINCIPAIS ABREVIATURAS E SIGLAS

ACGIH	—	*American Conference of Governmental Industrial Hygienists*
ADI	—	Ação Direta de Inconstitucionalidade
AG. REG.	—	Agravo Regimental
AMS	—	Apelação em Mandado de Segurança
BEIs®	—	*Biological Exposure Índices*
CF, CR ou CF/88	—	Constituição Federal, Constituição da República ou Constituição Federal de 1988, respectivamente
CC	—	Código Civil
CP	—	Código Penal
CLT	—	Consolidação das Leis do Trabalho
DJ	—	Diário da Justiça
INSS	—	Instituto Nacional do Seguro Social
MC	—	Medida Cautelar
Min.	—	Ministro
MTE	—	Ministério do Trabalho
NIOSH	—	*National Institute for Occupational Safety and Health*
OIT	—	Organização Internacional do Trabalho
PCA	—	Programa de Conservação Auditiva
PCMAT	—	Programa de Condições e Meio Ambiente de Trabalho na Indústria da Construção Civil
PCMSO	—	Programa de Controle Médico de Saúde Ocupacional
PGR	—	Programa de Gerenciamento de Riscos
PPEOB	—	Programa de Prevenção à Exposição Ocupacional ao Benzeno
PPR	—	Programa de Proteção Respiratória
PPRA	—	Programa de Prevenção de Riscos Ambientais

STF — Supremo Tribunal Federal

STJ — Superior Tribunal de Justiça

TACrimSP — Tribunal de Alçada Criminal de São Paulo

TLVs® — *Threshold Limit Value*

TRF(s) — Tribunal(is) Regional(is) Federal(is)

TRT — Tribunal Regional do Trabalho

TST — Tribunal Superior do Trabalho

INTRODUÇÃO AO 6º VOLUME

Este volume traz importantes questões sobre a segurança e saúde ocupacional.

Diante da defasagem cronológica da NR-23, que deixa a desejar na importante tarefa de prevenção de incêndios, inseri em complemento uma abordagem das normas do Estado de São Paulo sobre prevenção de incêndios, que compõem diploma mais moderno e compatível com a realidade de uma grande metrópole. A inserção destas disposições foi feita com o aviso ao leitor sobre sua eventual incompatibilidade, abordando-se os mecanismos para resolvê-la.

A NR-24, norma tida por muitos como secundária, revela-se nos dias de hoje uma importante fonte de multas e condenações judiciais, haja vista que freqüentemente seus termos não são observados pelas empresas.

Na NR-25, destaca-se a interface entre as Normas Regulamentadoras do Ministério do Trabalho e as disposições sobre o Direito Ambiental, no que diz respeito à poluição das águas, do ar e sonora.

A NR-26 trata do emprego de cores e sinalizações no ambiente de trabalho, e é uma importante fonte de redução dos acidentes, se bem utilizada.

Constituindo-se como uma das menores Normas Regulamentadoras, a NR-27 traz disposições sobre os técnicos de segurança do trabalho, profissionais ainda vinculados ao Ministério do Trabalho pela ausência de órgão regulamentador da profissão. Foram abordadas as principais regras que tratam das atribuições desses profissionais.

Por fim, a NR-28 pode ser considerada uma das normas mais desprezadas pelos aplicadores, em cotejo com sua importância. Como mencionei na introdução ao primeiro volume, várias das iniciativas fiscalizadoras são perdidas por seu integral desconhecimento.

Ao leitor, cuja satisfação é o principal objetivo de toda esta obra, esperamos ter atendido da melhor forma.

O Autor

24. A Norma Regulamentadora n. 23 — Proteção Contra Incêndios

Disciplina a NR-23 a proteção dos estabelecimentos quanto ao risco de incêndio.

A preocupação do legislador a respeito do tema vem devidamente estampada nos arts. 200, IV, da CLT, quando preceitua:

> Art. 200 — Cabe ao Ministério do Trabalho estabelecer disposições complementares às normas de que trata este Capítulo, tendo em vista as peculiaridades de cada atividade ou setor de trabalho, especialmente sobre:
>
> IV — proteção contra incêndio em geral e as medidas preventivas adequadas, com exigências ao especial revestimento de portas e paredes, construção de paredes contra fogo, diques e outros anteparos, assim como garantia geral de fácil circulação, corredores de acesso e saídas amplas e protegidas, com suficiente sinalização;

A NR-23, entretanto, não é a única norma que trata da prevenção de incêndios. Aliás, poderíamos dizer, sem medo de errar, que nesta matéria vigora verdadeira balbúrdia legislativa e regulamentar.

De fato, além da NR-23, que representa norma federal sobre a matéria, os Estados e Municípios passaram a disciplinar o tema através de Instruções Técnicas e Códigos de Obras, criando, muitas vezes, obrigações diferentes sobre o mesmo assunto. Em alguns casos, se cumprida a norma federal, descumprir-se-á a estadual e a municipal, e vice-versa.

No Estado de São Paulo, por exemplo, a situação encontra-se atualmente disciplinada pelo Decreto Estadual n. 46.076, de 31 de agosto de 2001. Tal Decreto é complementado por várias Instruções Técnicas do Corpo de Bombeiros (ITCB),(1) que pormenorizam a forma de cumpri-

---

(1) Situação interessante a existente, mas de constitucionalidade extremamente duvidosa, em que o Corpo de Bombeiros, entidade subordinada ao Poder Executivo estadual, toma para si competência para criar norma de observância obrigatória para particulares. Não vislumbramos, em princípio, nenhum permissivo constitucional para embasar tal atividade regulamentadora. Justificam alguns a regulamentação do Decreto paulista pelas Instruções Técnicas do Corpo de Bombeiros ante a maior possibilidade de atualização e flexibilidade destas, que não precisariam passar pelas instâncias políticas para serem aprovadas, em processo quase sempre demorado.

mento das obrigações instituídas no primeiro diploma. No atual momento, temos as seguintes instruções técnicas:

Número	Instruções Técnicas — Assunto
Instrução Técnica n. 01	Procedimentos Administrativos.
Instrução Técnica n. 02	Conceitos Básicos de Proteção Contra Incêndio.
Instrução Técnica n. 03	Terminologia de Proteção Contra Incêndio.
Instrução Técnica n. 04	Símbolos Gráficos para Projeto de Segurança Contra Incêndio
Instrução Técnica n. 05	Segurança Contra Incêndio — Urbanística.
Instrução Técnica n. 06	Acesso de Viatura na Edificação e Área de Risco.
Instrução Técnica n. 07	Separação entre Edificações.
Instrução Técnica n. 08	Segurança Estrutural nas Edificações — Resistência ao fogo dos elementos de construção.
Instrução Técnica n. 09	Compartimentação Horizontal e Compartimentação Vertical.
Instrução Técnica n. 10	Controle de Materiais de Acabamento e Revestimento.
Instrução Técnica n. 11	Saídas de Emergência em Edificações.
Instrução Técnica n. 12	Dimensionamento de Lotação e Saídas de Emergência em Recintos Esportivos e de Espetáculos Artístico-Culturais.
Instrução Técnica n. 13	Pressurização de Escada de Segurança.
Instrução Técnica n. 14	Carga de Incêndio nas Edificações e Áreas de Risco.
Instrução Técnica n. 15	Controle de Fumaça.
Instrução Técnica n. 16	Plano de Intervenção de Incêndio.
Instrução Técnica n. 17	Brigada de Incêndio.
Instrução Técnica n. 18	Iluminação de Emergência.
Instrução Técnica n. 19	Sistemas de Detecção e Alarme de Incêndio.
Instrução Técnica n. 20	Sinalização de Emergência.
Instrução Técnica n. 21	Sistema de Proteção por Extintores de Incêndio.
Instrução Técnica n. 22	Sistema de Hidrantes e de Mangotinhos para Combate a Incêndio.
Instrução Técnica n. 23	Sistema de Chuveiros Automáticos.
Instrução Técnica n. 24	Sistema de Resfriamento para Líquidos e Gases Inflamáveis e Combustíveis.

Número	Instruções Técnicas — Assunto
Instrução Técnica n. 25	Sistema de Proteção por Espuma.
Instrução Técnica n. 26	Sistema Fixo de Gases para Combate a Incêndio.
Instrução Técnica n. 27	Armazenagem de Líquidos Inflamáveis e Combustíveis.
Instrução Técnica n. 28	Manipulação, Armazenamento, Comercialização e Utilização de Gás Liquefeito de Petróleo (GLP).
Instrução Técnica n. 29	Comercialização, Distribuição e Utilização de Gás Natural.
Instrução Técnica n. 30	Fogos de Artifício.
Instrução Técnica n. 31	Heliponto e Heliporto.
Instrução Técnica n. 32	Medidas de Segurança para Produtos Perigosos.
Instrução Técnica n. 33	Cobertura de Sapé, Piaçava e Similares.
Instrução Técnica n. 34	Hidrante de Coluna.
Instrução Técnica n. 35	Túnel Rodoviário.
Instrução Técnica n. 36	Pátios de Contêineres.
Instrução Técnica n. 37	Subestações Elétricas.
Instrução Técnica n. 38	Proteção Contra Incêndios em Cozinhas Profissionais.

O teor das Instruções Técnicas acima citadas pode ser obtido no site <*http://www.polmil.sp.gov.br/ccb*>.

Segundo a Instrução Técnica 02 do Corpo de Bombeiros do Estado de São Paulo (IT-02-CBPMESP), os fundamentos legais para o Corpo de Bombeiros atuar na área de prevenção seriam os seguintes:

CONSTITUIÇÃO FEDERAL

O Estado pode legislar concorrentemente com a União a respeito do Direito Urbanístico, podendo legislar sobre prevenção de incêndios (art. 24, inciso I).

Ao Corpo de Bombeiros, além das atribuições definidas em Lei, compete a execução das atividades de Defesa Civil (art. 144, § 5º).

CONSTITUIÇÃO ESTADUAL

As Atribuições do CB por meio de Lei Complementar (Lei Orgânica da PM — Art. 23, parágrafo único, inciso 6);

A Lei n. 616/74 (Organização Básica da PM), no Art. 2º, inciso V, foi recepcionada pela Constituição e determina que compete à Polícia Militar a realização de serviços de prevenção e de extinção de incêndio.

Lei de Convênio

Atualmente, a Corporação atua na prevenção de incêndio por meio dos convênios com os municípios, decorrente de Lei Estadual n. 684/75.

Art. 3º — Os municípios obrigarão a autorizar o órgão competente do Corpo de Bombeiros, da Polícia Militar a pronunciar-se nos processos referentes à aprovação de projetos e à concessão de alvarás para construção, reforma ou conservação de imóveis, somente serão aprovados ou expedidos se verificada pelo órgão, a fiel observância das normas técnicas de prevenção e segurança contra incêndios.

Parágrafo Único — A autorização de que trata este artigo é extensiva à vistoria para concessão de alvará de "habite-se" e de funcionamento.

Como dissemos anteriormente, além da normatização advinda das Instruções Técnicas do Corpo de Bombeiros, há sobre o tema normas municipais. Aliás, na jurisprudência encontramos decisões reconhecendo a competência legislativa municipal sobre a matéria, como vemos na decisão seguinte.

TRIBUNAL DE JUSTIÇA DO RIO GRANDE DO SUL

AÇÃO CIVIL PÚBLICA. OBRIGAÇÃO DE FAZER. PRETENSÃO DE QUE O ESTADO OBEDEÇA À NORMA MUNICIPAL, CUMPRINDO NORMA DE PREVENÇÃO E PROTEÇÃO CONTRA INCÊNDIO NAS ESCOLAS MUNICIPAIS. COMPETÊNCIA DO MUNICÍPIO. CABIMENTO. O município tem competência para legislar supletivamente sobre segurança urbana, criando normas de prevenção e proteção contra incêndio, não estando os demais entes públicos desobrigados de obedecer aos comandos da norma municipal, em virtude de que não foram excluídos de sua incidência. A segurança dos munícipes insere-se no conceito de interesse local, assegurado pelo art. 30, I, da CF. Fixação de prazo para o cumprimento da norma, com procedência parcial da ação, apenas em relação ao município que dispõe de norma municipal disciplinadora. Apelação parcialmente provida.

Vê-se, portanto, que muito embora em primeira análise a matéria veiculada na NR-23 regulamente a Consolidação das Leis do Trabalho (CLT), versando sobre Direito do Trabalho (matéria de competência legislativa exclusiva da União — CF, art. 22, I), na verdade, a prevenção de incêndios transborda tal ramo do Direito, vindo a ser regulamentada também pelo Direito Urbanístico (matéria de competência legislativa concorrente entre Estados, Distrito Federal e Municípios — CF, art. 24, I, e art. 30, II).

Tratando-se de competência legislativa concorrente (sobre Direito Urbanístico), segundo o disposto na Constituição Federal, a competência da União limitar-se-á a estabelecer normas gerais, não excluindo a competência suplementar dos Estados e dos Municípios.

Inexistindo lei federal sobre normas gerais, os Estados exercerão a competência legislativa plena, para atender a suas peculiaridades. A superveniência de lei federal sobre normas gerais suspende a eficácia da lei estadual ou municipal, no que lhe forem contrárias.

O grande problema estará, diante do caso concreto em que haja conflito de normas provenientes dos diversos entes políticos, saber qual dos entes extrapolou sua competência legislativa, indo além da generalidade (para regulamentar a especificidade) ou além da especificidade suplementar, abordando também as normas genéricas.

Não nos convencemos com a afirmação de alguns de que se deva aplicar a norma mais restritiva.[(2)]

Primeiramente, essa fundamentação não encontra respaldo constitucional, pois se deve aplicar a norma proveniente do ente competente, em nada importando seu grau de restrição. Assim não fosse, bastaria que qualquer ente federativo, extrapolando suas competências constitucionais, estabelecesse norma mais restritiva, para afastar a aplicação da norma mais branda, embora provinda de esfera competente.

Além disso, muitas vezes é impossível dizer qual das duas normas em conflito é a mais restritiva, pois serão simplesmente distintas. Se não, como apontar a mais restritiva entre duas normas que disciplinam a sinalização de incêndio em cores e formatos diferentes?

E para exemplificarmos um caso concreto em que a confusão legislativa trouxe sérias conseqüências, devemos indicar que a matéria já veio à tona em hipótese na qual determinada empresa questionou o Ministério do Trabalho sobre a sinalização de piso para extintores de incêndio em áreas de escritório, sinalização esta dispensada pelas normas estaduais e regulamento de Corpo de Bombeiros, mas obrigatória nos termos da NR-23.

---

(2) Tal tese parece ter sido acolhida no item 2.2 da IT-01-CBPMESP, que menciona: "Quando houver legislação municipal (Código de Obras) que exija medidas de segurança contra incêndio mais restritivas nas edificações que as preconizadas nesta Instrução Técnica, deve ser adotada aquela legislação".

Referido órgão, sem nada resolver em concreto, acabou por concluir que, não obstante a dispensa da sinalização pelas normas estaduais, esta continuava obrigatória ante o determinado na NR-23, sem dizer quem teria competência para normatizar a matéria.

Referido fato pode ser visualizado na NOTA TÉCNICA/DSST/N. 48, (disponível no site <*www.mte.gov.br*>), a seguir transcrita.

> "Parecer sobre a aplicabilidade do item 23.17.2 para as áreas de escritório — NR 23"
>
> Interessado: EMBRAER
>
> Trata-se de solicitação, encaminhada à Subdelegacia do Trabalho de São José dos Campos/SP pela Empresa Brasileira de Aeronáutica — EMBRAER, de parecer sobre a aplicabilidade do item 23.17.2 para as áreas de escritório, uma vez que, conforme correspondência do Batalhão do Corpo de Bombeiros não se faz necessária em razão de todos os dispositivos disponibilizados pela referida empresa para a prevenção e o combate a incêndios.
>
> No documento referido, o Corpo de Bombeiros invoca o Inciso I, do art. 24 da Constituição Federal que estabelece que "O Estado pode legislar concorrentemente com a União a respeito do Direito Urbanístico"; que a Lei Estadual SP n. 616/74, no art. 2º, inciso V, recepcionada pela Constituição Federal, determina que compete à Polícia Militar a realização de serviços de prevenção e extinção a incêndios; que a NR-1 torna claro que "a observância das normas regulamentadoras não desobriga as empresas no cumprimento de outras disposições e acordos coletivos de trabalho"; que o Decreto do Governo de São Paulo no item 14.5 "C".2 estabelece que "a sinalização de solo será dispensada nos edifícios destinados a lojas, igrejas, escolas, apartamentos e escritórios".
>
> A norma regulamentadora NR-23, que trata da "Proteção contra Incêndios" nas empresas, estabelece no seu item 23.17 — subitem 23.17.3 que "Deverá ser pintada de vermelho uma larga área do piso embaixo do extintor, a qual não deve ser obstruída por forma nenhuma. Essa área deverá ser no mínimo de 1m x 1m".
>
> No que concerne ao regulamento estadual destacado pelo Batalhão do Corpo de Bombeiros não há concorrência alguma com a norma regulamentadora, vez que refere-se aos edifícios destinados a lojas, igrejas, escolas, apartamentos e escritórios. E este não parece ser o caso da empresa solicitante que não tem sua atividade principal restrita a serviços de escritório. A referência do instrumento legal invocado abrange os edifícios com destinação específica.

A NR-1 não é excludente quanto às demais normas regulamentadoras, ao se referir aos instrumentos legais estaduais, municipais ou frutos de convenções ou acordos coletivos de trabalho. Apenas enaltece a obrigação quanto ao cumprimento dos mesmos, observadas as normas regulamentadoras.

Diante do exposto, em obediência ao que estabelecem os arts. 154, 155, 156, 157 e 200 da Consolidação das Leis do Trabalho — CLT, prevalece a obrigatoriedade de sinalização de solo para o escritório da empresa solicitante, como forma de garantir a desobstrução permanente dos extintores portáteis de combate aos incêndios no seu início, assegurando a devida proteção aos seus empregados.

À consideração superior.

Brasília, abril de 2003.

DANILO FERNANDES COSTA/Coordenador Geral de Normatização

Verifica-se, portanto, que em determinados casos referentes à proteção contra incêndios, o principal problema começa em saber qual é a norma a cumprir, tamanha a falta de ordem ou método estabelecida.

Em cada caso, portanto, ter-se-á de perquirir a existência de norma geral sobre a matéria (competência da União) e suas peculiaridades estabelecidas em nível estadual e municipal, em normas específicas que poderão complementar, mas não contrariar as primeiras.

A prática indica que a normatização contida na NR-23 vem sendo um tanto esquecida por seus aplicadores e destinatários. Esse fato ocorre em virtude de que, primeiramente, o conteúdo de referida norma é mínimo diante das necessidades modernas de prevenção de incêndio, tornando-a omissa, lacônica e imprecisa. Por outro lado, deve-se salientar que seu texto não sofreu as atualizações necessárias, nem faz distinção entre os vários tipos de ambientes, com diferentes necessidades de dispositivos de proteção.(3)

Dessa forma, considerando que as normas estaduais e municipais têm sido tecnicamente mais apropriadas para a resolução dos casos concretos, bem como nelas são impostos requisitos para a concessão de alvarás de funcionamento e ordens de "habite-se" para edificações, estas vem sendo freqüentemente mais observadas que a NR-23.

---

(3) Com efeito, a NR-23 estipula basicamente os mesmos requisitos de proteção para pequenas, médias e grandes edificações, com muito poucas diferenciações entre tais espécies.

Diante de tal fato, analisaremos em conjunto com a NR-23 algumas disposições contidas nas Instruções Técnicas do Corpo de Bombeiros do Estado de São Paulo.

Antes, porém, de começarmos a análise da norma em si, devemos explanar, ainda que sucintamente, as características físico-químicas do fogo, o que dará ao leitor maior compreensão da matéria.

24.1. Físico-química do fogo — Classes de fogo

Na definição de *José Lopes Zarzuella* e *Ranvier Feitosa Aragão*, fogo "é qualquer reação química que envolve a presença de um combustível e de um comburente com liberação de energia térmica e luminosa representada pelo fenômeno de incandescência ou chama".(4)

São necessários quatro elementos para a existência do fogo:

- Comburente (oxigênio);
- Combustível;
- Calor;
- Reação em cadeia.

Assim, temos o chamado tetraedro do fogo, a seguir representado graficamente.

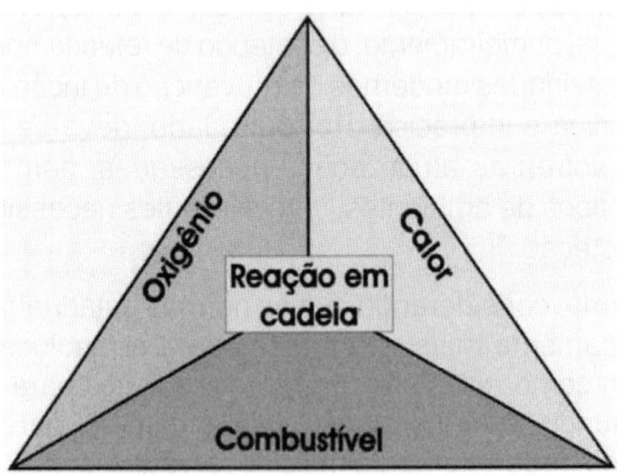

Ilustração 24.1.1: Tetraedro do fogo

---

(4) *Química legal e incêndios.* 1ª ed. Porto Alegre: Sagra Luzzato, p. 279.

Combustível pode ser definido como qualquer substância capaz de produzir calor por meio da reação química.

Comburente é a substância que alimenta a reação química, sendo mais comum o oxigênio, cuja composição percentual no ar seco, é de 20,99%. Os demais componentes são o nitrogênio com 78,03% e outros gases (CO_2, Ar, H_2, He, Ne, Kr) com 0,98%.

Calor pode ser definido como uma forma de energia que se transfere de um sistema para outro em virtude de uma diferença de temperatura. Ele se distingue das outras formas de energia porque, como o trabalho, só se manifesta num processo de transformação.

O calor, por sua vez, pode ter como fonte a energia elétrica, o cigarro aceso, os queimadores a gás, a fricção ou mesmo a concentração da luz solar através de uma lente.

Podemos definir incêndio como sendo o fogo indesejável, qualquer que seja sua dimensão.

Segundo a IT-02-CBPMESP, o fogo se manifesta diferentemente em função da composição química do material; mas, por outro lado, um mesmo material pode queimar de modo diferente em função da sua superfície específica, das condições de exposição ao calor, da oxigenação e da umidade contida.

A maioria dos sólidos combustíveis possui um mecanismo seqüencial para sua ignição. O sólido precisa ser aquecido, quando desenvolve vapores combustíveis que se misturam com o oxigênio, formando a mistura inflamável (explosiva), a qual, na presença de uma pequena chama (mesmo fagulha ou centelha) ou em contato com uma superfície aquecida acima de 500 °C, igniza-se; aparece então a chama na superfície do sólido, que fornece mais calor, aquecendo mais materiais e assim sucessivamente.

Alguns sólidos pirofóricos (sódio, fósforo, magnésio etc.) não se comportam conforme o mecanismo acima descrito.

Os líquidos inflamáveis e combustíveis possuem mecanismos semelhantes, ou seja, o líquido, ao ser aquecido, vaporiza-se e o vapor se mistura com o oxigênio, formando a "mistura inflamável" (explosiva) que na presença de uma pequena chama (mesmo fagulha ou centelha) ou em contato com superfícies aquecidas acima de 500°C, ignizam-se e aparece então a chama na superfície do líquido, que aumenta a vaporização e a chama. A quantidade de chama fica limitada à capacidade de vaporização do líquido.

Os líquidos são classificados pelo seu ponto de fulgor, ou seja, pela menor temperatura na qual liberam uma quantidade de vapor que ao contato com uma chama produz um lampejo (uma queima instantânea).

Existe, entretanto, uma outra classe de líquidos, denominados instáveis ou reativos, cuja característica é de se polimerizar, decompor ou condensar violentamente ou, ainda, de se tornar auto-reativo sob condições de choque, pressão ou temperatura, podendo desenvolver grande quantidade de calor.

A mistura inflamável vapor-ar (gás-ar) possui uma faixa ideal de concentração para se tornar inflamável ou explosiva, e os limites dessa faixa são denominados limite inferior de inflamabilidade e limite superior de inflamabilidade, expressos em porcentagem ou volume.

Estando a mistura fora desses limites não ocorrerá a ignição.

Os materiais sólidos não queimam por mecanismos tão precisos e característicos como os dos líquidos e gases.

Nos materiais sólidos, a área específica é um fator importante para determinar sua razão de queima, ou seja, a quantidade do material queimado na unidade de tempo, que está associado à quantidade de calor gerado e, portanto, à elevação da temperatura do ambiente. Um material sólido com igual massa e com área específica diferente, por exemplo, de 1 m^2 e 10 m^2, queima em tempos inversamente proporcionais; porém, libera a mesma quantidade de calor. No entanto, a temperatura atingida no segundo caso será bem maior.

Por outro lado, não se pode afirmar que isto é sempre verdade; no caso da madeira, observa-se que, quando apresentada em forma de serragem, ou seja, com áreas específicas grandes, não se queima com grande rapidez.

Comparativamente, a madeira em forma de pó pode formar uma mistura explosiva com o ar, comportando-se desta maneira como um gás que possui velocidade de queima muito grande.

No mecanismo de queima dos materiais sólidos temos a oxigenação como um outro fator de grande importância.

Rompido um dos quatro elementos do tetraedro, o fogo não irromperá ou cessará se já tiver iniciado. Assim, v.g., em se retirando o oxigênio do local incendiado (extinção por abafamento) o fogo será debelado; o mesmo se dará quando haja resfriamento ou o corte do suprimento do combustível.

Desse modo, pode-se deter um incêndio, grosso modo, por quatro formas:

- Eliminação do comburente (oxigênio);
- Eliminação do combustível;
- Eliminação da fonte térmica;
- Eliminação da reação em cadeia.

Costuma-se classificar os incêndios segundo a natureza do combustível.

Nestes termos é que define a NR-23 nos itens 23.9.1 e 23.9.2 a adoção, para efeito de facilidade na aplicação de suas disposições, da seguinte classificação de fogo, (cada qual com sua simbologia e ilustração, internacionalmente reconhecidos):

Classe de incêndio, segundo o material comburente	***Ilustração***
Classe A — são materiais de fácil combustão com a propriedade de queimarem em sua superfície e profundidade, e que deixam resíduos, como: tecidos, madeira, papel, fibra, etc.;	
Classe B — são considerados inflamáveis os produtos que queimem somente em sua superfície, não deixando resíduos, como óleo, graxas, vernizes, tintas, gasolina, etc.;	
Classe C — quando ocorrem em equipamentos elétricos energizados como motores, transformadores, quadros de distribuição, fios, etc.;	

Classe de incêndio, segundo o material comburente	***Ilustração***
Classe D — elementos pirofóricos como magnésio, zircônio, titânio.	

Para a extinção de foco de incêndio, há alguns métodos básicos, a saber:

- Isolamento ou retirada do material;
- Resfriamento;
- Abafamento.

No isolamento, exclui-se da reação química o elemento combustível. O resfriamento corresponde ao método de extinção através do qual se elimina ou diminui o calor da reação química, normalmente através de água. O abafamento, por sua vez, consiste na diminuição do teor de oxigênio a níveis inferiores a 14% (catorze por cento) de volume no ar, a partir do qual a reação química não mais se mantém; normalmente tal efeito é conseguido pela ação do gás carbônico.

A possibilidade de um foco de incêndio se extinguir ou evoluir para um grande incêndio depende basicamente dos seguintes fatores:

1) quantidade, volume e espaçamento dos materiais combustíveis no local;

2) tamanho e situação das fontes de combustão;

3) área e locação das janelas;

4) velocidade e direção do vento;

5) a forma e dimensão do local.

Também contribuem na propagação do incêndio as seguintes formas de transmissão de calor:

1) por condução, ou seja, através de um material sólido de uma região de temperatura elevada em direção a uma outra região de baixa temperatura;

2) por convecção, ou seja, por meio de um fluido líquido ou gás, entre dois corpos submersos no fluido, ou entre um corpo e o fluido;

3) por radiação, ou seja, por meio de um gás ou do vácuo, na forma de energia radiante.

Num incêndio as três formas supracitadas geralmente são concomitantes, embora em determinado momento uma delas seja predominante.

O desenvolvimento e a duração de um incêndio também são influenciados pela quantidade de combustível a queimar.

Dessa forma, é definido um parâmetro nas Instruções Técnicas do CBPMESP que exprime o poder calorífico médio da massa de materiais combustíveis por unidade de área de um local, que se denomina *carga de incêndio específica* (*fire load density*) do local em questão.[5]

Ainda conforme a IT-02-CBPMESP, um dos principais problemas a ser considerado durante um incêndio é a fumaça daí gerada.

A fumaça pode ser definida como uma mistura complexa de sólidos em suspensão, vapores e gases, desenvolvida quando um material sofre o processo de pirólise (decomposição por efeito do calor) ou combustão.

Os componentes desta mistura, associados ou não, influem diferentemente sobre as pessoas, ocasionando os seguintes efeitos:

1) diminuição da visibilidade devido à atenuação luminosa do local;

2) lacrimejamento e irritações dos olhos;

3) modificação de atividade orgânica pela aceleração da respiração e batidas cardíacas;

4) vômitos e tosse;

5) medo;

6) desorientação;

7) intoxicação e asfixia.

---

(5) A carga de incêndio é definida na Instrução Técnica n. 14 do CBPMESP como a soma das energias caloríficas possíveis de serem liberadas pela combustão completa de todos os materiais combustíveis em um espaço, inclusive os revestimentos das paredes, divisórias, pisos e tetos. A carga de incêndio específica é resultado do quociente da carga de incêndio (em MJ — Megajoule) pela área do piso do espaço considerado em m^2. Em referida norma se encontram os valores ou métodos de cálculo para cada tipo de ocupação, servindo como base das medidas de proteção a serem tomadas.

24.2. Disposições Gerais da NR-23 e Instruções Técnicas do CBPMESP

Nas disposições gerais, preceitua o item 23.1.1 da NR-23 que todas as empresas deverão possuir:

a) proteção contra incêndio;

b) saídas suficientes para a rápida retirada do pessoal em serviço, em caso de incêndio;

c) equipamento suficiente para combater o fogo em seu início;

d) pessoas adestradas no uso correto desses equipamentos.

A NR-23 não exige aprovação prévia das instalações, quanto à prevenção contra incêndios, para o início das atividades empresariais no local. Tal exigência, como visto, é feita apenas de forma genérica e não multada na NR-2, diploma de reconhecida ineficácia.

A Instrução Técnica 01 do CBPMESP, entretanto, instituiu a necessidade de elaboração de projeto pelo interessado (proprietário, incorporador, etc) e vistoria prévia das edificações pelo Corpo de Bombeiros, para que referida instituição emita o denominado Atestado de Vistoria do Corpo de Bombeiros (AVCB).

Deve-se salientar que não há nas Instruções Técnicas do CBPMESP uma sanção específica pela ausência do AVCB, não se imputando qualquer penalidade em referidas normas. No entanto, tal documento normalmente é inserido pelos Municípios como condição indispensável para a obtenção de alvará de funcionamento ou carta de habitação ("habite-se").

Quanto ao condicionamento feito pela municipalidade quando da expedição de carta de habitação ou "habite-se" aos requisitos impostos pelo Corpo de Bombeiros, já se decidiu judicialmente pela legalidade de tal procedimento, conforme decisão seguinte:

TRIBUNAL DE JUSTIÇA DO PARANÁ

ACÓRDÃO: 5575

DESCRIÇÃO: APELAÇÃO CÍVEL

RELATOR: LUIZ PERROTTI

COMARCA: PATO BRANCO — VARA CÍVEL

ÓRGÃO JULGADOR: 3ª CÂMARA CÍVEL

PUBLICAÇÃO: 22/09/1988

EMENTA

MANDADO DE SEGURANÇA — PROJETO DE PREVENÇÃO DE INCÊNDIO — CARTA DE HABITAÇÃO — NEGATIVA DO PREFEITO ENQUANTO

NÃO CUMPRIDO ITEM DE SEGURANÇA — INEXISTÊNCIA DE DIREITO LÍQUIDO E CERTO — DENEGAÇÃO — RECURSO IMPROVIDO. A PREFEITURA MUNICIPAL NÃO APROVA O PROJETO DE PREVENÇÃO DE INCÊNDIO, PORQUE CABE A TAREFA AO CORPO DE BOMBEIROS, MAS FISCALIZA SEU CUMPRIMENTO QUANDO DA VISTORIA E ESTANDO EM DESACORDO, LÍCITO AO PREFEITO NÃO EXPEDIR A CARTA DE HABITAÇÃO. A CARTA DE HABITAÇÃO OU HABITE-SE É PRECEDIDA DE VISTORIA PARA A VERIFICAÇÃO DE QUE A CONSTRUÇÃO OBSERVOU OS REQUISITOS IMPRESCINDÍVEIS QUE DIGAM RESPEITO À SEGURANÇA DOS MORADORES, E, NA AUSÊNCIA DELES, A SUBORDINAÇÃO DA SUA EXPEDIÇÃO COM A COMPLEMENTAÇÃO DO PROJETO, NÃO IMPLICA EM FERIR DIREITO LÍQUIDO E CERTO QUE NÃO EXISTE. DECISÃO: UNÂNIME.

Assim, o funcionamento de estabelecimento ou a ocupação de edificação sem o AVCB, poderá ensejar não licenciamento da obra, multa, ou embargo pela Prefeitura respectiva, pois que tal documentação faz parte do processo de licenciamento do imóvel.

O mesmo se diga se houver operação quando revogado o AVCB ou após expirado seu prazo de validade.

Para a obtenção do AVCB, o interessado deverá apresentar ao Corpo de Bombeiros projeto específico (em que constarão as características da área, as proteções necessárias, etc) que poderá, conforme o tipo de ocupação, natureza e tamanho se constituir em:

a) Projeto Técnico;

b) Projeto Técnico Simplificado;

c) Projeto Técnico para Instalação e Ocupação Temporária; e

d) Projeto Técnico para Ocupação Temporária em Edificação Permanente.

Para alguns tipos de instalações são exigidos outros documentos complementares.

Analisado o projeto, acompanhado da devida Anotação de Responsabilidade Técnica (ART) do profissional, não havendo exigências ou cumpridas as formuladas, faz-se vistoria do CBPMESP no local, realizada mediante solicitação do proprietário, responsável pelo uso ou responsável técnico.

O responsável pela edificação a ser vistoriada deve prover de pessoa habilitada com conhecimento do funcionamento dos sistemas e equipamentos de proteção contra incêndios para que possa manuseá-los quando da realização da vistoria.

Após a realização da vistoria na edificação, e aprovação pelo vistoriador, deve ser emitido pelo Serviço de Segurança Contra Incêndio o respectivo Auto de Vistoria do Corpo de Bombeiros (AVCB).

O AVCB deve ter prazo de validade de 03 (três) anos.

Para a edificação cuja ocupação seja de local de reunião de público, o AVCB deve ter prazo de validade de 02 (dois) anos.

Para edificação que esteja desocupada, e que não possa ser fornecido o Atestado de brigada contra incêndios, o AVCB deve ter prazo de validade de 01 (um) ano.

Para Projeto Técnico de Instalação e Ocupação Temporária e Projeto Técnico de Ocupação Temporária em Edificação Permanente, o prazo de validade do AVCB deve ser para o período da realização do evento, não podendo ultrapassar o prazo máximo de 6 (seis) meses, e só deve ser válido para o endereço onde foi efetuada a vistoria.

Quando constatado pelo CBPMESP que ocorreram alterações prejudiciais nos sistemas e equipamentos de proteção contra incêndios da edificação ou área de risco, que possua AVCB com prazo de validade em vigência, será instaurado o procedimento administrativo pelo Serviço de Segurança Contra Incêndio, visando à cassação do AVCB.

Constatadas as alterações nos sistemas e equipamentos de proteção contra incêndios previstos no Projeto Técnico, aprovado de acordo com a legislação pertinente, que venham a diminuir as condições de segurança da edificação, o CBPMESP deve providenciar a cassação do AVCB, publicando o ato no Diário Oficial do Estado, imprensa local ou outros.

Após a conclusão do procedimento, o proprietário ou o responsável pelo uso da edificação que tenha o AVCB, o responsável técnico, a Prefeitura e o Ministério Público devem ser informados por meio de ofício do Corpo de Bombeiros.

Lembramos que a proteção contra incêndio é assunto da maior importância, pois, como vêm ressaltando várias decisões jurisprudenciais, a empresa pode vir a ser condenada a indenizar os prejudicados por eventual incidente em montantes vultosos. Nesse sentido, coletamos a seguinte decisão, veiculada no noticiário do Superior Tribunal de Justiça de 11 de abril de 2005 (Processo REsp 260690 — site <www.stj.gov.br>):

> A General Eletric do Brasil (GE) responde por danos decorrentes do falecimento de vítima do incêndio ocorrido em 1986, no Edifício Andorinha, no Rio de Janeiro. A decisão unânime é da Quarta Turma do Superior Tribunal de Justiça (STJ).

A empresa fora condenada em primeira instância por danos morais no valor de 600 salários mínimos, em razão de o incêndio ter tido início na sala do assessor de direção da companhia, no 9º andar, em um "mau contato" em tomada elétrica ali existente. O defeito teria causado, segundo laudo pericial do Instituto Carlos Éboli, o aumento da temperatura, aquecendo o rodapé de madeira revestido de carpete, dando origem ao fogo, "inclusive pela ausência de pessoas na sala". O pedido de indenização englobava lucros cessantes, dano moral e despesas com luto, funeral e jazigo.

Em apelação, o Tribunal de Justiça do Estado do Rio de Janeiro (TJ-RJ) reformou parcialmente a decisão, reduzindo o valor do dano moral para 400 salários mínimos e a verba de patrocínio para 15%. Contra a decisão, a GE apresentou o recurso especial, sustentando a ausência de provas de ter sido a causadora do dano e a impropriedade da liquidação por arbitramento determinada. O julgamento se confrontaria ainda com precedentes do STJ, já que teria tomado por correto o pagamento de despesas com funeral sem a prova do desembolso.

O ministro Fernando Gonçalves, ao relatar o processo, não pôde analisar a pretensão da empresa de ter reconhecida a prescrição qüinqüenal das parcelas de pensão mensal devidas aos filhos da vítima, já que o tribunal local não teria se omitido quanto ao caso e a decisão seria coerente com o entendimento do STJ e do Supremo Tribunal Federal (STF).

'A culpa e responsabilidade dos réus é assunto já superado. Hão que indenizar cabalmente pelo fato danoso, desde que provado o nexo de causalidade deste com o prejuízo experimentado pela parte autora. No caso dos autos, os autores são filhos de pessoa vitimada no incêndio e, na época, menores. Logo, inegável o direito que têm na indenização, pois ficaram privados, quando menores, da assistência do genitor que é quem os alimentava', diz a sentença, confirmada pelo acórdão do TJ-RJ e citada pelo ministro.

Mesmo assim, a empresa insiste ser indispensável a prova de culpa. O ministro Fernando Gonçalves, no entanto, esclarece que o pedido não pode ser analisado em sede de recurso especial, já que demanda investigação probatória, o que é vedado. O mesmo ocorre com a alegação da impossibilidade da liquidação por arbitramento em vez da de por artigos pretendida pela GE.

Quanto à comprovação de despesas com funeral para se obter o reembolso do responsável pelo acidente, o entendimento que prevalece na Quarta Turma é o de que ela não é necessária, em vista da certeza do fato e a estipulação módica da verba, que foi reduzida para valor equivalente a três salários mínimos.

24.3. Proteção contra incêndio — Tipos de edificações

Como salientamos anteriormente, a NR-23 faz poucas diferenças quanto às proteções contra incêndio destinadas aos diversos tipos de edificações, acabando por exigir praticamente a mesma quantia de medidas para ocupações de natureza e tamanho diversos.

O Decreto Paulista 46.076/2001, porém, separa as medidas contra incêndio a serem tomadas conforme o tipo de edificação, levando em conta, entre outros fatores, o tipo de ocupação (comercial, residêncial, industrial, etc), a altura, a carga de incêndio envolvida, etc.

Para tanto, o Decreto 46.076/2001 contém uma série de tabelas nas quais são classificadas as edificações, fazendo-se as exigências respectivas para cada qual, conforme se pode verificar na transcrição seguinte.

TABELA 1

CLASSIFICAÇÃO DAS EDIFICAÇÕES E ÁREAS DE RISCO QUANTO À OCUPAÇÃO

Grupo	Ocupação/Uso	Divisão	Descrição	Exemplos
A	Residencial	A-1	Habitação unifamiliar	Casas térreas ou assobradadas (isoladas e não isoladas) e condomínios horizontais
		A-2	Habitação multifamiliar	Edifícios de apartamentos em geral
		A-3	Habitação coletiva	Pensionatos, internatos, alojamentos, mosteiros, conventos, residências geriátricas. Capacidade máxima de 16 leitos
B	Serviço de Hospedagem	B-1	Hotel e assemelhado	Hotéis, motéis, pensões, hospedarias, pousadas, albergues, casas de cômodos e divisão A3 com mais de 16 leitos. E assemelhados
		B-2	Hotel residencial	Hotéis e assemelhados com cozinha própria nos apartamentos (incluem-se apart-hotéis, hotéis residenciais) e assemelhados

Grupo	Ocupação/Uso	Divisão	Descrição	Exemplos
C	Comercial	C-1	Comércio com baixa carga de incêndio	Armarinhos, artigos de metal, louças, artigos hospitalares e outros
		C-2	Comércio com média e alta carga de incêndio	Edifícios de lojas de departamentos, magazines, galerias comerciais, supermercados em geral, mercados e outros
		C-3	Shopping centers	Centro de compras em geral (shopping centers)
D	Serviço profissional	D-1	Local para prestação de serviço profissional ou condução de negócios	Escritórios administrativos ou técnicos, instituições financeiras (que não estejam incluídas em D-2), repartições públicas, cabeleireiros, centros profissionais e assemelhados
		D-2	Agência bancária	Agências bancárias e assemelhados
		D-3	Serviço de reparação (exceto os classificados em G-4)	Lavanderias, assistência técnica, reparação e manutenção de aparelhos eletrodomésticos, chaveiros, pintura de letreiros e outros
		D-4	Laboratório	Laboratórios de análises clínicas sem internação, laboratórios químicos, fotográficos e assemelhados
E	Educacional e cultura física	E-1	Escola em geral	Escolas de primeiro, segundo e terceiro graus, cursos supletivos e pré-universitário e assemelhados
		E-2	Escola especial	Escolas de artes e artesanato, de línguas, de cultura geral, de cultura estrangeira, escolas religiosas e assemelhados
		E-3	Espaço para cultura física	Locais de ensino e/ou práticas de artes marciais, ginástica (artística, dança, musculação e outros), esportes coletivos (tênis, futebol e outros que não estejam incluídos em F-3), sauna, casas de fisioterapia e assemelhados

Grupo	Ocupação/Uso	Divisão	Descrição	Exemplos
		E-4	Centro de treinamento profissional	Escolas profissionais em geral
		E-5	Pré-escola	Creches, escolas maternais, jardins-de-infância
		E-6	Escola para portadores de deficiências	Escolas para excepcionais, deficientes visuais e auditivos e assemelhados
F	Local de Reunião de Público	F-1	Local onde há objeto de valor inestimável	Museus, centro de documentos históricos, bibliotecas e assemelhados
		F-2	Local religioso e velório	Igrejas, capelas, sinagogas, mesquitas, templos, cemitérios, crematórios, necrotérios, salas de funerais e assemelhados
		F-3	Centro esportivo e de exibição	Estádios, ginásios e piscinas com arquibancadas, rodeios, autódromos, sambódromos, arenas em geral, academias, pista de patinação e assemelhados
		F-4	Estação e terminal de passageiro	Estações rodoferroviárias e marítimas, portos, metrô, aeroportos, heliponto, estações de transbordo em geral e assemelhados
		F-5	Arte cênica e auditório	Teatros em geral, cinemas, óperas, auditórios de estúdios de rádio e televisão, auditórios em geral e assemelhados
		F-6	Clube social e Diversão	Boates, clubes em geral, salões de baile, restaurantes dançantes, clubes sociais, bingo, bilhares, tiro ao alvo, boliche e assemelhados
		F-7	Construção provisória	Circos e assemelhados
		F-8	Local para refeição	Restaurantes, lanchonetes, bares, cafés, refeitórios, cantinas e assemelhados
		F-9	Recreação pública	Jardim zoológico, parques recreativos e assemelhados. Edificações permanentes

Grupo	Ocupação/Uso	Divisão	Descrição	Exemplos
		F-10	Exposição de objetos e animais	Salões e salas de exposição de objetos e animais, show-room, galerias de arte, aquários, planetários, e assemelhados. Edificações permanentes
G	Serviço automotivo e assemelhados	G-1	Garagem sem acesso de público e sem abastecimento	Garagens automáticas
		G-2	Garagem com acesso de público e sem abastecimento	Garagens coletivas sem automação, em geral, sem abastecimento (exceto veículos de carga e coletivos)
		G-3	Local dotado de abastecimento de combustível	Postos de abastecimento e serviço, garagens (exceto veículos de carga e coletivos)
		G-4	Serviço de conservação, manutenção e reparos	Oficinas de conserto de veículos, borracharia (sem recauchutagem). Oficinas e garagens de veículos de carga e coletivos, máquinas agrícolas e rodoviárias, retificadoras de motores
		G-5	Hangares	Abrigos para aeronaves com ou sem abastecimento
H	Serviço de saúde e institucional	H-1	Hospital veterinário e assemelhados	Hospitais, clínicas e consultórios veterinários e assemelhados (inclui-se alojamento com ou sem adestramento)
		H-2	Local onde pessoas requerem cuidados especiais por limitações físicas ou mentais	Asilos, orfanatos, abrigos geriátricos, hospitais psiquiátricos, reformatórios, tratamento de dependentes de drogas, álcool. E assemelhados. Todos sem celas
		H-3	Hospital e assemelhado	Hospitais, casa de saúde, prontos-socorros, clínicas com internação, ambulatórios e postos de atendimento de urgência, postos de saúde e puericultura e assemelhados com internação

Grupo	Ocupação/Uso	Divisão	Descrição	Exemplos
		H-4	Repartição pública, edificações das forças armadas e policiais	Edificações do Executivo, Legislativo e Judiciário, tribunais, cartórios, quartéis, centrais de polícia, delegacias, postos policiais e assemelhados
		H-5	Local onde a liberdade das pessoas sofre restrições	Hospitais psiquiátricos, manicômios, reformatórios, prisões em geral (casa de detenção, penitenciárias, presídios) e instituições assemelhadas. Todos com celas
		H-6	Clínica e consultório médico e odontológico	Clínicas médicas, consultórios em geral, unidades de hemodiálise, ambulatórios e assemelhados. Todos sem internação
I	Indústria	I-1	Locais onde as atividades exercidas e os materiais utilizados apresentam baixo potencial de incêndio. Locais onde a carga de incêndio não chega a 300MJ/m2	Atividades que manipulam materiais com baixo risco de incêndio, tais como fábricas em geral, onde os processos não envolvem a utilização intensiva de materiais combustíveis (aço; aparelhos de rádio e som; armas; artigos de metal; gesso; esculturas de pedra; ferramentas; fotogravuras; jóias; relógios; sabão; serralheria; suco de frutas; louças; metais; máquinas)
		I-2	Locais onde as atividades exercidas e os materiais utilizados apresentam médio potencial de incêndio. Locais com carga de incêndio entre 300 a 1.200MJ/m2	Atividades que manipulam materiais com médio risco de incêndio, tais como: artigos de vidro; automóveis, bebidas destiladas; instrumentos musicais; móveis; alimentos marcenarias, fábricas de caixas e assemelhados
		I-3	Locais onde há alto risco de incêndio. Locais com carga de incêndio superior a 1.200 MJ/m^2	Fabricação de explosivos, atividades industriais que envolvam líquidos e gases inflamáveis, materiais oxidantes, destilarias, refinarias, ceras, espuma sintética, elevadores de grãos, tintas, borracha e assemelhados

Grupo	Ocupação/Uso	Divisão	Descrição	Exemplos
J	Depósito	J-1	Depósitos de material incombustível	Edificações sem processo industrial que armazenam tijolos, pedras, areias, cimentos, metais e outros materiais incombustíveis. Todos sem embalagem
		J-2	Todo tipo de Depósito	Depósitos com carga de incêndio até 300MJ/m2
		J-3	Todo tipo de Depósito	Depósitos com carga de incêndio entre 300 a 1.200MJ/m2
		J-4	Todo tipo de Depósito	Depósitos onde a carga de incêndio ultrapassa a 1.200MJ/m²
L	Explosivos	L-1	Comércio	Comércio em geral de fogos de artifício e assemelhados
		L-2	Indústria	Indústria de material explosivo
		L-3	Depósito	Depósito de material explosivo
M	Especial	M-1	Túnel	Túnel rodoferroviário e marítimo, destinados a transporte de passageiros ou cargas diversas
		M-2	Tanques ou Parque de Tanques	Edificação destinada à produção, manipulação, armazenamento e distribuição de líquidos ou gases combustíveis e inflamáveis
		M-3	Central de comunicação e energia	Central telefônica, centros de comunicação, centrais de transmissão ou de distribuição de energia e assemelhados
		M-4	Propriedade em transformação	Locais em construção ou demolição e assemelhados
		M-5	Processamento de lixo	Propriedade destinada ao processamento, reciclagem ou armazenamento de material recusado/descartado
		M-6	Terra selvagem	Floresta, reserva ecológica, parque florestal e assemelhados
		M-7	Pátio de Contêineres	Área aberta destinada a armazenamento de contêineres

TABELA 2

CLASSIFICAÇÃO DAS EDIFICAÇÕES QUANTO À ALTURA

Tipo	Denominação	Altura
I	Edificação Térrea	Um pavimento
II	Edificação Baixa	H £ 6,00 m
III	Edificação de Baixa-Média Altura	6,00 m < H £ 12,00 m
IV	Edificação de Média Altura	12,00 m < H £ 23,00 m
V	Edificação Mediamente Alta	23,00 m < H £ 30,00 m
VI	Edificação Alta	Acima de 30,00 m

TABELA 3

CLASSIFICAÇÃO DAS EDIFICAÇÕES E ÁREAS DE RISCO QUANTO À CARGA DE INCÊNDIO

Risco	Carga de Incêndio MJ/m^2
Baixo	até 300 MJ/m^2
Médio	Entre 300 e 1.200 MJ/m^2
Alto	Acima de 1.200 MJ/m^2

TABELA 4

EXIGÊNCIAS MÍNIMAS PARA EDIFICAÇÕES EXISTENTES

PERÍODO DE EXISTÊNCIA DA EDIFICAÇÃO E ÁREAS DE RISCO	ÁREA CONSTRUÍDA < 750 m^2 E ALTURA < 12 m	ÁREA CONSTRUÍDA > 750 m^2 e/ou ALTURA > 12 m
ANTERIOR A 11.3.1983	Saída de Emergência; Iluminação de Emergência; Extintores e Sinalização	Saída de Emergência; Alarme de Incêndio; Iluminação de Emergência; Extintores; Sinalização e Hidrantes
DE MARÇO DE 1983 A DEZEMBRO DE 1993	De acordo com as exigências vigentes neste período, conforme legislação do CBPMESP	
DE DEZEMBRO DE 1993 ATÉ A DATA DE ENTRADA EM VIGOR DESTE DECRETO	De acordo com as exigências vigentes neste período, conforme legislação do CBPMESP	

TABELA 5

EXIGÊNCIAS PARA EDIFICAÇÕES COM ÁREA MENOR OU IGUAL A 750 M²
E ALTURA INFERIOR OU IGUAL A 12,00 M

Medidas de Segurança contra Incêndio	**A, D, E e G**	**B**	**C**	F		H			I e J	L
				F2, F3, F4, F6, F7 e F8	F1 e F5	H1 e H4	H2 e H3	H5		L1
Controle de Materiais de Acabamento		X		X	X	X	X	X		X
Saídas de Emergência	X	X	X	X	X	X	X	X	X	X
Iluminação de Emergência	X[1]	X[2]	X[1]	X[3]	X[1]	X[1]	X[1]	X[1]	X[1]	X[1]
Sinalização de Emergência	X	X	X	X	X	X	X	X	X	X
Extintores	X	X	X	X	X	X	X	X	X	X

NOTAS ESPECÍFICAS:

1 — Somente para as edificações com altura superior a 5m;

2 — Estão isentos os motéis que não possuam corredores internos de serviços;

3 — Para edificação com lotação superior a 50 pessoas ou altura superior a 5m; e

4 – Luminárias à prova de explosão.

NOTAS GENÉRICAS:

a — Para a divisão M, ver tabelas específicas;

b — A Divisão L1 (Explosivos) está limitada à edificação térrea até 100 m² (observar Instrução Técnica específica);

c — Para as Divisões L2 e L3 somente poderão ser analisadas mediante Comissão Técnica; e

d — Os subsolos das edificações devem ser compartimentados com PCF P-90 em relação aos demais pisos contíguos.

TABELA 6A

EDIFICAÇÕES DO GRUPO A COM ÁREA SUPERIOR A 750 M²
OU ALTURA SUPERIOR A 12,00 M

Grupo de ocupação e uso	**GRUPO A — RESIDENCIAL**					
Divisão	A-2 — A-3 e Condomínios Residenciais					
Medidas de Segurança contra Incêndio	**Classificação quanto à altura (em metros)**					
	Térrea	H ≤ 6	6 < H ≤ 12	12 < H ≤ 23	23 < H ≤ 30	Acima de 30
Acesso de Viatura na Edificação	X[1]	X[1]	X[1]	X[1]	X[1]	X[1]

Grupo de ocupação e uso	GRUPO A — RESIDENCIAL					
Divisão	A-2 — A-3 e Condomínios Residenciais					
Medidas de Segurança contra Incêndio	Classificação quanto à altura (em metros)					
	Térrea	H ≤ 6	6 < H ≤ 12	12 < H ≤ 23	23 < H ≤ 30	Acima de 30
Segurança Estrutural contra Incêndio	X	X	X	X	X	X
Compartimentação Vertical				X	X	X
Controle de Materiais de Acabamento				X	X	X
Saídas de Emergência	X	X	X	X	X	X
Brigada de Incêndio	X	X	X	X	X	X
Iluminação de Emergência	X	X	X	X	X	X
Alarme de Incêndio	X	X	X	X	X	X
Sinalização de Emergência	X	X	X	X	X	X
Extintores	X	X	X	X	X	X
Hidrante e Mangotinhos	X	X	X	X	X	X

NOTAS ESPECÍFICAS:

1 — Recomendado para as vias de acesso e faixas de estacionamento. Exigido para o portão de acesso ao condomínio.

NOTAS GENÉRICAS:

a — O pavimento superior da unidade duplex do último piso da edificação não será computado para a altura da edificação; e

b — O sistema de alarme pode ser substituído pelo sistema de interfone, desde que cada apartamento possua um ramal ligado à central, que deve ficar numa portaria com vigilância humana 24 horas e tenha uma fonte autônoma, com duração mínima de 60 min.

TABELA 6B

EDIFICAÇÕES DO GRUPO B COM ÁREA SUPERIOR A 750 M²
OU ALTURA SUPERIOR A 12,00 M

Grupo de ocupação e uso	GRUPO B — SERVIÇOS E HOSPEDAGEM					
Divisão	B-1 e B-2					
Medidas de Segurança contra Incêndio	Classificação quanto à altura (em metros)					
	Térrea	H ≤ 6	6 < H ≤ 12	12 < H ≤ 23	23 < H ≤ 30	Acima de 30
Acesso de Viatura na Edificação	X[7]	X[7]	X[7]	X[7]	X[7]	X[7]
Segurança Estrutural	X	X	X	X	X	X
Compartimentação Horizontal		X[1]	X[1]	X[2]	X[2]	X
Compartimentação Vertical				X[3]	X[3]	X
Controle de Materiais de Acabamento	X	X	X	X	X	X
Saídas de Emergência	X	X	X	X	X	X
Plano de Intervenção de Incêndio					X	X
Brigada de Incêndio	X	X	X	X	X	X
Iluminação de Emergência	X[4]	X[4]	X	X	X	X
Detecção de Incêndio		X[4;5]	X[5]	X	X	X
Alarme de Incêndio	X[6]	X[6]	X[6]	X[6]	X[6]	X[6]
Sinalização de Emergência	X	X	X	X	X	X
Extintores	X	X	X	X	X	X
Hidrante e Mangotinhos	X	X	X	X	X	X
Chuveiros Automáticos					X	X

NOTAS ESPECÍFICAS:

1 — Pode ser substituído por sistema de chuveiros automáticos;

2 — Pode ser substituído por sistema de detecção de incêndio e chuveiros automáticos;

3 — Pode ser substituído por sistema de controle de fumaça, detecção de incêndio e chuveiros automáticos, exceto para as compartimentações das fachadas e selagens dos shafts e dutos de instalações;

4 — Estão isentos os motéis que não possuam corredores internos de serviço;

5 — Os detectores de incêndio devem ser instalados em todos os quartos;

6 — Os acionadores manuais dever ser instalados nos corredores; e

7 — Recomendado.

TABELA 6C

EDIFICAÇÕES DO GRUPO C COM ÁREA SUPERIOR A 750 M² OU ALTURA SUPERIOR A 12,00 M

Grupo de ocupação e uso	GRUPO C — COMERCIAL					
Divisão	C-1, C-2 e C-3					
Medidas de Segurança contra Incêndio	**Classificação quanto à altura (em metros)**					
	Térrea	$H \leq 6$	$6 < H \leq 12$	$12 < H \leq 23$	$23 < H \leq 30$	Acima de 30
Acesso de Viatura na Edificação	X[7]	X[7]	X[7]	X[7]	X[7]	X[7]
Segurança Estrutural contra incêndio	X	X	X	X	X	X
Compartimentação Horizontal	X[1]	X[1]	X[1]	X[2]	X[2]	X
Compartimentação Vertical				X[3]	X[3]	X
Controle de Materiais de Acabamento	X	X	X	X	X	X
Saídas de Emergência	X	X	X	X	X	X
Plano de Intervenção de Incêndio	X[6]	X[6]	X[6]	X[6]	X	X
Brigada de Incêndio	X	X	X	X	X	X
Iluminação de Emergência	X	X	X	X	X	X
Detecção de Incêndio	X[5]	X[5]	X[5]	X[5]	X[5]	X
Alarme de Incêndio	X	X	X	X	X	X
Sinalização de Emergência	X	X	X	X	X	X
Extintores	X	X	X	X	X	X
Hidrante e Mangotinhos	X	X	X	X	X	X
Chuveiros Automáticos					X	X

NOTAS ESPECÍFICAS:

1 — Pode ser substituído por sistema de chuveiros automáticos;

2 — Pode ser substituído por sistema de detecção de incêndio e chuveiros automáticos;

3 — Pode ser substituído por sistema de controle de fumaça, detecção de incêndio e chuveiros automáticos, exceto para as compartimentações das fachadas e selagens dos shafts e dutos de instalações;

4 — Somente para edificações acima de 60m (refere-se ao art. 27 "controle de fumaça" e art. 28 "elevador de emergência");

5 — Somente para as áreas de depósitos superiores a 750 m²;

6 — Somente para edificações de divisão C-3 (Shopping centers); e

7 — Recomendado para as vias de aceso e faixa de estacionamento. Exigido para o portão de acesso ao condomínio comercial.

TABELA 6D

EDIFICAÇÕES DO GRUPO D COM ÁREA SUPERIOR A 750 M^2 OU ALTURA SUPERIOR A 12,00 M

Grupo de ocupação e uso	GRUPO D — SERVIÇOS PROFISSIONAIS					
Divisão	D-1 = D-2 = D-3 = D-4					
Medidas de Segurança contra Incêndio	**Classificação quanto à altura (em metros)**					
	Térrea	$H \leq 6$	$6 < H \leq 12$	$12 < H \leq 23$	$23 < H \leq 30$	Acima de 30
Acesso de Viatura na Edificação	X[6]	X[6]	X[6]	X[6]	X[6]	X[6]
Segurança Estrutural contra Incêndio	X	X	X	X	X	X
Compartimentação Horizontal		X[1]	X[1]	X[2]	X[2]	X
Compartimentação Vertical				X[3]	X[3]	X
Controle de Materiais de Acabamento	X	X	X	X	X	X
Saídas de Emergência	X	X	X	X	X	X
Plano de Intervenção de Incêndio						X[4]
Brigada de Incêndio	X[5]	X[5]	X[5]	X[5]	X[5]	X[5]
Iluminação de Emergência	X	X	X	X	X	X
Detecção de Incêndio						X
Alarme de Incêndio	X	X	X	X	X	X[6]
Sinalização de Emergência	X	X	X	X	X	X
Extintores	X	X	X	X	X	X
Hidrante e Mangotinhos	X	X	X	X	X	X
Chuveiros Automáticos						X
Controle de Fumaça						X[4]

NOTAS ESPECÍFICAS:

1 — Pode ser substituído por sistema de chuveiros automáticos;

2 — Pode ser substituído por sistema de detecção de incêndio e chuveiros automáticos;

3 — Pode ser substituído por sistema de controle de fumaça, detecção de incêndio e chuveiros automáticos, exceto para as compartimentações das fachadas e selagens dos shafts e dutos de instalações;

4 — Somente para edificações acima de 60m;

5 — Somente para as áreas de depósitos superiores a 750 m^2; e

6 — Recomendado.

TABELA 6E

EDIFICAÇÕES DO GRUPO E COM ÁREA SUPERIOR A 750 M² OU ALTURA SUPERIOR A 12,00 M

Grupo de ocupação e uso	GRUPO E — EDUCACIONAL E CULTURAL					
Divisão	E-1 = E-2 = E-3 = E-4 = E-5 = E-6					
Medidas de Segurança contra Incêndio	**Classificação quanto à altura (em metros)**					
	Térrea	$H \leq 6$	$6 < H \leq 12$	$12 < H \leq 23$	$23 < H \leq 30$	Acima de 30
Acesso de Viatura na Edificação	X^3	X^3	X^3	X^3	X^3	X^3
Segurança Estrutural contra Incêndio	X	X	X	X	X	X
Compartimentação Vertical				X^1	X^1	X^2
Controle de Materiais de Acabamento	X	X	X	X	X	X
Saídas de Emergência	X	X	X	X	X	X
Plano de Intervenção de Incêndio						
Brigada de Incêndio	X	X	X	X	X	X
Iluminação de Emergência	X	X	X	X	X	X
Alarme de Incêndio	X	X	X	X	X	X
Sinalização de Emergência	X	X	X	X	X	X
Extintores	X	X	X	X	X	X
Hidrante e Mangotinhos	X	X	X	X	X	X
Chuveiros Automáticos						X

NOTAS ESPECÍFICAS:

1 — A compartimentação vertical será considerada para as fachadas e selagens dos shafts e dutos de instalações;

2 — Poderá ser substituído por controle de fumaça, detecção de incêndio e chuveiros automáticos, exceto para as compartimentações das fachadas e selagens dos shafts e dutos de instalações; e

3 — Recomendado.

NOTAS GENÉRICAS:

a — Edificações destinadas a escolas que possuam alojamentos ou dormitórios devem ser protegidas pelo sistema de detecção de fumaça nos quartos; e

b — Os locais destinados a laboratórios devem ter proteção em função dos produtos utilizados.

TABELA 6F.1

EDIFICAÇÕES DE DIVISÃO F-1 E F-2 COM ÁREA SUPERIOR A 750 M² OU ALTURA SUPERIOR A 12,00 M

Grupo de ocupação e uso	**GRUPO E — EDUCACIONAL E CULTURAL**											
Divisão	F-1						F-2					
Medidas de Segurança contra Incêndio	**Classificação quanto à altura (em metros)**						**Classificação quanto à altura (em metros)**					
	Térrea	H ≤ 6	6 < H ≤ 12	12 < H ≤ 23	23 < H ≤ 30	Acima de 30	Térrea	H ≤ 6	6 < H ≤ 12	12 < H ≤ 23	23 < H ≤ 30	Acima de 30
Acesso de Viatura na Edificação	X^3	X^3	X^3	X^3	X^3	X^3	X^3	X^3	X^3	X^3	X^3	X^3
Segurança Estrutural contra Incêndio	X	X	X	X	X	X	X	X	X	X	X	X
Compartimentação Vertical				X^2	X^2	X^2				X^1	X^1	X^2
Controle de Materiais de Acabamento	X	X	X	X	X	X	X	X	X	X	X	X
Saídas de Emergência	X	X	X	X	X	X	X	X	X	X	X	X
Plano de Intervenção de Incêndio	X^4	X^4	X^4	X^4	X^4	X^4	X^4	X^4	X^4	X^4	X^4	X^4
Brigada de Incêndio	X	X	X	X	X	X				X	X	X
Iluminação de Emergência	X	X	X	X	X	X	X	X	X	X	X	X
Alarme de Incêndio	X	X	X	X	X	X	X	X	X	X	X	X
Detecção de Incêndio	X	X	X	X	X	X						X
Sinalização de Emergência	X	X	X	X	X	X	X	X	X	X	X	X
Extintores	X	X	X	X	X	X	X	X	X	X	X	X
Hidrante e Mangotinhos	X	X	X	X	X	X	X	X	X	X	X	X
Chuveiros Automáticos						X						

NOTAS ESPECÍFICAS:

1 — A compartimentação vertical será considerada para as fachadas e selagens dos shafts e dutos de instalações;

2 — Pode ser substituído por sistema de chuveiros automáticos quando houver aberturas entre pavimentos, exceto para as compartimentações das fachadas e selagens dos shafts e dutos de instalações; e

3 — Recomendado;

4 — Somente para locais com público acima de 1000 pessoas.

TABELA 6F.2

EDIFICAÇÕES DE DIVISÃO F-3, F-9 E F-4 COM ÁREA SUPERIOR A 750 M² OU ALTURA SUPERIOR A 12,00 M

Grupo de ocupação e uso	GRUPO F — LOCAIS DE REUNIÃO DE PÚBLICO											
Divisão	F-3 - F-9						F-4					
Medidas de Segurança contra Incêndio	**Classificação quanto à altura (em metros)**						**Classificação quanto à altura (em metros)**					
	Térrea	H ≤ 6	6 < H ≤ 12	12 < H ≤ 23	23 < H ≤ 30	Acima de 30	Térrea	H ≤ 6	6 < H ≤ 12	12 < H ≤ 23	23 < H ≤ 30	Acima de 30
Acesso de Viatura na Edificação	X³	X³	X³	X³	X³	X³	X³	X³	X³	X³	X³	X³
Segurança Estrutural contra Incêndio	X	X	X	X	X	X	X	X	X	X	X	X
Compartimentação Vertical				X¹	X¹	X¹				X¹	X¹	X¹
Controle de Materiais de Acabamento	X	X	X	X	X	X	X	X	X	X	X	X
Saídas de Emergência	X	X	X	X	X	X	X	X	X	X	X	X
Plano de Intervenção de Incêndio				X²	X²	X²	X⁴	X⁴	X⁴	X⁴	X⁴	X⁴
Brigada de Incêndio	X	X	X	X	X	X	X	X	X	X	X	X
Iluminação de Emergência	X	X	X	X	X	X	X	X	X	X	X	X
Detecção de Incêndio											X	X
Alarme de Incêndio	X	X	X	X	X	X	X	X	X	X	X	X
Sinalização de Emergência	X	X	X	X	X	X	X	X	X	X	X	X
Extintores	X	X	X	X	X	X	X	X	X	X	X	X
Hidrante e Mangotinhos	X	X	X	X	X	X	X	X	X	X	X	X
Chuveiros Automáticos											X	X

NOTAS ESPECÍFICAS:

1 — A compartimentação vertical será considerada para as fachadas e selagens dos shafts e dutos de instalações;

2 — Somente para a divisão F-3;

3 — Recomendado;

4 — Somente para locais com público acima de 1000 pessoas.

NOTAS GENÉRICAS:

a — Os locais de comércio ou atividades distintas das divisões F3 e F4 terão as medidas de proteção conforme suas respectivas ocupações.

TABELA 6F.3

EDIFICAÇÕES DE DIVISÃO F-5, F-6 E F-8 COM ÁREA SUPERIOR A 750 M² OU ALTURA SUPERIOR A 12,00 M

Grupo de ocupação e uso	**GRUPO F — LOCAIS DE REUNIÃO DE PÚBLICO**											
Divisão	F-5						F-6 E F-8					
Medidas de Segurança contra Incêndio	**Classificação quanto à altura (em metros)**						**Classificação quanto à altura (em metros)**					
	Térrea	H ≤ 6	6 < H ≤ 12	12 < H ≤ 23	23 < H ≤ 30	Acima de 30	Térrea	H ≤ 6	6 < H ≤ 12	12 < H ≤ 23	23 < H ≤ 30	Acima de 30
Acesso de Viatura na Edificação	X[5]	X[5]	X[5]	X[5]	X[5]	X[5]	X[5]	X[5]	X[5]	X[5]	X[5]	X[5]
Segurança Estrutural contra Incêndio	X	X	X	X	X	X	X	X	X	X	X	X
Compartimentação Horizontal				X[1]	X	X				X[1]	X	X
Compartimentação Vertical				X[2]	X[2]	X				X[2]	X[2]	X
Controle de Materiais de Acabamento	X	X	X	X	X	X	X	X	X	X	X	X
Saídas de Emergência	X	X	X	X	X	X	X	X	X	X	X	X
Plano de Intervenção de Incêndio	X[4]	X[4]	X[4]	X[4]	X[4]	X[4]	X[4]	X[4]	X[4]	X[4]	X[4]	X[4]
Brigada de Incêndio	X	X	X	X	X	X	X	X	X	X	X	X
Iluminação de Emergência	X	X	X	X	X	X	X	X	X	X	X	X
Detecção de Incêndio	X[3]	X[3]	X[3]	X[3]	X[3]	X[3]	X[3]	X[3]	X[3]	X[3]	X	X
Alarme de Incêndio	X	X	X	X	X	X	X	X	X	X	X	X
Sinalização de Emergência	X	X	X	X	X	X	X	X	X	X	X	X
Extintores	X	X	X	X	X	X	X	X	X	X	X	X
Hidrante e Mangotinhos	X	X	X	X	X	X	X	X	X	X	X	X
Chuveiros Automáticos					X	X					X	X

NOTAS ESPECÍFICAS:

1 — Pode ser substituído por sistema de detecção de incêndio e chuveiros automáticos;

2 — Pode ser substituído por sistema de controle de fumaça, detecção de incêndio e chuveiros automáticos; exceto para as compartimentações das fachadas e selagens dos shafts e dutos de instalações;

3 — Somente para as divisões F-5 e F-6 para os locais onde haja carga de incêndio como depósitos, escritórios, cozinhas, pisos técnicos, casa de máquinas etc. e nos locais de reunião onde houver teto ou forro falso com revestimento combustível; e

4 — Somente para locais com público acima de 1000 pessoas.

5 — Recomendado.

NOTAS GENÉRICAS:

a — Nos locais de concentração de público, é obrigatória, antes do início de cada evento, a explanação ao público da localização das saídas de emergência, bem como dos sistemas de segurança contra incêndio existentes no local.

TABELA 6F.4

EDIFICAÇÕES DE DIVISÃO F-7 E F-10 COM ÁREA SUPERIOR A 750 M² OU ALTURA SUPERIOR A 12,00 M

Grupo de ocupação e uso	GRUPO F — LOCAIS DE REUNIÃO DE PÚBLICO											
Divisão	F-7						F-10					
Medidas de Segurança contra Incêndio	**Classificação quanto à altura (em metros)**						**Classificação quanto à altura (em metros)**					
	Térrea	H ≤ 6	6 < H ≤ 12	12 < H ≤ 23	23 < H ≤ 30	Acima de 30	Térrea	H ≤ 6	6 < H ≤ 12	12 < H ≤ 23	23 < H ≤ 30	Acima de 30
Acesso de Viatura na Edificação	X³	X³					X³	X³	X³	X³	X³	X³
Segurança Estrutural contra Incêndio							X	X	X	X	X	X
Compartimentação Horizontal							X¹	X¹	X¹	X¹	X	X
Compartimentação Vertical										X²	X²	X
Controle de Materiais de Acabamento	X	X					X	X	X	X	X	X
Saídas de Emergência	X	X					X	X	X	X	X	X
Plano de Intervenção de Incêndio	X⁴	X⁴	X⁴	X⁴	X⁴	X⁴	X⁴	X⁴	X⁴	X⁴	X⁴	X⁴
Brigada de Incêndio	X	X					X	X	X	X	X	X
Iluminação de Emergência	X	X					X	X	X	X	X	X
Detecção de Incêndio									X	X	X	X
Alarme de Incêndio							X	X	X	X	X	X
Sinalização de Emergência	X	X					X	X	X	X	X	X
Extintores	X	X					X	X	X	X	X	X
Hidrante e Mangotinhos							X	X	X	X	X	X
Chuveiros Automáticos											X	X

NOTAS ESPECÍFICAS:

1 — Pode ser substituído por sistema de chuveiros automáticos;

2 — Pode ser substituído por sistema de detecção de incêndio e chuveiros automáticos, exceto para as compartimentações das fachadas e selagens dos shafts e dutos de instalações;

3 — Recomendado.

4 — Somente para locais com público acima de 1000 pessoas.

NOTAS GENÉRICAS:

a — A Divisão F-7 com altura superior a 6 metros, será submetida à Comissão Técnica para definição das medidas de segurança contra incêndio.

TABELA 6G.1

EDIFICAÇÕES DE DIVISÃO G-1 E G-2 COM ÁREA SUPERIOR A 750 M² OU ALTURA SUPERIOR A 12,00 M

Grupo de ocupação e uso	GRUPO G — SERVIÇOS AUTOMOTIVOS E ASSEMELHADOS					
Divisão	G-1 e G-2					
Medidas de Segurança contra Incêndio	Classificação quanto à altura (em metros)					
	Térrea	H ≤ 6	6 < H ≤ 12	12 < H ≤ 23	23 < H ≤ 30	Acima de 30
Acesso de Viatura na Edificação	X[3]	X[3]	X[3]	X[3]	X[3]	X[3]
Segurança Estrutural contra Incêndio	X	X	X	X	X	X
Compartimentação Vertical					X[1]	X[1]
Controle de Materiais de Acabamento	X	X	X	X	X	X
Saídas de Emergência	X	X	X	X	X	X
Brigada de Incêndio	X	X	X	X	X	X
Iluminação de Emergência	X	X	X	X	X	X
Detecção de Incêndio						
Alarme de Incêndio	X[2]	X[2]	X[2]	X[2]	X[2]	X[2]
Sinalização de Emergência	X	X	X	X	X	X
Extintores	X	X	X	X	X	X
Hidrante e Mangotinhos	X	X	X	X	X	X
Chuveiros Automáticos					X	X

NOTAS ESPECÍFICAS:

1 — A compartimentação vertical será considerada para as fachadas e selagens dos shafts e dutos de instalações;

2 — Deve haver pelo menos um acionador manual, por pavimento, a no máximo 5 m da saída; e

3 — Recomendado.

TABELA 6G.2

EDIFICAÇÕES DE DIVISÃO G-3, G-4 E G-5 COM ÁREA SUPERIOR A 750 M^2 OU ALTURA SUPERIOR A 12,00 M

Grupo de ocupação e uso	GRUPO G — SERVIÇOS AUTOMOTIVOS E ASSEMELHADOS											
Divisão	G-3						G-4					
Medidas de Segurança contra Incêndio	**Classificação quanto à altura (em metros)**						**Classificação quanto à altura (em metros)**					
	Térrea	H ≤ 6	6 < H ≤ 12	12 < H ≤ 23	23 < H ≤ 30	Acima de 30	Térrea	H ≤ 6	6 < H ≤ 12	12 < H ≤ 23	23 < H ≤ 30	Acima de 30
Acesso de Viatura na Edificação	X^4	X^4	X^4	X^4	X^4	X^4	X^4	X^4	X^4	X^4	X^4	X^4
Segurança Estrutural contra Incêndio	X	X	X	X	X	X	X	X	X	X	X	X
Compartimentação Horizontal							X^1	X^1	X^1	X^1	X^1	X^1
Compartimentação Vertical				X^3	X^3	X^3				X^3	X^3	X^3
Controle de Materiais de Acabamento	X	X	X	X	X	X	X	X	X	X	X	X
Saídas de Emergência	X	X	X	X	X	X	X	X	X	X	X	X
Brigada de Incêndio	X	X	X	X	X	X	X	X	X	X	X	X
Iluminação de Emergência	X	X	X	X	X	X	X	X	X	X	X	X
Detecção de Incêndio						X						
Alarme de Incêndio	X^2	X^2	X^2	X^2	X^2	X^2	X^2	X^2	X^2	X^2	X^2	X^2
Sinalização de Emergência	X	X	X	X	X	X	X	X	X	X	X	X
Extintores	X	X	X	X	X	X	X	X	X	X	X	X
Hidrante e Mangotinhos	X	X	X	X	X	X	X	X	X	X	X	X
Chuveiros Automáticos					X	X					X	X

NOTAS ESPECÍFICAS:

1 — Pode ser substituído por sistema de chuveiros automáticos;

2 — Deverá haver pelo menos um acionador manual, por pavimento, a no máximo 5 m da saída de emergência;

3 — A compartimentação vertical será considerada para as fachadas e selagens dos shafts e dutos de instalações; e

4 — Recomendado.

NOTAS GENÉRICAS:

a — As exigências acima referem-se às ocupações de divisões G-3 e G-4. A ocupação de divisão G-5 será analisada em Comissão Técnica.

TABELA 6H.1

EDIFICAÇÕES DE DIVISÃO H-1 E H-2 COM ÁREA SUPERIOR A 750 M² OU ALTURA SUPERIOR A 12,00 M

Grupo de ocupação e uso	**GRUPO H — SERVIÇOS DE SAÚDE E INSTITUCIONAL**											
Divisão	H-1						H-2					
Medidas de Segurança contra Incêndio	Classificação quanto à altura (em metros)						Classificação quanto à altura (em metros)					
	Térrea	H ≤ 6	6 < H ≤ 12	12 < H ≤ 23	23 < H ≤ 30	Acima de 30	Térrea	H ≤ 6	6 < H ≤ 12	12 < H ≤ 23	23 < H ≤ 30	Acima de 30
Acesso de Viatura na Edificação	X[4]	X[4]	X[4]	X[4]	X[4]	X[4]	X[4]	X[4]	X[4]	X[4]	X[4]	X[4]
Segurança Estrutural contra Incêndio	X	X	X	X	X	X	X	X	X	X	X	X
Compartimentação Vertical				X[3]	X	X				X[3]	X	X
Controle de Materiais de Acabamento	X	X	X	X	X	X	X	X	X	X	X	X
Saídas de Emergência	X	X	X	X	X	X	X	X	X	X	X	X
Plano de Intervenção de Incêndio							X	X	X	X	X	X
Brigada de Incêndio	X	X	X	X	X	X	X	X	X	X	X	X
Iluminação de Emergência	X	X	X	X	X	X	X	X	X	X	X	X
Detecção de Incêndio						X	X[1]	X[1]	X[1]	X[1]	X[1]	X[1]
Alarme de Incêndio	X[2]	X[2]	X[2]	X[2]	X[2]	X[2]	X[2]	X[2]	X[2]	X[2]	X[2]	X[2]
Sinalização de Emergência	X	X	X	X	X	X	X	X	X	X	X	X
Extintores	X	X	X	X	X	X	X	X	X	X	X	X
Hidrante e Mangotinhos	X	X	X	X	X	X	X	X	X	X	X	X
Chuveiros Automáticos						X						X

NOTAS ESPECÍFICAS:

1 — Os detectores deverão ser instalados em todos os quartos;

2 — Acionadores manuais serão obrigatórios nos corredores;

3 — Pode ser substituído por sistema de controle de fumaça, detecção de incêndio e chuveiros automáticos, exceto as compartimentações das fachadas e selagens dos shafts e dutos de instalações; e

4 — Recomendado.

TABELA 6H.2

EDIFICAÇÕES DE DIVISÃO H-3 E H-4 COM ÁREA SUPERIOR A 750 M^2 OU ALTURA SUPERIOR A 12,00 M

Grupo de ocupação e uso	**GRUPO H — SERVIÇOS AUTOMOTIVOS E ASSEMELHADOS**											
Divisão	H-3						H-4					
Medidas de Segurança contra Incêndio	**Classificação quanto à altura (em metros)**						**Classificação quanto à altura (em metros)**					
	Térrea	$H \leq 6$	$6 < H \leq 12$	$12 < H \leq 23$	$23 < H \leq 30$	Acima de 30	Térrea	$H \leq 6$	$6 < H \leq 12$	$12 < H \leq 23$	$23 < H \leq 30$	Acima de 30
Acesso de Viatura na Edificação	X[4]	X[4]	X[4]	X[4]	X[4]	X[4]	X[4]	X[4]	X[4]	X[4]	X[4]	X[4]
Segurança Estrutural contra Incêndio	X	X	X	X	X	X	X	X	X	X	X	X
Compartimentação Horizontal				X	X	X						
Compartimentação Vertical				X[3]	X	X				X[3]	X[3]	X
Controle de Materiais de Acabamento	X	X	X	X	X	X	X	X	X	X	X	X
Plano de Intervenção de Incêndio	X	X	X	X	X	X						
Saídas de Emergência	X	X	X	X	X	X	X	X	X	X	X	X
Brigada de Incêndio	X	X	X	X	X	X	X	X	X	X	X	X
Iluminação de Emergência	X	X	X	X	X	X	X	X	X	X	X	X
Detecção de Incêndio		X[1]	X[1]	X[1]	X[1]	X[1]						
Alarme de Incêndio	X[2]	X[2]	X[2]	X[2]	X[2]	X[2]	X	X	X	X	X	X
Sinalização de Emergência	X	X	X	X	X	X	X	X	X	X	X	X
Extintores	X	X	X	X	X	X	X	X	X	X	X	X
Hidrante e Mangotinhos	X	X	X	X	X	X	X	X	X	X	X	X
Chuveiros Automáticos						X						X

NOTAS ESPECÍFICAS:

1 — Os detectores deverão ser instalados em todos os quartos;

2 — Acionadores manuais serão obrigatórios nos corredores;

3 — Pode ser substituído por sistema de controle de fumaça, detecção de incêndio e chuveiros automáticos, exceto as compartimentações das fachadas e selagens dos shafts e dutos de instalações; e

4 — Recomendado.

TABELA 6H.3

EDIFICAÇÕES DE DIVISÃO H-5 E H-6 COM ÁREA SUPERIOR A 750 M² OU ALTURA SUPERIOR A 12,00 M

Grupo de ocupação e uso	GRUPO H — SERVIÇOS AUTOMOTIVOS E ASSEMELHADOS											
Divisão	H-5						H-6					
Medidas de Segurança contra Incêndio	**Classificação quanto à altura (em metros)**						**Classificação quanto à altura (em metros)**					
	Térrea	H ≤ 6	6 < H ≤ 12	12 < H ≤ 23	23 < H ≤ 30	Acima de 30	Térrea	H ≤ 6	6 < H ≤ 12	12 < H ≤ 23	23 < H ≤ 30	Acima de 30
Acesso de Viatura na Edificação	X[4]	X[4]	X[4]	X[4]	X[4]	X[4]	X[4]	X[4]	X[4]	X[4]	X[4]	X[4]
Segurança Estrutural contra Incêndio	X	X	X	X	X	X	X	X	X	X	X	X
Compartimentação Vertical				X	X	X				X[3]	X	X
Controle de Materiais de Acabamento	X	X	X	X	X	X	X	X	X	X	X	X
Saídas de Emergência	X	X	X	X	X	X	X	X	X	X	X	X
Plano de Intervenção de Incêndio	X	X	X	X	X	X						
Brigada de Incêndio	X	X	X	X	X	X	X	X	X	X	X	X
Iluminação de Emergência	X	X	X	X	X	X	X	X	X	X	X	X
Detecção de Incêndio		X[1]	X[1]	X[1]	X[1]	X[1]		X[2]	X[2]	X[2]	X[2]	X[2]
Alarme de Incêndio	X	X	X	X	X	X	X	X	X	X	X	X
Sinalização de Emergência	X	X	X	X	X	X	X	X	X	X	X	X
Extintores	X	X	X	X	X	X	X	X	X	X	X	X
Hidrante e Mangotinhos	X	X	X	X	X	X	X	X	X	X	X	X
Chuveiros Automáticos						X						X

NOTAS ESPECÍFICAS:

1 — Para a Divisão H-5, nas prisões em geral (Casas de Detenção, Penitenciárias, Presídios, etc.) não será necesário detecção automática de incêndio. Para os hospitais psiquiátricos e assemelhados, prever detecção em todos os quartos;

2 — Caso haja internação na Divisão H-6 (clínica), a edificação será enquadrada como H-3;

3 — Pode ser substituído por sistema de controle de fumaça, detecção de incêndio e chuveiros automáticos, exceto as compartimentações das fachadas e selagens dos shafts e dutos de instalações; e

4 — Recomendado.

TABELA 6I.1

EDIFICAÇÕES DE DIVISÃO I-1 E I-2 COM ÁREA SUPERIOR A 750 M² OU ALTURA SUPERIOR A 12,00 M

Grupo de ocupação e uso	GRUPO I — INDUSTRIAL											
Divisão	I-1						I-2					
Medidas de Segurança contra Incêndio	Classificação quanto à altura (em metros)						Classificação quanto à altura (em metros)					
	Térrea	H ≤ 6	6 < H ≤ 12	12 < H ≤ 23	23 < H ≤ 30	Acima de 30	Térrea	H ≤ 6	6 < H ≤ 12	12 < H ≤ 23	23 < H ≤ 30	Acima de 30
Acesso de Viatura na Edificação	X^2	X^2	X^2	X^2	X^2	X^2	X^2	X^2	X^2	X^2	X^2	X^2
Segurança Estrutural contra Incêndio	X	X	X	X	X	X	X	X	X	X	X	X
Compartimentação Horizontal		X^1	X^1	X^1	X^1	X^1		X^1	X^1	X^1	X^1	X^1
Compartimentação Vertical				X	X	X				X	X	X
Controle de Materiais de Acabamento	X	X	X	X	X	X	X	X	X	X	X	X
Saídas de Emergência	X	X	X	X	X	X	X	X	X	X	X	X
Plano de Intervenção de Incêndio										X	X	X
Brigada de Incêndio	X	X	X	X	X	X	X	X	X	X	X	X
Iluminação de Emergência	X	X	X	X	X	X	X	X	X	X	X	X
Detecção de Incêndio						X					X	X
Alarme de Incêndio	X	X	X	X	X	X	X	X	X	X	X	X
Sinalização de Emergência	X	X	X	X	X	X	X	X	X	X	X	X
Extintores	X	X	X	X	X	X	X	X	X	X	X	X
Hidrante e Mangotinhos	X	X	X	X	X	X	X	X	X	X	X	X
Chuveiros Automáticos						X					X	X

NOTAS ESPECÍFICAS:

1 — Pode ser substituído por sistema de chuveiros automáticos e detecção de incêndio; e

2 — Recomendado para as vias de acesso e faixas de estacionamento. Exigido para o portão de acesso ao condomínio industrial.

TABELA 6I.2

EDIFICAÇÕES DE DIVSÃO I-3 COM ÁREA SUPERIOR A 750 M² OU ALTURA SUPERIOR A 12,00 M

Grupo de ocupação e uso	GRUPO I — INDUSTRIAL					
Divisão	I-3					
Medidas de Segurança contra Incêndio	Classificação quanto à altura (em metros)					
	Térrea	$H \leq 6$	$6 < H \leq 12$	$12 < H \leq 23$	$23 < H \leq 30$	Acima de 30
Acesso de Viatura na Edificação	X[2]	X[2]	X[2]	X[2]	X[2]	X[2]
Segurança Estrutural contra Incêndio	X	X	X	X	X	X
Compartimentação Horizontal	X[1]	X[1]	X[1]	X[1]	X	X
Compartimentação Vertical				X	X	X
Controle de Materiais de Acabamento	X	X	X	X	X	X
Saídas de Emergência	X	X	X	X	X	X
Controle de Fumaça				X	X	X
Plano de Intervenção de Incêndio	X	X	X	X	X	X
Brigada de Incêndio	X	X	X	X	X	X
Iluminação de Emergência	X	X	X	X	X	X
Detecção de Incêndio						X
Alarme de Incêndio	X	X	X	X	X	X
Sinalização de Emergência	X	X	X	X	X	X
Extintores	X	X	X	X	X	X
Hidrante e Mangotinhos	X	X	X	X	X	X
Chuveiros Automáticos					X	X

NOTAS ESPECÍFICAS:

1 — Pode ser substituído por sistema de chuveiros automáticos; e

2 — Recomendado.

TABELA 6J.1

EDIFICAÇÕES DE DIVISÃO J-1 E J-2 COM ÁREA SUPERIOR A 750 M² OU ALTURA SUPERIOR A 12,00 M

Grupo de ocupação e uso	GRUPO J — DEPÓSITO											
Divisão	J-1						J-2					
Medidas de Segurança contra Incêndio	Classificação quanto à altura (em metros)						Classificação quanto à altura (em metros)					
	Térrea	H ≤ 6	6 < H ≤ 12	12 < H ≤ 23	23 < H ≤ 30	Acima de 30	Térrea	H ≤ 6	6 < H ≤ 12	12 < H ≤ 23	23 < H ≤ 30	Acima de 30
Acesso de Viatura na Edificação	X[3]	X[3]	X[3]	X[3]	X[3]	X[3]	X[3]	X[3]	X[3]	X[3]	X[3]	X[3]
Segurança Estrutural contra Incêndio	X	X	X	X	X	X	X	X	X	X	X	X
Compartimentação Horizontal								X[1]	X[1]	X[1]	X	X
Compartimentação Vertical				X[2]	X[2]	X				X	X	X
Controle de Materiais de Acabamento		X	X	X	X	X	X	X	X	X	X	X
Saídas de Emergência	X	X	X	X	X	X	X	X	X	X	X	X
Brigada de Incêndio	X	X	X	X	X	X	X	X	X	X	X	X
Iluminação de Emergência	X	X	X	X	X	X	X	X	X	X	X	X
Detecção de Incêndio						X					X	X
Alarme de Incêndio				X	X	X	X	X	X	X	X	X
Sinalização de Emergência	X	X	X	X	X	X	X	X	X	X	X	X
Extintores	X	X	X	X	X	X	X	X	X	X	X	X
Hidrante e Mangotinhos				X	X	X	X	X	X	X	X	X
Chuveiros Automáticos						X					X	X

NOTAS ESPECÍFICAS:

1 — Pode ser substituído por sistema de chuveiros automáticos;

2 — Somente para shafts e dutos de instalações e fachadas; e

3 — Recomendado.

TABELA 6J.2

EDIFICAÇÕES DE DIVISÃO J-3 E J-4 COM ÁREA SUPERIOR A 750 M² OU ALTURA SUPERIOR A 12,00 M

Grupo de ocupação e uso	**GRUPO J — DEPÓSITO**											
Divisão	J-3						J-4					
Medidas de Segurança contra Incêndio	**Classificação quanto à altura (em metros)**						**Classificação quanto à altura (em metros)**					
	Térrea	H ≤ 6	6 < H ≤ 12	12 < H ≤ 23	23 < H ≤ 30	Acima de 30	Térrea	H ≤ 6	6 < H ≤ 12	12 < H ≤ 23	23 < H ≤ 30	Acima de 30
Acesso de Viatura na Edificação	X[2]	X[2]	X[2]	X[2]	X[2]	X[2]	X[2]	X[2]	X[2]	X[2]	X[2]	X[2]
Segurança Estrutural contra Incêndio	X	X	X	X	X	X	X	X	X	X	X	X
Compartimentação Horizontal	X[1]	X[1]	X[1]	X[1]	X	X	X[1]	X[1]	X[1]	X[1]	X	X
Compartimentação Vertical				X	X	X				X	X	X
Controle de Materiais de Acabamento	X	X	X	X	X	X	X	X	X	X	X	X
Saídas de Emergência	X	X	X	X	X	X	X	X	X	X	X	X
Controle de Fumaça				X	X	X				X	X	X
Plano de Intervenção de Incêndio	X	X	X	X	X	X	X	X	X	X	X	X
Brigada de Incêndio	X	X	X	X	X	X	X	X	X	X	X	X
Iluminação de Emergência	X	X	X	X	X	X	X	X	X	X	X	X
Detecção de Incêndio				X	X	X				X	X	X
Alarme de Incêndio	X	X	X	X	X	X	X	X	X	X	X	X
Sinalização de Emergência	X	X	X	X	X	X	X	X	X	X	X	X
Extintores	X	X	X	X	X	X	X	X	X	X	X	X
Hidrante e Mangotinhos	X	X	X	X	X	X	X	X	X	X	X	X
Chuveiros Automáticos					X	X					X	X

NOTAS ESPECÍFICAS:

1 — Pode ser substituído por sistema de chuveiros automáticos; e

2 — Recomendado.

TABELA L.1

	GRUPO L — EXPLOSIVOS		
Divisão	L-1 (COMÉRCIO)		
Medidas de Segurança contra Incêndio	**Classificação quanto à altura (em metros)**		
	Térrea	$H \leq 6$	$6 < H \leq 12$

NOTA GENÉRICA:

a — Será permitida somente edificação com área até 100 m² — Vide Tabela 5

TABELA 6M.1

EDIFICAÇÕES E ÁREAS DE RISCO DE DIVISÃO M-1

Grupo de ocupação e uso	**GRUPO M — ESPECIAIS**			
Divisão	M-1 TÚNEL			
Medidas de Segurança contra Incêndio	**Extensão em metros (m)**			
	Até 200	De 200 a 500	De 500 a 1000	Acima de 1000
Segurança estrutural nas edificações	X	X	X	X
Saídas de emergência nas edificações	X[1]	X[1]	X[1]	X[1]
Controle de fumaça em espaços comuns e amplos			X[3]	X[3]
Plano de Intervenção de Incêndio		X	X	X
Brigada de Incêndio		X[2]	X[2]	X[2]
Sistema de Iluminação de Emergência		X	X	X
Sistema de Comunicação			X	X
Sistema Circuito de TV				X
Sistema de proteção por extintores		X	X	X
Sistema de hidrantes e de mangotinhos		X[4]	X[5]	X[5]

NOTAS ESPECÍFICAS:

1 — Considerar saídas como sendo passarelas laterais (corredores de circulação, com guarda-corpo em ambos os lados) com largura mínima de 1,00m;

2 — A brigada de incêndio deve ser pesoal treinado da companhia de tráfego ou Administradora da via;

3 — Deve ser ligado a sistema automático de acionamento (ex.: detector de incêndio);

4 — Rede de hidrante seca; e

5 — Rede de hidrante completa (bomba; reserva; mangueiras, etc.).

NOTAS GENÉRICAS:

a — Todos os túneis em paralelo devem ter interligação conforme Instrução Técnica de "Proteção Contra Incêndio em Túnel"; e

b — Os túneis com extensão superior a 1000m devem ser submetidos à análise em Comissão Técnica, além das exigências acima.

TABELA 6M.2 — EDIFICAÇÕES E ÁREAS DE RISCO DE DIVISÃO M-2 (QUALQUER ÁREA E ALTURA)

Grupo de ocupação e uso	GRUPO M — ESPECIAIS				
Divisão	M-2 — Líquidos e gases combustíveis e inflamáveis				
Medidas de Segurança contra Incêndio	Tanques ou cilindros		Postos de serviços ou abastecimentos	Produtos acondicionados	
	Líquidos até 20 m³ ou gases até 6.240 Kg	Líquidos acima de 20 m³ ou gases acima de 6.240 Kg		Líquidos até 20 m³ ou gases até 6.240 Kg	Líquidos acima de 20 m³ ou gases acima de 6.240 Kg
Acesso de Viatura na Edificação	X[4]	X[4]	X[4]	X[4]	X[4]
Segurança Estrutural contra Incêndio			X	X	X
Compartimentação Horizontal				X	X
Compartimentação Vertical				X	X
Controle de Materiais de Acabamento				X	X
Saídas de Emergência				X	X
Plano de Intervenção de Incêndio		X			X
Brigada de Incêndio	X	X	X	X	X
Iluminação de Emergência			X[1]	X[1,3]	X[3]
Detecção de Incêndio					X
Alarme de Incêndio		X			X
Sinalização de Emergência	X	X	X	X	X
Extintores	X	X	X	X	X
Hidrante e Mangotinhos		X			X
Resfriamento		X			X
Espuma		X[2]			X[2]

NOTAS ESPECÍFICAS:

1 — Somente quando a área construída for superior a 750 m², excluídas as coberturas de bombas de combustível, desde que não sejam utilizadas para outros fins;

2 — Somente para líquidos inflamáveis e combustíveis, conforme exigências da IT-25 (sistema de proteção por espuma);

3 — Luminárias à prova de explosão; e

4 — Recomendado.

NOTA GENÉRICA:

a — deverão ser verificadas as exigências quanto ao armazenamento constantes das IT-27 (armazenamento de líquidos inflamáveis e combustíveis); IT-28 (comercialização e utilização de GLP) e IT-29 (comercialização e utilização de GN e GNL).

TABELA 6M.3

EDIFICAÇÕES DE DIVISÃO M-3 COM ÁREA SUPERIOR A 750 M² OU ALTURA SUPERIOR A 12,00 M

Grupo de ocupação e uso	**GRUPO M — ESPECIAIS**					
Divisão	M-3 — Centrais de Comunicação e Energia					
Medidas de Segurança contra Incêndio	**Classificação quanto à altura (em metros)**					
	Térrea	H ≤ 6	6 < H ≤ 12	12 < H ≤ 23	23 < H ≤ 30	Acima de 30
Acesso de Viatura na Edificação	X[2]	X[2]	X[2]	X[2]	X[2]	X[2]
Segurança Estrutural contra Incêndio	X	X	X	X	X	X
Compartimentação Horizontal	X	X	X	X	X	X
Compartimentação Vertical				X	X	X
Controle de Materiais de Acabamento	X	X	X	X	X	X
Saídas de Emergência	X	X	X	X	X	X
Plano de Intervenção de Incêndio				X	X	X
Brigada de Incêndio	X	X	X	X	X	X
Iluminação de Emergência	X	X	X	X	X	X
Detecção de Incêndio			X	X	X	X
Alarme de Incêndio	X	X	X	X	X	X
Sinalização de Emergência	X	X	X	X	X	X
Extintores	X	X	X	X	X	X
Hidrante e Mangotinhos	X	X	X	X	X	X
Chuveiros Automáticos				X[1]	X[1]	X

NOTAS ESPECÍFICAS:

1 — O sistema de chuveiros automáticos para a divisão M-3 pode ser substituído por sistema de gases, através de supressão total do ambiente; e

2 — Recomendado.

NOTA GENÉRICA:

a — Para as subestações elétricas deve-se observar também os critérios da ITCB de "proteção contra incêndio em subestações elétricas".

TABELA 6M.4

EDIFICAÇÕES DE DIVISÃO M-4, M-5, M-6 E M-7 COM ÁREA SUPERIOR A 750 M² OU ALTURA SUPERIOR A 12 M

Grupo de ocupação e uso	GRUPO M — ESPECIAIS					
Divisão	M-4, M-5, M-6 e M-7					
Medidas de Segurança contra Incêndio	**Classificação quanto à altura (em metros)**					
	Térrea	$H \leq 6$	$6 < H \leq 12$	$12 < H \leq 23$	$23 < H \leq 30$	Acima de 30
Saídas de Emergência	X	X	X	X	X	X
Brigada de Incêndio	X	X	X	X	X	X
Sinalização de Emergência	X	X	X	X	X	X
Extintores	X	X	X	X	X	X

NOTA GENÉRICA:
1 — Nas divisões M-5, M-6 e M-7, quando houver edificação (construção) com área superior a 750 m², o processo deve ser analisado através de Comissão Técnica.

A forma de cumprimento das medidas elencadas nas tabelas acima se encontra nas diversas Instruções Técnicas do CBPMESP.

24.4. Saídas

Nos termos da NR-23, item 23.2, os locais de trabalho deverão dispor de saídas, em número suficiente e dispostas de modo que aqueles que se encontrem nesses locais possam abandoná-los com rapidez e segurança, em caso de emergência. O assunto é também regulado na IT-11 CBPMESP.

As saídas de emergência compreendem:

a) acesso ou rotas de saída horizontais, isto é, acessos às escadas, quando houver, e respectivas portas ou ao espaço livre exterior, nas edificações térreas;

b) escadas ou rampas;

c) descarga.

Dispõe a NR-23 que a largura mínima das aberturas de saída deverá ser de 1,20 m (um metro e vinte centímetros). Onde não for possível o acesso imediato às saídas, deverão existir, em caráter permanente e completamente desobstruídos, circulações internas ou corredores de acesso contínuos e seguros, com largura mínima de 1,20 m (um metro e vinte centímetros).

Já a IT-11 ressalta que as larguras mínimas das saídas de emergência, em qualquer caso, devem ser as seguintes:

a) 1,20 m, para as ocupações em geral, ressalvando o disposto a seguir;

b) 1,65 m, correspondente a três unidades de passagem de 55 cm, para as escadas, os acessos (corredores e passagens) e descarga, nas ocupações do grupo H, divisão H-2 e H-3;

c) 1,65 m, correspondente a três unidades de passagem de 55 cm, para as rampas, acessos (corredores e passagens) e descarga, na ocupações do grupo H, divisão H-2;

d) 2,20 m, correspondente a quatro unidades de passagem de 55 cm, para as rampas, acessos às rampas (corredores e passagens) e descarga das rampas, na ocupações do grupo H, divisão H-3.

Na dicção do item 23.2.5 da NR-23, as aberturas, saídas e vias de passagem devem ser claramente assinaladas por meio de placas ou sinais luminosos, indicando a direção da saída. Para melhor visualização, transcrevemos a situação na ilustração abaixo.

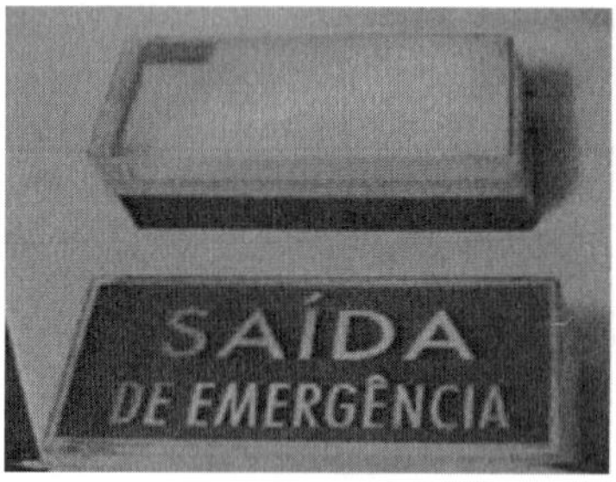

Ilustração 24.4.1: Saída de emergência devidamente sinalizada (foto à esquerda de acordo com a IT-02 CBPMESP).

Segundo a IT-11, as portas que abrem para dentro de rotas de saída, em ângulo de 180º, em seu movimento de abrir, no sentido do trânsito de saída, não podem diminuir a largura efetiva destas em valor menor que a metade, sempre mantendo uma largura mínima livre de 1,20 m para as ocupações em geral e de 1,65 m para as do grupo F.

Preceitua o item 23.2.6 da NR-23 que as saídas devem ser dispostas de tal forma que, entre elas e qualquer local de trabalho não se tenha de percorrer distância maior que 15,00 m (quinze metros) nas de risco grande e 30,00 m (trinta metros) nas de risco médio ou pequeno. Nos termos do item 23.2.6.1, estas distâncias poderão ser modificadas, para mais ou para menos, a critério da autoridade competente em segurança do trabalho, se houver instalações de chuveiros automáticos (*sprinklers*), e segundo a natureza do risco.

Assim, nos termos da figura a seguir transcrita, se em um ambiente hipotético de trabalho tivéssemos os pontos de trabalho *1*, *2* e *3*, o ponto de saída *4* e o ponto de encontro *X*, as distâncias 1-4, 2-4 e 3-4 não poderiam superar 15 ou 30 metros, conforme o grau de risco.

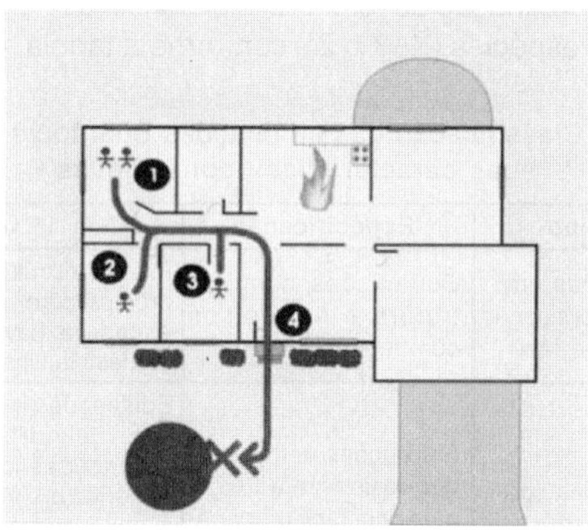

Ilustração 24.4.2: Esquema representativo de distância máxima a percorrer

Nas edificações de mais de um pavimento, as distâncias mínimas, segundo a IT-02, consistem no caminhamento entre o ponto mais distante de um pavimento até o acesso a uma saída neste mesmo pavimento. Assim, são computadas entre o local em que se encontram as pessoas analisadas e qualquer local seguro (espaço livre exterior, área de refúgio, escada protegida ou à prova de fumaça).

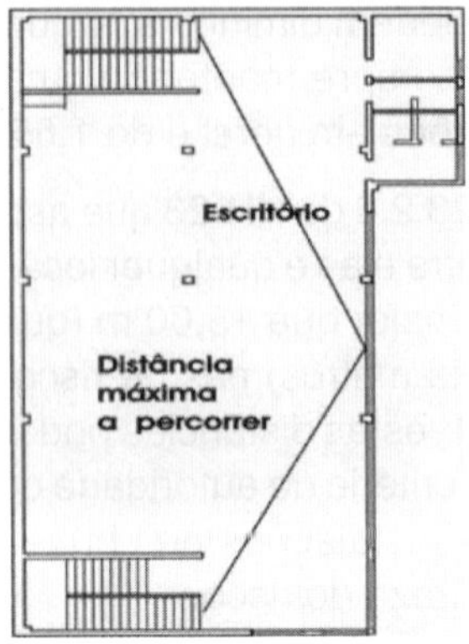

Ilustração 24.4.3: Esquema representativo de distância máxima a percorrer — Escadas localizadas em lados opostos, permitindo o escape seguro (Fonte: IT-02 CBPMESP).

Para a determinação de referidas distâncias, a IT-11 divide as edificações em três espécies (X, Y e Z), conforme a tabela seguinte.

Classificação das edificações quanto às suas características construtivas

Código	Tipo	Especificação	Exemplos
X	Edificações em que a propagação ao fogo é fácil	Edificações com estrutura e entrepisos combustíveis	Prédios estruturados em madeira, prédios com entrepisos de ferro e madeira, pavilhões em arcos de madeira laminada e outros
Y	Edificações com mediana resistência ao fogo	Edificações com estrutura resistente ao fogo, mas com fácil propagação de fogo entre os pavimentos	Edificações com paredes-cortinas de vidro ("cristaleiras"); edificações com janelas sem peitoris (distância entre vergas e peitoris das aberturas do andar seguinte menor que 1,00 m) lojas com galerias elevadas e vãos abertos e outros.
Z	Edificações em que a propagação do fogo é difícil	Prédios com estrutura resistente ao fogo e isolamento entre pavimentos	Prédio com concreto armado calculado para resisitir ao fogo, com divisórias incombustíveis, sem divisórias leves, com parapeitos de alvenaria sob as janelas ou com abas prolongando os entrepisos e outros.

Nota: Os prédios devem, preferencialmente, ser sempre projetados e executados dentro do tipo "Z"

As distâncias máximas, conforme as categorias acima, são estabelecidas nos termos seguintes.

Distâncias máximas a serem percorridas

Tipo de edificação	Grupo e divisão de ocupação	Sem chuveiros ou sem detectores automáticos		Com chuveiros ou com detectores automáticos	
		Saída única	Mais de uma saída	Saída única	Mais de uma saída
X	Qualquer	10,00 m	20,00 m	25,00 m	35,00 m
Y	Qualquer	20,00 m	30,00 m	35,00 m	45,00 m
Z	C, D, E, F, G-3, G-4, H, I, L e M	30,00 m	40,00 m	45,00 m	55,00 m
	A, B, G-1, G-2 e J	40,00 m	50,00 m	55,00 m	65,00 m

Nota:

a) Edificações exclusivamente térreas dos grupos G-1, G-2, I-1, J-1 e J-2 terão suas distâncias máximas a serem percorridas acrescidas de 100 por cento, desde que possuam controle de fumaça de acordo com a Instrução Técnica CB-15 (ver item 5.5.2.9 e 5.5.2.9.1).

b) Para o Grupo F-3, onde o local se trata de recintos esportivos e/ou de espetáculos artístico-culturais, deve ser consultada a Instrução Técnica 12.

c) Para que ocorram as distâncias previstas na tabela e notas acima, é necessária a apresentação de lay-out definido em planta baixa (de salão aberto, sala de eventos, escritório panorâmico e outros). Do contrário, as distâncias definidas acima serão reduzidas a 30 (trinta) por cento.

A NR-23 não dispõe sobre o número de saídas que deverão existir nos locais de trabalho. Sobre tal tema, a IT-11 CBPMESP traz os dados da tabela seguinte.

Número de saídas e tipos de escada

Dimensão		N (área de pavimentos < ou igual a 750 m²)									O (área de pavimentos > 750 m²)									
Altura (em metros)		Térrea	H ≤ 6		6 < H ≤ 12		12 < H ≤ 30		Acima de 30		Térrea	H ≤ 6		6 < H ≤ 12		12 < H ≤ 30		Acima de 30	
Ocupação		Ns.	Ns.	Tipo Esc.	Ns.	Tipo Esc.	Ns.	Tipo Esc.	Ns.	Tipo Esc.	Ns.	Ns.	Tipo Esc.	Ns.	Tipo Esc.	Ns.	Tipo Esc.	Ns.	Tipo Esc.
Gr.	Div.																			
A	A-1	1	1	NE	1	NE	-	-	-	-	1	1	NE	1	NE	-	-	-	-
	A-2	1	1	NE	1	NE	1	EP	1	PF @	1	1	NE	2	NE	2	EP	2	PF
	A-3	1	1	NE	1	NE	1	EP	2	PF	1	1	NE	2	NE	2	EP	2	PF
B	B-1	1	1	NE	1	EP	2	PF	2	PF	2	2	NE	2	EP	2	PF	2	PF
	B-2	1	1	NE	1	EP	2	PF	2	PF	2	2	NE	2	EP	2	PF	2	PF
C	C-1	1	1	NE	1	NE	2	PF	2	PF	2	2	NE	2	EP	2	PF	3	PF
	C-2	1	1	NE	1	NE	3	PF	3	PF	2	2	NE	2	EP	3	PF	4	PF
	C-3	1	1	NE	2	EP	3	PF	3	PF	2	2	NE	2	EP	3	PF	4	PF
D	-	1	1	NE	1	EP	2	PF	2	PF	2	2	NE	2	EP	2	PF	2	PF
E	E-1	1	1	NE	1	NE	1	PF	2	PF	2	2	NE	2	EP	2	PF	3	PF
	E-2	1	1	NE	1	NE	1	PF	2	PF	2	2	NE	2	EP	2	PF	3	PF
	E-3	1	1	NE	1	NE	1	PF	2	PF	2	2	NE	2	EP	2	PF	3	PF
	E-4	1	1	NE	1	NE	1	PF	2	PF	2	2	NE	2	EP	2	PF	3	PF
	E-5	1	1	NE	1	EP	2	EP	2	PF	2	2	NE	2	EP	2	PF	3	PF
	E-6	2	2	NE	2	EP	2	EP	2	PF	2	2	NE	2	EP	2	PF	3	PF
F	F-1	1	1	NE	1	EP	2	EP	2	PF	2	2	NE	2	EP	2	PF	2	PF
	F-2	1	1	NE	1	EP	2	PF	2	PF	2	2	NE	2	EP	2	PF	2	PF
	F-3	2	2	NE	2	NE	2	NE	2	PF	2	2	NE	2	EP	2	PF	2	PF
	F-4	2	2	NE	2	NE	+	+	+	+	2	2	NE	2	EP	+	+	+	+
	F-5	2	2	NE	2	NE	2	PF	2	PF	2	2	NE	2	EP	2	PF	3	PF
	F-6	2	2	NE	2	EP	2	PF	2	PF	2	2	NE	2	EP	2	PF	2	PF
	F-7	2	2	NE	2	EP	-	-	-	-	3	3	NE	3	EP	-	-	-	-
	F-8	1	1	NE	2	EP	2	PF	2	PF	2	2	NE	2	EP	2	PF	2	PF
	F-9	2	2	NE	2	EP	2	EP	2	PF	2	2	NE	2	EP	2	PF	2	PF
	F-10	1	1	NE	1	EP	2	EP	2	PF	2	2	NE	2	EP	2	PF	2	PF
G	G-1	1	1	NE	1	NE	1	NE	1	EP	2	2	NE	2	NE	2	NE	2	EP
	G-2	1	1	NE	1	NE	1	EP	1	EP	2	2	NE	2	NE	2	EP	2	PF
	G-3	1	1	NE	1	EP	1	PF	1	PF	2	2	NE	2	EP	2	PF	2	PF
	G-4	1	1	NE	1	NE	1	EP	1	PF	2	2	NE	2	EP	2	PF	2	PF

Número de saídas e tipos de escada (continuação)

Dimensão		N (área de pavimentos < ou igual a 750 m²)									O (área de pavimentos > 750 m²)								
Altura (em metros)		Térrea	H ≤ 6		6 < H ≤ 12		12 < H ≤ 30		Acima de 30		Térrea	H ≤ 6		6 < H ≤ 12		12 < H ≤ 30		Acima de 30	
Ocupação																			
Gr.	Div.	Ns.	Ns.	Tipo Esc.	Ns.	Tipo Esc.	Ns.	Tipo Esc.	Ns.	Tipo Esc.	Ns.	Ns.	Tipo Esc.	Ns.	Tipo Esc.	Ns.	Tipo Esc.	Ns.	Tipo Esc.
H	H-1	1	1	NE	1	NE	-	-	-	-	2	2	NE	2	NE	-	-	-	-
	H-2	1	1	NE	1	EP	1	PF	1	PF	2	2	NE	2	EP	2	PF	2	PF
	H-3	2	2	NE	2	EP	2	PF	2	PF	2	2	NE	2	EP	2	PF	3	PF
	H-4	2	2	NE	2	NE	+	+	+	+	2	2	NE	2	NE	+	+	+	+
	H-5	2	2	NE	2	NE	+	+	+	+	2	2	NE	2	NE	+	+	+	+
	H-6	1	1	NE	1	EP	1	PF	1	PF	2	2	NE	2	EP	2	PF	2	PF
I	I-1	2	2	NE	2	NE	2	EP	2	PF	2	2	NE	2	EP	2	PF	2	PF
	I-2	2	2	NE	2	EP	2	PF	2	PF	2	2	NE	2	EP	2	PF	2	PF
	I-3	2	2	NE	2	EP	2	PF	3	PF	2	2	NE	2	PF	3	PF	3	PF
J	-	1	1	NE	1	NE	1	NE	2	PF	2	2	NE	2	EP	2	PF	2	PF
L	L-1	1	1	NE	2	EP	1	PF	2	PF	2	2	NE	2	EP	3	PF	4	PF
	L-2	2	2	NE	2	EP	2	PF	3	PF	2	2	NE	2	EP	3	PF	3	PF
	L-3	2	2	NE	2	EP	2	PF	3	PF	2	2	NE	2	EP	3	PF	3	PF
M	M-1	1	1	NE	1	NE	+	+	+	+	2	2	NE	2	NE	+	+	+	+
	M-2	2	2	NE	2	EP	2	PF	3	PF	2	2	NE	2	EP	3	PF	3	PF
	M-3	2	2	NE	2	EP	2	PF	2	PF	2	2	NE	2	EP	2	PF	2	PF
	M-4	1	1	NE	1	NE	-	-	-	-	1	1	NE	2	NE	-	-	-	-
	M-5	2	2	NE	2	EP	2	PF	2	PF	2	2	NE	2	EP	2	PF	2	PF

NOTAS:

a) Para o uso desta tabela, devem ser consultadas as tabelas anteriores, onde são dadas as significações dos códigos alfabéticos e alfanuméricos utilizados, e mais as dos indicados a seguir:

b) Abreviatura dos tipos de escada:

NE = Escada não enclausurada (escada comum);

EP = Escada enclausurada protegida (escada protegida);

PF = Escada à prova de fumaça.

c) Outros símbolos e abreviaturas usados nesta tabela:

N. = Número de saídas mínimo obrigatório, em qualquer caso;

Tipo esc. = Tipo de escada;

Gr. = Grupo de ocupação (uso) - conforme Tabela 1;

Div. = Subdivisão do grupo de ocupação - conforme Tabela 1;

@ = Em edificações de ocupação do Grupo A - Divisão A-2, área de pavimento " N " (menor ou igual a 750 m²), altura acima de 30,00m, contudo não superior a 50,00 m, a escada poderá ser do tipo EP (Escada Enclausurada Protegida), sendo que acima desta altura (50m) permanece a escada do tipo PF (Escada Enclausurada à Prova de Fumaça);

+ = Símbolo que indica necessidade de consultar Instrução Técnica, normas ou regulamentos específicos (ocupação não coberta por esta Instrução Técnica). Para as ocupações do grupo F-3, onde o local tratar-se de recintos esportivos e/ou de espetáculos artístico-culturais (exceto ginásios e piscinas com ou sem arquibancadas, academias e pista de patinação), deve ser consultada a Instrução Técnica-12 ;

d) Grupo H-2 e H-3:

Altura até 12,00 m = havendo exigência de mais de uma escada para saída de emergência, no mínimo uma deve ser por rampa.

Altura superior a 12,00 m = além das saídas de emergência por escadas (tabela 6), deve possuir elevador de emergência (ver figura 9) e áreas de refúgio (ver figura 18). As áreas de refúgio quando situadas somente em alguns pavimentos de níveis diferentes deve ter seus acessos ligados por rampa (5.6.1.a). Nas edificações que possuam área de refúgio em todos os pavimentos (exceto pavimento térreo) não há necessidade de rampa interligando os diferentes níveis em acessos às áreas de refúgio.

e) Havendo necessidade de 02 (duas) ou mais escadas de segurança, uma delas pode ser do tipo Aberta Externa (AE), atendendo ao item 5.7.14 desta Instrução Técnica.

f) Edificações com ocupações mistas, ver definição na Instrução Técnica-03 (Terminologia de Proteção contra Incêndio).

24.5 Escadas

Sobre as escadas, a NR-23 dispõe no sentido de que se possibilite o seguro escoamento do local de incêndio. Assim, no item 23.4.1, preceitua que todas as escadas, plataformas e patamares deverão ser feitos com materiais incombustíveis e resistentes ao fogo.

No entanto, quer a norma que sequer o fogo possa se propagar à escada, dispondo no item 23.6.1 que as caixas de escadas deverão ser providas de portas corta-fogo, fechando-se automaticamente e podendo ser abertas facilmente pelos dois lados.

Complementando a disposição da NR-23, a IT-11 do CBPMESP dispõe que as paredes das caixas de escadas, das guardas, dos acessos e das descargas devem ter acabamento liso.

Ademais, as caixas de escadas não podem ser utilizadas como depósitos, mesmo por curto espaço de tempo, nem para a localização de quaisquer móveis ou equipamentos, exceto os previstos especificamente na IT-11.

Nas caixas de escadas não podem existir aberturas para tubulações de lixo, para passagem para rede elétrica, centros de distribuição elétrica, armários para medidores de gás e assemelhados, excetuadas as escadas não enclausuradas em edificações de baixa-média alturas.

As paredes das caixas de escadas enclausuradas devem garantir e possuir Tempo de Resistência ao Fogo por, no mínimo, 120 (cento e vinte) minutos.

Os pontos de fixação das escadas metálicas na caixa de escada devem possuir Tempo de Resistência ao Fogo de 120 (cento e vinte) minutos.

As escadas têm alguns requisitos mínimos de segurança, dentre os quais se destacam:

a) quando enclausuradas, ser constituídas com material incombustível;

b) quando não enclausuradas, além da incombustibilidade, oferecer nos elementos estruturais resistência ao fogo conforme Instrução Técnica CB-08 (Segurança Estrutural na Edificação);

c) ter os pisos dos degraus e patamares revestidos com materiais resistentes à propagação superficial de chama, isto é, com índice "A" da NBR 9442;

d) ser dotadas de guardas em seus lados abertos conforme 5.8;

e) ser dotadas de corrimãos, conforme 5.8;

f) atender a todos os pavimentos, acima e abaixo da descarga, mas terminando obrigatoriamente no piso desta, não podendo ter comunicação direta com outro lanço na mesma prumada (ver figura 3);

g) ter os pisos com condições antiderrapantes, e que permaneçam antiderrapantes com o uso;

h) atender à seção 5.5.1.2 da IT-11 (acessos livres e desimpedidos).

As Instruções Técnicas do Corpo de Bombeiros, como vimos na tabela anterior, prevêem alguns tipos de escadas, dentre as quais destacamos as seguintes:

- **Escadas não destinadas às saídas de emergência:** ou escadas secundárias, devem possuir os seguintes requisitos: a) atender aos mezaninos e áreas privativas de qualquer edificação, desde que a população seja inferior a 20 pessoas, com altura da escada não superior a 3,70 m; b) ter largura mínima de 60 cm; c) ter os pisos em condições antiderrapantes e que permaneçam como tais com o uso; d) ser dotadas de corrimãos, bastando, porém, apenas um corrimão nas escadas com até 1,20 m de largura e dispensando-se corrimãos intermediários; c) ser dotadas de guardas em seus lados abertos; d) atender ao prescrito em 5.7.3 da IT-11 (dimensionamento dos degraus, conforme lei de Blondel, balanceamento e outros), e nas escadas curvas (escadas em leque) dispensa-se a aplicação da fórmula dos patamares (5.7.3.3), bastando que o patamar tenha um mínimo de 80 cm;

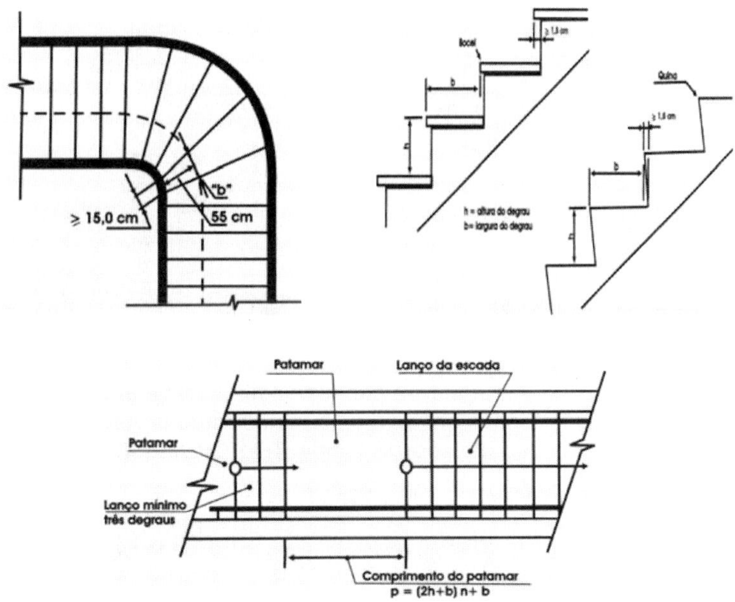

Ilustração 24.5.1: Acima à esquerda: escada com lanços curvos e degraus balanceados. À direita, altura e largura de degraus. Abaixo: lanço mínimo e comprimento do patamar (de acordo com a IT-11 CBPMESP).

- **Escadas não enclausuradas ou escadas comuns (NE):** aquelas não dotadas de enclausuramento ou proteção contra fogo devem atender aos requisitos genéricos de segurança das escadas, anteriormente citados;

- **Escadas enclausuradas protegidas (EP):** com os seguintes requisitos: a) ter suas caixas isoladas por paredes resistentes a 2h de fogo, no mínimo; b) ter as portas de acesso a esta caixa de escada do tipo Corta-fogo (PCF), com resistência de 90 minutos de fogo; c) ser dotadas, em todos os pavimentos (exceto no da descarga, onde isto é facultativo), de janelas abrindo para o espaço livre exterior, atendendo ao previsto em 5.7.8.2; d) ser dotadas de janela que permita a ventilação em seu término superior, com área mínima de 1,00 m^2, devendo estar localizada na parede junto ao teto ou no máximo a 15 cm deste, do término da escada;

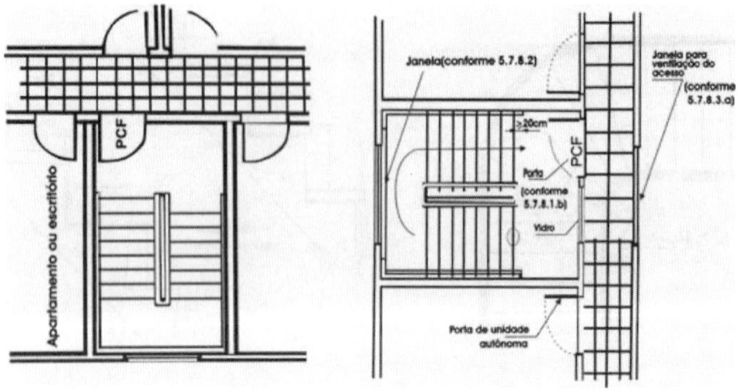

Ilustração 24.5.2: À esquerda: escada enclausurada protegida. À direita: ventilação em escada enclausurada protegida e seu acesso (de acordo com a IT-11 CBPMESP)

• **Escadas enclausuradas à prova de fumaça (PF):** com os seguintes requisitos: a) ter suas caixas enclausuradas por paredes resistentes a 4h de fogo; b) ter ingresso por antecâmaras ventiladas, terraços ou balcões, atendendo as primeiras ao prescrito em 5.7.10 e os últimos em 5.7.12; c) ser providas de portas corta-fogo (PCF) com resistência de 60 minutos ao fogo.

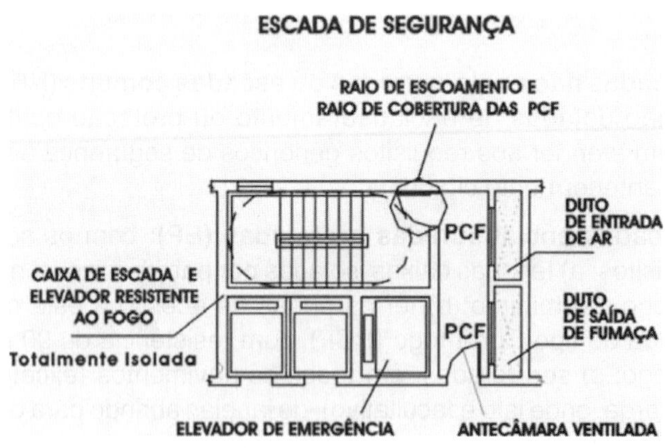

Ilustração 24.5.3: Escada enclausurada à prova de fumaça, com antecâmara precedida e sucedida por porta corta-fogo (PCF), com dutos de entrada e saída de ar (de acordo com a IT-02 CBPMESP)

- **Escadas pressurizadas:** destinada a impedir o ingresso de fumaça no interior da escada. Compõe-se de um sistema de acionamento e alarme, suprimento mecânico de ar externo com trajetória de escape e fonte de energia garantida.

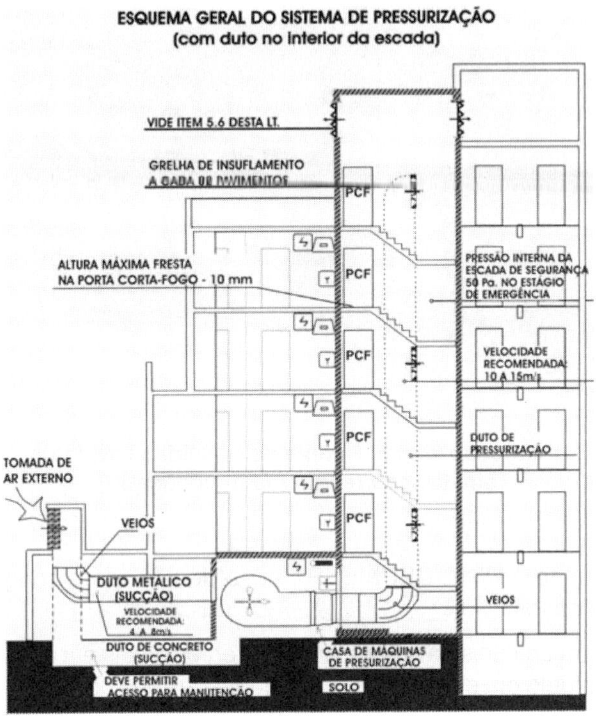

Ilustração 24.5.4: Escada pressurizada (de acordo com a IT-13 CBPMESP).

Preceitua o item 23.2.9 da NR-23 que escadas em espiral, de mãos ou externas de madeira, não serão consideradas partes de uma saída.

Com o fim de evitar lesões pela aglomeração e pânico pelos empregados em momento de retirada do local, diz o item 23.2.2 da NR-23 que o sentido de abertura da porta não poderá ser para o interior do local de trabalho.

Além das escadas, menciona a NR-23 a existência de rampas nas rotas de saída, no item 23.2.8, que dispõe que os pisos de níveis diferentes deverão ter rampas que os contornem suavemente e, neste caso, deverá ser colocado um "aviso" no início da rampa, no sentido da descida, nos termos da ilustração abaixo.

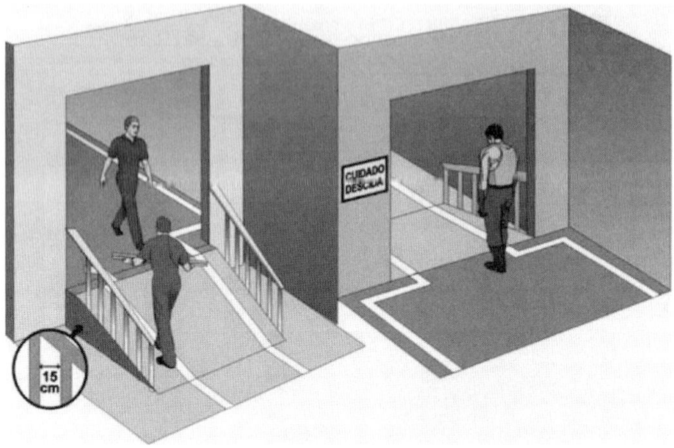

Ilustração 24.5.5: Rampa de descida provida de sinalização (esquema simplificado).

Segundo a IT-11 CBPMESP, o uso de rampas é obrigatório nos seguintes casos:

a) para unir dois pavimentos de diferentes níveis em acesso a áreas de refúgio em edificações com ocupações dos grupos H-2 e H-3;

b) na descarga e acesso de elevadores de emergência;

c) sempre que a altura a vencer for inferior a 0,48 m, já que são vedados lanços de escadas com menos de três degraus;

d) quando a altura a ser vencida não permitir o dimensionamento equilibrado dos degraus de uma escada;

e) para unir o nível externo ao nível do saguão térreo das edificações em que houver usuários de cadeiras de rodas (ver NBR-9050).

O dimensionamento das rampas deve seguir as mesmas disposições do dimensionamento das escadas.

As rampas não podem terminar em degraus ou soleiras, devendo ser precedidas e sucedidas sempre por patamares planos.

Os patamares das rampas devem ser sempre em nível, tendo comprimento mínimo de 1,20 m, medidos na direção do trânsito, sendo obrigatórios sempre que houver mudança de direção ou quando a altura a ser vencida ultrapassar 3,70 m.

As rampas podem suceder um lanço de escada, no sentido descendente de saída, mas não podem precedê-lo.

No caso de edificações dos grupos H2 e H3 as rampas não poderão suceder ao lanço de escada e vice-versa.

Não é permitida a colocação de portas em rampas; estas devem estar situadas sempre em patamares planos, com largura não-inferior à da folha da porta de cada lado do vão.

O piso das rampas deve ser antiderrapante.

As rampas devem ser dotadas de guardas e corrimãos.

As exigências de sinalização, iluminação, ausência de obstáculos, e outros, dos acessos aplicam-se, com as devidas alterações, às rampas.

A declividade máxima das rampas externas à edificação deve ser de 10% (1:10).

As declividades máximas das rampas internas devem ser de:

a) 10%, isto é, 1:10, nas edificações de ocupações A, B, E, F e H;

b) 12,5%, isto é, 1:8, quando o sentido de saída é na descida, nas edificações de ocupações D e G; sendo a saída em rampa ascendente, a inclinação máxima é de 10%;

c) 12,5% (1:8), nas ocupações C, I e J.

A IT-11 ainda traz condições a serem atendidas pelos corrimãos e guarda-corpos das escadas e rampas, as quais, por conterem grande número de informação, não serão aqui reproduzidas. Recomendamos, porém a leitura da norma.

24.6. Portas

Um dos principais temas quanto à proteção contra incêndios é relativo às portas existentes na edificação, que serão o meio último para o escoamento daqueles que se situam em seu interior.

Assim, preocupa-se a norma em definir requisitos mínimos para esse instrumento, que deve assegurar a correta retirada das pessoas, sem causar-lhes embaraços ou lesões.

A NR-23 faz referência a quatro tipos de portas, segundo sua finalidade:

- portas de entrada;
- portas de saída;
- portas de comunicação interna;
- portas de emergência.

As duas primeiras, dependendo do tipo de estabelecimento, podem ser constituídas de único instrumento, destinando-se tanto à entrada quanto à saída de pessoas ou empregados.

As portas de comunicação interna, como o nome já diz, ligam compartimentos interiores entre si, mas não com o meio exterior.

Já as portas de emergência, que também podem se situar nas saídas ou nas comunicações internas, destinam-se a rápida retirada de pessoal do interior da edificação e são normalmente constituídas de sistema de abertura com trava antipânico.[6]

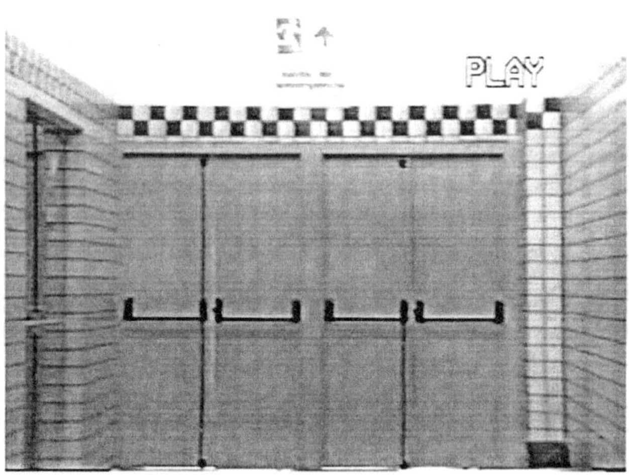

Ilustração 24.6.1: Porta com barra antipânico (Fonte: IT-02 CBPMESP).

---

(6) A IT-11 do CBPMESP 5.5.4.6 dispõe que em salas com capacidade acima de 100 pessoas e nas rotas de saída dos locais de reunião com capacidade acima de 100 pessoas, as portas de comunicação com os acessos, escadas e descarga devem ser dotadas de ferragem do tipo antipânico, conforme NBR 11785.

Preceitua a NR-23 no item 23.3.1 que as portas de saída devem ser de batentes ou portas corrediças horizontais, a critério da autoridade competente em segurança do trabalho.

Por sua vez, em virtude de dificultarem a saída, dispõe o item 23.3.2 que as portas verticais, as de enrolar e as giratórias não serão permitidas em comunicações internas.(7)

Assim, temos as seguintes ilustrações:

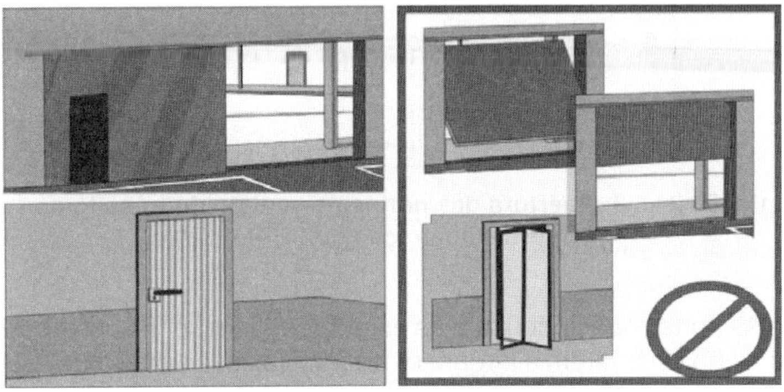

Ilustração 24.6.2: À esquerda, de baixo para cima, portas de batente e corrediça horizontal: necessárias quanto à saída. À direita, no mesmo sentido, portas vertical, giratória e de enrolar: proibidas em comunicações internas.

No entanto, qualquer que seja a porta, tanto as de saída como as de comunicações internas, nos termos do item 23.3.3, devem:

a) abrir no sentido da saída;

b) situar-se de tal modo que, ao se abrirem, não impeçam as vias de passagem.

Complementando a NR-23, a IT-11 dispõe que as portas que abrem para dentro de rotas de saída, em ângulo de 180°, em seu movimento de abrir, no sentido do trânsito de saída, não podem diminuir a largura efetiva destas em valor menor que a metade (ver figura seguinte), sempre

---

(7) A IT-11 do CBPMESP admite portas de enrolar e de correr no item 5.5.4.6.2 que dispõe: "As portas de enrolar ou de correr, que não possuírem condições técnicas para a instalação da ferragem tipo antipânico, devem permanecer sempre abertas quando da realização dos eventos, mediante compromisso do responsável pelo uso, com firma reconhecida". Veja-se aí um dos conflitos entre normas, mencionados no início deste texto.

mantendo uma largura mínima livre de 1,20 m para as ocupações em geral e de 1,65 m para as do grupo F.

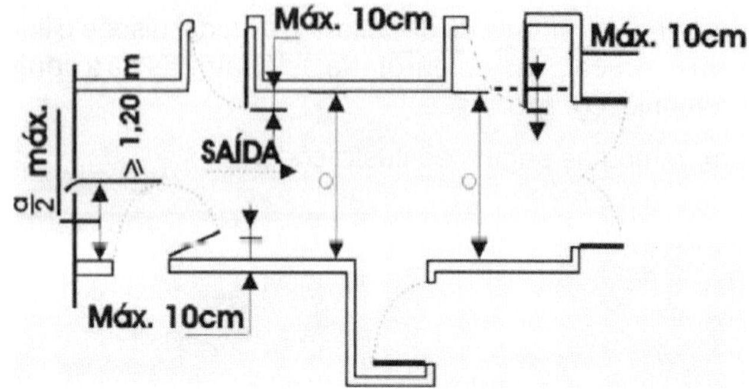

Ilustração 24.6.3: Abertura das portas no sentido do trânsito da saída (conforme ilustração do CBPMESP).

As portas que conduzem às escadas devem ser dispostas de maneira a não diminuírem a largura efetiva destas quando de sua eventual abertura.

Detalhe importante para o escoamento de pessoas de uma edificação é a visualização da saída, bem como seu fácil acesso, pela ausência de obstáculos. Assim é que o item 23.3.5 determina que as portas de saída devem ser dispostas de maneira a serem visíveis, ficando terminantemente proibido qualquer obstáculo, mesmo ocasional, que entrave o seu acesso ou a sua vista.

Outra característica interessante da norma ocorre quanto ao fechamento das portas.

Diz o item 23.3.6 que nenhuma porta de entrada, saída, ou de emergência de um estabelecimento ou local de trabalho, deverá ser fechada à chave, aferrolhada ou presa durante as horas de trabalho. Mas, nos termos do item 23.3.7, durante as horas de trabalho, poderão ser fechadas com dispositivos de segurança, que permitam a qualquer pessoa abri-las facilmente do interior do estabelecimento ou do local de trabalho.

Logo, conclui-se inicialmente que as portas de entrada, saída e de emergência, durante o horário de trabalho, não podem ser travadas de forma que não se possibilite sua fácil abertura. Quanto às portas destinadas às comunicações internas, desde que não sejam de emergência, poderão ser fechadas, ante a ausência de proibição da norma.

Mas, em dispositivo curioso, diz a NR-23 em seu item 23.3.7.1 que em hipótese alguma, as portas de emergência deverão ser fechadas pelo lado externo, mesmo fora do horário de trabalho.

Veja-se que a IT-11 CBPMESP dispõe contrariamente à NR-23, estabelecendo que a colocação de fechaduras nas portas de acesso e descargas é permitida, desde que seja possível a abertura pelo lado interno, sem necessidade de chave, admitindo-se que a abertura pelo lado externo seja feita apenas por meio de chave, dispensando-se maçanetas, etc.

A NR-23 não prevê nada sobre a largura, luz, ou vão livre, das portas componentes de rotas de saída. Já a IT-11, dispõe que a largura, vão livre ou "luz" das portas, comuns ou corta-fogo, utilizadas nas rotas de saída, deve ser dimensionada como estabelecido em seu item 5.4, admitindo-se uma redução no vão de luz, isto é, no espaço livre das portas em até 75 mm de cada (golas), para o contramarco e alizares. As portas devem ter as seguintes dimensões mínimas de luz:

a) 80 cm, valendo por uma unidade de passagem;

b) 90 cm, valendo por duas unidades de passagem;

c) 1,50 m, em duas folhas, valendo por três unidades de passagem.

Nota: a) Porta com dimensão maior ou igual a 2,20 m, exige-se coluna central.

As portas das antecâmaras das escadas à prova de fumaça e das paredes corta-fogo devem ser do tipo corta-fogo (PCF), obedecendo à NBR 11742, no que lhe for aplicável.

Ilustração 24.6.4: PCF em corredor (Fonte: IT-02 CBPMESP).

As portas das antecâmaras, escadas e outros devem ser providas de dispositivos mecânicos e automáticos, de modo a permanecerem fechadas, mas destrancadas, no sentido do fluxo de saída, sendo admissível que se mantenham abertas, desde que disponham de dispositivo de fechamento, quando necessário.

Se as portas dividem corredores que constituem rotas de saída, devem:

a) ter condições de reter a fumaça e ser providas de visor transparente de área mínima de 0,07 m^2, com altura mínima de 25 cm;

b) abrir no sentido do fluxo de saída;

c) abrir nos dois sentidos, caso o corredor possibilite saída dessa forma.

24.7. Ascensores

Um dos maiores riscos quando da ocorrência de um incêndio em uma edificação são os ascensores, uma vez que, não raro, pela existência do fogo, vêm apresentar um ou mais dos seguintes riscos:

- Risco de quedas de altura pela ação do fogo;
- Risco de parada e enclausuramento de pessoas, impossibilitando a fuga.

Assim é que o item 23.5.1 dispõe que os poços e monta-cargas respectivos, nas construções de mais de 2 (dois) pavimentos, devem ser inteiramente de material resistente ao fogo, justamente para que este não atinja os elevadores, sendo contido pelos materiais de constituição do poço ou monta-carga, como demonstra a figura seguinte.

Ilustração 24.7.1: Emprego de material resistente ao fogo em poço de elevador.

24.8. Combate ao fogo

Dispõe o item 23.7.1 da NR-23 que tão cedo o fogo se manifeste, cabe:

a) acionar o sistema de alarme;

b) chamar imediatamente o Corpo de Bombeiros;

c) desligar máquinas e aparelhos elétricos, quando a operação do desligamento não envolver riscos adicionais;

d) atacá-lo, o mais rapidamente possível, pelos meios adequados.

Para o caso das máquinas e aparelhos elétricos que não devam ser desligados em caso de incêndio, nos termos da NR-23, deverão conter placa com aviso referente a este fato, próximo à chave de interrupção, como demonstra a ilustração seguinte.

Ilustração 24.8.1: Sinalização destinada a evitar desligamento de máquinas e equipamentos

Nos termos do item 23.7.3, poderão ser exigidos, para certos tipos de indústria ou de atividade em que seja grande o risco de incêndio, requisitos especiais de construção, tais como portas e paredes corta-fogo ou diques ao redor de reservatórios elevados de inflamáveis.

24.9. Exercícios de alerta

Para que se tenha um combate eficiente ao fogo, devem-se desenvolver junto à empresa exercícios de alerta, para que se habituem aqueles que estejam presentes na edificação aos procedimentos a serem tomados quando da existência de incêndio.

Com isso, evita-se o pânico, dando-se mais segurança para os trabalhadores.

Preceitua o item 23.8.1 da NR-23 que os exercícios de combate ao fogo deverão ser feitos periodicamente, objetivando:

a) que o pessoal grave o significado do sinal de alarme;

b) que a evacuação do local se faça em boa ordem;

c) que seja evitado qualquer pânico;

d) que sejam atribuídas tarefas e responsabilidades específicas aos empregados;

e) que seja verificado se a sirene de alarme foi ouvida em todas as áreas.

Os exercícios deverão ser realizados sob a direção de um grupo de pessoas, capazes de preparar e dirigir os demais, comportando um chefe e ajudantes em número necessário, segundo as características do estabelecimento.

Os planos de exercício de alerta deverão ser preparados como se fossem para um caso real de incêndio.

Dispõe o item 23.8.4 que nas fábricas que mantenham equipes organizadas de bombeiros,[8] os exercícios devem se realizar periodicamente, de preferência, sem aviso e se aproximando, o mais possível, das condições reais de luta contra o incêndio.

Já as fábricas ou estabelecimentos que não mantenham equipes de bombeiros deverão, nos termos do item 23.8.5, ter alguns membros do pessoal operário,[9] bem como os guardas e vigias, especialmente exercitados no correto manejo do material de luta contra o fogo e o seu emprego.

---

(8) Refere-se a NR-23 nesta passagem ao *bombeiro profissional civil*, assim definido na IT-03 CBPMESP como "pessoa pertencente a uma empresa especializada, ou da própria administração do estabelecimento, com dedicação exclusiva, que presta serviços de prevenção de incêndio e atendimento de emergência em edificações e eventos, e que tenha sido aprovado no curso de formação, de acordo com a norma específica".

(9) Refere-se aqui a NR-23 à brigada de incêndio, definida pela IT-03 CBPMESP como "grupo organizado de pessoas, voluntárias ou não, treinadas e capacitadas para atuar na prevenção, abandono da edificação, combate a um princípio de incêndio e prestar os primeiros socorros, dentro de uma área preestabelecida".

Em relação aos exercícios de combate a incêndio, destacam-se as brigadas de incêndio e os planos de intervenção em incêndio, razão pela qual passaremos à discussão de tais assuntos nos tópicos seguintes.

24.10. Brigadas de incêndio

Como nos ensina *Anderson Guimarães Pereira:* "A instalação de equipamentos de proteção nos edifícios não garante que, na ocorrência de um incêndio, seja ele simplesmente extinto ainda em seu princípio. É necessário e imprescindível, portanto, que os ocupantes tenham conhecimentos básicos sobre a operação de tais equipamentos e saibam agir ordenadamente, atuando assim de modo eficaz durante a situação de emergência". E prossegue: "Para que se garanta o sucesso no combate a um incêndio e a eficácia do plano de abandono de um edifício, a utilização dos equipamentos de proteção e as ações de primeiros socorros deverão ser realizadas por uma equipe especializada, ou seja, pelos integrantes da brigada de incêndio".[10]

Nesses termos, com o fim de constituir grupamento de pessoas aptas a lidar com situações de alerta e emergência em caso de incêndio, é que se constituem as chamadas *brigadas de incêndio.*

Referido tema é abordado de forma genérica na NR-23, possuindo suas principais normas contidas na Instrução Técnica n. 17 do CBPMESP e na norma da Associação Brasileira de Normas Técnicas (ABNT) NBR 14276:1999.

24.10.1. Definição e atribuições

A NBR 14276 e a IT-03 CBPMESP definem brigada de incêndio como o *grupo organizado de pessoas voluntárias ou não, treinadas e capacitadas para atuar na prevenção, abandono e combate a um princípio de incêndio e prestar os primeiros socorros, dentro de uma área preestabelecida.*

As ações da brigada de incêndio incluem ações preventivas e ações de emergência, como as seguintes:

1. avaliação de riscos;
2. inspeção de equipamentos e saídas;

---

(10) *Segurança contra incêndio.* São Paulo: EMTS Editora, p. 149.

3. orientação à população fixa e flutuante;
4. realização de exercícios simulados;
5. identificação de sinistro;
6. alarme/abandono de área;
7. acionamento do Corpo de Bombeiros;
8. primeiros socorros;
9. combate ao princípio de incêndio.

Ficam isentas da exigência de brigada de incêndio, além das disposições constantes no anexo A da IT-17 CBPMESP, as edificações enquadradas nos casos de procedimento simplificado do Corpo de Bombeiros.

24.10.2. Composição

Nos termos da NBR 14276, a brigada de incêndio de determinada edificação ou empresa deverá ser composta de percentual ou da totalidade dos membros de sua população fixa, assim considerada como aquela que permanece regularmente na edificação, considerando-se os turnos de trabalho e a natureza da ocupação, bem como os terceiros nestas condições.

São requisitos para a seleção dos candidatos para composição da brigada de incêndio:

a) permanecer na edificação;

b) possuir experiência anterior como brigadista;

c) possuir robustez física e boa saúde;

d) possuir bom conhecimento das instalações;

e) ter responsabilidade legal;

f) ser alfabetizado.

Caso nenhum candidato atenda aos critérios básicos relacionados, devem ser selecionados aqueles que atendam ao maior número de requisitos.

Conforme a estrutura da edificação, a brigada de incêndio se comporá de diferentes níveis hierárquicos.

As empresas que possuem em sua planta mais de uma edificação com mais de um pavimento/compartimento, devem ter um líder por pavimento/compartimento e um chefe da brigada para cada edificação, que devem ser coordenados pelo coordenador geral da brigada.

Empresas que possuem em sua planta somente uma edificação com mais de um pavimento/compartimento, devem ter um líder para cada pavimento/compartimento, sob coordenação do chefe da brigada.

Já as empresas que possuem uma só edificação com único pavimento, devem ter um líder que coordena a brigada.

Assim, a composição hierárquica da brigada de incêndio pode ser visualizada conforme o organograma seguinte.

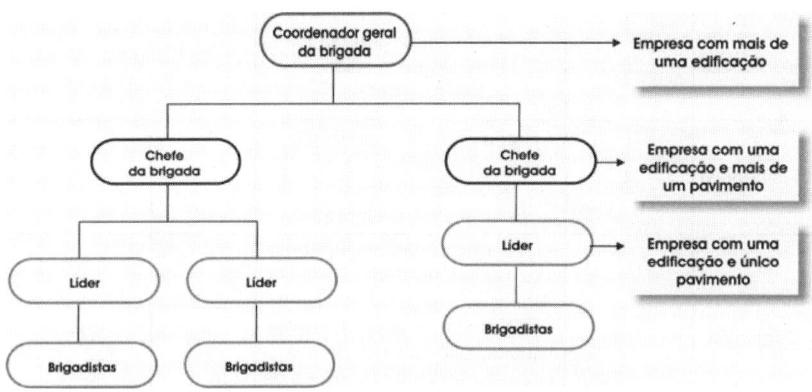

Ilustração 24.10.1: Organograma de brigada de incêndio (parte esquerda do organograma referente a empresa com uma edificação e mais de um pavimento/compartimento, devendo ter um chefe de brigada, e um líder por pavimento).

24.10.3. Dimensionamento

Conforme o tipo de edificação a brigada de incêndio deverá ser composta de maior ou menor número de pessoas.

Assim, será ela dimensionada conforme o tipo de atividade exercida no local e a população fixa ali existente, assim considerada como aquela que permanece regularmente na edificação, considerando-se os turnos de trabalho e a natureza da ocupação, bem como os terceiros nestas condições.

Para tanto, a NBR 14276 estabelece tabela conforme o ramo de atuação, determinando os dados iniciais para o dimensionamento da brigada, conforme abaixo descrito.

TABELA 1

Percentual de cálculo para composição da brigada de incêndio

Ocupação			População fixa por pavimento	
Classe	Subclasse	Descrição	Até 10	Acima de 10
Residencial	I-1	Residências unifamiliares. Exemplos: Casas térreas ou assobradadas	Não há necessidade de formação de brigada de incêndio	
Residencial	I-2	Edifícios de apartamentos Moradias de religiosos ou estudantes	Fazem parte da brigada de incêndio todos os empregados da edificação	
Residencial	II	Hotéis, hotéis residenciais, flats, "apart-hotéis" e motéis Pousadas, balneários, pensionatos e albergues	50%	10%
Comercial	III-1	Lojas, magazines, supermercados e lojas de departamentos Serviços em geral: assistência técnica de aparelhos elétricos, oficinas mecânicas, pinturas, lavanderias e postos de serviço. Estúdios de televisão e cinema	50%	10%
Comercial	III-2	Centros comerciais (Shopping Centers) e galerias comerciais	50%	10%
Escritório	IV	Escritórios, agências bancárias, repartições públicas, instituições financeiras e consultórios	40%	10%
Locais de reunião pública	V-1	Religiosos: igrejas, templos, sinagogas, mesquitas e outros. Esportivos: ginásios, quadras, centros esportivos e academias de ginástica. Culturais: museus, bibliotecas e galerias de arte. Locais de espetáculos: cinema, auditórios, salão de festas ou de danças, circos e exposições Clubes sociais e recreativos	Faz parte da brigada de incêndio toda a população fixa	

Ocupação			População fixa por pavimento	
Classe	Subclasse	Descrição	Até 10	Acima de 10
Locais de reunião pública	V-2	Comerciais: locais para refeições (bares, restaurantes, cantinas e boates) e laboratórios de análise clínica	60%	20%
Locais de reunião pública	V-3	Terminais e estações de embarque de passageiros	60%	20%
Educacionais	VI	Escolas em geral: 1º, 2º e 3º graus, supletivos, pré-escolas, creches, jardins da infância e escolas especiais para deficientes e excepcionais Centros de treinamento: escolas profissionais e cursos livres	Faz parte da brigada de incêndio toda a população fixa	
Institucionais	VII-1	Serviços de saúde: hospital, pronto-socorro, clínicas e postos de saúde	60%	20%
Institucionais	VII-2	Locais onde pessoas requerem cuidados especiais: asilos, orfanatos, creches e casas de repouso Locais com restrição de liberdade: hospitais psiquiátricos, prisões, casas de detenção e reformatórios	Faz parte da brigada de incêndio toda a população fixa	
Industriais	VIII-1	Atividades que durante o processo industrial manipulam materiais ou produtos classificados como de baixo risco de incêndio. Exemplo: cimento, líquidos não inflamáveis	40%	5%
Industriais	VIII-2	Atividades que durante o processo industrial apresentam médio potencial de risco de incêndio. Exemplo: indústrias metalúrgicas, mecânicas	50%	7%
Industriais	VIII-3	Atividades que durante o processo industrial apresentam grande potencial de risco de incêndio. Exemplo: marcenarias, colchões, gráficas, papéis, refinarias, produção de líquidos ou gases inflamáveis, mobiliário em geral, tintas, plásticos, têxteis e usinas	60%	10%

Ocupação			População fixa por pavimento	
Classe	**Subclasse**	**Descrição**	**Até 10**	**Acima de 10**
Depósitos	IX-1	Produtos incombustíveis ou baixo risco de incêndio: cimento, pedra, artefatos de concreto, cal, depósitos de ferros e similares	40%	10%
Depósitos	IX-2	Produtos combustíveis com médio potencial de risco ou de produtos acabados: depósito de papel, livros, alimentos enselados, plásticos, roupas, eletrodomésticos, materiais de construção e atividades correlatas	50%	20%
Depósitos	IX-3	Produtos combustíveis com elevado potencial de risco: depósito de combustíveis ou inflamáveis (líquidos gasosos), aparas de papel, produtos químicos, explosivos	Faz parte da brigada de incêndio toda a população fixa	
Estacionamentos	X-1	Locais cobertos, descobertos ou construídos e garagens elevadas	Faz parte da brigada de incêndio toda a população fixa	
Estacionamentos	X-2	Garagens de ônibus	50%	10%
Estacionamentos	X-3	Hangares e heliportos	70%	20%
Construções provisórias	XI-1	Edificações em construção, canteiros de obra, frentes de trabalho e instalações destinadas a alojamento	30%	5%

A IT-17 CBPMESP estabelece basicamente a mesma tabela em seu Anexo A, com algumas distinções na nomenclatura das classes de ocupação, a seguir transcrita.

ANEXO A — Percentual de cálculo para composição da brigada de incêndio

<table>
<tr><th colspan="3"></th><th colspan="2">População fixa por pavimento</th></tr>
<tr><th>Grupo</th><th>Divisão</th><th>Descrição</th><th>até 10</th><th>Acima de 10</th></tr>
<tr><td rowspan="3">A
Residencial</td><td>A-1</td><td>Habitação unifamiliar</td><td colspan="2">Isento</td></tr>
<tr><td>A-2</td><td>Habitação multifamiliar</td><td colspan="2">Fazem parte da brigada de incêndio todos os funcionários da edificação</td></tr>
<tr><td>A-3</td><td>Habitação coletiva (*)</td><td>50%</td><td>10%</td></tr>
<tr><td rowspan="2">B
Serviço de Hospedagem</td><td>B-1</td><td>Hotel e assemelhado</td><td>50%</td><td>10%</td></tr>
<tr><td>B-2</td><td>Hotel residencial (**)</td><td>50%</td><td>10%</td></tr>
<tr><td rowspan="3">C
Comercial</td><td>C-1</td><td>Local onde os materiais comercializados ou depositados apresentem baixa carga de incêndio</td><td>40%</td><td>5%</td></tr>
<tr><td>C-2</td><td>Local onde os materiais comercializados ou depositados apresentem média carga de incêndio</td><td>40%</td><td>5%</td></tr>
<tr><td>C-3</td><td>Local onde os materiais comercializados ou depositados apresentem alta carga de incêndio</td><td>50%</td><td>20%</td></tr>
<tr><td rowspan="4">D
Serviço profissional</td><td>D-1</td><td>Local para prestação de serviço profissional ou condução de negócios</td><td>30%</td><td>10%</td></tr>
<tr><td>D-2</td><td>Agência bancária</td><td>40%</td><td>10%</td></tr>
<tr><td>D-3</td><td>Serviço de reparação (exceto os classificados em G e I)</td><td>40%</td><td>10%</td></tr>
<tr><td>D-4</td><td>Laboratório</td><td>40%</td><td>10%</td></tr>
</table>

(*) Na divisão A-3 não se aplica o índice à população fixa com idade acima de 60 anos e abaixo de 18 anos.

(**) Na divisão H-5 o índice aplica-se somente aos funcionários da edificação.

			População fixa por pavimento	
Grupo	Divisão	Descrição	até 10	Acima de 10
E Educacional e cultura física	E-1	Escola em geral	40%	20%
	E-2	Escola especial	40%	20%
	E-3	Espaço para cultura fícica	40%	20%
	E-4	Centro de treinamento profissional	40%	20%
	E-5	Pré-escola	Faz parte da brigada de incêndio toda a população fixa	
	E-6	Escola para portadores de deficiências	Faz parte da brigada de incêndio toda a população fixa	
F Local de Reunião Pública	F-1	Local onde há objeto de valor inestimável	Faz parte da brigada de incêndio toda a população fixa	
	F-2	Local religioso e velório	Faz parte da brigada de incêndio toda a população fixa	
	F-3	Centro esportivo e de exibição	Faz parte da brigada de incêndio toda a população fixa	
	F-4	Estação e terminal de passageiros	60%	20%
	F-5	Arte cênica e auditório	Faz parte da brigada de incêndio toda a população fixa	
	F-6	Clube social e diversão	Faz parte da brigada de incêndio toda a população fixa	
	F-7	Construção provisória	Faz parte da brigada de incêndio toda a população fixa	
	F-8	Local para refeição	60%	20%

			População fixa por pavimento	
Grupo	**Divisão**	**Descrição**	**até 10**	**Acima de 10**
	F-9	Recreação pública	40%	10%
	F-10	Exposição de objetos e animais	Faz parte da brigada de incêndio toda a população fixa	
G Serviço automotivo	G-1	Garagem sem acesso de público e sem abastecimento	Faz parte da brigada de incêndio toda a população fixa	
	G-2	Garagem com acesso de público e sem abastecimento	Faz parte da brigada de incêndio toda a população fixa	
	G-3	Local dotado de abastecimento de combustível	Faz parte da brigada de incêndio toda a população fixa	
	G-4	Serviço de conservação, manutenção e reparos	50%	10%
H Serviço de saúde e institucional	H-1	Hospitais veterinários e assemelhados	50%	10%
	H-2	Local onde pessoas requerem cuidados especiais por limitações físicas ou mentais	Fazem parte da brigada de incêndio todos os funcionários da edificação	
	H-3	Hospital e assemelhado	60%	20%
	H-4	Repartição pública, edificações das forças armadas e policiais	30%	10%
	H-5	Local onde a liberdade das pessoas sofre restrições	Fazem parte da brigada de incêndio todos os funcionários da edificação	
	H-6	Clínica e consultório médico e odontológico	40%	20%
I Indústria	I-1	Todo tipo de atividade industrial (baixa carga incêndio)	40%	5%

			População fixa por pavimento	
Grupo	**Divisão**	**Descrição**	**até 10**	**Acima de 10**
	I-2	Todo tipo de atividade industrial (média carga incêndio)	50%	7%
	I-3	Todo tipo de atividade industrial (alta carga incêndio)	60%	10%
J Depósito	J-1	Depósitos de material incombustível	40%	10%
	J-2	Todo tipo de depósito (baixa carga incêndio)	40%	10%
	J-3	Todo tipo de depósito (média carga incêndio)	50%	20%
	J-4	Todo tipo de depósito (alta carga incêndio)	Faz parte da brigada de incêndio toda a população fixa	
L Explosivos	L-1	Comércio	Faz parte da brigada de incêndio toda a população fixa	
	L-2	Indústria	Faz parte da brigada de incêndio toda a população fixa	
	L-3	Depósito	Faz parte da brigada de incêndio toda a população fixa	
M Especial	M-1	Túnel	Isento	
	M-2	Parque de tanque	60%	10%
	M-3	Central de comunicação e energia	Faz parte da brigada de incêndio toda a população fixa	
	M-4	Propriedade em transformação	30%	5%
	M-5	Processamento de lixo	50%	7%
	M-6	Terra selvagem	Isento	

Caso alguma atividade não seja enquadrada exatamente nas categorias elencadas, deve-se enquadrá-la por analogia com a mais próxima tecnicamente.

Utilizando-se dos dados previstos na tabela 1 ou no anexo A da IT-17, deve-se dimensionar a brigada de acordo com a seguinte fórmula:

Número de brigadistas por pavimento = [população fixa por pavimento] x [% de cálculo da tabela 1 (ABNT) ou anexo A (IT-17 — CBPMESP)]

Antes da realização do cálculo, porém, é mister que se atente para as seguintes regras, dadas pela NBR 14276:

- Sempre que o resultado obtido do cálculo do número de brigadistas por pavimento for fracionário, deve-se arredondá-lo para mais. Exemplo: *Loja (subclasse III-1) com um pavimento, população fixa de 9 pessoas:*

Número de brigadistas por pavimento = 9 x 50% = 4,5

Número de brigadistas por pavimento = 5 pessoas

- Sempre que o número de pessoas for superior a 10, o cálculo do número de pessoas deve levar em conta o percentual até 10 pessoas. Exemplo: *Escritório com um pavimento (subclasse IV) com população fixa de 36 pessoas*

Número de brigadistas por pavimento = (10 x 40%) + [(36-10) x 10%] = 6,6

Número de brigadistas por pavimento = 7 pessoas

- Quando em uma planta houver mais de uma subclasse de ocupação, o número de brigadistas deve ser calculado levando-se em conta a subclasse de ocupação de maior risco. O número de brigadistas só é calculado por subclasse de ocupação se as unidades forem compartimentadas e os riscos forem isolados. Exemplo: Escritório, com 3 pavimentos, população fixa por pavimento de 19 pessoas, juntamente com área industrial (subclasse VIII-2), com um pavimento e 116 pessoas de população fixa.

(edificações com pavimentos compartimentados e riscos isolados) — calcula-se o número de brigadistas separadamente por classe de ocupação:

1. Área de escritórios

Número de brigadistas por pavimento = (10 x 40%) + [(19-10) x 10%] = 4,9

Número de brigadistas por pavimento= 5 pessoas

Número total de brigadistas = 5 x 3 = 15 pessoas

2. Área industrial

Número de brigadistas por pavimento = (10 x 50%) + [(116-10) x 7%] = 12,42

Número total de brigadistas = 13 pessoas

3. Número total de brigadistas

(Área de escritórios + Área industrial) = 15 + 13 = 28 pessoas

edificações sem pavimentos compartimentados e riscos isolados — calcula-se o número de brigadistas pela classe de ocupação de maior risco:

1. Área de escritórios

Número de brigadistas por pavimento = (10 x 50%) + [(19-10) x 7%] = 5,63

Número de brigadistas por pavimento= 6 pessoas

Número total de brigadistas = 3 x 6 = 18 pessoas

2. Área industrial

Número de brigadistas por pavimento = (10 x 50%) + [(116-10) x 7%] = 12,42

Número total de brigadistas = 13 pessoas

3. Número total de brigadistas

(Área de escritórios + Área industrial) = 18 + 13 = 35 pessoas

• A composição da brigada de incêndio deve levar em conta a participação de pessoas de todos os setores.

• Caso haja segurança patrimonial ou bombeiro profissional civil, estes devem participar como colaboradores no programa de brigada de incêndio, porém não podem ser computados para efeito do cálculo da composição da brigada, devido às suas funções específicas.

• Nos edifícios de apartamentos (subclasse I-2), caso em toda edificação o número de empregados seja inferior a 5 (número mínimo), o número de brigadistas deve ser completado com moradores.

• No caso da subclasse III-2 (Comercial — *Shopping Centers e galerias*), havendo diversas atividades, todas elas devem ser consideradas para efeito do cálculo. Exemplo: *Shopping Center, população fixa de sua administração com 47 pessoas, população fixa de 32 lojas (subclasse III-1) de 10 pessoas por loja.*

1. Área administrativa.

Número de brigadistas por pavimento = (10 x 50%) + [(47-10) x 10%] = 8,7

Número de brigadistas por pavimento = 9 pessoas

2. Lojas.

Número de brigadistas = 10 x 50% = 5

Número de brigadistas por pavimento = 5 x 32 = 160

3. (Área administrativa + lojas) = 9 + 160 = 169 brigadistas por pavimento

• No caso da subclasse VII-1, deve ser previsto um percentual de 100% no número de brigadistas nas UTIs, centros cirúrgicos e demais locais de grande risco.

Algumas situações específicas podem alterar a composição da brigada de incêndio.

Nos termos do item 5.10.5 da IT-17, as edificações que possuem bombeiro profissional civil, que execute exclusivamente serviços de prevenção e proteção contra incêndio, terão decréscimo na proporção de 20% na quantidade mínima de brigadistas, para cada bombeiro, por turno de 24 horas, até o limite de 60%.

24.10.4. Preparo técnico dos brigadistas

Os candidatos a brigadista, após selecionados, devem freqüentar curso com carga horária mínima de 16 horas,[11] composto de parte prática de no mínimo 8 horas, exceto classe residencial I-2 e estacionamentos X-1, em que a carga horária deve ser de 4 horas.

Segundo a NBR 14276, a periodicidade do treinamento deve se dar no máximo a cada 12 meses ou quando houver alteração de 50% dos membros da brigada. Já a IT-17 CBPMESP, vincula a renovação do treinamento ao prazo da validade do AVCB, ou alteração de 50% dos membros da brigada.

O teor do curso é veiculado pela IT-17, conforme a seguinte tabela:

(11) A IT-17 CBPMESP requer curso de 16 horas apenas nos casos de edificações de risco alto, nas demais, possibilita a realização de treinamento de 12 horas, sendo 4 horas de parte prática.

Currículo básico do curso de formação de brigada de incêndio

OBJETIVO: Proporcionar aos alunos conhecimentos básicos sobre prevenção, isolamento e extinção de princípios de incêndio, abandono de local com sinistro, além de técnicas de primeiros socorros.

INSTRUTORES E AVALIADORES: Profissionais habilitados.

TURMAS: Compostas de no máximo 20 alunos.

A — Parte Teórica		
Módulo	Assunto	Objetos
01 Introdução	Objetivos do curso e o brigadista	Conhecer os objetivos gerais do curso, responsabilidades e comportamento do brigadista.
02 Teoria do fogo	Combustão e seus elementos	Conhecer o tetraedro do fogo
03 Propagação do fogo	Condução, irradiação e convecção	Conhecer os processos de propagação do fogo.
04 Classes de incêndio	Classificação e características	Conhecer as classes de incêndio.
05 Métodos de extinção	Isolamento, abafamento, resfriamento e extinção química	Conhecer os métodos e suas aplicações.
06 Ventilação	Técnicas de ventilação	Conhecer os métodos e técnicas de ventilação de ambientes em chamas e sua importância.
07 Agentes extintores	Água (jato/neblina), PQS, CO_2, espumas e outros	Conhecer os agentes, suas características e aplicações.
08 Equipamentos de combate a incêndio	Extintores, hidrantes, mangueiras e acessórios, EPI, corte, arrombamento, remoção e iluminação	Conhecer os equipamentos, suas aplicações e manuseio.
09 Equipamentos de detecção, alarme e comunicações	Tipos e funcionamento	Conhecer os meios mais comuns de sistemas e manuseio.

A — Parte Teórica		
Módulo	Assunto	Objetos
10 Abandono de área	Procedimentos	Conhecer as técnicas de abandono de área, saída organizada, pontos de encontro e chamada e controle de pânico.
11 Análise de vítimas	Avaliação Primária	Conhecer as técnicas de exame primário (sinais vitais)
12 Vias aéreas	Causas de obstrução e liberação	Conhecer os sintomas de obstruções em adultos, crianças e bebês conscientes e inconscientes
13 RCP (Reanimação Cardiopulmonar)	Ventilação artificial e compressão cardíaca externa	Conhecer as técnicas de RCP com 1 e 2 socorristas para adultos, crianças e bebês
14 Hemorragias	Classificação e tratamento	Reconhecimento e técnicas de hemostasia em hemorragias externas
B — Parte Prática		
Módulo	Assunto	Objetos
01 Prática	Combate a incêndios	Praticar as técnicas de combate a incêndio, em local adequado.
02 Prática	Primeiros Socorros	Praticar as técnicas dos módulos 11 a 14 da parte A
C — Avaliação		
Módulo	Assunto	Objetos
01 Avaliação	Geral	Avaliar individualmente os alunos conforme descrito no item 5.4.6.

Aqueles que concluírem o curso com aproveitamento mínimo de 70% na avaliação teórica e prática receberão certificado de brigadista, expedido por profissional habilitado.

O profissional habilitado na formação de brigada de incêndio é toda pessoa com formação em Higiene, Segurança e Medicina do Trabalho, devidamente registrado nos Conselhos Regionais competentes ou no Ministério do Trabalho e os militares das Forças Armadas, das Polícias Militares e dos Corpos de Bombeiros Militares, com 2º grau completo e que possua especialização em Prevenção e Combate a Incêndio (carga horária mínima de 60 horas) e técnicas de emergências médicas (carga horária mínima de 40 horas), além de curso de técnica de ensino de no mínimo 40 horas.

Para as edificações enquadradas no risco alto, o profissional habilitado é toda pessoa com curso de engenharia de segurança ou pessoa com curso de nível superior e mais curso de no mínimo 100 horas de primeiros socorros e 400 horas de prevenção e combate a incêndios.

No certificado do brigadista devem constar os seguintes dados:

a) nome completo do treinando com Registro Geral (RG);

b) carga horária;

c) período de treinamento;

d) nome, habilitação e registro do instrutor;

e) citar que o certificado está em conformidade com esta instrução técnica.

Questão interessante surgida recentemente na jurisprudência é a relativa a se considerar o tempo de treinamento do brigadista como horário extraordinário. Em outras palavras: podem se constituir em horas extras o período em que o brigadista efetivou seu treinamento, por determinação da empresa?

O Tribunal Superior do Trabalho (TST), respondeu afirmativamente à questão supracitada, ao analisar, em grau recursal, decisão do Tribunal Regional do Trabalho de Minas Gerais (TRT/MG), conforme o teor do noticiário daquela Corte, de 21.03.2005, a seguir transcrito, suprimindo-se os nomes das partes:

> A Segunda Turma do Tribunal Superior do Trabalho manteve a condenação imposta à empresa de pagar, com o adicional que remunera a jornada extraordinária, um dia inteiro de trabalho a um funcio-

nário que participou voluntariamente de treinamento em brigada de incêndio e não foi recompensado com a folga prometida pela empresa e prevista em acordo coletivo firmado com os funcionários.

Foram oito horas de treinamento durante um mês e, segundo o acordo coletivo, a participação voluntária de funcionários no treinamento de prevenção contra incêndios seria compensada com um dia de folga do serviço. A folga não foi concedida pela empregadora e, na ação trabalhista contra a empresa, o empregado requereu, entre outros itens, a remuneração pelo dia que trabalhou quando deveria estar usufruindo do descanso.

Ao rejeitar (não conhecer) o recurso, o relator do caso, o juiz convocado Luiz Carlos Gomes Godoi, rechaçou o argumento da empresa de que, ao determinar o pagamento do dia de trabalho com o adicional de horas extras, o Tribunal Regional do Trabalho de Minas Gerais (3ª Região) teria violado o dispositivo da Constituição que prestigia a negociação coletiva entre patrões e empregados.

Segundo Godoi, ao reconhecer o direito à folga, o TRT/MG reconheceu o acordo coletivo, conferindo "amplo respeito" ao art. 7º, inciso XXVI, da Constituição Federal. 'O acórdão regional consigna a previsão em norma coletiva da recompensa de um dia de folga pela participação no referido treinamento, mas registra que o empregado participou e não obteve a correspondente folga compensatória', afirmou o relator.

De acordo com a Norma Regulamentadora (NR) n. 23 do Ministério do Trabalho e Emprego, todas as empresas devem possuir proteção contra incêndio, saídas suficientes para a rápida retirada do pessoal em serviço, em caso de incêndio; equipamento suficiente para combater o fogo em seu início e pessoas adestradas no uso correto desses equipamentos.

De acordo com a decisão do TRT/MG, mantida agora pelo TST, o trabalhador faz jus ao pagamento do dia em que trabalhou, quando deveria estar folgando, com o acréscimo referente ao trabalho extraordinário, já que não tinha obrigação de trabalhar. No recurso, a INB discutiu outros pontos como o pagamento de horas de percurso (*in itinere*) e tentou, sem sucesso, reabrir uma discussão preliminar sobre uma suposta ação trabalhista anterior, na qual o empregado já teria feito um acordo com a empresa. (RR 17.758/2002-900-03-00.4).

O resultado do treinamento do brigadista deve ser avaliado.

Para tanto, preceitua a IT-17 que os integrantes da brigada de incêndio podem ser avaliados pelo Corpo de Bombeiros, durante as vistorias técnicas, de acordo com o anexo C de referida instrução técnica.

Nesta avaliação, o vistoriador deve escolher um brigadista e fazer 6 (seis) perguntas dentre as 23 (vinte e três) constantes do anexo C. O avaliado deve acertar no mínimo 3 (três) das perguntas feitas. Quando isto não ocorrer, deve ser avaliado outro brigadista e caso este também não acerte o mínimo estipulado acima, deve ser exigido um novo treinamento.

As questões do anexo C são a seguir transcritas.

Questionário de Avaliação de Brigadista

O presente questionário deve ser aplicado durante a realização das vistorias, aos integrantes da brigada de incêndio que constam no atestado fornecido. O bombeiro vistoriador deve assinalar CERTO, quando a resposta estiver correta e ERRADO, quando o brigadista errar ou não responder. As perguntas devem estar limitadas aos sistemas de proteção contra incêndio existentes na edificação.

1 — Quantas escadas de segurança existem na edificação?

☐ CERTO ☐ ERRADO

2 — As portas corta-fogo de uma escada de segurança podem permanecer abertas?

☐ CERTO ☐ ERRADO

3 — Onde se localiza a central de alarme?

☐ CERTO ☐ ERRADO

4 — Onde se localiza a central de iluminação de emergência?

☐ CERTO ☐ ERRADO

5 — Onde se localiza a central de detecção de incêndio?

☐ CERTO ☐ ERRADO

6 — Solicitado para que apontasse um detector de incêndio instalado na edificação:

☐ CERTO ☐ ERRADO

7 — Solicitado para que apontasse um acionador manual do sistema de alarme instalado na edificação:

☐ CERTO ☐ ERRADO

8 — Qual a cor da tubulação do sistema de hidrantes?

☐ CERTO ☐ ERRADO

9 — Solicitado que demonstrasse a forma de acionamento de um hidrante existente na edificação:

☐ CERTO ☐ ERRADO

10 — Solicitado que demonstrasse a forma de funcionamento do sistema de espuma por meio de aparelho entre linhas, esguicho proporcionador ou câmara de aplicação:

☐ CERTO ☐ ERRADO

11 — Cite três elementos que formam o tetraedro do fogo:

☐ CERTO ☐ ERRADO

12 — Quais são os métodos de extinção do fogo?

☐ CERTO ☐ ERRADO

13 — Qual o tipo de extintor existente na edificação ideal para combater incêndio classe A?

☐ CERTO ☐ ERRADO

14 — Qual o tipo de extintor existente na edificação ideal para combater incêndio classe B?

☐ CERTO ☐ ERRADO

15 — Qual o tipo de extintor existente na edificação ideal para combater incêndio classe C?

☐ CERTO ☐ ERRADO

16 — Solicitado que demonstrasse a forma de utilização de um extintor de incêndio existente na edificação:

☐ CERTO ☐ ERRADO

17 — Qual o telefone para acionamento do Corpo de Bombeiros?

☐ CERTO ☐ ERRADO

18 — Qual a seqüência para análise primária de uma vítima?

☐ CERTO ☐ ERRADO

19 — Como deve ser a RCP em um adulto atendido por um único socorrista?

☐ CERTO ☐ ERRADO

20 — Onde se localiza a chave geral de energia elétrica da edificação?

☐ CERTO ☐ ERRADO

21 — Perguntado sobre os procedimentos de teste do funcionamento do sistema de chuveiros automáticos:

☐ CERTO ☐ ERRADO

22 — Qual o procedimento para se efetuar a troca de um bico de chuveiro automático?

☐ CERTO ☐ ERRADO

23 — Como é o acionamento manual do sistema fixo de gás (CO_2 ou outros)?

☐ CERTO ☐ ERRADO

Ocupação: ______________________ End.: ______________________

N. Vistoria: ________________ N. Proposta: ___________

Nome do avaliado (1) ______ N. de acertos ____ ( ) aprovado ( ) reprovado
Nome do avaliado (2) ______ N. de acertos ____ ( ) aprovado ( ) reprovado

Data: ___/___/___

______________________	______________________
Avaliado (1)	Avaliado (2)
______________________	______________________
Vistoriador (Avaliador)	Testemunha

24.10.5. Reuniões

As reuniões dos membros da brigada de incêndio podem ser *ordinárias* ou *extraordinárias*, sendo que as primeiras deverão ocorrer mensalmente e as segundas quando houver sinistro ou risco iminente.

Ambos os tipos de reuniões devem ter seu conteúdo consignado em ata.

24.10.6. Providências complementares

Preceitua ainda a NBR 14276 algumas providências complementares, dentre as quais as obrigações de identificação dos brigadistas, que deverão portar *botton* ou crachá de identificação, a existência de meios de comunicação entre os pavimentos através de rádio, telefone, alto-falante, etc; bem como com relação ao Corpo de Bombeiros.

Dispõe, outrossim, sobre a previsão de ponto de encontro entre os brigadistas, a existência de grupos de apoio e as recomendações gerais em caso de incêndio.

24.10.7. Exercícios simulados

Deve ser realizado, a cada 6 meses, no mínimo, um exercício simulado no estabelecimento ou local de trabalho com participação de toda a população. Imediatamente após o simulado, deve ser realizada uma reunião extraordinária para avaliação e correção das falhas ocorridas. Deve ser elaborada ata na qual conste:

a) horário do evento;

b) tempo gasto no abandono;

c) tempo gasto no retorno;

d) tempo gasto no atendimento de primeiros socorros;

e) atuação da brigada;

f) comportamento da população;

g) participação do Corpo de Bombeiros e tempo gasto para sua chegada;

h) ajuda externa (PAM — Plano de Auxílio Mútuo);

i) falhas de equipamentos;

j) falhas operacionais;

k) demais problemas levantados na reunião.

24.11. Plano de intervenção de incêndio

Para alguns tipos de edificação, normalmente de maior risco, o Decreto Estadual 46.076/01 exige a elaboração de um plano de intervenção de incêndio, composto por análise preliminar dos riscos, planilha de levantamento de dados e planta de risco.

A matéria vem disciplinada na IT-16 do CBPMESP.

A análise preliminar de riscos é o estudo prévio sobre a existência de riscos, elaborado durante a concepção e o desenvolvimento de um projeto ou sistema.

Devem-se levantar os riscos existentes na edificação, montando-se a planilha de levantamento de dados, juntamente com a planta de risco, em formato A2, A3 ou A4, em escala padronizada, indicando:

a) principais riscos;

b) paredes corta-fogo e de compartimentação;

c) hidrantes externos;

d) número de pavimentos;

e) registro de recalque;

f) reserva de incêndio;

g) armazenamento de produtos perigosos;

h) vias de acesso às Viaturas do Corpo de Bombeiros;

i) hidrantes públicos próximos da edificação (se houver).

Uma cópia da planta de risco deve permanecer num local como portaria, acesso principal ou recepção, de forma que seja acessível às guarnições do Corpo de Bombeiros, em caso de emergências.

A partir do levantamento de dados e do mapeamento das áreas de risco, é elaborado o Plano de Intervenção de Incêndio.

O Plano de Intervenção de Incêndio consiste num planejamento prévio para a provável ocorrência de uma emergência e visa a facilitar o reconhecimento da edificação por parte das equipes de emergência. Por meio do plano de intervenção de incêndio, busca-se garantir:

a) a segurança da população do edifício;

b) a segurança da população das edificações vizinhas;

c) a segurança dos profissionais responsáveis pelo socorro, no caso de haver um incêndio;

d) o controle da propagação de incêndios;

e) a proteção do meio ambiente.

O Plano de Intervenção de Incêndio de uma edificação contém os seguintes dados:

a) Planilha de levantamento de dados, conforme item 5.2.2;

b) descrição das possíveis causas de incêndio;

c) as ações a serem tomadas pelos responsáveis pelo uso e funcionários;

d) a orientação aos usuários temporários;

e) os itinerários mais indicados para as viaturas do Corpo de Bombeiros;

f) outros dados julgados necessários, a critério do Corpo de Bombeiros.

Uma vez elaborado e ratificado pelo Corpo de Bombeiros, o plano é arquivado em três vias:

a) uma via no processo de proteção contra incêndio;

b) uma via no posto de Bombeiros mais próximo da edificação; e

c) uma via no acesso principal da edificação.

O Plano de Intervenção de Incêndio deve ser ensinado à população permanente da edificação. Durante o período de validade do Auto de Vistoria do Corpo de Bombeiros recomenda-se que se realize, no mínimo, um simulado com a participação integrada da brigada de emergências da edificação e do Corpo de Bombeiros.

24.12. Classes de fogo — Extinção — Espécies de extintores

Como dito anteriormente, a classificação dos tipos de incêndio é feita conforme o material combustível. Tal esquematização ocorre com a finalidade de facilitação do estudo e identificação imediata por terceiros dos extintores apropriados.

A classificação está disposta conforme a tabela seguinte:

Classe de fogo	Material Combustível	Método de extinção	Simbologia	TIPO DE EXTINTOR UTILIZÁVEL			
				Água	Espuma	CO_2	Pó químico
A	materiais de fácil combustão com a propriedade de queimarem em sua superfície e profundidade, e que deixam resíduos, como: tecidos, madeira, papel, fibra, etc.;	Resfriamento		SIM	SIM	NÃO	NÃO
B	produtos que queimem somente em sua superfície, não deixando resíduos, como óleo, graxas, vernizes, tintas, gasolina, etc	Abafamento		NÃO (*)	SIM	SIM	SIM
C	Equipamentos elétricos energizados como motores, transformadores, quadros de distribuição, fios, etc.	Interrupção de corrente elétrica		NÃO	NÃO	SIM	SIM
D	Elementos pirofóricos como magnésio, zircônio, titânio	Abafamento		NÃO	NÃO	NÃO	SIM

(*) não se admite o jateamento de água, mas sim sua pulverização sob forma de neblina.

Vistos o emprego dos agentes extintores conforme as classes de fogo, analisaremos a seguir os aparelhos extintores.

Os aparelhos extintores se classificam em categorias segundo os agentes que se utilizam para a interrupção da combustão. Como visto, normalmente utilizam-se a água pressurizada, o gás carbônico, a espuma e o pó químico seco. Tais substâncias são denominadas de agentes extintores.

Podem os aparelhos extintores se apresentar sob a forma de aparelhos portáteis ou serem constituídos na forma de carretas, atrelados a equipamento com rodas para sua movimentação, conforme ilustração seguinte. Qualquer que seja o caso, nos estabelecimentos só devem ser utilizados extintores de incêndio que estejam de acordo com as normas do INMETRO (item 23.11.1 da NR-23).

Preceitua o item 23.12.1 da NR-23 que todos os estabelecimentos, mesmo os dotados de chuveiros automáticos, deverão ser providos de extintores portáteis, a fim de combater o fogo em seu início. Tais aparelhos devem ser apropriados à classe do fogo a extinguir.

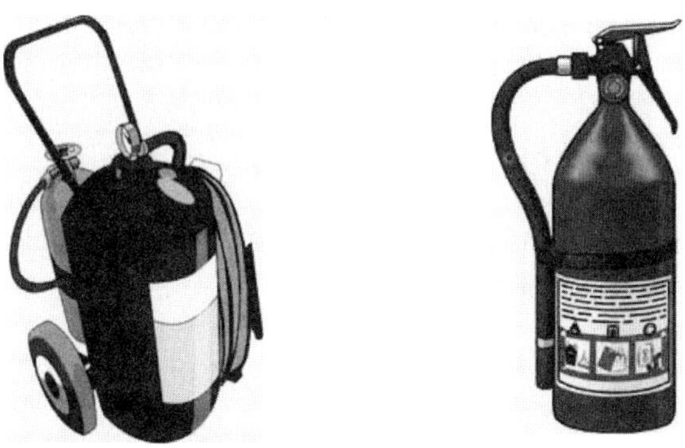

Ilustração 24.12.1: À esquerda, exemplo de extintor tipo carreta. À direita, extintor portátil

A NR-23 não tece maiores comentários a respeito dos extintores sobre rodas. Essa espécie de extintor encontra disciplina mais detalhada na Instrução Técnica 21 do CBPMESP.

Nos termos desta última norma, as distâncias máximas a serem percorridas pelo operador de extintores sobre rodas devem ser acrescidas da metade dos valores estabelecidos para as distâncias entre os extintores portáteis.

Não é permitida a proteção de edificações ou áreas de risco unicamente por extintores sobre rodas, admitindo-se, no máximo, a proteção da metade da área total correspondente ao risco, considerando o complemento por extintores portáteis, de forma alternada entre extintores portáteis e sobre rodas na área de risco.

As capacidades mínimas dos extintores sobre rodas devem ser:

a) Carga d'água — 10-A;

b) Carga de espuma mecânica — 6-A : 80-B;

c) Carga de dióxido de carbono — 10-B : C;

d) Carga de pó BC — 80-B : C;

e) Carga de pó ABC — 6-A : 80-B : C.

O emprego de extintores sobre rodas somente é computado como proteção efetiva em locais que permitam o livre acesso.

Os extintores sobre rodas devem ser localizados em pontos estratégicos e sua área de proteção deve ser restrita ao piso em que se encontram.

A proteção por extintores sobre rodas deve ser obrigatória nas edificações onde houver manipulação e ou armazenamento de explosivos e líquidos inflamáveis ou combustíveis e em edificações com risco alto.

24.12.1. Extintor de incêndio portátil tipo água pressurizada

Trata-se de tipo de extintor de incêndio em que o agente extintor (água) é impulsionado através de jato, pela pressão de um gás inerte existente em seu interior. É indicado para os incêndios da Classe A, atuando por resfriamento. Entretanto, não deve ser utilizado nos incêndios da Classe C, uma vez que a água é boa condutora de corrente elétrica, ocasionando, assim, risco de choque elétrico.

Para a correta visualização de tal aparelho extintor, inserimos as imagens abaixo, com algumas instruções de utilização.

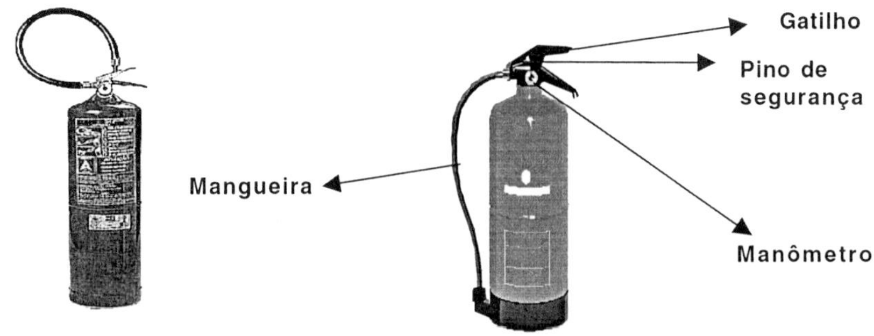

Instruções:

- Retirar o pino de segurança.
- Empunhar a mangueira e apertar o gatilho, dirigindo o jato para a base do fogo.
- Só usar em madeira, papel, fibras, plásticos e similares.
- Não usar em equipamentos elétricos.

Ilustração 24.12.2: Extintor tipo água pressurizada.

A extinção por meio de água recebe ainda outra disciplina nas normas regulamentadoras, visando à completa segurança do estabelecimento.

Desse modo, dispõe o item 23.10.1 da NR-23 que nos estabelecimentos industriais de 50 (cinqüenta) ou mais empregados, deve haver um aprisionamento conveniente de água sob pressão, a fim de, a qualquer tempo, extinguir os começos de fogo de Classe A.

Neste ponto, quis a NR-23 que os ambientes de trabalho com maior número de empregados, além dos extintores (que já possuem armazenamento interno de água) sejam também providos de suficiente aprisionamento hídrico, a fim de que se possa debelar eventual foco de incêndio mediante uso de outros aparelhos, como mangueiras próprias.

Para que a água seja utilizada é necessário que haja pontos de captação, para que se conecte instrumento próprio. Tais pontos de captação, nos dizeres do item 23.10.2 da NR-23, deverão ser facilmente acessíveis, e situados ou protegidos de maneira a não poderem ser danificados.

Preocupa-se ainda a norma com a eficácia do ponto de captação de água, para sua pronta utilização em caso de necessidade, razão pela qual o item 23.10.3 afirma que os pontos de captação de água e os encanamentos de alimentação deverão ser experimentados, freqüentemente, a fim de evitar o acúmulo de resíduos.

Por outro lado, estatui a NR-23 algumas proibições para a utilização da água na extinção de incêndios, quando no item 23.10.4 veda a utilização de água:[(12)]

a) nos fogos de Classe B, salvo quando pulverizada sob a forma de neblina;

b) nos fogos de Classe C, salvo quando se tratar de água pulverizada; e,

c) nos fogos de Classe D.

24.12.2. Extintor de incêndio portátil tipo espuma

Há duas espécies de extintor de espuma: o extintor de espuma química e o extintor de espuma mecânica.

O extintor de espuma química se constitui em tipo de aparelho extintor que se compõe de dois cilindros, sendo um interno, não visível externamente, onde há uma solução de sulfato de alumínio e um agente estabilizador (alcaçuz ou saponina), e um cilindro externo (o corpo do extintor, propriamente dito) onde há uma outra solução de água com bicarbonato de sódio.

Quando se inverte a posição do extintor, colocando-o de cabeça para baixo, ocorre reação química proveniente da mistura das duas soluções, tendo como produto uma grande e veloz formação de espuma.

A espuma supracitada atua principalmente por abafamento, sendo indicada para combater os incêndios da Classe B. Pode ser utilizado na Classe A, caso não se disponha do extintor de água pressurizada (item 23.13.1).

---

(12) Redação dada pela Portaria MTE n. 24, de 9/10/2001. Redação anterior dos tópicos: "a) nos fogos de Classe B, salvo quando pulverizada sob a forma de neblina, uma vez que, em se tratando de incêndio em líquidos inflamáveis, a água não é forma eficaz de combate, uma vez que possui densidade diversa do líquido combustível, com ele não se misturando, não efetuando, pois, seu resfriamento, acabando por espalhá-lo; b) nos fogos de Classe C, salvo quando se tratar de água pulverizada, uma vez que é boa condutora de corrente elétrica, podendo ocasionar choques; e, c) nos fogos de Classe D que devem ser extintos mediante emprego de agente extintor próprio".

Observa *Anderson Guimarães Pereira* que "a fabricação deste tipo de extintor portátil foi interrompida. Entretanto, alguns edifícios ainda o possuem, por não estar esgotada sua validade ".[13]

Para que o leitor entenda o que até agora foi dito, ilustramos as explicações com imagem em corte de extintor de espuma química, bem como com as instruções de seu uso.

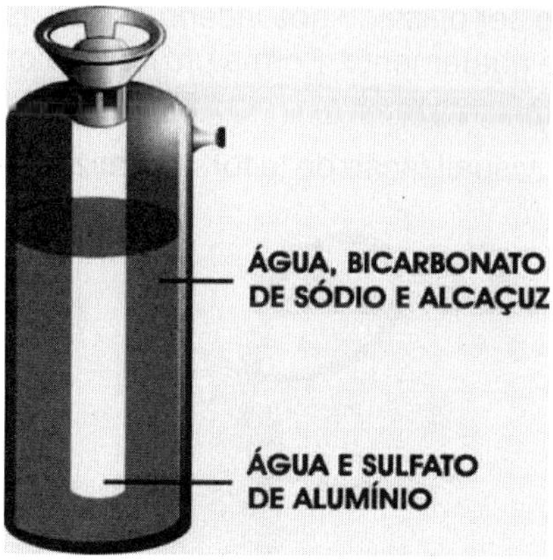

Ilustração 24.12.3: Extintor de espuma química (visão em corte)

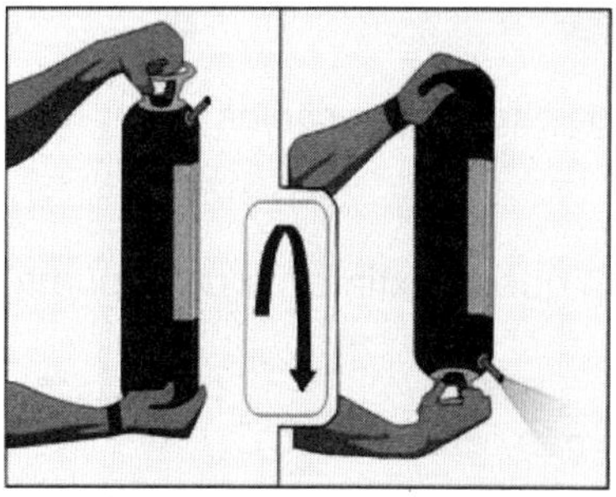

Instruções:

- Inverter o aparelho. O jato disparará automaticamente, e só cessará quando a carga estiver esgotada.
- Não usar em equipamentos elétricos.

Ilustração 24.12.4: Funcionamento de extintor de espuma química

(13) *Segurança contra incêndio.* São Paulo: EMTS Seguros Editora, p. 43.

Já o extintor de espuma mecânica, nos dizeres de *Anderson Guimarães Pereira*, tem como agente extintor espuma "formada a partir de líquidos (extratos) induzidos no fluxo de água, antes que estes entrem em contato com o ar. Aí se forma, finalmente, a espuma, por processo de batimento mecânico (no extintor isso ocorre por meio de esguicho) ou de agitação de jato d´água".[14]

Sua utilização é praticamente idêntica ao extintor de água pressurizada, devendo ser utilizado nos incêndios de Classe A ou B, agindo por resfriamento e abafamento. Forma um lençol sobre o material e não permite reignição.

Para melhor visualização do leitor, digitalizamos sua fotografia.

Ilustração 24.12.5: Extintor de espuma mecânica

Dispõe o item 23.14.5 da NR-23 que o extintor tipo "Espuma" deverá ser recarregado anualmente.

24.12.3. Extintor de incêndio portátil de gás carbônico (CO_2)

Trata-se de extintor em que o agente respectivo atua por abafamento, diminuindo a concentração de oxigênio no ponto em que se desenvolve o incêndio, por formar uma nuvem do gás inerte (CO_2) ao redor das chamas, asfixiando-a.

(14) *Op. cit.*, p. 42.

É recomendado para utilização nos incêndios das Classes B e C, especialmente em equipamentos eletroeletrônicos sensíveis (computadores, por exemplo) uma vez que não é corrosivo nem deixa resíduos.

Não é recomendado nos incêndios da Classe A, muito embora a NR-23 diga em seu item 23.13.2 que o extintor tipo "Dióxido de Carbono" a ser usado preferencialmente nos fogos das Classes B e C, possa ser usado também nos fogos de Classe A em seu início.

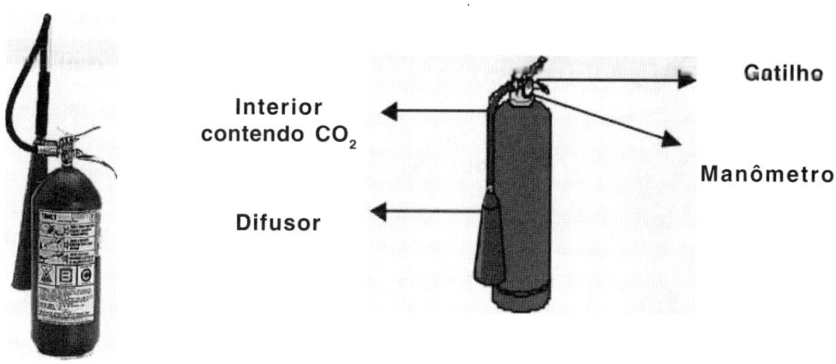

Ilustração 24.12.6: Extintor de gás carbônico.

Instruções:

- Retirar o pino de segurança quebrando o lacre.
- Acionar a válvula dirigindo o jato para a base do fogo.

Ilustração 24.12.7: Funcionamento de extintor de gás carbônico

24.12.4. Extintor de incêndio portátil de pó químico seco (PQS)

Trata-se de aparelho extintor que atua por abafamento, sendo muito eficaz para combater os incêndios das Classes B e C, devendo, neste último caso, ser evitado seu emprego em equipamentos elétricos sensíveis, já que o PQS é corrosivo e deixa resíduos que podem afetar o funcionamento desses equipamentos.

Nos termos da NR-23, item 23.13.3, o extintor tipo "Químico Seco" usar-se-á nos fogos das Classes B e C. As unidades de tipo maior de 60 a 150 kg deverão ser montadas sobre rodas. Nos incêndios Classe D, será usado o extintor tipo "Químico Seco", porém o pó químico será especial para cada material.

Ilustração 24.12.8: Funcionamento de extintor de pó químico seco.

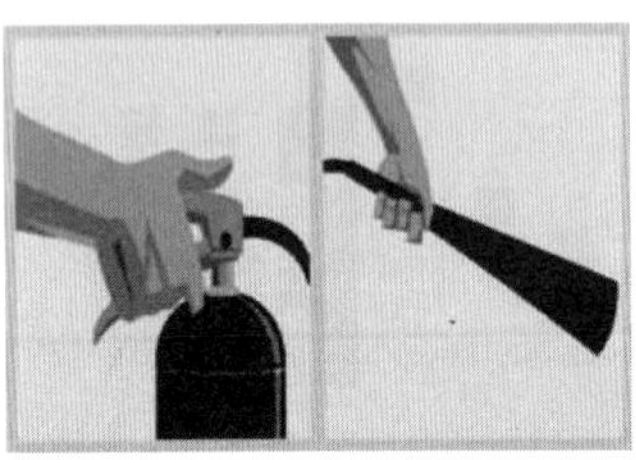

Instruções:

- Retirar o pino de segurança.
- Empunhar o difusor/mangueira.
- Atacar o fogo acionando o gatilho.
- Pode ser usado em qualquer tipo de incêndio.

Utilizar o pó químico em materiais eletrônicos, somente em último caso.

Ilustração 24.12.9: Funcionamento de extintor de pó químico seco.

A NR-23 não faz referência aos extintores de pó ABC (aplicáveis às três classes de incêndio referidas), havendo menção de tal espécie de agente extintor na IT-21 CBPMESP.

Nos termos do item 5.2.1.4.1 da IT-21 do CBPMESP, o extintor de pó ABC poderá substituir qualquer tipo de extintor de classes específicas A, B e C dentro de uma edificação ou área de risco.

24.12.5. Extintores de incêndio de pressão injetada

Além dos extintores acima previstos, cuja pressão interna atua de forma permanente para a expulsão do agente extintor, há ainda aqueles que atuam mediante pressão injetada, oriunda de cilindro de gás independente, ligado em sua estrutura.

Tais aparelhos possuem, fixados em sua parte externa, pequeno cilindro contendo o gás propelente, cuja válvula deve ser aberta no ato da utilização, a fim de pressurizar o ambiente interno do cilindro principal, permitindo o seu funcionamento.

Para que tenha o leitor maior visualização de tal espécie de aparelho, digitalizamos a seguir as imagens.

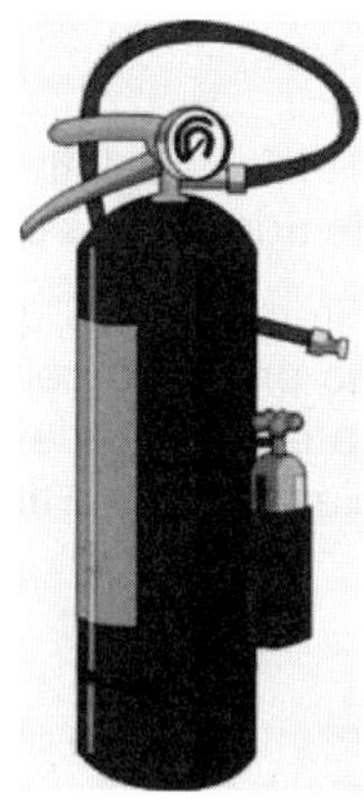

Ilustração 24.12.10: Extintor de pressão injetada, provido de cilindro contendo gás propelente.

Para tal espécie de aparelho, preceitua a NR-23 em seu item 23.14.4 que deverão ser pesados semestralmente. Se a perda de peso for além de 10% (dez por cento) do peso original, deverá ser providenciada a sua recarga.

24.13. Meios alternativos de extinção de incêndio

A enumeração dos aparelhos extintores acima mencionada é meramente exemplificativa. Isto porque, nos dizeres do item 23.13.5

da NR-23, outros tipos de extintores portáteis podem ser admitidos, desde que com a prévia autorização da autoridade competente em matéria de segurança do trabalho.

A norma ainda prevê outros métodos para a extinção de incêndios que não os extintores.

De fato, no item 23.13.6 prevê-se que método de abafamento por meio de areia (balde de areia) poderá ser usado como variante nos fogos das Classes B e D.

Por seu turno, o item 23.13.7 prevê que método de abafamento por meio de limalha de ferro fundido poderá ser usado como variante nos fogos Classe D.

24.14. Inspeção dos extintores

Ponto importante da NR-23 é o relativo à inspeção dos extintores, para que estejam plenamente adequados e prontos para uso imediato.

Inicialmente, dispõe o item 23.14.3 que cada extintor deverá ter uma etiqueta de identificação presa ao seu bojo, com data em que foi carregado, data para recarga e número de identificação. Essa etiqueta deverá ser protegida convenientemente a fim de evitar que esses dados sejam danificados.

Ilustração 24.14.1: Identificação dos extintores, datas de recarga e manutenção mediante aposição de etiqueta.

Tem-se utilizado na prática, ao invés da etiqueta de identificação em separado, presa ao corpo do extintor, a aposição de selo de conformidade colado à sua estrutura, conferido por órgão credenciado do Sistema Brasileiro de Certificação ou por empresa de manutenção certificada em tal sistema.

A primeira inspeção dos extintores deve ser *visual* e *mensal*, nos termos do item 23.14.2 da NR-23, que determina que cada extintor deverá ser inspecionado visualmente a cada mês, examinando-se o seu aspecto externo, os lacres, os manômetros, quando o extintor for do tipo pressurizado, verificando se o bico e válvulas de alívio não estão entupidos.

Preceitua o item 23.14.1 que todo extintor deverá ter uma ficha de controle de inspeção, conforme o modelo seguinte.

ANEXO DO ITEM 23.14

<table>
<tr><td colspan="3">MARCA:</td><td colspan="3">TIPO:</td><td>EXTINTOR N.:</td></tr>
<tr><td colspan="3">ATIVO FIXO:</td><td colspan="3">LOCAL:</td><td>ABNT N.:</td></tr>
<tr><td colspan="6">HISTÓRICO</td><td rowspan="2">Código e reparos</td></tr>
<tr><td>Data</td><td>Recebido</td><td>Inspecionado</td><td>Reparado</td><td>Instrução</td><td>Incêndio</td></tr>
<tr><td></td><td></td><td></td><td></td><td></td><td></td><td rowspan="2">1. Substituição de Gatilho</td></tr>
<tr><td></td><td></td><td></td><td></td><td></td><td></td></tr>
<tr><td></td><td></td><td></td><td></td><td></td><td></td><td rowspan="2">2. Substituição de Difusor</td></tr>
<tr><td></td><td></td><td></td><td></td><td></td><td></td></tr>
<tr><td></td><td></td><td></td><td></td><td></td><td></td><td rowspan="2">3. Mangote</td></tr>
<tr><td></td><td></td><td></td><td></td><td></td><td></td></tr>
<tr><td></td><td></td><td></td><td></td><td></td><td></td><td rowspan="2">4. Válvula de Segurança</td></tr>
<tr><td></td><td></td><td></td><td></td><td></td><td></td></tr>
<tr><td></td><td></td><td></td><td></td><td></td><td></td><td rowspan="2">5. Válvula Completa</td></tr>
<tr><td></td><td></td><td></td><td></td><td></td><td></td></tr>
<tr><td></td><td></td><td></td><td></td><td></td><td></td><td rowspan="2">6. Válvula Cilindro Adicional</td></tr>
<tr><td></td><td></td><td></td><td></td><td></td><td></td></tr>
<tr><td></td><td></td><td></td><td></td><td></td><td></td><td rowspan="2">7. Pintura</td></tr>
<tr><td></td><td></td><td></td><td></td><td></td><td></td></tr>
<tr><td></td><td></td><td></td><td></td><td></td><td></td><td rowspan="2">8. Manômetro</td></tr>
<tr><td></td><td></td><td></td><td></td><td></td><td></td></tr>
<tr><td></td><td></td><td></td><td></td><td></td><td></td><td rowspan="2">9. Teste Hidrostático</td></tr>
<tr><td></td><td></td><td></td><td></td><td></td><td></td></tr>
<tr><td></td><td></td><td></td><td></td><td></td><td></td><td rowspan="2">10. Recarregado</td></tr>
<tr><td></td><td></td><td></td><td></td><td></td><td></td></tr>
</table>

MARCA:			TIPO:			EXTINTOR N.:
ATIVO FIXO:			LOCAL:			ABNT N.:
HISTÓRICO						Código e reparos
Data	Recebido	Inspecionado	Reparado	Instrução	Incêndio	
						10. Recarregado
						11. Usado em Incêndio
						12. Usado em Instrução
						13. Diversos
	CONTROLE DE EXTINTORES					

O correto funcionamento dos extintores, segundo os termos da IT-21 do CBPMESP, pode ser verificado em vistoria pelo Corpo de Bombeiros, que poderá recolher amostras dos extintores para ensaio.

Para ensaio de funcionamento das amostras colhidas, devem ser convidadas as seguintes pessoas e/ou entidades:

- Proprietário do extintor;
- Empresa/fabricante que fez a última manutenção;
- Organismo de Certificação de Produto constante do selo do INMETRO;
- Instituto Nacional de Metrologia Normalização e Qualidade Industrial (INMETRO); e
- Instituto de Pesos e Medidas (IPEM).

O ensaio deve ser feito em data pré-estabelecida e não deve ultrapassar 30 dias da data da coleta das amostras.

As amostras para ensaio devem ser compostas de três extintores de cada tipo, escolhidos aleatoriamente entre todos existentes na edificação os quais devem ser lacrados na presença da pessoa da edificação que estiver acompanhando a vistoria.

Os extintores retirados para ensaio devem ser substituídos pelo Corpo de Bombeiros no ato da retirada, por extintores do mesmo tipo e de capacidade igual ou superior, a fim de não deixar a edificação desprotegida.

O ensaio deve ser feito nos três extintores de cada tipo, dos quais os três devem atender aos itens de desempenho estabelecidos nas NBRs específicas.

Os extintores ensaiados devem ser recarregados com recurso proveniente da taxa de vistoria cobrada pelo Corpo de Bombeiros e devolvidos à edificação para substituir os que lá foram deixados.

As edificações que possuírem as amostras de extintores reprovadas durante os ensaios, devem providenciar a manutenção ou substituição dos modelos dos extintores reprovados. Após este procedimento, devem ser coletadas novas amostras nos mesmos termos do ensaio anterior e solicitar nova vistoria.

Vencidos os 30 (trinta) dias, se novo pedido de vistoria for feito, devem ser seguidos os procedimentos estabelecidos para a primeira vistoria.

Finalizando o presente tópico, determina o item 23.14.6 da NR-23 que as operações de recarga dos extintores deverão ser feitas de acordo com normas técnicas oficiais vigentes no País. As normas respectivas poderão ser encontradas perante a Associação Brasileira de Normas Técnicas (ABNT), nas NBRs 12962, 10721, 11715, 11716, 11751, entre outras.

24.15. Quantidade de extintores

No que tange à quantidade de extintores por estabelecimento, possui a NR-23 algumas determinações a respeito, que demandam explicação.

Nesses termos, organizou-se a tabela da NR-23 a seguir trancrita, que, conforme a classificação do risco, definiu a área de abrangência territorial coberta por um número mínimo de extintores, denominando-a de *unidade extintora*. Esta é definida, nos termos do Decreto paulista n. 38.069, de 14 de dezembro de 1993, como a capacidade mínima convencionada de agente extintor, que cobre determinada área territorial.

Não se deve confundir, pois, aparelho extintor com unidade extintora, pois esta se refere a capacidades mínimas que devem conter os aparelhos para que possam proteger determinada área. Conforme a hipótese, uma unidade extintora poderá ser composta de um ou mais aparelhos extintores.

Para que se saiba, entretanto, quantos aparelhos extintores devem existir em cada estabelecimento, deve-se verificar cada caso concreto.

A NR-23 estabelece a quantidade de aparelhos extintores conforme o grau de risco, remetendo tal definição ao constante da lista de ocupações estabelecida na *Tarifa Seguro Incêndio do Brasil (TSIB)*, atualmente definida pelo *IRB — Brasil Resseguros S/A*.

Na TSIB se encontram elencadas as mais diversas atividades, separadas segundo o grau de risco respectivo, numerados em escala crescente de 01 a 13.

Conforme a escala numérica do grau de risco, entendeu a NR-23 em agrupá-las em três graus de risco: *A (risco pequeno)* — classes 1 e 2; *B (risco médio)* — classes 3 a 6; *C (risco grande)* — classes 7 a 13.[15]

Vejamos a questão com mais vagar.

Primeiramente, transcrevemos a tabela constante do item 23.15.1, que define que nas ocupações ou locais de trabalho, a quantidade de extintores será determinada pelas condições seguintes, estabelecidas para uma unidade extintora, conforme o item 23.16.

ÁREA COBERTA P/ UNIDADE DE EXTINTORES	RISCO DE FOGO	CLASSE DE OCUPAÇÃO)[(*)] Segundo Tarifa de Seguro Incêndio do Brasil — IRB [(*)]	DISTÂNCIA MÁXIMA A SER PERCORRIDA
500 m²	pequeno	"A" – 01 e 02	20 metros
250 m²	médio	"B" – 03[(16)], 04, 05 e 06	10 metros
150 m²	grande	"C" – 07, 08, 09, 10, 11, 12 e 13	10 metros

Para calcularmos o número de unidades extintoras (U.E.) necessárias, deveremos dividir a área total a ser protegida pela área coberta

(15) A mesma classificação consta da *Circular 006/92 — SUSEP* e do *Regulamento para concessão de descontos aos riscos que dispuserem de meios próprios de detecção e combate a incêndio (IRB).*

(16) Parece haver, salvo melhor juízo, pequeno equívoco neste número, quando apresentado pela NR-23, uma vez que consta, ao invés do número 03 (três), o número 02 (dois), fato que colocaria empresas classificadas como grau de risco 02 na TSIB como constantes na classe A e B, simultaneamente. Na *Circular 006/92 — SUSEP* e no *Regulamento para concessão de descontos aos riscos que dispuserem de meios próprios de detecção e combate a incêndio (IRB)*, tal equívoco não ocorre, constando o grau de risco 03 (três).

pela unidade extintora (área total / área protegida pela unidade extintora), conforme a tabela acima.

Imaginemos, assim, duas empresas que possuam área total de 500 m^2. A primeira classificada com grau de risco 1 (A) e a segunda como grau de risco 5 (B).

Nesses termos, a primeira empresa, que possui grau de risco 1, definido pela TSIB (classe A — risco pequeno), terá sua unidade extintora cobrindo uma área de 500 m^2 (a totalidade de sua superfície), necessitando de uma única unidade (500/500 = 1).

Já a segunda empresa, tendo grau de risco 5 (B — risco médio), terá sua unidade extintora cobrindo 250 m^2 (metade de sua área geográfica), tendo que possuir duas unidades extintoras (500/250 = 2) para a cobertura de toda sua extensão.

Caso, entretanto, uma empresa classificada como de grau de risco 1 (A) possua uma área de 800 m^2 (800/500 = 1,6), como dimensionará sua unidade extintora, uma vez que uma unidade seria insuficiente para a cobertura de toda sua extensão, e duas unidades cobririam área maior?

Muito embora a norma não defina, entendemos que no caso em tela devam-se constituir duas unidades extintoras, ainda que abrangendo área maior do que a totalidade do terreno. Isto porque não podendo haver área não coberta, a única solução cabível é o dimensionamento maior do que o necessário.

Ponto omisso na NR-23 quando da definição de unidade extintora é o relativo à sua constituição geral ou por pavimento. Entendemos que a constituição deva ser por pavimento, nos termos em que é definido no item 23.15.1.1 a quantidade mínima de extintores.

Definido o número de unidades extintoras, pode-se saber a quantidade e a capacidade dos aparelhos extintores necessários nos termos da tabela seguinte.

SUBSTÂNCIAS	CAPACIDADE DOS EXTINTORES	NÚMERO DE EXTINTORES QUE CONSTITUEM UNIDADE EXTINTORA
Espuma	10 litros 5 litros	1 2
Água Pressurizada ou Água Gás	10 litros	1 2

SUBSTÂNCIAS	CAPACIDADE DOS EXTINTORES	NÚMERO DE EXTINTORES QUE CONSTITUEM UNIDADE EXTINTORA
Gás Carbônico (CO_2)	6 quilos 4 quilos 2 quilos 1 quilo	1 2 3 4
Pó Químico Seco	4 quilos 2 quilos 1 quilo	1 2 3

Sem prejuízo da tabela acima, a NR-23 determina em seu item 23.15.1.1 que a quantidade mínima e geral para todos os estabelecimentos, independentemente da área ocupada, seja de pelo menos 2 (dois) extintores para cada pavimento.

A IT-21 CBPMESP disciplina a matéria de forma ligeiramente diferente da NR-23.

Primeiramente, define que cada pavimento deve possuir, no mínimo, duas unidades extintoras, sendo uma para incêndio classe A e outra para incêndio classe B e C. É permitida a instalação de duas unidades extintoras iguais de Pó ABC.

É permitida, entretanto, a instalação de uma única unidade extintora de Pó ABC em edificações ou risco com área construída inferior a 50 m^2.

A capacidade extintora mínima de cada tipo de extintor portátil, para que se constitua uma unidade extintora deve ser:

a) Carga d'água: um extintor com capacidade extintora de, no mínimo, 2-A;

b) Carga de espuma mecânica: um extintor com capacidade extintora de, no mínimo, 2-A: 10-B;

c) Carga de Dióxido de Carbono (CO_2): um extintor com capacidade extintora de, no mínimo, 5-B: C;

d) Carga de Pó BC: um extintor com capacidade extintora de, no mínimo, 20-B: C;

e) Carga de Pó ABC — um extintor com capacidade extintora de, no mínimo, 2-A: 20-B: C;

f) Carga de compostos halogenados: um extintor com capacidade extintora de, no mínimo, 5-B: C.

Outro ponto interessante, constante da antepenúltima tabela é o referente à distância máxima a ser percorrida pelo usuário ou operador entre os aparelhos extintores (20 m — risco pequeno; 10 m — risco médio; 10 m — risco grande).

Dessa forma, os extintores devem ser instalados de forma que suas distâncias não superem referidos valores.

A IT-21 CBPMESP dispõe que os extintores devem ser distribuídos de tal forma que o operador não percorra mais que:

a) Risco baixo — 25 m;

b) Risco médio — 20 m;

c) Risco alto — 15 m.

24.16. Localização e sinalização dos extintores

Como regra geral, consigna a NR-23 no item 23.17.1 que os extintores deverão ser colocados em locais:

a) de fácil visualização;

b) de fácil acesso;

c) onde haja menos probabilidade de o fogo bloquear o seu acesso.

A seguir passa a NR-23 a definir alguns requisitos para a melhor visualização do aparelho extintor pelo usuário e para facilitação do acesso.

Nesses termos é que o item 23.17.2 determina que os locais destinados aos extintores devem ser assinalados por um círculo vermelho ou por uma seta larga, vermelha, com bordas amarelas.

Já no item 23.17.3 aduz que deverá ser pintada de vermelho uma larga área do piso embaixo do extintor, a qual não poderá ser obstruída por forma nenhuma. Essa área deverá ser no mínimo de 1,00 m x 1,00 m (um metro x um metro, ou 1 m^2).

Finalmente, no item 23.17.4, diz que os extintores não deverão ter sua parte superior a mais de 1,60 m (um metro e sessenta centímetros) acima do piso.

A norma não determina a altura mínima em que deve estar o extintor de incêndio, tornando possível, ao que parece, que o aparelho portátil seja colocado imediatamente sobre o solo.

Não obstante, encontramos na IT-21 CBPMESP a recomendação de altura de fixação mínima de 0,20 m do solo (instalação em parede para pisos acabados), e entre 0,10 m e 0,20 m do solo (instalação em suporte para pisos acabados), com relação à parte inferior do extintor portátil.

Resumindo as determinações da norma, temos as seguintes circunstâncias, presentes na ilustração abaixo.

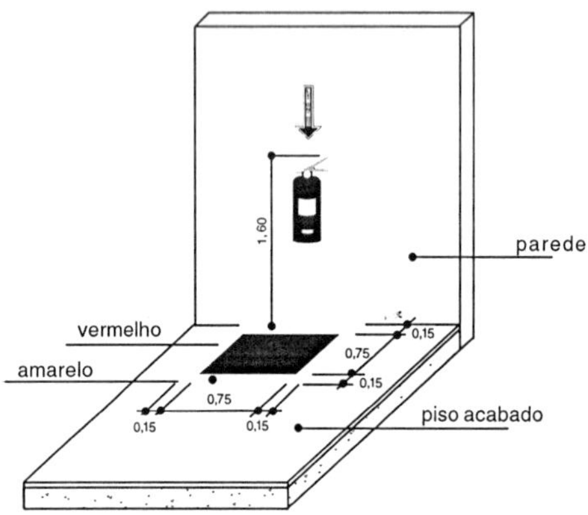

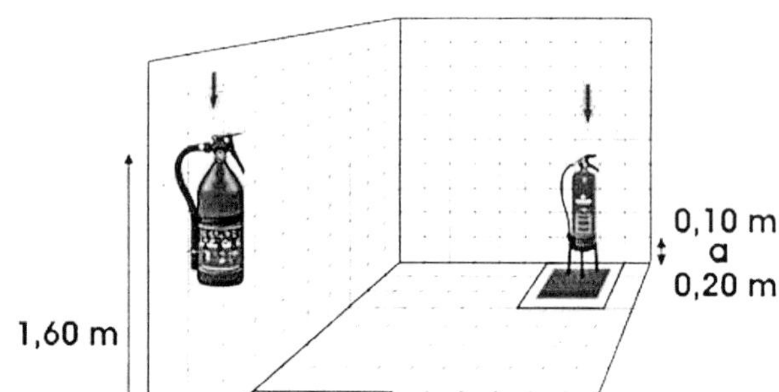

Ilustração 24.16.1: Instalação de extintores, sinalização e medidas (figura superior de acordo com a IT-02 CBMESP).

Note-se que, segundo a IT-20 CBPMESP, a sinalização de piso para extintores e hidrantes somente é exigível quando estiverem instalados em garagem, área de fabricação, depósito e locais utilizados para movimentação de mercadorias e de grande varejo, ao contrário do que determina a NR-23.

Quanto aos baldes, determina a NR-23 que estes não deverão ter seus rebordos (parte superior) a menos de 0,60 m (sessenta centímetros) nem a mais de 1,50 m (um metro e cinqüenta centímetros) acima do piso.

Garantindo o livre acesso ao aparelho, dispõe a NR-23 em seu item 23.17.5 que os extintores não deverão ser localizados nas paredes das escadas.

Na prática, entretanto, não é incomum verificarmos o descumprimento da regra, como ilustramos a seguir.

Ilustração 24.16.2: Situação real de extintor em parede de escada (vedada pela NR-23).

No item 23.17.6, determina a NR-23 que os extintores sobre rodas deverão ter garantido sempre o livre acesso a qualquer ponto da fábrica.

Com o mesmo intuito, o item 23.17.7 determina que os extintores não poderão ser encobertos por pilhas de materiais.

24.17. Hidrantes

A NR-23 não tece maiores comentários sobre hidrantes. A respeito do tema há disciplina específica na Instrução Técnica 22 (IT-22) do Corpo de Bombeiros do Estado de São Paulo (CBPMESP).

Um hidrante pode ser conceituado como um ponto de tomada de água onde há uma (simples) ou duas (duplo) saídas contendo válvulas angulares com seus respectivos adaptadores, tampões, mangueiras de incêndio e demais acessórios, na forma representada pela figura seguinte.

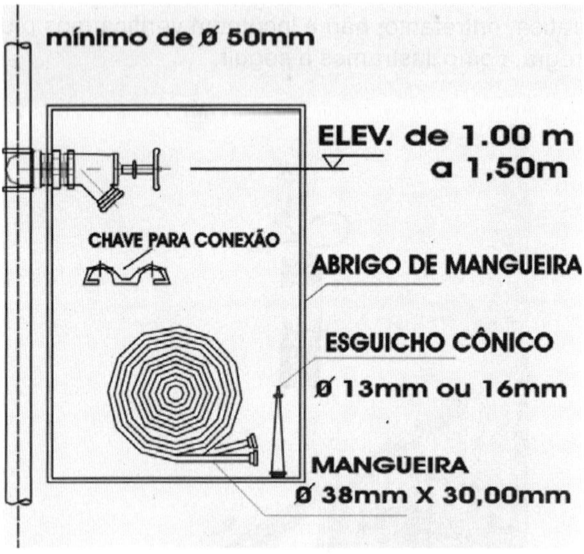

Ilustração 24.17.1: Esquema representativo de hidrante (de acordo com a IT-02 CBPMESP).

Como se verifica na figura anterior, os hidrantes são compostos por registros (gaveta, ângulo aberto e recalque), válvula de retenção, esguichos, etc.

Além disso, é parte essencial do sistema a tubulação responsável pela condução da água, cujos diâmetros são determinados por cálculo hidráulico. As tubulações destinadas à alimentação dos hidrantes e de mangotinhos não podem passar pelos poços de elevadores ou dutos de ventilação, quando reduzir a área efetiva.

Nem todas as edificações necessitam de hidrantes, mas tão-somente aquelas cuja obrigatoriedade esteja descrita nas tabelas do Decreto 46.076/2001 do Estado de São Paulo, anteriormente mencionadas.

Baseada em tal classificação, e nos vários tipos de hidrantes a IT-22 CBPMESP estabeleceu os requisitos mínimos destes e a reserva de incêndio (R.I.)[17] específica conforme cada tipo de edificação, nos termos das tabelas seguintes.

Tipo de sistemas e volume de reserva de incêndio mínima (m^3)

Área das edificações e áreas de risco	CLASSIFICAÇÃO DAS EDIFICAÇÕES E ÁREAS DE RISCO CONFORME TABELA 1 DO DECRETO ESTADUAL 46.076/01				
	A-2, A-3, C-1, D-1 (até 300 MJ/m^2), D-2, D-3 (até 300 MJ/m^2), D-4 (até 300 MJ/m^2), E-1, E-2, E-3, E-4, E-5, E-6, F-1 (até 300 MJ/m^2), F-2, F-3, F-4, F-8, G-1, G-2, G-3, G-4, H1, H-2, H-3, H-5, H-6; I-1, J-1, J-2 e M-3		D-1 (acima de 300 MJ/ m^2), D-3 (acima de 300 MJ/ m^2), D-4 (acima de 300 MJ/ m^2); B-1; B-2; C-2 (acima de 300 até 800 MJ/m^2), C-3, F-5, F-6, F-7, F-9, H-4, I-2 (acima de 300 até 800 MJ/m^2), J-2 e J-3 (acima de 300 até 800 MJ/m^2)	C-2 (acima de 800 MJ/m^2), F-1 (acima de 300 MJ/m^2); F-10, G-5, I-2 (acima de 800 MJ/m^2), J-3 (acima de 800 MJ/m^2), L-1 e M-1	I-3, J-4, L-2 e L-3
Até 2.500 m^2	Tipo 1 R.I. 5 m^3	Tipo 2 R.I. 8 m^3	Tipo 3 R.I. 12 m^3	Tipo 3 R.I. 16 m^3	Tipo 3 R.I. 20 m^3
Acima de 2.500 até 5.000 m^2	Tipo 1 R.I. 8 m^3	Tipo 2 R.I. 12 m^3	Tipo 3 R.I. 18 m^3	Tipo 4 R.I. 25 m^3	Tipo 4 R.I. 35 m^3
Acima de 5.000 até 10.000 m^2	Tipo 1 R.I. 12 m^3	Tipo 2 R.I. 18 m^3	Tipo 3 R.I. 25 m^3	Tipo 4 R.I. 35 m^3	Tipo 5 R.I. 55 m^3
Acima de 10.000 até 20.000 m^2	Tipo 1 R.I. 18 m^3	Tipo 2 R.I. 25 m^3	Tipo 3 R.I. 35 m^3	Tipo 5 R.I. 48 m^3	Tipo 5 R.I. 80 m^3
Acima de 20.000 até 50.000 m^2	Tipo 1 R.I. 25 m^3	Tipo 2 R.I. 35 m^3	Tipo 3 R.I. 48 m^3	Tipo 5 R.I. 70 m^3	Tipo 5 R.I. 110 m^3
Acima de 50.000 m^2	Tipo 1 R.I. 35 m^3	Tipo 2 R.I. 47 m^3	Tipo 3 R.I. 70 m^3	Tipo 5 R.I. 100 m^3	Tipo 5 R.I. 140 m^3

Nota: Para divisão **M-2** adotar o item 5.18.1 da IT-22.

(17) Por reserva de incêndio deve-se entender um volume de água destinado exclusivamente ao combate a incêndio

Componentes para cada hidrante simples ou mangotinho

Materiais	Tipos de Sistemas				
	1	2	3	4	5
Abrigo(s)	Sim	Sim	Sim	Sim	Sim
Mangueira(s) de incêndio	Não	Sim	Sim	Sim	Sim
Chaves para hidrantes, engate rápido	Não	Sim	Sim	Sim	Sim
Esguicho(s)	Sim	Sim	Sim	Sim	Sim
Mangueira semi-rígida	Sim	Não	Não	Não	Não

Vários são os tipos de hidrantes, dentre os quais citamos os seguintes:

- **Hidrante de coluna:** Aparelho ligado à rede pública de distribuição de água, que permite a adaptação de bombas e/ou mangueiras para o serviço de extinção de incêndios;
- **Hidrante de parede:** Ponto de tomada de água, instalado na rede particular, embutido em parede, podendo estar no interior de um abrigo de mangueira. Os abrigos podem ser construídos de materiais metálicos, de madeira, de fibra ou de vidro, podendo ser pintados em qualquer cor, desde que sinalizados com a palavra "hidrante", além da sinalização dos equipamentos de proteção contra incêndio, constantes da Instrução Técnica n. 20 — Sinalização de Emergência. Os abrigos de mangueiras ou de mangotinhos não devem ser instalados a mais de 5 m da expedição da tubulação, devendo estar em local visível e de fácil acesso. Não é permitido abrigo trancado à chave;
- **Hidrante para sistema de espuma:** Equipamento destinado a alimentar com água ou solução de espuma as mangueiras para combate a incêndio;
- **Hidrante urbano:** Ponto de tomada de água provido de dispositivo de manobra (registro) e união de engate rápido, ligado à rede pública de abastecimento de água, podendo ser emergente (de coluna) ou subterrâneo (de piso).

Os componentes de um sistema de hidrantes são:

1) reservatório de água, que pode ser subterrâneo, ao nível do piso elevado;

2) sistema de pressurização.

O sistema de pressurização consiste normalmente em uma bomba de incêndio, dimensionada a propiciar um reforço de pressão e vazão, conforme o dimensionamento hidráulico de que o sistema necessitar (figura seguinte).

Ilustração 24.17.2: Bomba de incêndio e acessórios hidráulicos (de acordo com a IT-02 CBPMESP).

Quando os desníveis geométricos entre o reservatório e os hidrantes são suficientes para propiciar a pressão e vazão mínima requeridas ao sistema, as bombas hidráulicas são dispensadas.

Seu volume deve permitir uma autonomia para o funcionamento do sistema, que varia conforme o risco e a área total do edifício.

O Corpo de Bombeiros, em sua intervenção a um incêndio, pode utilizar a rede de hidrantes (principalmente nos casos de edifícios altos). Para que isto ocorra, os hidrantes devem ser instalados em todos os andares, em local protegido dos efeitos do incêndio, nas proximidades das escadas de segurança.

A canalização do sistema de hidrante deve ser dotada de um prolongamento até o exterior da edificação de forma que possa permitir, quando necessário, recalcar água para o sistema pelas viaturas do Corpo de Bombeiros.

O registro de recalque, assim definido como o dispositivo para uso do Corpo de Bombeiros, que permite o recalque de água para o sistema, podendo ser localizado no interior da propriedade quando o acesso do Corpo de Bombeiros estiver garantido, é representado na figura seguinte.

Ilustração 24.17.3: Registro de recalque (de acordo com a IT-02 CBPMESP).

É vedada a instalação do dispositivo de recalque em local destinado ao estacionamento de veículos.

O dimensionamento do sistema é projetado:

1) de acordo com a classificação de carga de incêndio que se espera;

2) de forma a garantir uma pressão e vazão mínima nas tomadas de água (hidrantes) mais desfavoráveis;

3) que assegure uma reserva de água para que o funcionamento de um número mínimo de hidrantes mais desfavoráveis, por um determinado tempo.

Processo similar e alternativo aos hidrantes é o sistema de mangotinhos, que segue, no que couber, as normas e requisitos acima traçados. Sua representação é trazida na figura seguinte.

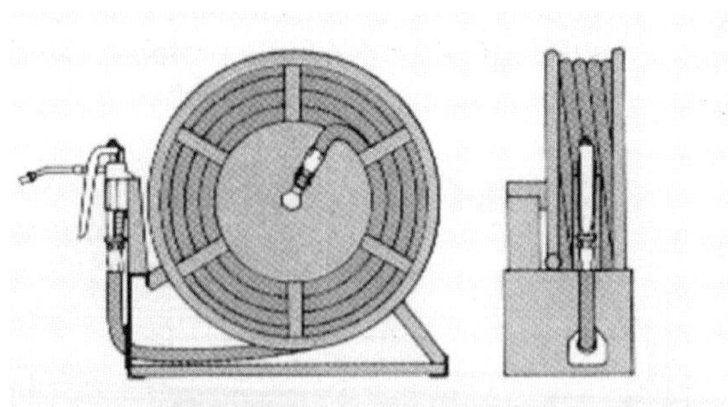

Ilustração 24.17.4: Sistema de mangotinhos (de acordo com a IT-02 CBPMESP).

Os mangotinhos apresentam a grande vantagem de poderem ser operados de maneira rápida por uma única pessoa. Devido a vazões baixas de consumo, seu operador pode contar com grande autonomia do sistema.

Por esses motivos os mangotinhos são recomendados pelos bombeiros, principalmente nos locais onde o manuseio do sistema é executado por pessoas não habilitadas (p.ex.: uma dona de casa em um edifício residencial).

O dimensionamento do sistema de mangotinhos é idêntico ao do sistema de hidrantes.

24.18. Chuveiros

O sistema de chuveiros automáticos (também denominados de *sprinklers*) pode ser conceituado como o conjunto integrado de tubulações, acessórios, abastecimento de água, válvulas e dispositivos sensíveis à elevação de temperatura, de forma a processar água sobre o foco de incêndio em uma densidade adequada para extingui-lo ou controlá-lo em seu estágio inicial.

Referido sistema é composto por suprimento d'água em uma rede hidráulica sob pressão, agindo por meio de dispositivos de aspersão (chuveiros automáticos), operando o conjunto através de um elemento termo-sensível, que se rompe por ação do calor proveniente do foco de incêndio, permitindo a descarga d'água sobre os materiais em chamas.

O sistema de chuveiros automáticos para extinção a incêndios possui grande confiabilidade, e se destina a proteger diversos tipos de edifícios. Representamos a seguir suas instalações.

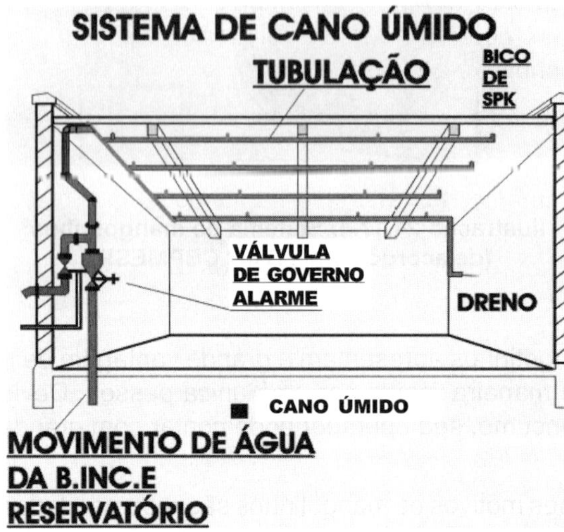

Ilustração 24.18.1: Instalação de chuveiros automáticos (de acordo com a IT-02 CBPMESP).

Nem todas as edificações terão necessidade de possuir tal sistema, mas tão-somente aquelas cuja exigência, no Estado de São Paulo, está presente nas tabelas respectivas do Decreto 46.076/01.

Deve ser utilizado em situações:

1) quando a evacuação rápida e total do edifício é impraticável e o combate ao incêndio é difícil;

2) quando se deseja projetar edifícios com pavimentos com grandes áreas sem compartimentação.

Pode-se dizer que, via de regra, o sistema de chuveiros automáticos é a medida de proteção contra incêndio mais eficaz quando a água for o agente extintor mais adequado.

De sua performance, espera-se que:

1) atue com rapidez;

2) extinga o incêndio em seu início;

3) controle o incêndio no seu ambiente de origem, permitindo aos bombeiros a extinção do incêndio com relativa facilidade.

Alguns fatores influenciam o tempo de disparo do chuveiro automático, tais como o pé-direito do local (altura livre do pavimento ao teto) e a distância do chuveiro ao teto.

Com relação aos chuveiros automáticos, a NR-23 dispõe em dois itens.

Primeiramente, no item 23.10.5, quando visando a garantir o pronto uso dos equipamentos, diz que os chuveiros automáticos ("sprinklers") devem ter seus registros sempre abertos e só poderão ser fechados em caso de manutenção ou inspeção, com ordem do responsável por tais atividades.

Após, no item 23.10.5.1 procura a NR-23 garantir a eficácia do dispositivo quando em uso, determinando a existência de um *espaço livre* de pelo menos 1,00 m (um metro) *abaixo* e *ao redor* dos pontos de saída dos chuveiros automáticos ("sprinklers"), a fim de assegurar a dispersão eficaz da água e o espaço necessário de inundação, como ilustrado na figura abaixo.

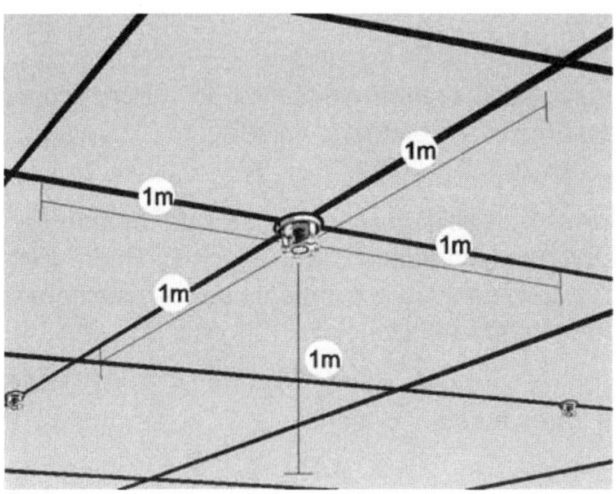

Ilustração 24.18.2: Chuveiro automático e as distâncias mínimas segundo a NR-23.

As distâncias e tubulações respectivas podem ser ainda visualizadas na ilustração seguinte.

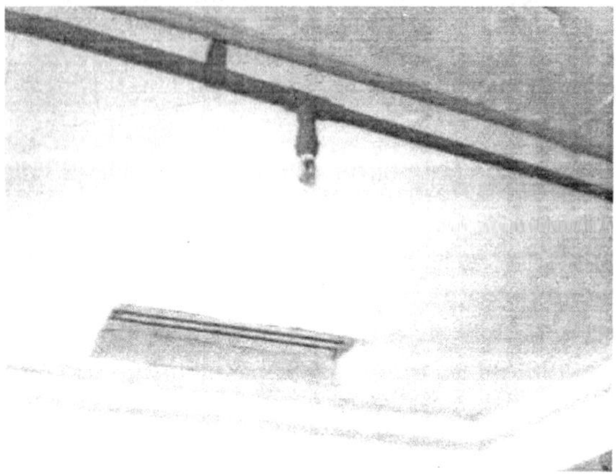

Ilustração 24.18.3: Chuveiro automático e tubulações.

Os chuveiros automáticos deverão ainda possuir certificação de conformidade de acordo com a NBR 6135, devidamente conferidos por órgão ou entidade componente ou reconhecida pelo Sistema Nacional de Metrologia (SINMETRO).

As tubulações do sistema de chuveiros automáticos, que deverão ser aparentes, devem ser pintadas na cor vermelha e seus registros na cor amarela.

Deve haver na edificação um registro de recalque do sistema de chuveiros automáticos, definido como dispositivo hidráulico destinado a permitir a introdução de água proveniente de fontes externas, na instalação hidráulica de combate a incêndio das edificações.

O registro de recalque, nos termos da IT-23 CBPMESP, deve ser sinalizado na forma a seguir descrita.

SINALIZAÇÃO DO REGISTRO DE RECALQUE DO SISTEMA DE CHUVEIROS AUTOMÁTICOS

I — REGISTRO DE RECALQUE ENTERRADO E DE PAREDE

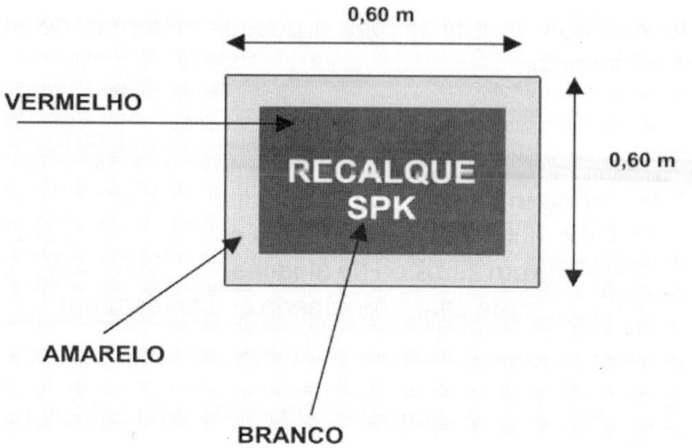

OBSERVAÇÃO: QUANDO TAMBÉM HOUVER SISTEMA DE HIDRANTES, O SEU REGISTRO DE RECALQUE DEVERÁ SER SINALIZADO DA MESMA FORMA ACIMA, PORÉM SUBSTITUINDO-SE AS LETRAS "SPK" POR "HID".

Ilustração 24.18.4: Sinalização do registro de recalque para chuveiros automáticos conforme a IT 23 do CBPMESP.

24.19. Sistemas de detecção e alarme de incêndio

Dentre as medidas a serem tomadas na ocorrência de incêndios, estão as relativas ao sistema de detecção e alarme, destinado ao pronto aviso dos ocupantes da edificação quanto ao risco existente, a fim de que possa haver a correta evacuação do local.

De fato, quanto mais rapidamente o fogo for descoberto, correspondendo a um estágio mais incipiente do incêndio, tanto mais fácil será controlá-lo. Além disso, tanto maiores serão as chances dos ocupantes do edifício escaparem sem sofrer qualquer dano ou lesão.

Diante disso, determina a NR-23 em seu item 23.18.1 que nos estabelecimentos de riscos elevados ou médios (Classes B e C, conforme a TSIB), deverá haver um sistema de alarme capaz de dar sinais perceptíveis em todos os locais da construção.

Já o Decreto paulista 46.076/01, em suas tabelas de classificação, obriga alguns tipos de edificações a possuir sistemas de alarme e detecção de incêndio.

O sistema de detecção e alarme pode ser dividido basicamente em cinco partes:

1) Detector de incêndio, que se constitui em parte do sistema de detecção que atua constantemente ou em intervalos para a detecção de incêndio em sua área de atuação. Os detectores podem ser divididos, de acordo com o fenômeno que detectarem, em:

a) térmicos, que respondem a aumentos da temperatura;

b) de fumaça, sensíveis a produtos de combustíveis e/ou pirólise suspenso na atmosfera;

c) de gás, sensíveis aos produtos gasosos de combustão e/ou pirólise;

d) de chama, que respondem às radiações emitidas pelas chamas.

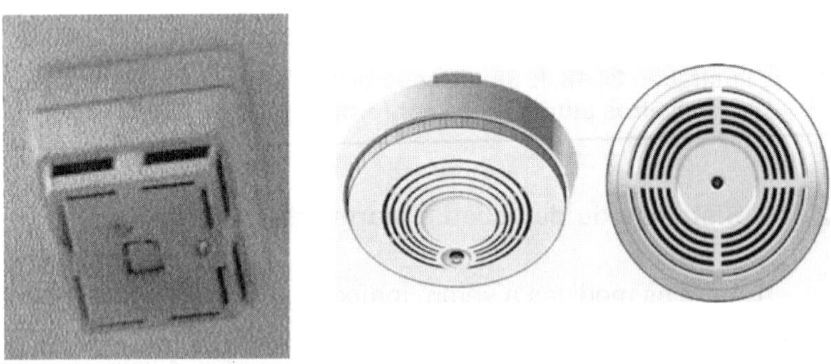

Ilustração 24.19.1: Detectores de incêndio (figura à esquerda conforme a IT-02 CBPMESP).

2) Acionador manual, que se constitui em parte do sistema destinada ao acionamento do sistema de detecção;

Ilustração 24.19.2: Exemplo de acionadores manuais (figura à esquerda conforme a IT-02 CBPMESP — Acionador na parte inferior esquerda da figura).

3) Central de controle do sistema, pela qual o detector é alimentado eletricamente a ter a função de:

a) receber, indicar e registrar o sinal de perigo enviado pelo detector;

b) transmitir o sinal recebido por meio de equipamento de envio de alarme de incêndio para, por exemplo:

- dar o alarme automático no pavimento afetado pelo fogo;
- dar o alarme temporizado para todo o edifício; acionar uma instalação automática de extinção de incêndio; fechar portas; etc;
- controlar o funcionamento do sistema;
- possibilitar teste.

Ilustração 24.19.3: Central de acionamento em inspeção (figura conforme a IT-02 CBPMESP).

4) Avisadores sonoros e/ou visuais, não incorporados ao painel de alarme, com função de, por decisão humana, dar o alarme para os ocupantes de determinados setores ou de todo o edifício;

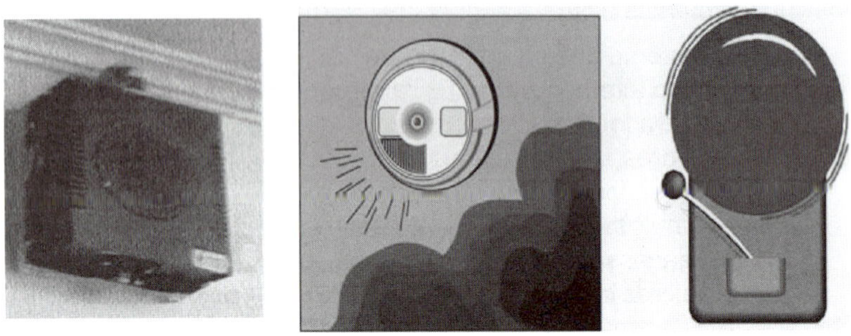

Ilustração 24.19.4: Avisadores (figura da esquerda conforme a IT-02 CBPMESP).

5) Fonte de alimentação de energia elétrica, que deve garantir em quaisquer circunstâncias o funcionamento do sistema.

Quando houver exigência de sistema de detecção para uma edificação, será obrigatória a instalação de detectores nos entreforros e entrepisos (pisos falsos) que contenham instalações com materiais combustíveis.

Nos locais onde, devido a sua atividade sonora intensa, não seja possível ouvir o alarme geral, será obrigatória a instalação de avisadores visuais e sonoros. Assim, nos locais de reunião de público, tipo: casas de show, música, espetáculos, dança, discoteca, danceteria, salões de baile, etc, onde se tem naturalmente uma situação acústica elevada, será obrigatória também a instalação de sinalizadores visuais, quando houver a exigência de sistema de detecção e alarme.

Os acionadores manuais devem ser instalados mesmo em edificações dotadas de sistema de detecção automática e/ou extinção automática, já que o incêndio pode ser percebido pelos ocupantes antes de seus efeitos sensibilizarem os detectores ou os chuveiros automáticos.

A distância máxima a ser percorrida por uma pessoa, em qualquer ponto da área protegida até o acionador manual mais próximo, não deve ser superior a 30 (trinta) metros, sendo que estes devem ser instalados, preferencialmente, nas proximidades dos hidrantes.

Nos edifícios com mais de um pavimento, deverá ser previsto pelo menos um acionador manual em cada pavimento. Os mezaninos estarão dispensados desta exigência, caso o acionador manual do piso principal dê cobertura/caminhamento para a área do mezanino, atendendo à distância acima mencionada (30 m).

Todo sistema deve ter duas fontes de alimentação. A principal é a rede de tensão alternada e a auxiliar é constituída por baterias ou *no-break*. Quando a fonte de alimentação auxiliar for constituída por bateria de acumuladores, esta deve ter autonomia mínima de 24 horas em regime de supervisão, sendo que no regime de alarme deve ser de no mínimo 15 minutos, para suprimento das indicações sonoras e/ou visuais ou o tempo necessário para a evacuação da edificação. Quando a alimentação auxiliar for por gerador, também deverá ter os mesmos parâmetros de autonomia mínima.

Nos termos do item 23.18.2 da NR-23, cada pavimento do estabelecimento deverá ser provido de um número suficiente de pontos capazes de pôr em ação o sistema de alarme adotado; sendo que, de acordo com o item 23.18.3, as campainhas ou sirenes de alarme deverão emitir um som distinto em tonalidade e altura, de todos os outros dispositivos acústicos do estabelecimento.

Para facilitar o acionamento, dispõe o item 23.18.4 da NR-23 que os botões de acionamento de alarme devem ser colocados nas áreas comuns dos acessos dos pavimentos, sendo que estes devem ser colocados em lugar visível e no interior de caixas lacradas com tampa de vidro ou plástico, facilmente quebrável. Esta caixa deverá conter a inscrição "Quebrar em caso de emergência", conforme exemplificado nas figuras seguintes.

Ilustração 24.19.5: Sinalização nos acionadores manuais.

24.20. Iluminação e sinalização de emergência

Para a segurança da edificação, é mister ainda que se adotem sistemas de iluminação e sinalização de emergência, possibilitando a visualização dos riscos, equipamentos e saídas do local àqueles que ali estejam.

O sistema de iluminação de emergência consiste em um conjunto de componentes e equipamentos que, em funcionamento, propicia a iluminação suficiente e adequada para:

1) permitir a saída fácil e segura do público para o exterior, no caso de interrupção de alimentação normal;

2) garantir também a execução das manobras de interesse da segurança e intervenção de socorro.

A iluminação de emergência para fins de segurança contra incêndio pode ser de dois tipos:

1) de balizamento;

2) de aclaramento.

A iluminação de balizamento é aquela associada à sinalização de indicação de rotas de fuga, com a função de orientar a direção e o sentido que as pessoas devem seguir em caso de emergência.

A iluminação de aclaramento se destina a iluminar as rotas de fuga de tal forma que os ocupantes não tenham dificuldade de transitar por elas.

A iluminação de emergência se destina a substituir a iluminação artificial normal que pode falhar em caso de incêndio, por isso deve ser alimentada por baterias ou por motogeradores de acionamento automático e imediato, a partir da falha do sistema de alimentação normal de energia.

Dois métodos de iluminação de emergência são possíveis:

1) iluminação permanente, quando as instalações são alimentadas em serviço normal pela fonte normal e cuja alimentação é comutada automaticamente para a fonte de alimentação própria em caso de falha da fonte normal;

2) iluminação não permanente, quando as instalações não são alimentadas em serviço normal e, em caso de falha da fonte normal, são alimentadas automaticamente pela fonte de alimentação própria.

Sua previsão deve ser feita nas rotas de fuga, tais como corredores, acessos, passagens antecâmara e patamares de escadas.

As baterias utilizadas no sistema de iluminação de emergência devem ser garantidas pelo instalador para uso específico, proporcionando uma vida útil de pelo menos 2 anos de uso com perda de capacidade máxima de 10 % do valor exigido na instalação. Esta garantia deve incluir a variação da capacidade da bateria de acumuladores elétricos com a temperatura no local de instalação.

Já a sinalização de emergência tem como finalidade reduzir o risco de ocorrência de incêndio, alertando para os riscos existentes e garantir que sejam adotadas ações adequadas à situação de risco, que orientem as ações de combate e facilitem a localização dos equipamentos e das rotas de saída para abandono seguro da edificação em caso de incêndio.

A IT-20 do CBPMESP regula alguns tipos de sinalização de emergência, dentre os quais citamos os seguintes:

• **Sinalização básica:** a sinalização básica é o conjunto mínimo de sinalização que uma edificação deve apresentar, constituído por quatro categorias, de acordo com sua função:

• **Proibição:** visa a proibir e coibir ações capazes de conduzir ao início do incêndio ou ao seu agravamento.

Código	Símbolo	Significado	Forma e cor	Aplicação
P1		Proibido fumar	Símbolo: circular Fundo: branco Pictograma: cigarro em preto Faixa circular e barra diametral: vermelho	Todo local onde fumar pode aumentar o risco de incêndio
P2		Proibido produzir chama	Símbolo: circular Fundo: branco Pictograma: fósforo com chama, em preto Faixa circular e barra diametral: vermelho	Todo local onde fumar pode aumentar o risco de incêndio

Código	Símbolo	Significado	Forma e cor	Aplicação
P3		Proibido utilizar água para apagar o fogo	Símbolo: circular Fundo: branco Pictograma: balde de água sobre o fogo, em preto Faixa circular e barra diametral: vermelho	Toda situação onde o uso de água for impróprio para extinguir o fogo.
P4		Proibido utilizar elevador em caso de incêndio	Símbolo: circular Fundo: branco Pictograma: símbolo do elevador e chama, em preto Faixa circular e barra diametral: vermelho	Nos locais de acesso aos elevadores comuns e monta-cargas.
P5		Proibido obstruir este local	Símbolo: circular Fundo: branco Pictograma: preto Faixa circular e barra diametral: vermelho	Em locais sujeitos a depósito de mercadorias onde a obstrução pode apresentar perigo de acesso às saídas de emergência, rotas de fuga, equipamentos de combate a incêndio, etc.).

- **Alerta:** visa a alertar para áreas e materiais com potencial de risco de incêndio, explosão, choques elétricos e contaminação por produtos perigosos.

Código	Símbolo	Significado	Forma e cor	Aplicação
A1		Alerta geral	Símbolo: triangular Fundo: amarelo Pictograma: ponto de exclamação, em preto Faixa triangular: Preto	Toda vez que não houver símbolo específico de alerta, deve sempre estar acompanhado de mensagem escrita específica

Código	Símbolo	Significado	Forma e cor	Aplicação
A2		Cuidado, risco de incêndio	Símbolo: triangular Fundo: amarelo Pictograma: chama em preto Faixa triangular: Preto	Próximo a locais onde houver presença de materiais altamente inflamáveis
A3		Cuidado, risco de explosão	Símbolo: triangular Fundo: amarelo Pictograma: explosão em preto Faixa triangular: Preto	Próximo a locais onde houver presença de materiais ou gases que oferecem risco de explosão.
A4		Cuidado, risco de corrosão	Símbolo: triangular Fundo: amarelo Pictograma: Mão corroída em preto Faixa triangular: Preto	Próximo a locais onde houver presença de materiais corrosivos.
A5		Cuidado, risco de choque elétrico	Símbolo: triangular Fundo: amarelo Pictograma: raio, em preto Faixa triangular: Preto	Próximo a instalações elétricas que oferecem risco de choque.
A6		Cuidado, risco de radiação	Símbolo: triangular Fundo: amarelo Pictograma: radioativo, em preto Faixa triangular: Preto	Próximo a locais onde houver presença de materiais radiotivos.
A7		Cuidado, risco de exposição a produtos tóxicos	Símbolo: triangular Fundo: amarelo Pictograma: produto tóxico em preto Faixa triangular: Preto	Próximo a locais onde houver presença de produtos tóxicos.

• **Orientação e Salvamento:** visa a indicar as rotas de saída e as ações necessárias para o seu acesso e uso.

Código	Símbolo	Significado	Forma e cor	Aplicação
S1		Saída de emergência	Símbolo: Quadrado Fundo: verde Pictograma: pessoa correndo para esquerda ou direita em verde e fundo fotoluminescente.	Indicação das saídas de emergência, preferencialmente utilizada em complementação por seta indicativa da direção da saída.
S2	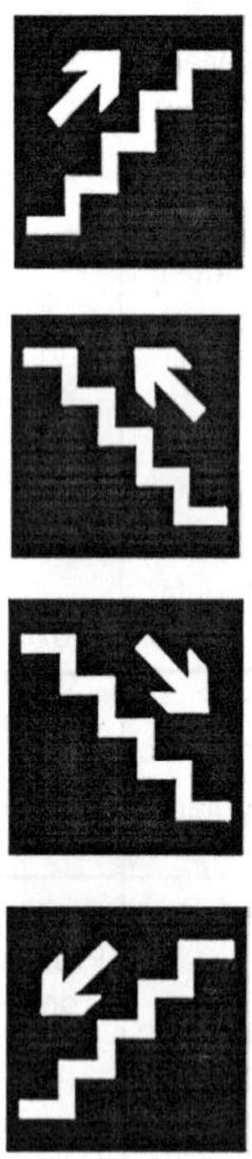	Escada de emergência	Símbolo: Quadrado Fundo: verde Pictograma: escada com seta indicativa de subida ou descida em verde e fundo fotoluminescente.	Indicação das escadas de emergência, preferencialmente utilizada em complementação com símbolo S1.

Código	Símbolo	Significado	Forma e cor	Aplicação
S3	 	Saída de emergência	Símbolo: retangular Fundo: verde Pictograma: pessoa correndo para a esquerda ou direita em verde e fundo fotoluminescente com seta indicativa (união de duas sinalizações quadradas x (homem) e y (seta).	Indicação da direção (esquerda ou direita) de uma rota de saída.
S4	 	Saída de emergência	Símbolo: retangular Fundo: verde Pictograma: pessoa correndo para a direita em verde e fundo fotoluminescente com seta indicativa (fusão das 2 sinalizações x (homem) e y (seta) na dimensão mínima exigida).	Indicação da direção (esquerda ou direita) de uma rota de saída.
S5		Saída de emergência	Símbolo: retangular Fundo: verde Pictograma: pessoa correndo para esquerda ou direita em verde e fundo fotoluminescente e seta indicativa para baixo (união de duas sinalizações quadradas x (homem) e y (seta).	Indicação de uma saída de emergência através de uma porta corta-fogo em escadas; deve ser afixada acima da porta corta-fogo de acesso.
S6		Saída de emergência	Símbolo: retangular Fundo: verde Pictograma: pessoa correndo para esquerda ou direita em verde e fundo fotoluminescente e seta indicativa para cima (união de duas sinalizações quadradas x (homem) e y (seta).	Afixada acima de uma porta, indicando a direção para obter acesso a uma saída de emergência, quando esta não for aparente ou diretamente visível.

Código	Símbolo	Significado	Forma e cor	Aplicação
S7	   	Saída de emergência	Símbolo: retangular Fundo: verde Pictograma: pessoa correndo para esquerda ou direita em verde e fundo fotoluminescente e seta indicativa.	a) Indicação da direção de acesso a uma saída que não esteja aparente b) Indicação da direção de uma saída por rampas • A seta indicativa deve ser posicionada em acordo com a direção a ser sinalizada.
S8	   	Escada de segurança	Símbolo: retangular Fundo: verde Pictograma: pessoa correndo para esquerda ou direita em verde e fundo fotoluminescente e escada com seta indicativa.	Indicação do sentido de fuga no interior das escadas.
S9		Saída de emergência	Símbolo: retangular Fundo: verde Pictograma: Mensagem escrita "SAÍDA" fotoluminescente, com altura de letra sempre > 50mm.	Indicação das saídas de emergência, preferencialmente utilizada em complementação por símbolo (figura x ou Y).

Código	Símbolo	Significado	Forma e cor	Aplicação
S10		Número do pavimento	Símbolo: quadrado ou retangular Fundo: verde Pictograma: alfanumérico, indicando número do pavimento, pode se formar pela associação de duas placas (p.ex.: 1º + SS = 1º SS), Quando necessário.	Indicação de cada pavimento, no interior da escada.
S11		Acesso a um dispositivo para abertura de uma porta de saída	Símbolo: Quadrado Fundo: verde Pictograma: mão com uma ferramenta quebrando um painel de vidro, fotoluminescente.	Orienta uma providência para obter acesso a uma chave ou um modo de abertura da saída de emergência.

• **Equipamentos:** visa a indicar a localização e os tipos de equipamentos de combate a incêndios e alarme disponíveis no local.

Código	Símbolo	Significado	Forma e cor	Aplicação
E1	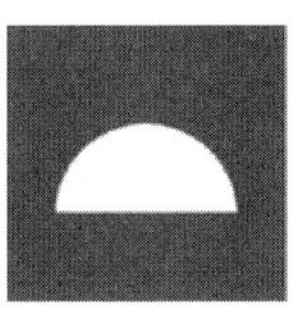	Coleção de equipamentos de combate a incêndio.	Símbolo: Quadrado Fundo: vermelho Pictograma: semicírculo fotoluminescente.	Indica a localização de um conjunto de equipamentos de combate a incêndio (hidrante, alarme de incêndio e extintores), para evitar a proliferação de sinalizações correlatas.
E2		Comando manual de alarme ou bomba de incêndio.	Símbolo: Quadrado Fundo: vermelho Pictograma: dois círculos sobrepostos, com fundo fotoluminescente.	Ponto de acionamento de alarme de incêndio, bomba de incêndio, ou outro equipamento. Deve sempre ser acompanhado de uma mensagem escrita, designando o equipamento acionado por aquele ponto.

Código	Símbolo	Significado	Forma e cor	Aplicação
E3		Alarme sonoro	Símbolo: Quadrado Fundo: vermelho Pictograma: Sirene com contorno fotoluminescente e fundo vermelho.	Indicação de um local de acionamento do alarme geral.
E4		Telefone de omorgônoia	Símbolo: Quadrado Fundo: vermelho Pictograma: receptor do aparelho telefônico.	Indicação da posição do telefone para comunicação de situações de emergência a uma central.
E5		Extintor de incêndio	Símbolo: Quadrado Fundo: vermelho Pictograma: perfil de um extintor de incêndio, fotoluminescente.	Indicação de localização dos extintores de incêndio.
E6	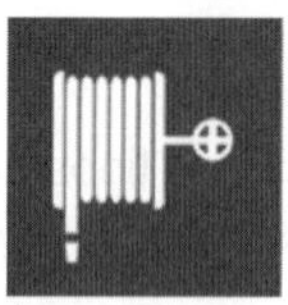	Mangotinho	Símbolo: Quadrado Fundo: vermelho Pictograma: mangotinho enrolado em carretel, fotoluminescente.	Indicação de localização do sistema de proteção contra incêndio por mangotinhos.
E7		Abrigo de mangueira e hidrante	Símbolo: Quadrado Fundo: vermelho Pictograma: mangueira de incêndio enrolada.	Indicação do abrigo da mangueira de incêndio com ou sem hidrante no seu interior.
E8		Hidrante de incêndio	Símbolo: quadrado Fundo: vermelho Pictograma: letra "H" maiúscula, fotoluminescente.	Indicação da localização do hidrante quando instalado fora do abrigo de mangueiras.
E9		Válvula de governo e alarme ou comando seccional do sistema de chuveiros automáticos	Símbolo: quadrado Fundo: vermelho Pictograma: chuveiro automático fotoluminescente.	Usado para indicar a localização dos comandos operacionais do sistema de chuveiros automáticos.

Código	Símbolo	Significado	Forma e cor	Aplicação
E10		Sinalização de solo para equipamentos de combate a incêndio (hidrantes e extintores).	Símbolo: quadrado Fundo: vermelho Pictograma: borda amarela.	Usado para indicar a localização dos equipamentos de combate a incêndio e evitar a sua obstrução.
E11	   	Setas indicativas de localização dos equipamentos.	Símbolo: quadrado Fundo: vermelho Pictograma: seta indicativa fotoluminescente.	Indicação da localização dos equipamentos de combate a incêndio. Deve sempre ser acompanhado do símbolo do(s) equipamento(s) que estiver(em) oculto(s).

- **Sinalização complementar: a** sinalização complementar tem a finalidade de:
- I — Complementar, através de um conjunto de faixas de cor, símbolos ou mensagens escritas, a sinalização básica, nas seguintes situações:
- indicação continuada de rotas de saída;

Código	Símbolo	Significado	Forma e cor	Aplicação
C1		Direção da rota de saída.	Símbolo: retangular Fundo: verde Pictograma: seta indicativa prolongada, fotoluminescente.	Nas paredes, próximo ao piso, e/ou nos pisos de rotas de saída.
C2	     	Direção da rota de saída.	Símbolo: quadrado Fundo: verde Pictograma: seta fotoluminescente.	Complementa uma sinalização básica de orientação e salvamento.

• indicação de obstáculos e riscos de utilização das rotas de saída;

Código	Símbolo	Significado	Forma e cor	Aplicação
01	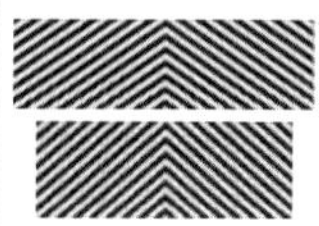	Obstáculo	Símbolo: retangular ou quadrado Fundo: amarelo Pictograma: listas pretas inclinadas a 45º.	Nas paredes, pilares, vigas, cancelas, muretas e outros elementos que podem constituir um obstáculo à circulação de pessoas e veículos.

• mensagens específicas que acompanham a sinalização básica, onde for necessária a complementação da mensagem dada pelo símbolo;

• II — Informar circunstâncias específicas em uma edificação ou áreas de risco, através de mensagens escritas;

Código	Símbolo	Significado	Forma e cor	Aplicação
M2	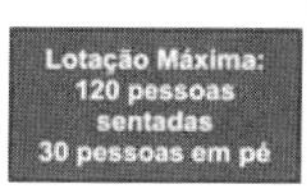	Indicação da lotação máxima admitida no recinto de reunião de público.	Símbolo: retangular Fundo: verde Pictograma: mensagem escrita "Lotação Máxima admitida: xx pessoas sentadas xy pessoas em pé".	Nas entradas principais dos recintos de reunião de público.
M3		Aperte e empurre o dispositivo de abertura da porta.	Símbolo: retangular Fundo: verde Pictograma: mensagem escrita "aperte e empurre", fotoluminescente.	Nas portas de saídas de emergência com dispositivo anti-pânico.
M4		Manter a porta corta-fogo da saída de emergência fechada.	Símbolo: retangular Fundo: verde Pictograma: mensagem escrita "porta corta-fogo mantenha fechada", fotoluminescente.	Nas portas corta-fogo instaladas nas saídas de emergência.

- III — Demarcar áreas para assegurar corredores de circulação destinados às rotas de saídas e acesso a equipamentos de combate a incêndio em locais ocupados por estacionamento de veículos, depósitos de mercadorias e máquinas ou equipamentos de áreas fabris;
- IV — Identificar sistemas hidráulicos fixos de combate a incêndio.

Algumas notas às sinalizações são veiculadas na IT-20, conforme transcrevemos a seguir.

NOTAS:

1. Sinalizações básicas

As formas geométricas e as cores de segurança e de contraste devem ser utilizadas somente nas combinações descritas a seguir, a fim de obter quatro tipos básicos de sinalização de segurança, observando-se os requisitos da tabela 1 do anexo "A" para proporcionalidades paramétricas e tabela 3 do anexo "A" para as cores.

1.1. Sinalização de proibição — a sinalização de proibição deve obedecer a:

a) forma: circular;

b) cor de contraste: branca;

c) barra diametral e faixa circular (cor de segurança): vermelha;

d) cor do símbolo: preta;

e) margem (opcional): branca;

f) proporcionalidades paramétricas.

1.2. Sinalização de alerta — a sinalização de alerta deve obedecer a:

a) forma: triangular;

b) cor do fundo (cor de contraste): amarela;

c) moldura: preta;

d) cor do símbolo (cor de segurança): preta;

e) margem (opcional): branca;

f) proporcionalidades paramétricas.

1.3. Sinalização de orientação e salvamento — a sinalização de orientação deve obedecer a:

a) forma: quadrada ou retangular;

b) cor do fundo (cor de segurança): verde;

c) cor do símbolo (cor de contraste): fotoluminescente;

d) margem (opcional): fotoluminescente;

e) proporcionalidades paramétricas.

1.4. Sinalização de equipamentos — a sinalização de equipamentos de combate a incêndio deve obedecer:

a) forma: quadrada ou retangular;

b) cor de fundo (cor de segurança): vermelha;

c) cor do símbolo (cor de contraste): fotoluminescente;

d) margem (opcional): fotoluminescente;

e) proporcionalidades paramétricas.

Quando o equipamento encontrar-se instalado em pilar, devem ser sinalizadas todas as faces deste, conforme ilustração seguinte.

Ilustração 24.20.1: Sinalização de extintor localizado em pilar.

A sinalização de saída de emergência apropriada deve assinalar todas as mudanças de direção, saídas, escadas, etc. e ser instalada segundo sua função, a saber:

a) a sinalização de portas de saída de emergência deve ser localizada imediatamente acima das portas, no máximo a 0,10m da verga, ou diretamente na folha da porta, centralizada a uma altura de 1,80m medida do piso acabado à base da sinalização;

b) a sinalização de orientação das rotas de saída deve ser localizada de modo que a distância de percurso de qualquer ponto da rota de saída até a sinalização seja de, no máximo, 15m. Adicionalmente, esta também deve ser instalada, de forma que na direção de saída de qualquer ponto seja possível visualizar o ponto seguinte, respeitado o limite máximo de 30,0m. A sinalização deve ser instalada de modo que a sua base esteja a 1,80m do piso acabado;

c) a sinalização de identificação dos pavimentos no interior da caixa de escada de emergência deve estar a uma altura de 1,80m medido do piso acabado à base da sinalização, instalada junto à parede, sobre o patamar de acesso de cada pavimento, de tal forma a ser visualizada em ambos os sentidos da escada (subida e descida).

d) a mensagem escrita "saída" deve estar sempre grafada no idioma português. Caso exista a necessidade de utilização de outras línguas estrangeiras, devem ser aplicados textos adicionais;

e) em escadas contínuas, além da identificação do pavimento de descarga no interior da caixa de escada de emergência, deve-se incluir uma sinalização de saída de emergência com seta indicativa da direção do fluxo através dos símbolos (Anexo B — código S3 ou S4 na parede frontal aos lances de escadas e S5 acima da porta de saída, de forma a evidenciar o piso de descarga);

f) a abertura das portas em escadas não deve obstruir a visualização de qualquer sinalização.

25. A Norma Regulamentadora n. 24 — Condições Sanitárias e de Conforto nos Locais de Trabalho

Disciplina a NR-24 a matéria relativa ao conforto nos locais de trabalho, estabelecendo os requisitos mínimos necessários das instalações respectivas.

A preocupação do legislador a respeito do tema vem devidamente estampada nos arts. 200, VII, quando preceitua:

> Art. 200 — Cabe ao Ministério do Trabalho estabelecer disposições complementares às normas de que trata este Capítulo, tendo em vista as peculiaridades de cada atividade ou setor de trabalho, especialmente sobre:
>
> ....
>
> VII — higiene nos locais de trabalho, com discriminação das exigências, instalações sanitárias, com separação de sexos, chuveiros, lavatórios, vestiários e armários individuais, refeitórios ou condições de conforto por ocasião das refeições, fornecimento de água potável, condições de limpeza dos locais de trabalho e modo de sua execução, tratamento de resíduos industriais;

A norma se encontra dividida nos seguintes capítulos, conforme o objeto abordado: 1) instalações sanitárias; 2) vestiários; 3) refeitórios; 4) cozinhas; 5) alojamento; 6) condições de higiene e conforto por ocasião das refeições; 7) disposições finais.

Para fins didáticos, seguiremos a ordem estabelecida no texto da NR-24.

25.1. Instalações sanitárias

Por instalações sanitárias, compreende-se o conjunto de instrumentos e utensílios destinados à higiene do trabalhador.

Ao tratar das instalações sanitárias, inicia a NR-24 pelas definições do que se entende por cada equipamento. Cumpre salientar que a nomenclatura utilizada na NR-24 não é uniforme na doutrina, nem mesmo é utilizada de forma unânime em outras Normas Regulamentadoras.

O item 24.1.1 traz as seguintes definições, em relação às quais fazemos acompanhar a ilustração respectiva:

a) aparelho sanitário: o equipamento ou as peças destinadas ao uso de água para fins higiênicos ou a receber águas servidas (banheira, mictório, bebedouro, lavatório, vaso sanitário e outros);

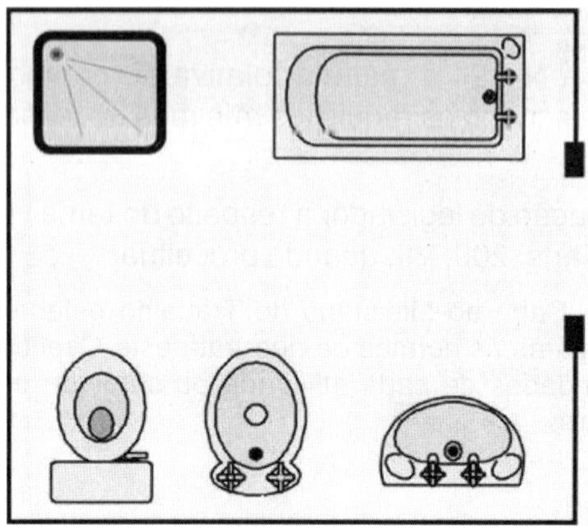

Ilustração 25.1.1: Aparelho sanitário (esquema simplificado).

b) gabinete sanitário: também denominado de latrina, retrete, patente, cafoto, sentina, privada, WC, o local destinado a fins higiênicos e dejeções;

Ilustração 25.1.2: Gabinete sanitário.

c) banheiro: o conjunto de peças ou equipamentos que compõem determinada unidade e destinado ao asseio corporal.

Ilustração 25.1.3: Banheiro: unidade formada pelos aparelhos sanitários e demais peças destinadas à higiene pessoal.

A inexistência de instalações sanitárias adequadas é motivo de constantes autuações das empresas pela fiscalização trabalhista, já tendo sido tal procedimento fiscalizatório legitimado por decisão judicial, como a seguir transcrevemos.

TRIBUNAL REGIONAL FEDERAL DA 4ª REGIÃO

Classe: AC — APELAÇÃO CÍVEL — 304093

Processo: 199904011009982 UF: SC Órgão Julgador: TERCEIRA TURMA

Data da decisão: 12.01.2000 Documento: TRF400074669

Fonte: DJU DATA: 16.02.2000 PÁGINA: 126

Relator(a): JUÍZA MARGA INGE BARTH TESSLER

Decisão: A TURMA, POR UNANIMIDADE, NEGOU PROVIMENTO AO RECURSO.

EMENTA: ADMINISTRATIVO. MULTA. EMPRESA. INSTALAÇÕES SANITÁRIAS INADEQUADAS. ARTS. 200 E 201 DA CLT. Não tendo a embargante comprovado a inexistência da infração e tampouco caracterizada a ausência de regularidade do procedimento administrativo que precedeu a constituição do crédito merece ser mantida a sanção aplicada. Apelo improvido.

25.1.1. Vasos sanitários

Logo após a definição, especifica o item 24.1.2 as áreas mínimas destinada aos sanitários, que deverão ter metragem de 1,00 m^2 (um metro quadrado), para cada sanitário, por 20 (vinte) operários em atividade, sendo que o órgão regional competente em Segurança e Medicina do Trabalho poderá, à vista de perícia local, exigir alterações de metragem que atendam ao mínimo de conforto exigível.

Determina o item 24.1.2.1. que as instalações sanitárias deverão ser separadas por sexo (figura seguinte).

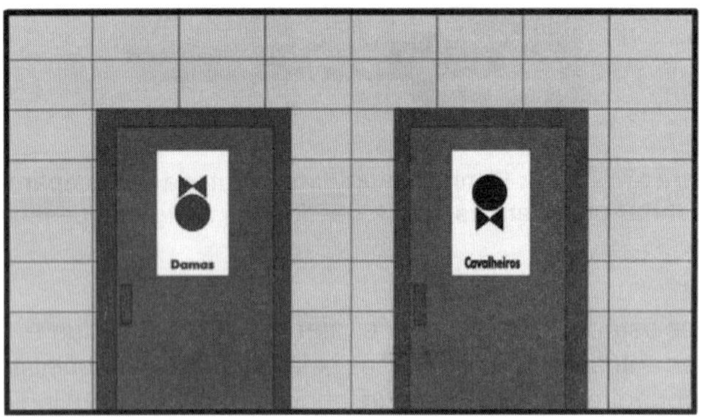

Ilustração 25.1.4: Separação das instalações sanitárias por sexo.

Os locais onde se encontrarem instalações sanitárias deverão ser submetidos a processo permanente de higienização, de sorte que sejam mantidos limpos e desprovidos de quaisquer odores, durante toda a jornada de trabalho (item 24.1.3).

Os vasos sanitários deverão ser sifonados e possuir caixa de descarga automática externa de ferro fundido, material plástico ou fibrocimento (item 24.1.4).

De acordo com o item 24.1.13, não serão permitidos aparelhos sanitários que apresentem defeitos ou soluções de continuidade que possam acarretar infiltrações ou acidentes (figura seguinte).

Ilustração 25.1.5: Solução de continuidade em vaso sanitário (vedação pela NR-24).

25.1.2. Mictórios

Quanto aos mictórios (masculinos), prevê a NR-24 (item 24.1.6) dois tipos: tipo *calha* e tipo *cuba*, conforme ilustrados na figura abaixo:

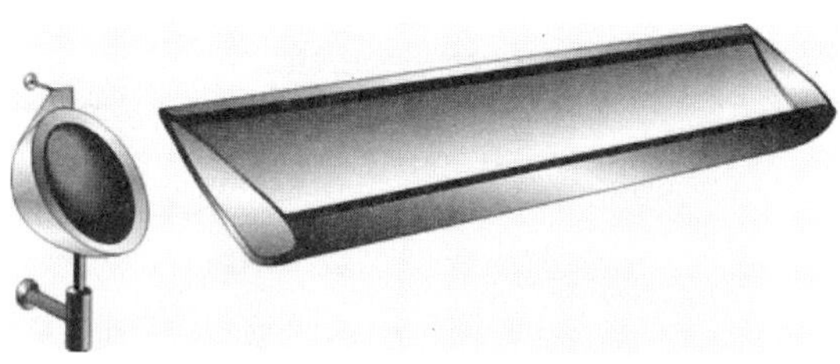

Ilustração 25.1.6: À esquerda, mictório tipo cuba. À direita, mictório tipo calha.

Para referidos tipos de mictórios, estipulam os itens 24.1.6 e 24.1.6.1 que devem ser de porcelana vitrificada ou de outro material equivalente, liso e impermeável, provido de aparelho de descarga provocada ou automática, de fácil escoamento e limpeza. Deve haver proporcionalidade entre as duas espécies, fixando-se que no mictório do tipo calha, de uso coletivo, cada segmento, no mínimo de 0,60 m (sessenta centímetros), corresponderá a 1 (um) mictório do tipo cuba.

Quando os estabelecimentos dispuserem de instalações de privadas ou mictórios anexos às diversas seções fabris, devem os respectivos equipamentos ser computados para efeito das proporções estabelecidas na presente Norma (item 24.1.14).

25.1.3. Lavatórios

Quanto aos lavatórios, entendidos como utensílio ou móvel com os aprestos necessários para lavar as mãos e o rosto,[1] faz a norma as seguintes exigências:

1) os lavatórios poderão ser formados por calhas revestidas com materiais impermeáveis e laváveis, possuindo torneiras de metal, tipo comum, espaçadas de 0,60 m (sessenta centímetros), devendo haver disposição de 1 (uma) torneira para cada grupo de 20 (vinte) trabalhadores (item 24.1.7);

2) Será exigido, no conjunto de instalações sanitárias, um lavatório para cada 10 (dez) trabalhadores nas atividades ou operações insalubres, ou nos trabalhos com exposição a substâncias tóxicas, irritantes, infectantes, alergizantes, poeiras ou substâncias que provoquem sujidade, ou ainda em locais próximos a tais atividades (itens 24.1.8 e 24.1.8.1).

O lavatório deverá ainda ser provido de material para a limpeza, enxugo ou secagem das mãos, proibindo-se o uso de toalhas coletivas (item 24.1.9), conforme ilustração seguinte.

Ilustração 25.1.7: Material para limpeza e secagem das mãos (vedação de toalhas de uso coletivo).

---

(1) A definição se encontra no "Dicionário Aurélio, Séc. XXI", versão em CD-ROM. Editora Nova Fronteira.

Apesar da vedação do uso de toalhas de uso coletivo, não é infreqüente encontrarmos situações reais como a ilustrada a seguir.

Ilustração 25.1.8: Situação real encontrada em local de trabalho — utilização de toalha de uso coletivo em lavatório.

Ilustramos a seguir as medidas (em cm) previstas na NR-24.

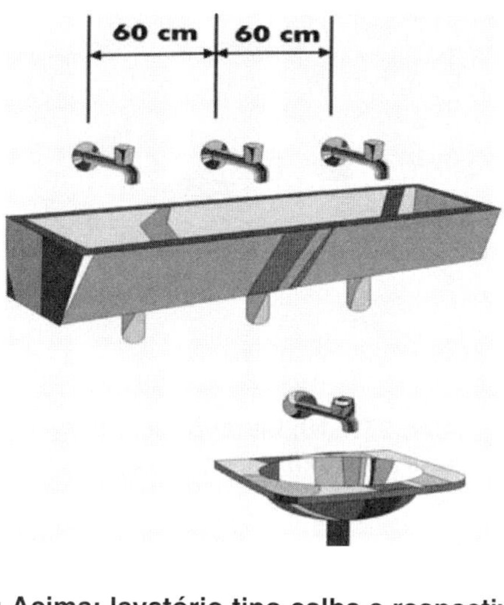

Ilustração 25.1.9: Acima: lavatório tipo calha e respectivo espaçamento entre as torneiras. Abaixo: lavatório individual.

25.1.4. Banheiros

No que tange aos banheiros exige a NR-24 as seguintes características (item 24.1.11):

- Sejam dotados de chuveiros;
- Serem mantidos em estado de conservação, asseio e higiene;
- Serem instalados em local adequado;
- Dispor de água quente, a critério da autoridade competente em matéria de segurança e medicina do trabalho;
- Ter portas de acesso que impeçam o devassamento, ou ser construídos de modo a manter o resguardo conveniente;
- Ter piso e paredes revestidos de material resistente, liso, impermeável e lavável.

Os chuveiros poderão ser de metal ou de plástico e deverão ser comandados por registros de metal a meia altura na parede (24.1.5), conforme a figura seguinte.

Ilustração 25.1.10: Material dos chuveiros e altura aproximada dos registros.

Para as atividades e operações insalubres, ou nos trabalhos com exposição a substâncias tóxicas, irritantes, infectantes, alergizantes, poeiras ou substâncias que provoquem sujidade, ou ainda nos casos em que estejam os trabalhadores expostos a calor intenso, será necessário, nos termos do item 24.1.12, 1 (um) chuveiro para cada 10 (dez) trabalhadores.

Precaução especial deve existir quanto às instalações sanitárias das indústrias alimentícias. De fato, por trabalharem com material destinado ao consumo humano, o rigor de sua higienização deve ser aumentado, com vistas a evitar eventual contaminação dos alimentos e dano ao público em geral.

Por essa razão, o item 24.1.15 preceitua que nas indústrias de gêneros alimentícios ou congêneres, o isolamento das privadas deverá ser o mais rigoroso possível, a fim de evitar poluição ou contaminação dos locais de trabalho.

Nas regiões onde não haja serviço de esgoto, deverá ser assegurado aos empregados um serviço de privadas, seja por meio de fossas adequadas, seja por outro processo que não afete a saúde pública, mantidas as exigências legais (item 24.1.16).

Dispositivo interessante é o que consta do item 24.1.17 que determina que nos estabelecimentos comerciais, bancários, securitários, de escritório e afins, poderá a autoridade local competente em matéria de Segurança e Medicina do Trabalho, em decisão fundamentada, submetida à homologação do Delegado Regional do Trabalho, dispensar ou reduzir o número de mictórios e de chuveiros estabelecidos nesta norma.

Sobre o tema, interessante discussão se travou quanto à exigência formalizada por leis municipais da existência de banheiros em instituições financeiras. Discutia-se então se leis municipais poderiam formalizar obrigatoriedade das instituições financeiras instalarem sanitários em seu local de funcionamento, ou se referida competência seria privativa da União.

Na prática, não poucas leis municipais exigiram das instituições financeiras a instalação de banheiros para atendimento do público e de seus funcionários, sendo que referidos entes argüiram perante o Poder Judiciário a inconstitucionalidade de tais disposições, uma vez que se trataria de matéria de competência legislativa da União, nos termos do art. 192 da Constituição Federal.

A jurisprudência inicialmente se inclinou pela inconstitucionalidade de tais dispositivos constantes de leis municipais, havendo alguns julgados a respeito. No entanto, a mais recente corrente jurisprudencial parece ter se assentado no sentido da constitucionalidade da normatização municipal sobre a matéria.

Pode-se ter noção da divergência nos termos dos acórdãos seguintes.

TRIBUNAL DE JUSTIÇA DE SÃO PAULO

EMENTA

ESTABELECIMENTO BANCÁRIO — Lei municipal n. 598/92, que exige a instalação de "sanitários especiais" nas instituições financeiras, para uso do público-cliente — Ilegalidade — Matéria de competência da União — Questão disciplinada pela Lei Federal n. 7.102/83 — Ordem denegada — Decisão reformada — Precedente — Recurso provido, para o fim de conceder a ordem e restabelecer a medida liminar. (Apelação Cível n. 80.117-5 — Itapeva — 4ª Câmara de Direito Público — Relator: Aldemar Silva — 05.08.99 — V.U.)

TRIBUNAL DE JUSTIÇA DO ESPÍRITO SANTO

Proc: 024920089851 — Data da leitura: 07031995

Des. JOSE EDUARDO GRANDI RIBEIRO

REMESSA EX-OFFICIO

Comarca de origem: COMARCA DA CAPITAL — JUÍZO DE VITÓRIA

Autores:

MUNICÍPIO DE VITÓRIA

JUIZ DE DIREITO V FAZ PUB MUNICIPAL

Acórdão: — ADMINISTRATIVO — LEIS MUNICIPAIS OBRIGANDO AS INSTITUIÇÕES FINANCEIRAS A CONSTRUÇÃO DE SANITÁRIO E NORMA DE SEGURANÇA — CONTRARIEDADE À LEI ESPECÍFICA N. 7102/83 — COMPETÊNCIA DO GOVERNO FEDERAL. OS ESTABELECIMENTOS BANCÁRIOS POSSUEM NORMA ESPECÍFICA EDITADA PELO GOVERNO FEDERAL. A PARTIR DO MOMENTO EM QUE AS LEIS MUNICIPAIS CONFLITAM COM A LEGISLAÇÃO ESPECÍFICA, INVADE A COMPETÊNCIA LEGIFERANTE DA UNIÃO. RECURSO CONHECIDO, NEGANDO-SE PROVIMENTO E PREJUDICADA A REMESSA NECESSÁRIA, A UNANIMIDADE.

SUPERIOR TRIBUNAL DE JUSTIÇA

Processo

REsp 471702/RS; RECURSO ESPECIAL

2002/0127064-1

Relator(a): Ministra ELIANA CALMON (1114)

Órgão Julgador: T2 — SEGUNDA TURMA

Data do Julgamento: 18/05/2004

Data da Publicação/Fonte: DJ 16.8.2004 p. 189

EMENTA

ADMINISTRATIVO — RECURSO ESPECIAL PELAS ALÍNEAS "A", "B" E "C" — AGÊNCIA BANCÁRIA: INSTALAÇÃO DE SANITÁRIOS E BEBEDOUROS — EXIGÊNCIA PREVISTA EM LEIS MUNICIPAIS — COMPATIBILIDADE COM A LEI FEDERAL N.7.102/83.

1. Em matéria de funcionamento de instituições financeiras, há competência concorrente das três esferas de poder (arts. 24 e 25 da CF/88).

2. As Leis Municipais Ns. 10/97 e 28/98, ao especificar a necessidade de instalação de banheiros em agências bancárias, agiram dentro de sua competência, que poderia, inclusive, vir traçada em um Código Municipal de Obras.

3. A Lei n. 7.102/83, ao disciplinar a segurança para estabelecimentos financeiros, resumiu-se a vincular o seu funcionamento ao prévio parecer favorável do respectivo sistema de segurança pelo Ministério da Justiça (art. 1º) e a atribuir ao mesmo Ministério a fiscalização dos estabelecimentos financeiros quanto ao cumprimento da mesma lei, podendo esta específica competência ser delegada às Secretarias de Segurança Pública dos Estados e do Distrito Federal por convênio (art. 6º).

4. Normas municipais que não extrapolaram a lei federal, ficando as alterações físicas realizadas no estabelecimento bancário sujeitas à aprovação do Ministério da Justiça ou da Secretaria de Segurança Pública do Estado, se modificado o sistema de segurança.

5. Recurso especial improvido.

SUPERIOR TRIBUNAL DE JUSTIÇA

Processo REsp 259964 / SP RECURSO ESPECIAL 2000/0049852-1

Relator(a) Ministra: ELIANA CALMON (1114)

Órgão Julgador: T2 — SEGUNDA TURMA

Data do Julgamento: 20/11/2001

Data da Publicação/Fonte: DJ 08.04.2002 p. 171 LEXSTJ vol. 155 p. 208

EMENTA

ADMINISTRATIVO — AGÊNCIA BANCÁRIA: FUNCIONAMENTO — EXIGÊNCIA MUNICIPAL — EMBARGOS DE DECLARAÇÃO — MULTA.

1. Em matéria de funcionamento de instituições financeiras, há competência concorrente das três esferas de poder (arts. 24 e 25 da CF/88).

2. A Lei Municipal n. 2.983/94, ao especificar a necessidade de instalação de banheiros em agências bancárias, agiu dentro de sua competência, traçada pelo Código de Obras.

3. Inaplicável a multa pela interposição de embargos declaratórios, manejados com o objetivo de garantir o acesso à instância extraordinária pelo prequestionamento.

4. Recurso especial parcialmente provido.

Nos termos do item 24.1.18, as paredes dos sanitários (banheiros) deverão ser construídas em alvenaria de tijolo comum ou de concreto, e revestidas com material impermeável e lavável. Os pisos deverão ser impermeáveis, laváveis, de acabamento liso, inclinados para os ralos de escoamento providos de sifões hidráulicos. Deverão também impedir a entrada de umidade e emanações no banheiro, e não apresentar ressaltos e saliências (item 24.1.19).

Determina o item 24.1.20 que a cobertura das instalações sanitárias deverá ter estrutura de madeira ou metálica, e as telhas poderão ser de barro ou de fibrocimento.(2)

Dispõe o item 24.1.20.1 que para melhorar a iluminação natural, deverão ser colocadas telhas translúcidas, e para melhoria do arejamento, telhas de ventilação de 4 em 4 metros, conforme ilustramos na figura a seguir.

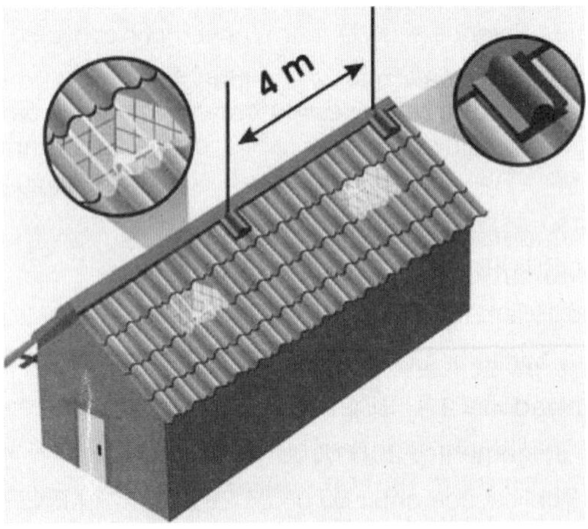

Ilustração 25.1.11: Telhas translúcidas (detalhe à esquerda) e de ventilação (detalhe à direita).

(2) O *fibrocimento*, também conhecido como cimento-amianto, é material de construção resultante de uma combinação de cimento Portland e amianto (asbesto), possuindo qualidades de resistência a intempéries, isolamento quanto à umidade e térmico. Normalmente, é utilizado nas formas de chapas onduladas em coberturas de edificações, ou de chapas planas em paredes divisórias e caixas-d'água, e ainda em canalizações e dutos.

No tocante às janelas dos banheiros, dispõe o item 24.1.21 que as janelas das instalações sanitárias deverão ter caixilhos fixos, inclinados de 45°, com vidros incolores e translúcidos, totalizando uma área total correspondente a 1/8 da área do piso. A parte inferior do caixilho deverá se situar, no mínimo, à altura de 1,50m a partir do piso (item 24.1.21.1).

Para a correta compreensão do problema, ilustramos a situação a seguir.

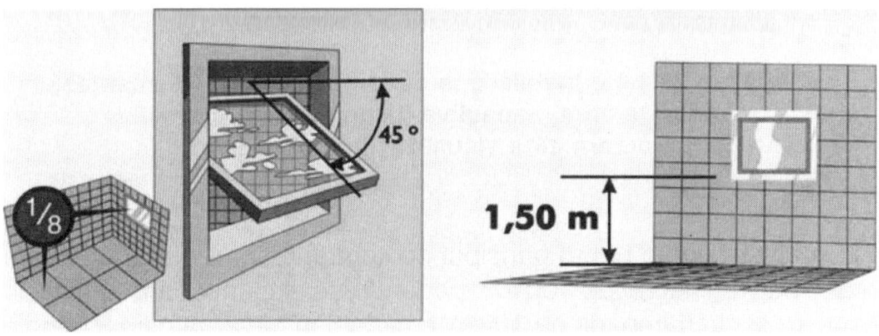

Ilustração 25.1.12: Dimensões, angulação e altura do caixilho em relação ao piso.

Preceitua o item 24.1.22 que os locais destinados às instalações sanitárias serão providos de uma rede de iluminação, cuja fiação deverá ser protegida por eletrodutos.

Nos dizeres do item 24.1.23, com o objetivo de manter um iluminamento mínimo de 100 lux, deverão ser instaladas nos banheiros lâmpadas incandescentes de 100 W/8,00 m² de área com pé-direito de 3,0 m máximo, ou outro tipo de luminária que produza o mesmo efeito, conforme a figura a seguir descrita.

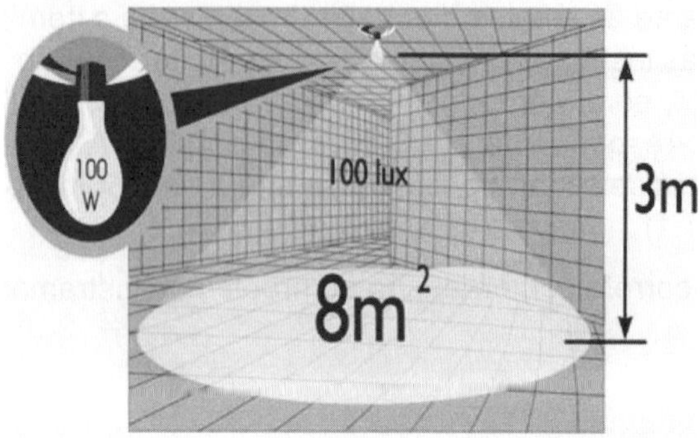

Ilustração 25.1.13: Instalações de lâmpadas incandescentes, na altura e área respectiva (lâmpada sem proteção para permitir a visualização da imagem).

Veja-se que o ponto principal do item anterior é que se tenha no local uma iluminação de 100 lux, podendo-se dispensar a forma inicialmente descrita (lâmpada de 100 W a cada 8 m^2 de área com 3 m de pé direito) se a iluminância objetivada for atingida por outros meios.

Não fixa a norma o local exato no qual se deve obter uma iluminação de 100 lux, o que dificulta a interpretação, uma vez que a iluminância em um ambiente interno varia muito conforme o ponto de medição.

No que tange ao fornecimento de água, essencial para o bom funcionamento dos banheiros e instalações sanitárias, preceitua a NR-24 algumas disposições.

A primeira delas está no item 24.1.24, que determina seja a rede hidráulica abastecida por caixa-d'água elevada, a qual deverá ter altura suficiente para permitir bom funcionamento nas tomadas de água e contar com reserva para combate a incêndio de acordo com as posturas locais.

Já no item 24.1.24.1 prevê a norma o volume mínimo de água a ser provida no estabelecimento, determinando sejam previstos 60 litros diários de água por trabalhador para o consumo nas instalações sanitárias.

Por fim, no item 24.1.25, dispõe que as instalações sanitárias deverão dispor de água canalizada e esgotos ligados à rede geral ou à fossa séptica, com interposição de sifões hidráulicos.

Outro problema existente quanto às instalações sanitárias é o de sua comunicação, contigüidade ou ligação com outras áreas de trabalho ou locais de refeição, o que pode fazer com que os banheiros sejam contaminados por resíduos ou venham a diminuir a higiene dos locais de refeição.

Pensando nisso é que o item 24.1.25.1 preceitua que as instalações sanitárias não poderão se comunicar diretamente com os locais de trabalho, nem com os locais destinados às refeições.

Assim, há de existir entre tais localidades algum tipo de separação, seja por intermédio de outro recinto, divisórias, corredores, etc.

Questão também interessante é a relativa às instalações situadas fora do local de trabalho, em edificação diversa ou a céu aberto. Tal fato acarreta a necessidade do trabalhador atravessar grande área de extensão, estando sujeito a todo o tipo de forças da natureza e intempéries.

Assim, o item 24.1.25.3 determina que no caso de se situarem fora do corpo do estabelecimento, a comunicação com os locais de trabalho deve fazer-se por passagens cobertas.

Para os gabinetes sanitários impõe a NR-24 os seguintes requisitos (item 24.1.26):

a) ser instalados em compartimentos individuais, separados;

b) ser ventilados para o exterior;

c) ter paredes divisórias com altura mínima de 2,10 m e seu bordo inferior não poderá situar-se a mais de 0,15 m acima do pavimento;

d) ser dotados de portas independentes, providas de fecho que impeçam o devassamento;

e) ser mantidos em estado de asseio e higiene;

f) possuir recipientes com tampa, para guarda de papéis servidos, quando não ligados diretamente à rede ou quando sejam destinados às mulheres.

Para melhor compreensão do problema, demonstramos os requisitos supracitados nas ilustrações seguintes.

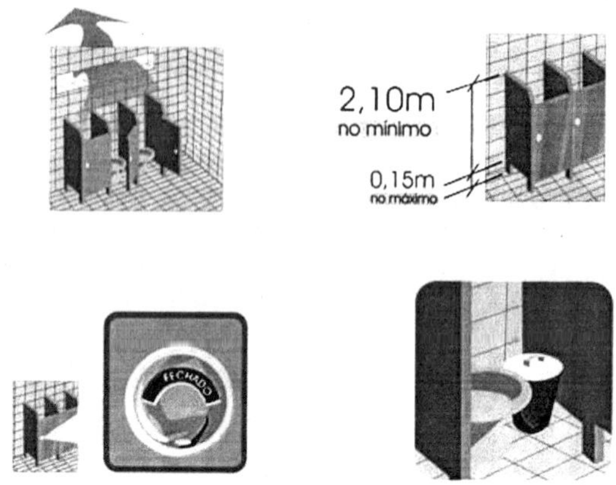

Ilustração 25.1.14: Material dos chuveiros e altura aproximada dos registros.

Nos termos do item 24.1.26.1, cada grupo de gabinete sanitário deve ser instalado em local independente, dotado de antecâmara.

Pela dicção do item 24.1.27, fica proibido o envolvimento das bacias ou vasos sanitários com quaisquer materiais (caixas de madeira, blocos de cimento e outros), conforme demonstramos a seguir.

Ilustração 25.1.15: Envolvimento (vedado) de materiais nas proximidades de vaso sanitário.

25.2. Vestiários

Por vestiário pode-se entender qualquer compartimento, normalmente equipado com mobília específica, destinado à troca de vestimenta e guarda de pertences.

A NR-24 é específica em estabelecer a necessidade dos vestiários. No item 24.2.1 preceitua que em todos os estabelecimentos industriais e naqueles em que a atividade exija troca de roupas, ou seja, imposto o uso de uniforme ou guarda-pó, haverá local apropriado para vestiário dotado de armários individuais, observada a separação de sexos.

Interessante verificar que caso a atividade não exija a troca de roupas estará a empresa dispensada de manter vestiário. O Tribunal Superior do Trabalho, em tais circunstâncias, já referendou negociação coletiva dispondo sobre a matéria, como se pode ver da seguinte decisão.

TRIBUNAL SUPERIOR DO TRABALHO

VESTIÁRIO E ARMÁRIOS INDIVIDUAIS — Levando-se em consideração que as atividades exercidas na empresa não exigem a troca de roupa ou o uso de uniforme ou guarda-pó, tem-se que a instalação de vestiário e armários individuais, embora prevista no item 24.2.1 da NR-24, pode ser livremente negociada entre os sindicatos representantes das categorias obreira e patronal. (TST — ROAA 662876 — SDC — Rel. Min. Rider Nogueira de Brito — DJU 01.12.2000 — p. 541).

EXCERTO: Voto do Relator: "2. DA NULIDADE DA CLÁUSULA 42 — VESTIÁRIOS E ARMÁRIOS INDIVIDUAIS. Cláusula 42 — VESTIÁRIOS E ARMÁRIOS INDIVIDUAIS. Considerando que o uso e costume nas indústrias de calçados é que os empregados desenvolvam suas atividades com a mesma indumentária com que se dirigem aos respectivos locais de trabalho, posto que as atividades no setor não demandam a troca de roupa, os convenentes resolvem, de comum acordo, prescindir de instalações de vestiários e armários individuais. Decidiu o egrégio TRT que os trabalhadores da indústria calçadista não necessitam trocar de roupa porque a atividade que desenvolvem não o exige, nem utilizam uniformes. Consignou que normalmente usam guarda-pó sobre a roupa, sendo perfeitamente prescindíveis os armários e vestiários individuais. O Recorrente alega que a NR-24, em seu item 24.2.1, determina que, 'em todos os estabelecimentos industriais e naqueles em que a atividade exija troca de roupa ou seja imposto o uso de uniforme ou guarda-pó, haverá local apropriado para vestiário dotado de armários individuais, observada a separação de sexos.' Diz que a cláusula deveria ser negociada em sede de acordo coletivo, considerando a realidade de cada empresa, pois, tal como estabelecida, ensejará infração à referida norma regulamentar, pois o uso de uniformes é exigido por muitas empresas, sendo inúmeras as autuações de empresas locais por desobedecerem àquela norma. Sem razão o Recorrente. A própria norma invocada por ele impõe a necessidade da existência de armários nos locais de trabalho em que as atividades exercidas exijam a troca de roupa ou a imposição de uso de uniforme. No caso, nem uma nem outra acontecia. Nem havia necessidade de troca de roupa no local de trabalho, nem era exigido o uso do uniforme ou guarda-pó naquele local. Embora a instalação de vestiário e armários individuais esteja prevista no item 24.2.1 da NR-24, entendo que tal condição pode ser livremente negociada entre os sindicatos representantes das categorias obreira e patronal, eis que a inexistência dos armários individuais no local de trabalho não representa, em princípio, nenhum prejuízo aos empregados".

Quanto ao local do vestiário, permite a NR-24 certa liberdade à empresa, dispondo no item 24.2.2 que a localização do vestiário, respeitada a determinação da autoridade regional competente em Segurança e Medicina do Trabalho, levará em conta a conveniência do estabelecimento.

A área do vestiário, entretanto, é determinada especificamente na norma, através do item 24.2.3, que a estabelece em um mínimo de 1,50 m^2 (um metro quadrado e cinqüenta centímetros) para 1 (um) trabalhador.

Muitas determinações quanto aos vestiários são meras repetições do que já se disse quanto às instalações sanitárias. Nesse sentido as que ora se menciona, com algumas diferenças mínimas, que ressaltamos:

- As paredes dos vestiários deverão ser construídas em alvenaria de tijolo comum ou de concreto, e revestidas com material impermeável e lavável (item 24.2.4);

- Os pisos deverão ser impermeáveis, laváveis e de acabamento liso, inclinados para os ralos de escoamento providos de sifões hidráulicos. Deverão também impedir a entrada de umidade e emanações no vestiário e não apresentar ressaltos e saliências (item 24.2.5);

- A cobertura dos vestiários deverá ter estrutura de madeira ou metálica, e as telhas poderão ser de barro ou de fibrocimento (item 24.2.6);

- Deverão ser colocadas telhas translúcidas para melhorar a iluminação natural (item 24.2.6.1). Não prevê a norma a necessidade de telhas de ventilação, como faz para as instalações sanitárias;

• As janelas dos vestiários deverão ter caixilhos fixos inclinados de 45º (quarenta e cinco graus), com vidros incolores e translúcidos, totalizando uma área correspondente a 1/8 (um oitavo) da área do piso (item 24.2.7);

• A parte inferior do caixilho deverá se situar, no mínimo, à altura de 1,50m (um metro e cinqüenta centímetros) a partir do piso (item 24.2.7.1);

• Os locais destinados às instalações de vestiários serão providos de uma rede de iluminação, cuja fiação deverá ser protegida por eletrodutos (item 24.2.8);

• Com objetivo de manter um iluminamento mínimo de 100 (cem) lux, deverão ser instaladas lâmpadas incandescentes de 100 W/ 8,00 m² de área com pé-direito de 3 (três) metros, ou outro tipo de luminária que produza o mesmo efeito (item 24.2.9).

25.2.1. Armários

Os armários, de aço, madeira, ou outro material de fácil limpeza, deverão ser essencialmente individuais (item 24.2.10).

Nos termos do item 24.2.10.1, deverão os armários possuir aberturas para ventilação ou portas teladas, podendo também ser sobrepostos.

Quanto à pintura dos armários, dispõe o item 24.2.10.2 que estes deverão ser pintados com tintas laváveis, ou revestidos com fórmica, se for o caso.

Exigência especial é feita quanto às atividades insalubres. De fato, quanto a referidos ambientes de trabalho, é mister que o uniforme do obreiro não esteja em contado direto com a vestimenta que este utiliza fora do local de trabalho, para que não haja contaminação destas ou ainda de terceiras pessoas.

Assim é que o item 24.2.11 exige que nas atividades e operações insalubres, bem como nas atividades incompatíveis com o asseio corporal, que exponham os empregados a poeiras e produtos graxos e oleosos, os armários serão de compartimentos duplos.

Para tanto define as seguintes dimensões dos armários, alternativamente:

• 1,20 m (um metro e vinte centímetros) de altura por 0,30 m (trinta centímetros) de largura e 0,40 m (quarenta centímetros) de profundidade, com separação ou prateleira, de modo que um compartimento, com a altura de 0,80 m (oitenta centímetros), se destine a abrigar a roupa de uso comum e o outro compartimento, com altura de 0,40m (quarenta centímetros) a guardar a roupa de trabalho; ou

- 0,80 m (oitenta centímetros) de altura por 0,50 m (cinqüenta centímetros) de largura e 0,40m (quarenta centímetros) de profundidade, com divisão no sentido vertical, de forma que os compartimentos, com largura de 0,25m (vinte e cinco centímetros), estabeleçam, rigorosamente, o isolamento das roupas de uso comum e de trabalho.

Para a correta visualização da situação elencada, ilustramos a seguir.

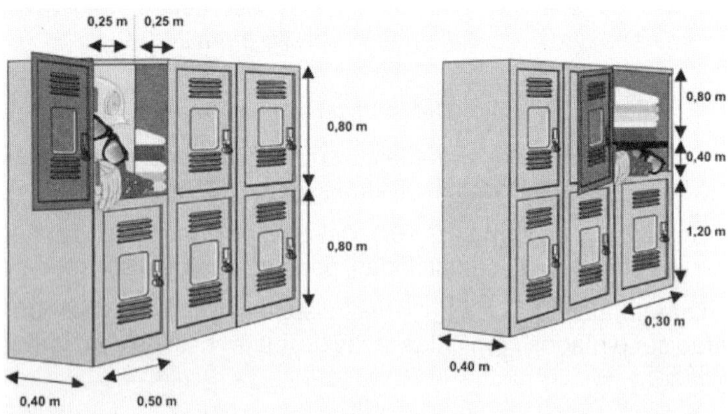

Ilustração 25.2.1: Medidas dos armários duplos: separação das roupas pessoais e das utilizadas no trabalho em compartimentos divididos horizontal ou verticalmente.

Já quanto aos armários de um só compartimento (em que não haja divisão das roupas pessoais e de trabalho), dispõe o item 24.2.13 que estes terão as dimensões mínimas de 0,80 m (oitenta centímetros) de altura por 0,30 m (trinta centímetros) de largura e 0,40 m (quarenta centímetros) de profundidade, conforme a seguir ilustrado.

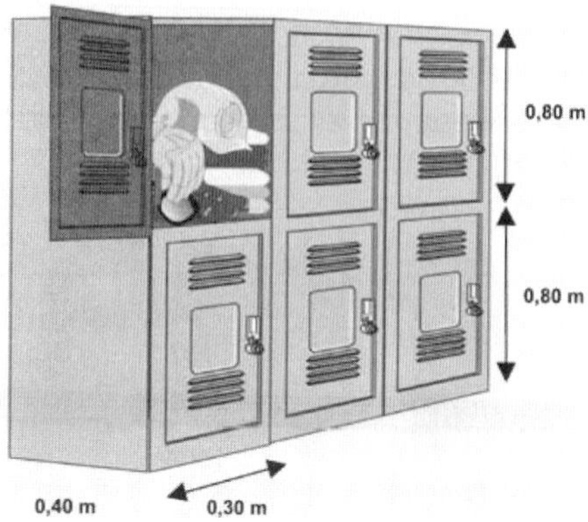

Ilustração 25.2.2: Medidas dos armários de compartimento único.

Diante do disposto no item 24.2.16, é proibida a utilização do vestiário para quaisquer outros fins, ainda que em caráter provisório, não sendo permitido, sob pena de autuação, que roupas e pertences dos empregados se encontrem fora dos respectivos armários.

Infelizmente, é muito comum encontrarmos na prática armários efetivados de modo precário ou insuficiente, de modo que o trabalhador tenha de deixar suas vestimentas e pertences fora de sua estrutura ou em locais adjacentes, como verificamos nas figuras seguintes.

Ilustração 25.2.3: Situações encontradas freqüentemente na prática, relativas a armários precários ou insuficientes que não atendem à NR-24, uma vez que os trabalhadores têm de utilizar estruturas adjacentes, não podendo colocar seus pertences totalmente em seu interior.

Determina o item 24.2.14 que nas atividades comerciais, bancárias, securitárias, de escritório e afins, nas quais não haja troca de roupa, não será o vestiário exigido, admitindo-se gavetas, escaninhos ou cabides, onde possam os empregados guardar ou pendurar seus pertences (figura seguinte).

Ilustração 25.2.4: Escaninhos, gavetas e cabines para colocação de roupas ou pertences.

A necessidade dos vestiários, porém, pode ser abrandada conforme entendimento da autoridade local. Isto porque, nos termos do item 24.2.15, em casos especiais, poderá referida autoridade, em decisão fundamentada submetida à homologação do MTE, dispensar a exigência de armários individuais para determinadas atividades.

25.3. Refeitórios

Os refeitórios ou salas de refeições têm seus requisitos delineados na NR-24, que efetiva sua necessidade conforme a quantidade de empregados existentes na empresa.

Uma configuração geral dos refeitórios e suas estruturas pode ser vista na ilustração seguinte.

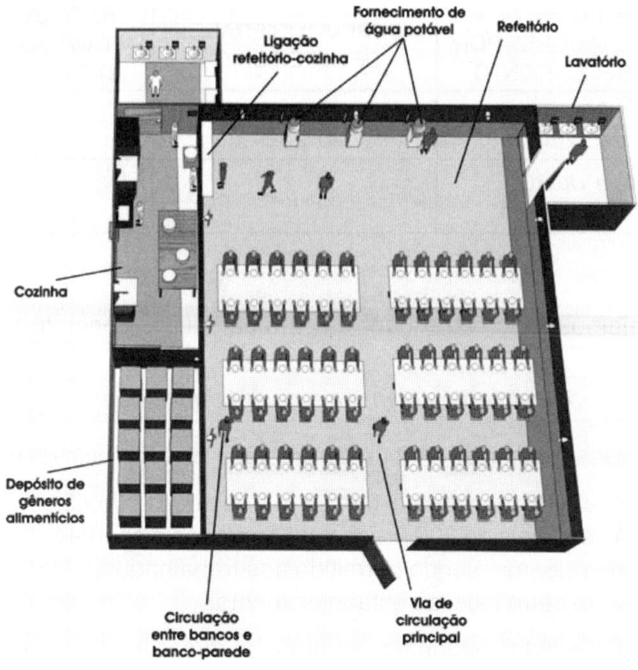

Ilustração 25.3.1: Estrutura geral dos refeitórios e estruturas adjacentes, variável conforme o caso.

Como salientamos, a necessidade ou não dos refeitórios, sua configuração, ou a possibilidade de refeição no local de trabalho, dependerão da quantidade de empregados que possuir a empresa, conforme distinguimos na tabela abaixo.

QUANTIDADE DE TRABALHADORES POR ESTABELECIMENTO	OBRIGATORIEDADE DE REFEITÓRIO	*REFEIÇÕES NO PRÓPRIO LOCAL DE TRABALHO*
Até 30 trabalhadores	Não é obrigatório (itens 24.3.15.5 e 24.3.15.2)[(3)]	*Poderá ser permitida a critério da autoridade competente (item 24.3.15.5)*

(3) Não vislumbramos qualquer necessidade dos itens 24.3.15.2 e 24.3.15.5 (que tratam do número de trabalhadores para indicação da necessidade do refeitório)

QUANTIDADE DE TRABALHADORES POR ESTABELECIMENTO	OBRIGATORIEDADE DE REFEITÓRIO	*REFEIÇÕES NO PRÓPRIO LOCAL DE TRABALHO*
De 31 a 300 trabalhadores	Não é obrigatório (item 24.3.15)	*Não é permitida (item 24.3.15.1, "a")*
Mais de 300 trabalhadores	*Obrigatório (item 24.3.1)*	*Não é permitida, (item 24.3.1)*

Vejamos, pois, as exigências para cada caso concreto.

25.3.1. Estabelecimentos com mais de 300 funcionários

Para tais casos a NR-24 é peremptória na exigência do refeitório.

Com efeito, preceitua o item 24.3.1 que nos estabelecimentos em que trabalhem mais de 300 (trezentos) operários é obrigatória a existência de refeitório, não sendo permitido aos trabalhadores tomarem suas refeições em outro local do estabelecimento.

Assim sendo, estabelece a norma os requisitos mínimos do refeitório, no item 24.3.2, conforme dados e ilustração seguinte:

a) área de 1,00 m^2 (um metro quadrado) por usuário, abrigando, de cada vez, 1/3 (um terço) do total de empregados por turno de trabalho, sendo este turno o que tem maior número de empregados;

b) a circulação principal deverá ter a largura mínima de 75 cm, e a circulação entre bancos e banco/parede deverá ter a largura mínima de 55 cm.

---

terem existência separada. De fato, mais parece uma impropriedade terminológica, uma v ez que o primeiro trata de "estabelecimentos e frentes de trabalho com menos de 30 (trinta) trabalhadores", aparentando disciplinar aqueles que tenham até *29 empregados*, e o segundo de "estabelecimentos em que trabalham 30 (trinta) ou menos trabalhadores", ou seja, locais com até *30 empregados*. Nenhuma lógica em referidos dispositivos, haja vista que tratam da mesma situação, quando se tratar de estabelecimentos com menos de 30 empregados; incidindo, pois, simultaneamente, para dizer praticamente a mesma coisa. Por outro lado, fazem parecer que nos estabelecimentos que tenham exatamente 30 empregados, não incidiria o item 24.3.15.2, que trata de limpeza, arejamento, iluminação e água potável nos locais de refeição.

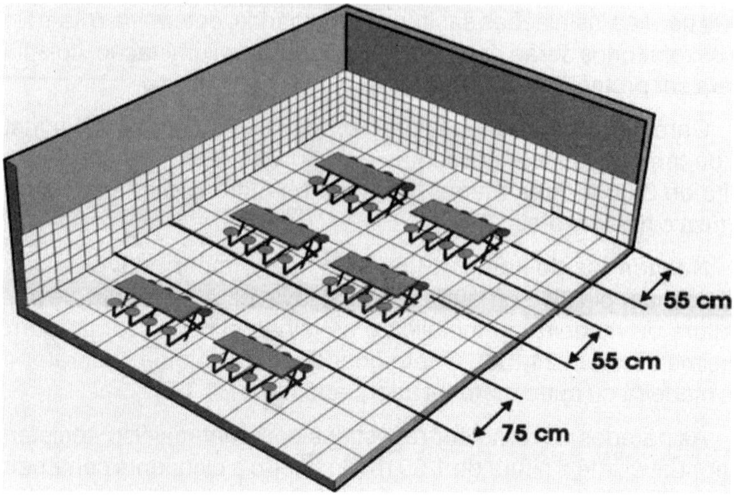

Ilustração 25.3.2: Dimensões do refeitório (meramente demonstrativas). Via de circulação principal (75 cm), e entre bancos e entre bancos e parede (55 cm).

Na prática, entretanto, encontram-se freqüentemente situações em que as distâncias mínimas não são obedecidas, conforme ilustramos a seguir.

Ilustração 25.3.3: Situações práticas em que o dimensionamento mínimo estipulado na NR-24 para os refeitórios não é obedecido.

Para evitar o risco de choque elétrico, a exemplo do que dispõe a NR-24 para as instalações sanitárias e vestiários, determina o item 24.3.3 que os refeitórios serão providos de uma rede de iluminação, cuja fiação deverá ser protegida por eletrodutos.

Garantindo a adequada iluminação, exige o item 24.3.4 a instalação de lâmpadas incandescentes de 150 W/6,00 m² de área, com pé direito de 3,00 m (três metros) máximo ou outro tipo de luminária que produza o mesmo efeito.

Nos termos do item 24.3.5, o piso será impermeável, revestido de cerâmica, plástico ou outro material lavável. A cobertura deverá ter estrutura de madeira ou metálica e as telhas poderão ser de barro ou fibrocimento (item 24.3.6). O teto poderá ser de laje de concreto, estuque, madeira ou outro material adequado (item 24.3.7).

As paredes deverão ser revestidas com material liso, resistente e impermeável, até a altura de 1,50 m (um metro e cinqüenta centímetros), como exemplificamos na figura seguinte. O mesmo se dá com as mesas, que diante do que determina o item 24.3.12, devem ser providas de tampo liso e de material impermeável, sendo que os bancos ou cadeiras deverão ser mantidos permanentemente limpos.

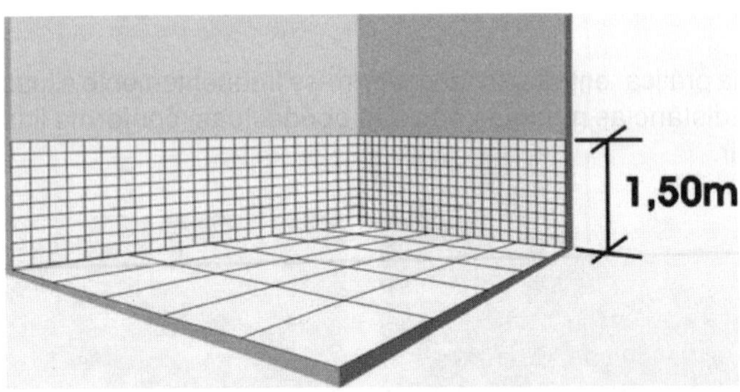

Ilustração 25.3.4: Revestimentos das paredes do refeitório.

Necessário no refeitório o suprimento de água potável, como não poderia deixar de ser. Assim, disciplina o item 24.3.10 que a água potável, em condições higiênicas, deve ser fornecida por meio de copos individuais, ou bebedouros de jato inclinado e guarda-protetora, proibindo-se sua instalação em pias e lavatórios, e o uso de copos coletivos.

Ilustramos as espécies de bebedouros na figura seguinte.

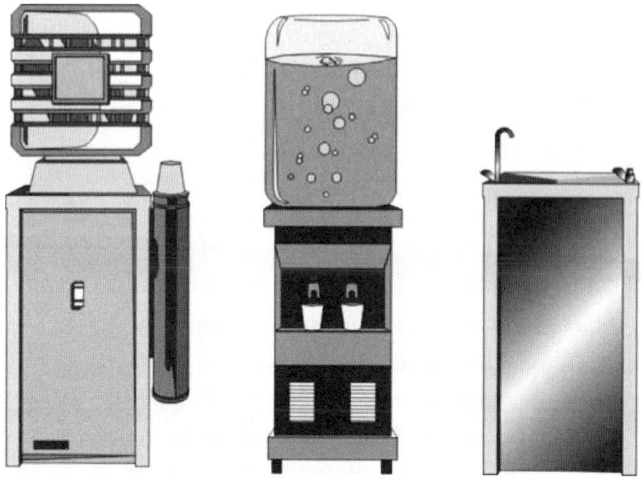

Ilustração 25.3.5: À esquerda e ao centro: bebedouros tipo garrafão, com copos individuais. À direita, bebedouro do tipo jato inclinado.

Para maior higienização, dispõe o item 24.3.11 sobre a obrigatoriedade da instalação de lavatórios individuais ou coletivos e pias (ilustração no capítulo anterior) nas proximidades do refeitório, ou nele próprio, em número suficiente, a critério da autoridade competente em matéria de Segurança e Medicina do Trabalho.

E para que se evite a contaminação dos alimentos com resíduos provindos do local de trabalho ou das instalações sanitárias, o item 24.3.13 proíbe a comunicação direta entre o refeitório e os locais de trabalho, instalações sanitárias e locais insalubres ou perigosos.

Fica proibida, ainda que em caráter provisório, a utilização do refeitório para depósito, bem como para quaisquer outros fins (item 24.3.14).

25.3.2. Estabelecimentos que possuam entre 31 e 300 funcionários

Nos estabelecimentos em que trabalhem mais de 30 (trinta) até 300 (trezentos) empregados, embora não seja exigido o refeitório, com todas as características acima vistas, deverão ser asseguradas aos trabalhadores condições suficientes de conforto para a ocasião das refeições (item 24.3.15).

As condições de conforto de que trata o item 24.3.15 deverão preencher os seguintes requisitos mínimos:[(4)]

a) local adequado, fora da área de trabalho;

b) piso lavável;

c) limpeza, arejamento e boa iluminação;

d) mesas e assentos em número correspondente ao de usuários;

e) lavatórios e pias instalados nas proximidades ou no próprio local;

f) fornecimento de água potável aos empregados;

g) estufa, fogão ou similar, para aquecer as refeições.

Nos termos do item 24.3.15.4, é possível, em casos excepcionais, considerando-se condições especiais de duração, natureza do trabalho, exigüidade de área, peculiaridades locais e tipo de participação no PAT (Programa de Alimentação do Trabalhador), a autoridade competente em matéria de Segurança e Medicina no Trabalho, dispensar as exigências dos subitens 24.3.1 e 24.3.15.2, submetendo sua decisão à homologação do Delegado Regional do Trabalho.

Mas, de acordo com o item 24.3.15.3, ficam dispensados das exigências desta NR:[(5)]

a) estabelecimentos comerciais bancários e atividades afins que interromperem suas atividades por 2 (duas) horas, no período destinado às refeições;

---

(4) Pelo que se vê do item acima, pouco ou nada difere do refeitório formalmente concebido, um local situado fora da área de trabalho, com piso lavável, limpeza, arejamento e boa iluminação; com mesas e assentos, lavatórios e pias; com fornecimento de água potável aos empregados; e ainda com estufa, fogão ou similar, para aquecer as refeições (o que não se menciona sequer como requisito do refeitório). Seria mais fácil estender aos estabelecimentos menores a exigência de refeitório de uma vez por todas, já que de nada adianta dizer que ele é desnecessário, mas impor a existência de local com todos os seus requisitos.

(5) Tem-se aqui um exemplo de péssima redação. O dispositivo parece dizer que ficam as empresas compreendidas neste item absolutamente dispensadas do cumprimento de todo e qualquer mandamento da NR-24, o que não é correto, e nem assim quis a norma. Fosse assim, tal item estaria inserido logo em seu início, o que não se fez. Logicamente, não quis a NR-24 dispensar bancos, comércio ou congêneres do cumprimento de todas as suas disposições. Na verdade, o que determina este item é a *dispensa da instalação de refeitórios ou de locais próprios separados para a tomada de refeições.*

b) estabelecimentos industriais localizados em cidades do interior, quando a empresa mantiver vila operária ou residirem, seus operários, nas proximidades, permitindo refeições nas próprias residências.

25.3.3. Estabelecimentos que possuam até 30 funcionários

Nos estabelecimentos com 30 (trinta) ou menos trabalhadores, poderão, a critério da autoridade competente em matéria de Segurança e Medicina do Trabalho, ser permitidas as refeições nos locais de trabalho, seguindo as condições seguintes (item 24.3.15.5):

a) respeitar dispositivos legais relativos à Segurança e Medicina do Trabalho;

b) haver interrupção das atividades do estabelecimento, nos períodos destinados às refeições;

c) não se tratar de atividades insalubres, perigosas ou incompatíveis com o asseio corporal.

25.4. Cozinhas

A cozinha, definida como o compartimento ou local em que se preparam os alimentos, é exigida pela NR-24, sem fazer qualquer distinção entre o número de funcionários existentes no local ou entre as características específicas do estabelecimento.

Deste modo, desde que haja a preparação de alimentos, a obrigação de possuir cozinha é genérica e indistinta, abrangendo todas as empresas e seus estabelecimentos respectivos.

Mas, se por um lado a existência da cozinha é exigida, não fixa a norma seus utensílios mínimos (mesa, fogão, forno, geladeira, etc), ficando a cargo da empresa a composição de tal compartimento em relação ao mobiliário e equipamentos.

As áreas previstas para as cozinhas e depósito de gêneros alimentícios deverão ser de 35% (trinta e cinco por cento) e 20% (vinte por cento) respectivamente, da área do refeitório, conforme ilustração seguinte.

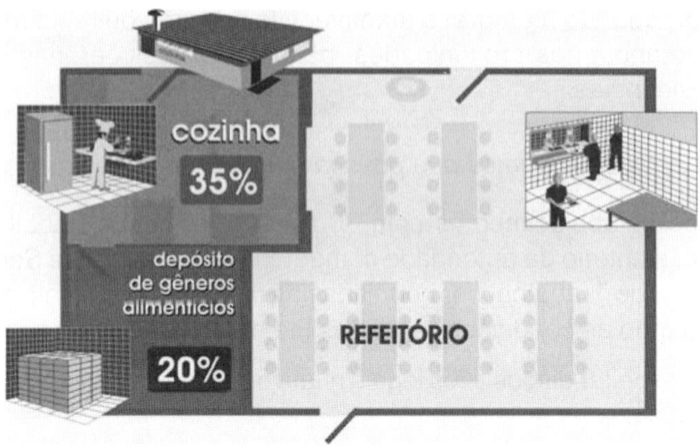

Ilustração 25.4.1: Áreas ocupadas pela cozinha e depósito em relação à área do refeitório (medidas meramente exemplificativas).

Quanto à localização das cozinhas, naqueles estabelecimentos que possuam refeitório, estas deverão ficar a eles adjacentes e com ligação para estes através de aberturas por onde serão servidas as refeições (item 24.4.1), nos termos da ilustração seguinte.

Ilustração 25.4.2: Cozinhas adjacente a refeitório e com ligação para este através de abertura por onde são servidas as refeições.

Conforme o item 24.4.3, as cozinhas deverão ter pé-direito de 3,00 (três) metros no mínimo. Suas paredes serão construídas em alvenaria de tijolo comum, em concreto ou em madeira, com revestimento de material liso, resistente e impermeável — lavável em toda a extensão (item 24.4.4).

Quanto a seus pisos, o item 24.4.5 remete ao item 24.2.5, que disciplina os pisos dos vestiários, devendo ser impermeáveis, laváveis e de acabamento liso, inclinados para os ralos de escoamento providos de sifões hidráulicos. Deverão também impedir a entrada de umidade e emanações no vestiário e não apresentar ressaltos e saliências.

Nos termos do item 24.4.6, as portas deverão ser metálicas ou de madeira, medindo no mínimo 1,00 metro por 2,10 metros. As janelas deverão ser de madeira ou de ferro, de 60 cm x 60 cm, no mínimo (item 24.4.7).

Dado o fato de que no ambiente da cozinha normalmente há intenso calor e produção de vapores, mister que haja a devida aeração, bem como a exaustão dos vapores existentes. Assim, de acordo com o item 24.4.7.1, as aberturas existentes na cozinha, além de garantir suficiente aeração, devem ser protegidas com telas, podendo-se melhorar a ventilação através de exaustores ou coifas.

Quanto à pintura das paredes, portas e janelas, móveis e utensílios deverão obedecer ao seguinte (itens 24.4.8 e 24.5.17):

a) alvenaria — tinta de base plástica;

b) ferro — tinta a óleo;

c) madeira — tinta especial retardante à ação do fogo.

A rede de iluminação terá sua fiação protegida por eletrodutos (item 24.4.9).

Para a correta iluminação do local, o item 24.4.10 exige a instalação de lâmpadas incandescentes de 150W / 4,00 m^2, com pé-direito de 3,00 m máximo, ou outro tipo de luminárias que produza o mesmo efeito.

Quanto ao lixo produzido na cozinha, deverá ser adotado tratamento de acordo com as normas locais do Serviço de Saúde Pública.

Para evitar a contaminação dos alimentos por resíduos derivados do ambiente de trabalho ou das instalações sanitárias é determinada a separação dos lavatórios a serem utilizados pelos funcionários do Serviço de Alimentação (item 24.4.11).

Com o mesmo intuito, preceitua o item 24.4.13 que os funcionários da cozinha encarregados de manipular gêneros, refeições e utensílios devem dispor de sanitário e vestiário próprios, cujo uso seja vedado aos comensais e que não se comunique com a cozinha.

Conquanto possa parecer simples e sem maiores utilidades práticas a preocupação com as instalações das cozinhas e com os materiais ali manipulados pelos empregados, vê-se na jurisprudência algum número de decisões que condenaram empresas ao pagamento de indenizações a empregados que ali exerciam suas funções, pelos mais variados motivos, como a seguir transcritas.

TRIBUNAL DE JUSTIÇA DE SÃO PAULO

EMENTA

INDENIZAÇÃO — Responsabilidade civil — Acidente do trabalho — Ajudante de cozinha vítima de explosão com álcool utilizado na limpeza — Responsabilidade da empresa na qual prestado o serviço — Ilegitimidade de parte afastada. (Apelação Cível n. 263.856-1 — Jundiaí — 5ª Câmara de Direito Privado — Relator: Marcus Andrade — 26.09.96 — V. U.)

SEGUNDO TRIBUNAL DE ALÇADA CIVIL DE SÃO PAULO

ACIDENTE DO TRABALHO — DOENÇA — MALES DAS VIAS RESPIRATÓRIAS — NEXO CAUSAL — AJUDANTE DE COZINHA — RECONHECIMENTO

A indiscutível agressividade do ambiente de trabalho sujeito a oscilações de temperatura, contribui para a eclosão ou agravamento das doenças que comprometem as vias respiratórias do obreiro, diminuindo-lhe a capacidade laborativa, circunstância que leva ao reconhecimento do nexo causal.

A Instrução Técnica n. 38 (IT-38) do Corpo de Bombeiros do Estado de São Paulo traz algumas normas de segurança contra incêndio em cozinhas profissionais. Dentre as principais determinações, encontram-se as seguintes:

• As instalações elétricas devem ser projetadas e executadas segundo normas técnicas oficiais. A fiação e os componentes da instalação elétrica devem ser corretamente dimensionados para evitar superaquecimentos e curtos-circuitos. Deve estar totalmente protegida por eletrodutos metálicos, a fiação que não estiver embutida em alvenaria ou concreto;

• As tomadas elétricas devem ser instaladas fora do fluxo gasoso proveniente dos equipamentos de cocção.

• Fogões, fornos, churrasqueiras e similares devem estar no interior de compartimentos com piso, paredes e cobertura incombustíveis;

- As saídas devem ser mantidas livres e desimpedidas, de acesso facilitado, de forma que os ocupantes não tenham dificuldade em abandonar a edificação em caso de sinistro;
- As portas de saída não devem estar alinhadas em uma única parede; e, preferencialmente, em lados opostos;
- No caso em que a população total for superior a 50 pessoas, será obrigatória a instalação de sistema de iluminação de emergência; projetado e executado segundo normas técnicas oficiais, bem como barras antipânico nas saídas de emergência;
- Os extratores de gordura e despoluidores atmosféricos não podem se constituir em possíveis focos de incêndios, nem mesmo secundários; não podendo acumular nas partes internas de seu gabinete, material combustível coletado; deve haver remoção automática deste material, contínua ou intermitente, com ciclo operacional máximo de 72 h ininterruptas;
- Devem ser adotadas proteções ativas e passivas contra incêndios.

25.5. Alojamentos

Ao tratar dos alojamentos, inicia a NR-24 pela sua definição no item 24.5.1.1, em que se conceitua alojamento como o local destinado ao repouso dos operários.

Para garantir o conforto dos trabalhadores, determina o item 24.5.2.1 que a capacidade máxima de cada dormitório será de 100 operários.

Com o mesmo intuito, determina a área mínima das camas, do espaço lateral livre e do armário contíguo, nos termos do quadro I a seguir transcrito (item 24.5.2.2).

N. de Operários	Tipos de cama e área respectiva (m^2)[6]	Área de circulação lateral à cama (m^2)	Área do armário lateral à cama (m^2)	Área total (m^2)
1	Simples			
	1,9 x 0,7 = 1,33	1,45 x 0,6 =0,87	0,6 x 0,45 = 0,27	2,47
2	Dupla			
	1,9 x 0,7 = 1,33	1,45 x 0,6 =0,87	0,6 x 0,45 = 0,27	2,47

(6) Veja-se que as medidas de área são rigorosamente as mesmas, quer seja a cama simples ou dupla.

Para melhor compreensão do leitor das distâncias acima mencionadas, ilustramos a situação na figura a seguir.

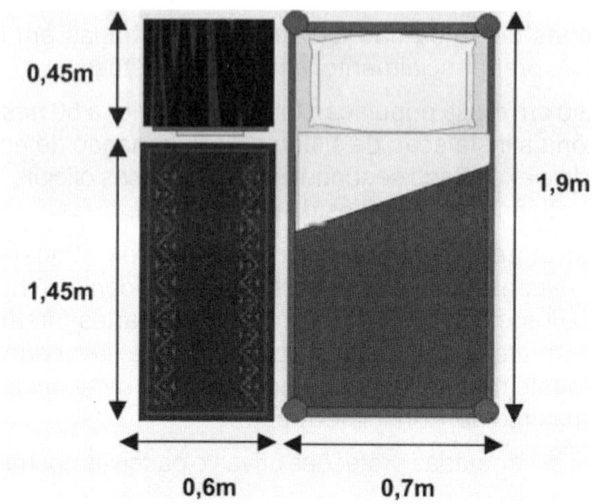

Ilustração 25.5.1: Medidas de área para camas, áreas de armário e lateral, totalizando área de 2,47m² (1,3 m x 1,9 m).

Serão permitidas no máximo 2 (duas) camas na mesma vertical.

Para resguardar a privacidade dos trabalhadores, dispõe o item 24.5.3 que os alojamentos deverão ser localizados em áreas que permitam atender não só às exigências construtivas como também evitar o devassamento aos prédios vizinhos.

Com o fim de facilitar a circulação de pessoas, preceitua o item 24.5.4 que os alojamentos deverão ter 1 (um) pavimento, podendo ter, no máximo, 2 (dois) pisos quando a área disponível para a construção for insuficiente. Com o mesmo intuito o item 24.5.5, determinando que os alojamentos devam ter área de circulação interna, nos dormitórios, com a largura mínima de 1,00 m (um metro).

O pé-direito dos alojamentos deverá obedecer às seguintes dimensões mínimass (item 24.5.6):

a) 2,6m (dois metros e sessenta centímetros) para camas simples;

b) 3 (três) metros para camas duplas.

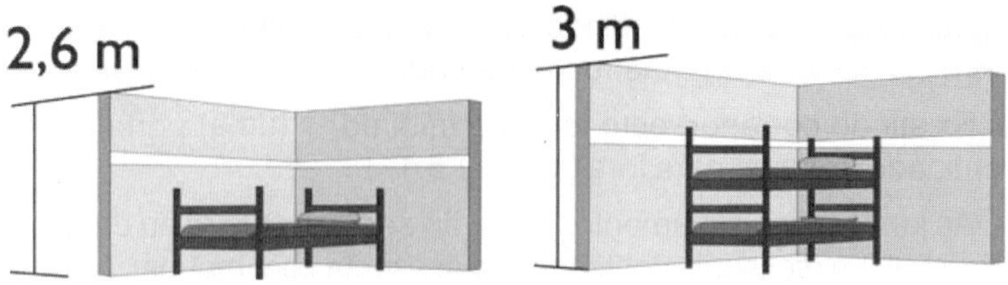

Ilustração 25.5.2: Pé-direito dos alojamentos (camas simples e duplas).

As paredes dos alojamentos poderão ser construídas em alvenaria de tijolo comum, em concreto ou em madeira (item 24.5.7).

Os pisos dos alojamentos deverão ser impermeáveis, laváveis e de acabamento áspero. Deverão impedir a entrada de umidade e emanações no alojamento. Não deverão apresentar ressaltos e saliências, sendo o acabamento compatível com as condições mínimas de conforto térmico e higiene (item 24.5.8).

De acordo com o item 24.5.9, a cobertura dos alojamentos deverá ter estrutura de madeira ou metálica, as telhas poderão ser de barro ou de fibrocimento, e não haverá forro.

Quanto ao telhado, preceitua o item 24.5.9.1, o ponto deste deverá ser de 1:4, independentemente do tipo de telha usada. Referida medida diz respeito à inclinação do telhado, sendo que se pode designá-la na forma proporcional (1:4) ou em termos percentuais (25%).

O ponto do telhado desejado pela norma vem demonstrado na figura seguinte.

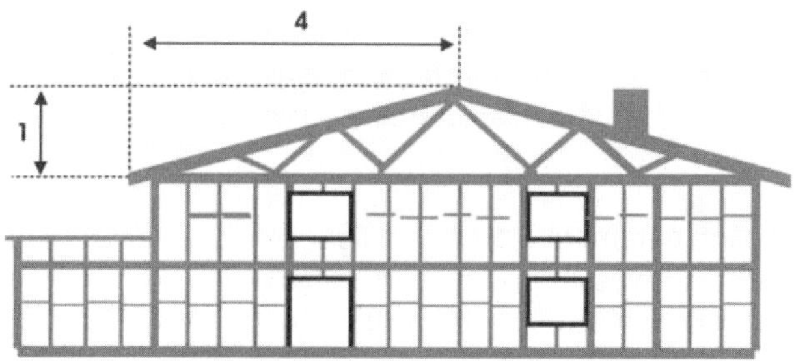

Ilustração 25.5.3: Ponto ou inclinação do telhado em 1:4 ou 25%.

Para as portas, exige o item 24.5.10 sejam metálicas ou de madeira, abrindo para fora, medindo no mínimo 1,00 m x 2,10 m (um metro x dois metros e dez centímetros) para cada 100 (cem) operários.

Existindo corredor, este terá, no mínimo, 1 (uma) porta em cada extremidade, abrindo para fora (item 24.5.11).

As janelas dos alojamentos deverão ser de madeira ou de ferro, de 0,60m x 0,60m (sessenta centímetros x sessenta centímetros), no mínimo (item 24.5.12).

Quanto aos caixilhos, o item 24.5.12.1 determina que a parte inferior destes deva se situar, no mínimo, no plano da cama superior (caso de camas duplas) e à altura de 1,60 m (um metro e sessenta centímetros) do piso no caso de camas simples.

Ilustramos a situação a seguir.

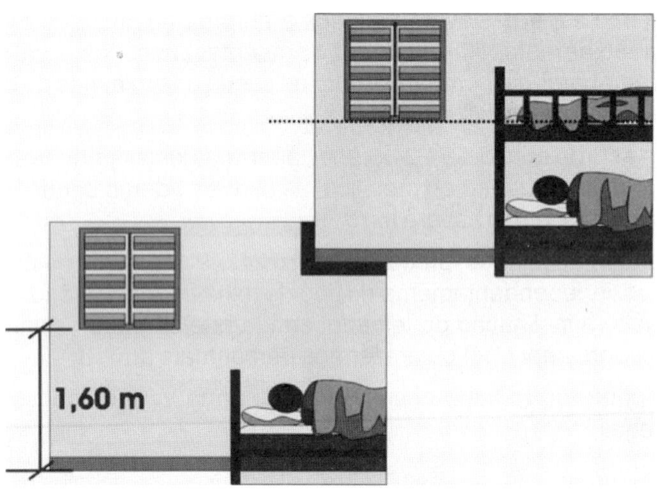

Ilustração 25.5.4: Altura do caixilho em casos de camas simples ou duplas.s

Disciplina o item 24.5.13 que a ligação do alojamento com o sanitário será feita através de portas, com mínimo de 0,80m x 2,10m (oitenta centímetros x dois metros e dez centímetros).

A iluminação do alojamento será composta de fiação protegida por eletrodutos (item 24.5.14).

Quanto aos níveis de iluminamento, diz o item 24.5.15 que deverá ser mantido um iluminamento mínimo de 100 lux, podendo ser instaladas lâmpadas incandescentes de 100W/8,00 m^2 de área com pé-direito de 3 (três) metros máximo, ou outro tipo de luminária que produza o mesmo efeito.

No que tange ao suprimento de água potável nos alojamentos, manda o item 24.5.16 que neles sejam instalados bebedouros de acordo com o item 24.6.1.

As pinturas das paredes, portas e janelas, móveis e utensílios, deverão obedecer ao seguinte (item 24.5.17):

a) alvenaria — tinta de base plástica;

b) ferro — tinta a óleo;

c) madeira — tinta especial retardante à ação do fogo.

As camas poderão ser de estrutura metálica ou de madeira, oferecendo perfeita rigidez (item 24.5.18).

A altura livre das camas duplas deverá ser de, no mínimo, 1,10m (um metro e dez centímetros) contados do nível superior do colchão da cama de baixo, ao nível inferior da longarina da cama de cima (item 24.5.19).

As camas superiores deverão ter proteção lateral e altura livre, mínimo, de 1,10 m do teto do alojamento (item 24.5.19.1).

Ilustramos a situação das camas duplas nas figuras abaixo:

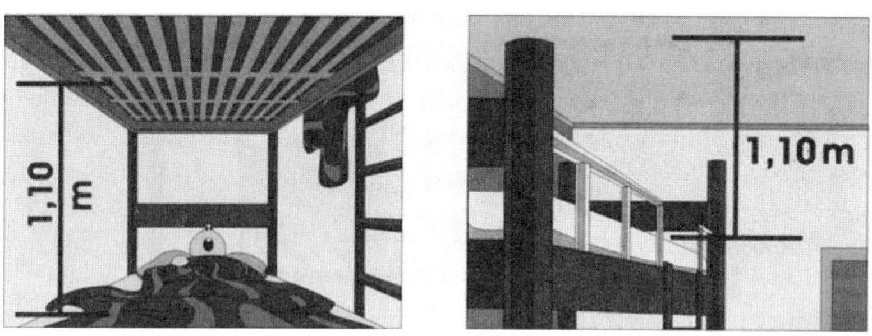

Ilustração 25.5.5: Medidas de distância livre para camas duplas.

O acesso à cama superior deverá ser fixo e parte integrante da estrutura (item 24.5.19.2), conforme ilustração seguinte.

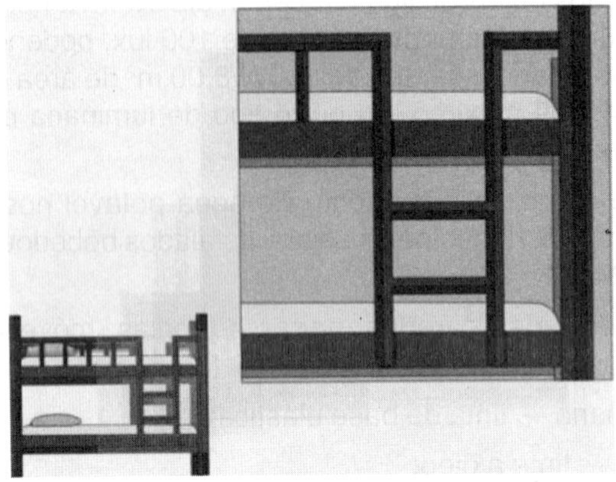

Ilustração 25.5.6: Acesso à cama superior por escada fixada à estrutura.

Nos termos do item 24.5.19.3, os estrados das camas superiores deverão ser fechados na parte inferior (figura seguinte).

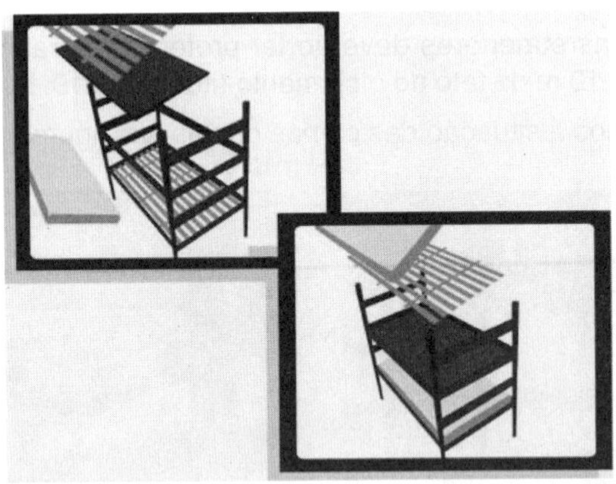

Ilustração 25.5.7: Estrado da cama superior deve ser fechado.

Para a correta higiene do local nos casos de pessoas fumantes, determina o item 24.5.20 que deverão ser colocadas caixas metálicas com areia, para serem usadas como cinzeiros, conforme a figura seguinte.

Ilustração 25.5.8: Caixa de areia para utilização como cinzeiro.

Quanto aos armários dos alojamentos, preceitua o item 24.5.21que estes poderão ser de aço ou de madeira, individuais e deverão ter as seguintes dimensões mínimas: 0,60m (sessenta centímetros) de frente x 0,45m (quarenta e cinco centímetros) de fundo x 0,90m (noventa centímetros) de altura.

Para a correta visualização, ilustramos as medidas dos armários dos alojamentos, lembrando que as dimensões de área são as mesmas já mencionadas no quadro I, do item 24.5.2.2 (0,45m x 0,6m = 0,27m²).

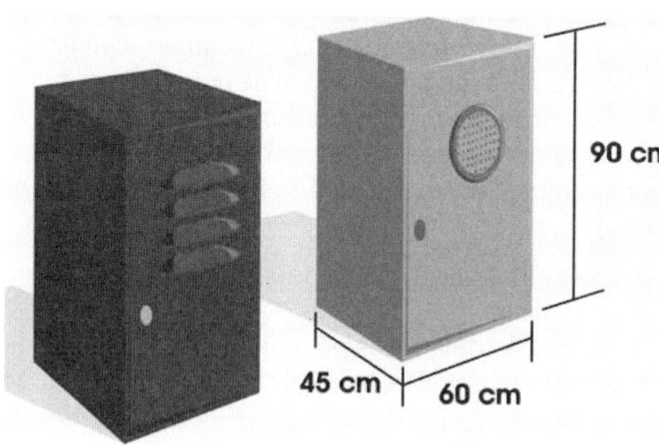

Ilustração 25.5.9: Medidas dos armários dos alojamentos.

No caso de alojamentos com 2 (dois) pisos deverá haver, no mínimo, 2 (duas) escadas de saída, guardada a proporcionalidade de 1 (um) metro de largura para cada 100 (cem) operários (item 24.5.22).

De acordo com o item 24.5.23 as escadas e os corredores coletivos principais terão largura mínima de 1,20 m (um metro e vinte centímetros), podendo os secundários ter 0,80 m (oitenta centímetros).

Os corredores dos alojamentos com mais de 10,00 m (dez metros) de comprimento terão vãos para o exterior com área não-inferior a 1/8 (um oitavo) do respectivo piso (item 24.5.27).

Nos termos do item 24.5.24.1, estes vãos poderão dar para prisma externo descoberto, devendo este prisma ter área não-menor que 9 m^2 (nove metros quadrados) e dimensão linear mínima de 2,00 m (dois metros).

Os valores enumerados no item anterior são aplicáveis ao caso de edificações que tenham altura máxima de 6,00 m (seis metros) entre a laje do teto mais alto e o piso mais baixo (item 24.5.24.2).

No caso em que a vertical Vm entre o teto mais alto e o piso mais baixo for superior a 6,00 (seis metros), a área do prisma, em metros quadrados, será dada pela expressão $V^2/4$ (o quadrado do valor V em metros dividido por quatro), respeitando-se, também, o mínimo linear de 2,00 m (dois metros) para uma dimensão do prisma (item 24.5.25.).

Muito embora não especifique a norma, esta que se referiu ao que se chama de *prisma de ventilação ou iluminação*, definido como área aberta destinada à aeração e iluminação de compartimentos ou ambientes, ou ainda como espaço livre dentro do lote, em toda a altura de uma edificação, e que se destina a garantir a iluminação e a ventilação dos compartimentos habitáveis (quartos, salas, etc.) que com ele se comuniquem.(7)

Não define a NR-24 se o prisma de ventilação ou aeração (área livre) deve ser aberto, assim considerando aquele que possui, pelo menos, uma de suas faces não delimitada por parede, muro ou divisa de lote; ou fechado, quando possui todas as suas faces delimitadas por parede, muro ou divisa de lote.

---

(7) A última definição é do *Dicionário Aurélio, Séc. XXI*, versão em CD-ROM. Editora Nova Fronteira.

Para o dimensionamento correto dá área do prisma externo descoberto, há duas situações, conforme a altura da edificação seja maior ou menor que 6 metros, conforme a seguir explicitado e ilustrado.

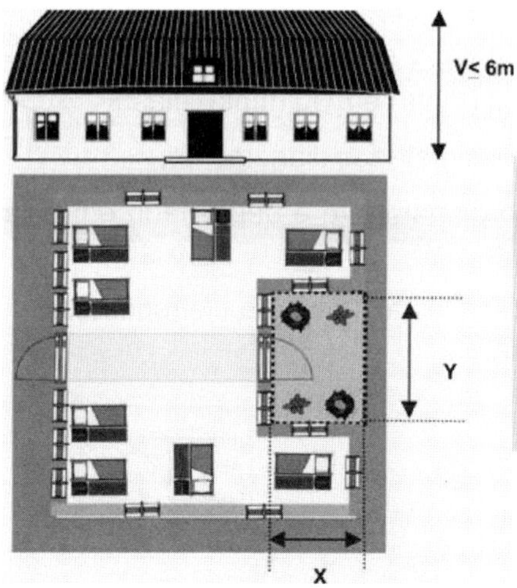

No caso da altura máxima V ser menor ou igual a 6 m, a área do prisma externo de ventilação ou aeração (resultado da multiplicação X.Y) deverá ser de 9 m², sendo que a dimensão linear mínima (X ou Y) deverá ser de 2 m.

Assim, na hipótese concreta, se X=2, Y deverá ser no mínimo 4,5, já que X.Y = 9 m².

Ilustração 25.5.10: Prisma externo com altura máxima igual ou inferior a 6m.

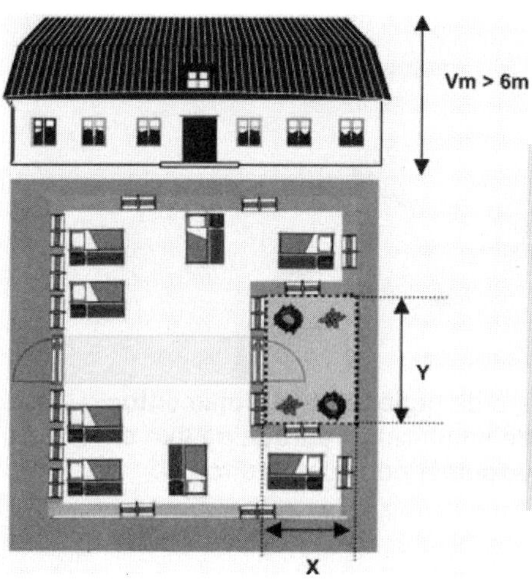

No caso da altura máxima Vm ser maior que 6 m, a área do prisma externo de ventilação ou aeração será proporcional à altura V, de acordo com a fórmula V²/4, respeitando-se ainda o mínimo linear de 2 m (X ou Y = 2m).

Suponhamos, assim, um caso concreto com a vertical Vm = 8 m, quando teremos:

Área do prisma = 8²/4 = 64/4 = 16 m²

Ilustração 25.5.11: Prisma externo com altura máxima superior a 6m.

Para resguardo da saúde do trabalhador, o item 24.5.26 não permite ventilação em dormitório, feita somente de modo indireto.

Nos alojamentos deverão ser obedecidas as seguintes instruções gerais de uso (item 24.5.28):

a) todo quarto ou instalação deverá ser conservado limpo e todos eles serão pulverizados de 30 (trinta) em 30 (trinta) dias;

b) os sanitários deverão ser desinfetados diariamente;

c) o lixo deverá ser retirado diariamente e depositado em local adequado;

d) é proibida, nos dormitórios, a instalação para eletrodomésticos e o uso de fogareiro ou similares.

Ilustração 25.5.12: Medidas de higiene para alojamentos: pulverização, limpeza de sanitários, retirada de lixo e proibição de eletrodomésticos e fogareiros.

Ainda para resguardo da saúde do trabalhador proíbe o item 24.5.29. a permanência de pessoas com moléstias infecto-contagiosas.

As instalações sanitárias, além de atender às exigências do item 24.1, deverão fazer parte integrante do alojamento ou estar localizadas a uma distância máxima de 50,00 m (cinqüenta metros) deste (item 24.5.30).

O pé-direito das instalações sanitárias será, no mínimo, igual ao do alojamento onde for contíguo, sendo permitidos rebaixos para as instalações hidráulicas de, no máximo, 0,40 m (quarenta centímetros) (item 24.5.31).

Interessante alegação, muito embora repelida pelo Tribunal de Justiça do Espírito Santo, ante a prova de culpa exclusiva do empregado, encontramos no seguinte julgado, em que o obreiro alegara que a falta de condições do alojamento o impedira de dormir à noite, vindo por isso a se envolver em acidente automobilístico no dia posterior (os grifos não constam no original).

TRIBUNAL DE JUSTIÇA DO ESPÍRITO SANTO

Proc: 012960000342 — Data da leitura: 07101997

Des. MANOEL ALVES RABELO

APELAÇÃO CÍVEL

Comarca de origem: COMARCA DA CAPITAL — JUÍZO DE CARIACICA

Acórdão:

APELAÇÃO CÍVEL — INDENIZAÇÃO — ACIDENTE DE TRABALHO — RESPONSABILIDADE CIVIL — PROVA — DEMONSTRAÇÃO DE IMPRUDÊNCIA DO AUTOR — RECURSO IMPROVIDO. O FATO DO EMPREGADO ALEGAR QUE AS CONDIÇÕES DE ALOJAMENTO NÃO PERMITIRAM O SEU COMPLETO REPOUSO NOTURNO, VINDO POSTERIORMENTE A SE ENVOLVER EM ACIDENTE AUTOMOBILÍSTICO, NÃO IMPÕE RESPONSABILIDADE CIVIL À EMPREGADORA, QUANDO DEMONSTRADO QUE O SINISTRO DECORREU DE MANOBRA IMPRUDENTE DAQUELE E NÃO PELA AUSÊNCIA DE REPOUSO.

Vê-se, entretanto, que a possibilidade, em tese, do trabalhador obter indenização no caso em tela não foi rechaçada pelo Tribunal, cujos membros julgaram improcedente o pedido meramente pelo fato de que o acidente fora efetivamente causado pela imprudência do empregado e não pela ausência de repouso. Caso, porém, tal hipótese fosse cabalmente provada, poderia o obreiro ter obtido sucesso em sua empreitada judicial.

25.6. Condições de higiene e conforto durante as refeições

Após a definição dos requisitos para os alojamentos, passa a NR-24 a disciplinar as condições de conforto e higiene quando das refeições dos trabalhadores.

Trata-se de capítulo dotado de normas lacônicas e genéricas, sem qualquer definição precisa das condições de higiene e conforto necessárias, o que dificulta seriamente seu cumprimento e sua fiscalização, aumentando o subjetivismo e a possibilidade de interpretações do texto por seus destinatários.

Primeiramente, prevê a NR-24 o dever genérico de higiene e conforto, determinando que as empresas urbanas e rurais, que possuam empregados regidos pela Consolidação das Leis do Trabalho — CLT, e os órgãos governamentais devem oferecer a seus empregados e servidores condições de conforto e higiene que garantam refeições adequadas por ocasião dos intervalos previstos na jornada de trabalho (item 24.6.1).

A empresa que contratar terceiro para a prestação de serviços em seus estabelecimentos deve estender aos trabalhadores da contratada as mesmas condições de higiene e conforto oferecidas aos seus próprios empregados (item 24.6.1.1).

A empresa deverá orientar os trabalhadores sobre a importância das refeições adequadas e hábitos alimentares saudáveis (item 24.6.2).

Na hipótese de o trabalhador trazer a própria alimentação, a empresa deve garantir condições de conservação e higiene adequadas e os meios para o aquecimento em local próximo ao destinado às refeições (item 24.6.3).

Nos termos do item 24.6.3.1, aos trabalhadores rurais e aos ocupados em frentes de trabalho devem ser oferecidos dispositivos térmicos que atendam ao disposto neste item, em número suficiente para todos os usuários (v.g. fogareiros, marmiteiros, etc).

Os recipientes ou marmitas utilizados pelos trabalhadores deverão ser fornecidos pelas empresas, devendo atender às exigências de higiene e conservação e serem adequados aos equipamentos de aquecimento disponíveis (item 24.6.3.2).

Sobre o tema, vale a pena verificar a decisão seguinte.

TRIBUNAL REGIONAL FEDERAL DA TERCEIRA REGIÃO

Classe: AC — APELAÇÃO CÍVEL — 750504

Processo: 200103990544190 UF: SP Órgão Julgador: TERCEIRA TURMA

Data da decisão: 06/10/2004 Documento: TRF300086649

Fonte: DJU DATA:20/10/2004 PÁGINA: 227

Relator(a): JUIZ CARLOS MUTA

Decisão: A Turma, por unanimidade, negou provimento à apelação, nos termos do voto do(a) Relator(a).

Descrição NR 24: item 24.6.3 e item 24.6.3.1

EMENTA DIREITO PROCESSUAL CIVIL. ADMINISTRATIVO. EMBARGOS À EXECUÇÃO FISCAL. MULTA POR VIOLAÇÃO DA LEGISLAÇÃO TRABALHISTA. FALTA DE FORNECIMENTO DE RECIPIENTES OU MARMITAS PARA A REFEIÇÃO, E DE MEIOS PARA AQUECIMENTO DOS ALIMENTOS DOS TRABALHADORES RURAIS (ART. 157, I, DA CLT C/C NR 24, ITEM 24.6.3.1, ALTERADA PELA PORTARIA MTB N. 13/93; E ART. 200 DA CLT, C/C NR 24, ITEM 24.6.3, APROVADA PELA PORTARIA MTB N. 3.214/78). ACORDO COLETIVO COM FIXAÇÃO DE PRAZO PARA REGULARIZAÇÃO. PREVALÊNCIA DA EFICÁCIA IMEDIATA DAS NORMAS DE PROTEÇÃO SOCIAL DO TRABALHADOR. OUTORGA DE COMPETÊNCIA NORMATIVA AO ÓRGÃO DE DISCIPLINA DA MATÉRIA DE SEGURANÇA E MEDICINA DO TRABALHO. ART. 155 DA CLT. ATRIBUIÇÃO QUE NÃO ATINGE A "COMPETÊNCIA ASSINALADA PELA CONSTITUIÇÃO AO CONGRESSO NACIONAL", OBJETO DO ART. 25 DO ADCT. PROCEDÊNCIA DA AUTUAÇÃO.

1. Caso em que foi a empresa fiscalizada e autuada, com base na CLT e normas regulamentares de segurança e medicina do trabalho, por deixar de fornecer marmitas a trabalhadores rurais, ou meios de aquecimento das refeições.

2. Procedência das execuções fiscais, uma vez que a previsão, em convenção coletiva de prazo para o fornecimento de marmitas, não pode afastar a eficácia da legislação social, que tutela o trabalhador, mesmo porque a função deste instrumento normativo é justamente instituir direitos e garantias, além dos legalmente previstos, visando à melhoria das condições da categoria, sendo, pois, ineficaz o ato convencional, para efeito de postergar para 60 dias a exigibilidade plena de obrigação, por lei instituída, desde então e muito antes da fiscalização e autuação.

3. As normas regulamentares, aprovadas por portarias do Ministério do Trabalho, têm respaldo na competência legalmente outorgada pelo art. 155 da CLT, segundo o qual "Incumbe ao órgão de âmbito nacional competente em matéria de segurança e medicina do trabalho: I — estabelecer, nos limites de sua competência, normas sobre a aplica-

ção dos preceitos deste Capítulo, especialmente os referidos no art. 200 (...)". Tal outorga, relacionada apenas à aprovação de normas técnicas de segurança e medicina do trabalho, não afeta a "competência assinalada pela Constituição ao Congresso Nacional" e, portanto, encontra-se fora do alcance do art. 25 do ADCT que, além do mais, se insuficiente fosse o argumento principal referido, ainda apenas revogou a delegação, impedindo novas ações normativas, mas não, porém, a eficácia dos atos que, até então, haviam sido validamente editados.

4. Apelação desprovida.

Caberá à Comissão Interna de Prevenção de Acidentes — CIPA, à Comissão Interna de Prevenção de Acidentes do Trabalho Rural — CIPATR, ao Serviço Especializado em Segurança e Medicina do Trabalho — SESMT e ao Serviço Especializado em Prevenção de Acidentes do Trabalho Rural — SEPATR, quando houver, promoverem a divulgação e zelar pela observância desta norma (item 24.6.4).

Os sindicatos de trabalhadores que tiverem conhecimento de irregularidades quanto ao cumprimento desta norma poderão denunciá-las ao Ministério do Trabalho e solicitar a fiscalização dos respectivos órgãos regionais (item 24.6.5).

As empresas que concederem o benefício da alimentação aos seus empregados poderão inscrever-se no Programa de Alimentação do Trabalhador — PAT[(8)], do Ministério do Trabalho, obedecendo aos dispositivos legais que tratam da matéria (item 24.6.6).

25.7. Disposições gerais

Nos termos do item 24.7.1, em todos os locais de trabalho deverá ser fornecida aos trabalhadores água potável, em condições higiênicas, sendo proibido o uso de recipientes coletivos. Onde houver rede de abastecimento de água, deverão existir bebedouros de jato inclinado e guarda protetora, proibida sua instalação em pias ou lavatórios, e na proporção de 1 (um) bebedouro para cada 50 (cinqüenta) empregados (quanto aos bebedouros, vide ilustração no capítulo referente aos refeitórios).

---

(8) O PAT (Programa de Alimentação do Trabalhador) está regido na Lei n. 6.321, de 14 de abril de 1976, regulamentada pelo Dec. 5, de 14 de janeiro de 1991 e pela Portaria-MTE 87, de 28 de janeiro de 1997. Entre as principais características de tal programa estão a dedução do imposto de renda e a inexistência de salário *in natura* em relação ao fornecimento das refeições.

O uso de recipientes coletivos, mesmo que junto aos bebedouros, ainda ocorre em algumas situações práticas, como se verifica a seguir.

Ilustração 25.7.1: Situação prática vedada pela NR-24 (presença de copo de uso coletivo junto a bebedouro).

Em decisão interessante, o Poder Judiciário já dispensou a instalação de bebedouros em empresa autuada, desde que fornecida, em condições de higiene e limpeza, água potável.

TRIBUNAL REGIONAL FEDERAL DA SEGUNDA REGIÃO

Classe: AC — APELAÇÃO CÍVEL

Processo: 9102007460 UF: RJ Órgão Julgador: TERCEIRA TURMA

Data da decisão: 11/05/1992 Documento: TRF200011216

Fonte: DJ DATA: 02/06/1992 PÁGINA: 15360

Relator(a): JUIZ NEY VALADARES

Decisão: UNANIMIDADE, DESPROVIMENTO.

EMENTA

TRABALHISTA. HIGIENE DO TRABALHO. FORNECIMENTO DE ÁGUA POTÁVEL AOS TRABALHADORES, NO LOCAL DO TRABALHO. DESDE QUE A ÁGUA SEJA SERVIDA EM CONDIÇÕES DE HIGIENE E LIMPEZA, É DISPENSÁVEL, ESPECIALMENTE PARA AS EMPRESAS DE PEQUENO PORTE, A INSTALAÇÃO DE BEBEDOUROS A JATO INCLINADO E GRADE PROTETORA.

As empresas devem garantir, nos locais de trabalho, suprimento de água potável e fresca em quantidade superior a 1/4 (um quarto) de litro (250 mL) por hora/homem trabalho (item 24.7.1.1).

Quando não for possível obter água potável corrente, essa deverá ser fornecida em recipientes portáteis hermeticamente fechados de material adequado e construídos de maneira a permitir fácil limpeza (item 24.7.1.2).

A água não-potável para uso no local de trabalho ficará separada e deve ser afixado aviso de advertência da sua não potabilidade (item 24.7.2), nos termos abaixo demonstrados.

Ilustração 25.7.2: Sinalização referente à potabilidade (ou não) da água.

Os poços e as fontes de água potável serão protegidos contra a contaminação (item 24.7.3).

Nas operações em que se empregam dispositivos que sejam levados à boca, somente serão permitidos os de uso estritamente individual, substituindo, sempre quando possível, por outros de processos mecânicos (item 24.7.4).

Os locais de trabalho serão mantidos em estado de higiene compatível com o gênero de atividade. O serviço de limpeza será realizado, sempre que possível, fora do horário de trabalho e por processo que reduza ao mínimo o levantamento de poeiras (item 24.7.5).

Deverão os responsáveis pelos estabelecimentos industriais dar aos resíduos destino e tratamento que os tornem inócuos aos empregados e à coletividade (item 24.7.6).

26. A Norma Regulamentadora n. 25 — Resíduos Industriais

Disciplina a NR-25 a questão dos resíduos industriais, ponto em que se interpenetram o Direito do Trabalho e o Direito Ambiental, uma vez que a questão é regulamentada por ambos os ramos supracitados.

A preocupação do legislador a respeito do tema vem devidamente estampada no art. 200, VII, da CLT, quando preceitua:

> Art. 200 — Cabe ao Ministério do Trabalho estabelecer disposições complementares às normas de que trata este Capítulo, tendo em vista as peculiaridades de cada atividade ou setor de trabalho, especialmente sobre:
>
> VII — higiene nos locais de trabalho, com discriminação das exigências, instalações sanitárias, com separação de sexos, chuveiros, lavatórios, vestiários e armários individuais, refeitórios ou condições de conforto por ocasião das refeições, fornecimento de água potável, condições de limpeza dos locais de trabalho e modo de sua execução, tratamento de resíduos industriais;

A norma em análise separa dois tipos de resíduos industriais: 1) *Resíduos Gasosos* e 2) *Resíduos Líquidos e Sólidos*, razão pela qual iniciamos seu estudo separadamente. Adicionaremos ainda alguns tópicos referentes ao Direito Ambiental, contidos em outros diplomas normativos.

26.1. Resíduos gasosos — Poluição atmosférica

Inicia a NR-25 em seu item 25.1.1 preceituando que os resíduos gasosos deverão ser eliminados dos locais de trabalho através de métodos, equipamentos ou medidas adequadas, sendo proibido o lançamento ou a liberação nos ambientes de trabalho de quaisquer contaminantes gasosos sob a forma de matéria ou energia, direta ou indiretamente, de forma a serem ultrapassados os limites de tolerância estabelecidos pela Norma Regulamentadora — NR-15.

Assim, em suma, não veda a NR-25 que haja a liberação de resíduos gasosos no ambiente de trabalho, até mesmo porque muitas vezes a geração de resíduos gasosos é inerente à própria atividade, sem que possa ser eliminada. Proíbe-se que a liberação ultrapasse os limites de tolerância fixados na NR-15, norma esta que estipula os níveis aceitáveis de exposição para os agentes insalubres.[1]

Deste modo, a pedra de toque para a questão dos resíduos gasosos industriais restantes no interior do ambiente de trabalho não é o fato de sua liberação interna, mas o *controle de seus limites*. E referido controle é tão importante que sua ausência poderá vir a desencadear a responsabilidade do empregador e de eventual empresa terceirizada, nos termos da decisão abaixo.

Tribunal de Justiça do Espírito Santo

Proc: 048999000135 — Data da leitura: 24081999

Des. MANOEL ALVES RABELO

AGRAVO DE INSTRUMENTO

Comarca de origem: COMARCA DA CAPITAL — JUÍZO DA SERRA

Acórdão:

PROCESSUAL CIVIL — ACIDENTE DO TRABALHO — INDENIZAÇÃO COMUM — EMPREGADO DE PRESTADORA DE SERVIÇOS A TERCEIRO — LEGITIMIDADE PASSIVA DA PRESTADORA E TAMBÉM DO TERCEIRO QUANDO ESTE TEM DEVER DE ASSEGURAR A SAÚDE DO TRABALHADOR NO LOCAL DO SERVIÇO. 1-POSSUEM LEGITIMIDADE PARA FIGURAREM NO PÓLO PASSIVO DA DEMANDA DE INDENIZAÇÃO COMUM, DERIVADA DE ACIDENTE DE TRABALHO, A EMPRESA EMPREGADORA, QUE É PRESTADORA DE SERVIÇOS, BEM COMO TERCEIRO CONTRATANTE QUE TOMA TAIS SERVIÇOS, QUANDO ESTE TEM O DEVER DE ASSEGURAR A SAÚDE DO TRABALHADOR NO LOCAL DO SERVIÇO, MORMENTE CONTROLANDO A EMISSÃO DE GÁS POLUENTE CAUSADOR DE DANO À SAÚDE. 2. AGRAVO CONHECIDO E IMPROVIDO.

As medidas, métodos, equipamentos ou dispositivos de controle do lançamento ou liberação dos contaminantes gasosos deverão ser submetidos ao exame e à aprovação dos órgãos competentes do Ministério do Trabalho, que, a seu critério exclusivo, tomará e analisará amostras do ar dos locais de trabalho para fins de atendimento a estas normas.

---

(1) A assertiva pode parecer um tanto óbvia, mas já houve casos concretos de empresas autuadas pela fiscalização trabalhista em virtude de "manter resíduos no ambiente de trabalho", sem que fosse verificada qual a natureza do resíduo, o(s) agente(s) químico(s) correspondente(s), a concentração presente, ou mesmo o limite de exposição da NR-15.

Os métodos e procedimentos de análise dos contaminantes gasosos e respectivos agentes químicos estão fixados na Norma Regulamentadora — NR-15.

Na eventualidade de utilização de métodos de controle que retirem os contaminantes gasosos dos ambientes de trabalho e os lancem na atmosfera externa, ficam as emissões resultantes sujeitas às legislações competentes nos níveis federal, estadual e municipal (item 25.1.4).[2]

O Conselho Nacional do Meio Ambiente (CONAMA), para fim de limitação da emissão de poluentes no ar atmosférico, editou inicialmente a Resolução 5/89, que instituiu o Programa Nacional de Controle da Qualidade do Ar — PRONAR, como um dos instrumentos básicos da gestao ambiental para proteção da saúde e bem-estar das populações e melhoria da qualidade de vida com o objetivo de permitir o desenvolvimento econômico e social do país de forma ambientalmente segura, pela limitação dos níveis de emissão de poluentes por fontes de poluição atmosférica com vistas a: a) uma melhoria na qualidade do ar; b) o atendimento aos padrões estabelecidos; c) o não comprometimento da qualidade do ar em áreas consideradas não degradadas.

Nessa resolução foram estabelecidas as diretrizes básicas do PRONAR, que teve como fundamentos principais:

- **Definição de limites máximos de emissão de poluentes:** assim entendidos como a quantidade de poluentes permissível de ser lançada por fontes poluidoras para a atmosfera. Os limites máximos de emissão serão diferenciados em função da classificação de usos pretendidos para as diversas áreas e serão mais rígidos para as fontes novas de poluição;

- **Adoção de padrões nacionais de qualidade do ar:** (definidos posteriormente através de resolução CONAMA 03/90), ficam estabelecidos conceitualmente dois tipos de padrões de qualidade do ar:

---

(2) Este item revela grande quantidade de informações interessantes. Como dissemos no início, a questão dos resíduos industriais é matéria que se encontra em ponto de contato entre o Direito do Trabalho e o Direito Ambiental. Quando há sua *deposição interna*, com risco aos trabalhadores, regula-a o primeiro ramo, determinando seja seu controle normatizado segundo os limites fixados na NR-15 e fiscalizado pelo Ministério do Trabalho. Já quando há *deposição externa*, com risco ao meio ambiente em geral, a questão é regulada não mais pelas normas trabalhistas e pelo Ministério do Trabalho, mas pelas disposições federais, estaduais e municipais, relativas ao Direito Ambiental, ramo este em que todas as esferas governamentais podem legislar e atuar (CF, art. 23, VI e VII; 24, VI e VII; 30, II, e 225), diferentemente do Direito do Trabalho (de competência legislativa exclusiva da União).

os primários e os secundários: a) são padrões primários de qualidade do ar as concentrações de poluentes que, ultrapassadas, poderão afetar a saúde da população, podendo ser entendidos como níveis máximos toleráveis de concentração de poluentes atmosféricos, constituindo-se em metas de curto e médio prazo; b) são padrões secundários de qualidade do ar, as concentrações de poluentes atmosféricos abaixo das quais se prevê o mínimo efeito adverso sobre o bem-estar da população, assim como o mínimo dano à fauna e flora, aos materiais e meio ambiente em geral, podendo ser entendidos como níveis desejados de concentração de poluentes, constituindo-se em meta de longo prazo;

• **Classificação da proteção conforme áreas definidas:** para a implementação de uma política de não deterioração significativa da qualidade do ar em todo o território nacional, suas áreas foram enquadradas de acordo com a seguinte classificação de usos pretendidos: 1) Classe I: Áreas de preservação, lazer e turismo, tais como Parques Nacionais e Estaduais, Reservas e Estações Ecológicas, Estâncias Hidrominerais e Hidrotermais. Nestas áreas deverá ser mantida a qualidade do ar em nível o mais próximo possível do verificado sem a intervenção antropogênica; 2) Classe II: Áreas onde o nível de deterioração da qualidade do ar seja limitado pelo padrão secundário de qualidade; 3) Classe III: Áreas de desenvolvimento onde o nível de deterioração da qualidade do ar seja limitado pelo padrão primário de qualidade.

Além disso, foram estabelecidas diretrizes para a realização de inventário nacional de poluentes e monitoramento da qualidade do ar.

Posteriormente, a Resolução 03/90 do CONAMA veio estabelecer limites para a emissão de poluentes na atmosfera, nos termos descritos na tabela seguinte.

Padrões de qualidade do ar — Resolução 03/90 — CONAMA (conforme Benedito Braga et al., 2002 — *Introdução à Engenharia Ambiental*)

Poluente	Tempo médio	Padrões	
		Primário	Secundário
Material Particulado (MP)	24 h(*)	240 μg/m³	150 μg/m³
	MG anual	80 μg/m³	60 μg/m³

Poluente	Tempo médio	Padrões	
		Primário	Secundário
SO_2	24 h(*)	365 μg/m³	100 μg/m³
	MA anual	80 μg/m³	40 μg/m³
CO	1 h(*)	40 000 μg/m³	40 000 μg/m³
	8h(*)	10 000 μg/m³	10 000 μg/m³
O_3	1 h(^)	160 μg/m³	160 μg/m³
Fumaça	24 h	150 μg/m³	100 μg/m³
	MA anual	60 μg/m³	40 μg/m³
Partículas inaláveis (< 10 μm)	24 h	150 μg/m³	150 μg/m³
	MA anual	50 μg/m³	50 μg/m³
NO_2	1 h(*)	320 μg/m³	190 μg/m³
	MA anual	100 μg/m³	100 μg/m³

(*) Não pode ser excedido mais que uma vez ao ano
MG — média geométrica; MA — média aritmética.[3]

Ficaram estabelecidos os seguintes métodos de amostragem e análise dos poluentes atmosféricos a serem definidos nas respectivas Instruções Normativas:

a) Partículas Totais em Suspensão — Método de Amostrador de Grandes Volumes ou Método Equivalente;

b) Fumaça — Método da Refletância ou Método Equivalente;

c) Partículas Inaláveis — Método de Separação Inercial/Filtração ou Método Equivalente;

d) Dióxido de Enxofre — Método de Pararonasilina ou Método Equivalente;

e) Monóxido de Carbono — Método do Infra-Vermelho não Dispersivo ou Método Equivalente;

---

(3) A média geométrica pode ser definida como a raiz enésima do produto de n valores dados. Assim, se tivermos 4 medições de poluentes com os valores 2, 3, 7, 20, teremos a MG igual à raiz quarta do produto (2 x 3 x 7 x 20), que será aproximadamente 5,4 unidades. Já a média aritmética, definida como o quociente da soma de n valores por n, seria derivada da operação (2 + 3 + 7 + 20)/4, resultando no valor de 8 unidades.

f) Ozônio — Método da Quimioluminescência ou Método Equivalente;

g) Dióxido de Nitrogênio — Método da Quimioluminescência ou Método Equivalente.

Segundo a Resolução 03/90, o monitoramento da qualidade do ar é atribuição dos Estados.

Foram ainda determinados Níveis de Qualidade do Ar para elaboração do Plano de Emergência para Episódios Críticos de Poluição do Ar, visando a providências dos governos de Estado e dos Municípios, assim como de entidades privadas e comunidade geral, com o objetivo de prevenir grave e iminente risco à saúde da população.

Considera-se Episódio Crítico de Poluição do Ar a presença de altas concentrações de poluentes na atmosfera em curto período de tempo, resultante da ocorrência de condições meteorológicas desfavoráveis à dispersão dos mesmos.

Para tanto, foram estabelecidos os Níveis de Atenção, Alerta e Emergência, para a execução do Plano, sendo que na definição de qualquer dos níveis enumerados poderão ser consideradas concentrações de dióxido de enxofre, partículas totais em suspensão, produto entre partículas totais em suspensão e dióxido de enxofre, monóxido de carbono, ozônio, partículas inaláveis, fumaça, dióxido de nitrogênio, bem como a previsão meteorológica e os fatos e fatores intervenientes previstos e esperados.

As concentrações de poluentes para decretação dos níveis mencionados é a constante da tabela seguinte.

Padrões para fixação de critérios em episódios críticos de poluição do ar da Resolução 03/90 — CONAMA (conforme Benedito Braga et al., 2002 — *Introdução à Engenharia Ambiental*)

Parâmetro	Atenção	Alerta	Emergência
SO_2 (μg/m³) — 24 h	800	1.600	2.100
MP (μg/m³) — 24 h	375	625	875
SO_2 x MP (μg/m³) – 24 h	65.000	261.000	393.000
CO (ppm)	15 (17.000 μg/m³)	30 (34.000 μg/m³)	40 (46.000 μg/m³)

Parâmetro	Atenção	Alerta	Emergência
O_3 ($\mu g/m^3$) — 1 h	400	800	1.000
Inalantes ($\mu g/m^3$) — 24 h	250	420	500
Fumaça ($\mu g/m^3$) — 24 h	250	420	500
NO_2 ($\mu g/m^3$) — 1 h	1.130	2.260	3.000

Finalmente, a Resolução 08/90 do CONAMA, fixou limites máximos de emissão de poluentes do ar (padrões de emissão) para processos de combustão externa em fontes novas fixas de poluição com potências nominais totais até 70 MW (setenta megawatts) e superiores.

Para tanto, definiu-se como processo de combustão externa em fontes fixas toda a queima de substâncias combustíveis realizada nos seguintes equipamentos: caldeiras; geradores de vapor; centrais para a geração de energia elétrica; fornos, fornalhas, estufas e secadores para a geração e uso de energia térmica, incineradores e gaseificadores.

Limites máximos de emissão de poluentes do ar (padrões de emissão) para processos de combustão externa em fontes novas fixas de poluição — Resolução 08/90 — CONAMA

<table>
<tr><th>Potência da fonte</th><th>Tipo de área</th><th>Partículas totais</th><th>Densidade colorimétrica</th><th>Dióxido de Enxofre (SO_2)</th></tr>
<tr><td rowspan="2">Potência nominal total igual ou inferior a 70 MW (setenta megawatts).</td><td>Classe I, a serem atmosfericamente preservadas (Unidades de Conservação com exceção das (APA'S).</td><td colspan="3">Nestas áreas fica proibida qualquer atividade econômica que gere poluição do ar.</td></tr>
<tr><td>Classe I, a serem atmosfericamente conservadas (lazer, turismo, estâncias climáticas, hidrominerais e hidrotermais)</td><td>120 g/10^6 Kcal</td><td>Máximo de 20% (vinte por cento), equivalente a Escala de Ringelmann n. 01, exceto na operação de ramonagem e na partida do equipamento</td><td>2.000 g/10^6 Kcal</td></tr>
</table>

<table>
<tr><th>Potência da fonte</th><th>Tipo de área</th><th>Partículas totais</th><th>Densidade colorimétrica</th><th>Dióxido de Enxofre (SO_2)</th></tr>
<tr><td></td><td>Classes II e III</td><td>350 g/10⁶ Kcal (para óleo combustível).

1.500 g/10⁶ Kcal (para carvão mineral)</td><td>Máximo de 20% (vinte por cento), equivalente à Escala de Ringelmann n. 01, exceto na operação de ramonagom o na partida do equipamento.</td><td>5.000 g/10⁶ Kcal (para óleo combustível e carvão mineral).</td></tr>
<tr><td rowspan="2">Potência nominal total superior a 70 MW (setenta megawatts)</td><td>Classe I</td><td colspan="3">Nestas áreas não será permitida a instalação de novas fontes fixas com este porte</td></tr>
<tr><td>Classes II e III</td><td>120 g/10⁶ Kcal (para óleo combustível)

800 g/10⁶ Kcal (para carvão mineral)</td><td>Máximo de 20% (vinte por cento), equivalente à Escala de Ringelmann n. 01, exceto na operação de ramonagem ou na partida do equipamento</td><td>2.000 g/10⁶ Kcal (para óleo combustível e carvão mineral).</td></tr>
</table>

Para outros combustíveis, exceto óleo combustível e carvão mineral, caberá aos órgãos Estaduais de Meio Ambiente o estabelecimento de limites máximos de emissão para partículas totais, dióxido e enxofre e, se for o caso, outros poluentes, quando do licenciamento ambiental do empreendimento.

Caberá aos órgãos estaduais de meio ambiente propor aos governos de seus respectivos Estados o enquadramento de suas áreas Classe I e III, conforme já previsto na Resolução Conama n. 05/89 e Resolução Conama n. 03/90.

O atendimento aos limites máximos de emissão estabelecidos não exime o empreendedor do atendimento a eventuais exigências de controle complementares, conforme a legislação vigente.

A verificação do atendimento aos limites máximos de emissão fixados através da Resolução em comento, quando do fornecimento da LO — Licença de Operação, poderá ser realizada pelo órgão ambiental licenciador ou pela empresa em licenciamento, desde que com acompanhamento do referido órgão ambiental licenciador.

No Estado de São Paulo, a CETESB criou o Índice de Qualidade do Ar (IQA). Os parâmetros contemplados pela estrutura do índice são:

- Dióxido de enxofre;
- Partículas totais em suspensão;
- Partículas inaláveis;
- Fumaça;
- Monóxido de carbono;
- Ozônio;
- Dióxido de nitrogênio.

Segundo dados da CETESB, para cada poluente medido, é calculado um índice, e a divulgação utiliza o índice mais elevado, isto é, a qualidade do ar de uma estação é determinada pelo pior caso.

Depois de calculado o valor do índice, o ar recebe uma qualificação, que é uma espécie de nota, feita conforme a escala a seguir.

As substâncias poluentes podem ser classificadas da seguinte forma:

ÍNDICE	QUALIDADE DO AR	ESTADO
0 - 50	BOA	
51 - 100	REGULAR	—
101 -199	INADEQUADA	
200 -299	MÁ	ATENÇÃO
300 - 399	PÉSSIMA	ALERTA
> 400	CRÍTICA	EMERGÊNCIA

A emissão de poluentes fora dos limites legais ou regulamentares poderá causar a responsabilização civil e penal da empresa, nos termos da legislação (Lei n. 9.605/99; Lei das Contravenções Penais, art. 38; Lei n. 6.938/81; Resoluções CONAMA 18/86, 5/89 e 3/90).

Para a autuação administrativa, porém, é necessário que a autoridade motive pormenorizadamente a respectiva lavratura, pois que já se desconstituiu auto de infração em que não se especificavam seus fundamentos de validade.

Nesse sentido:

TRIBUNAL DE JUSTIÇA DE SÃO PAULO

EMENTA

EXECUÇÃO FISCAL — Poluição do ar — Auto de infração que não especificara a natureza do odor, a gravidade da atividade dita poluidora e os riscos que tal atividade pode causar à saúde pública — Embargos procedentes — Recurso provido. (Relator: Accioli Freire — Apelação Cível n. 186.709-2 — Franca — 26.02.92)

Já se decidiu também que a legislação dos Estados, na definição de critérios de perícia ambiental não pode se afastar de critérios técnicos de verificação, sob pena de ilegalidade.

SUPERIOR TRIBUNAL DE JUSTIÇA

Processo REsp 399355/SP RECURSO ESPECIAL 2001/0196898-0

Relator(a) Ministro HUMBERTO GOMES DE BARROS (1096)

Órgão Julgador T1 — PRIMEIRA TURMA

Data do Julgamento: 11/11/2003

Data da Publicação/Fonte: DJ 15.12.2003 p. 189

EMENTA

ADMINISTRATIVO — DIREITO AMBIENTAL — REGULAMENTO — PADRÕES DE QUALIDADE AMBIENTAL — ADOÇÃO DE CRITÉRIOS INSEGUROS — DECRETO N. 8.468/76 DO ESTADO DE SÃO PAULO — ILEGALIDADE (LEI FEDERAL N. 6.938/81). — O Decreto n. 8.468/76 do Estado de São Paulo, incidiu em ilegalidade, contrariando o sistema erigido na Lei Federal n. 6.938/81, quando adotou como padrões de medida de poluição ambiental, a extensão da propriedade e o olfato de pessoas credenciadas.

SUPERIOR TRIBUNAL DE JUSTIÇA

Processo

REsp 35887 / SP RECURSO ESPECIAL 1993/0016383-3

Relator(a): Ministro GARCIA VIEIRA (1082)

Órgão Julgador: T1 — PRIMEIRA TURMA

Data do Julgamento: 22.11.1993

Data da Publicação/Fonte: DJ 7.2.1994 p. 1139 LEXSTJ vol. 58 p. 205

EMENTA

ADMINISTRATIVO — DIREITO AMBIENTAL — REGULAMENTO — PADRÕES DE QUALIDADE AMBIENTAL — ADOÇÃO DE CRITÉRIOS INSEGUROS — DECRETO N. 8.468/76 DO ESTADO DE SÃO PAULO — ILEGALIDADE (LEI FEDERAL N. 6.938/81) — O DECRETO N. 8.468/76 DO ESTADO DE S. PAULO — QUANDO ADOTOU COMO PADRÕES DE MEDIDA DE POLUIÇÃO AMBIENTAL, A EXTENSÃO DA PROPRIEDADE E O OLFATO DE PESSOAS CREDENCIADAS — INCIDIU EM ILEGALIDADE, CONTRARIANDO O SISTEMA ERIGIDO NA LEI FEDERAL N. 6.938/81.

26.2. Resíduos sólidos e líquidos — Poluição do solo e das águas

Quanto aos resíduos sólidos e líquidos há disciplina diversa do estabelecido para os resíduos gasosos na NR-25. Enquanto para estes há parâmetros na NR-15, para aqueles não há limite de tolerância fixado, de modo a possibilitar sua quantificação e correspondente medição, para que se tenha a noção exata da medida que se pode manter no interior do ambiente de trabalho.

Nesses termos é que dispõe a NR-25 que os resíduos líquidos e sólidos produzidos por processos e operações industriais deverão ser convenientemente tratados e/ou dispostos e e/ou retirados dos limites da indústria, de forma a evitar riscos à saúde e à segurança dos trabalhadores.

Assim, dá a norma quanto aos resíduos sólidos e líquidos a opção à empresa das seguintes condutas, desde que protegidas a saúde e a segurança dos trabalhadores:

- Tratamento seguro dos resíduos;
- Disposição adequada;
- Retirada dos limites da indústria.

Caso opte a empresa pela última forma, dispõe o item 25.2.2. que o lançamento ou disposição dos resíduos sólidos e líquidos, de que trata a NR-25, nos recursos naturais — água e solo — sujeitar-se-á às legislações pertinentes nos níveis federal, estadual e municipal.

Já os resíduos sólidos e líquidos de alta toxicidade, periculosidade, os de alto risco biológico e os resíduos radioativos deverão ser dispostos com o conhecimento e a aquiescência e auxílio de entidades especializadas/públicas ou vinculadas e no campo de sua competência (item 25.2.3).

Os resíduos lançados nos corpos d'água devem obedecer ao disposto na Resolução CONAMA 20/86.

Citada norma classifica as águas nas seguintes espécies:

TIPO	CLASSE	DESTINAÇÃO
ÁGUAS DOCES	Classe Especial	a) ao abastecimento doméstico sem prévia ou com simples desinfecção; b) à preservação do equilíbrio natural das comunidades aquáticas.
	Classe 1	a) ao abastecimento doméstico após tratamento simplificado; b) à proteção das comunidades aquáticas; c) à recreação de contato primário (natação, esqui aquático e mergulho); d) à irrigação de hortaliças que são consumidas cruas e de frutas que se desenvolvam rentes ao solo e que sejam ingeridas cruas sem remoção de película; e) à criação natural e/ou intensiva (aqüicultura) de espécies destinadas à alimentação humana.
	Classe 2	a) ao abastecimento doméstico, após tratamento convencional; b) à proteção das comunidades aquáticas; c) à recreação de contato primário (esqui aquático, natação e mergulho); d) à irrigação de hortaliças e plantas frutíferas; e) à criação natural e/ou intensiva (aqüicultura) de espécies destinadas à alimentação humana.
	Classe 3	a) ao abastecimento doméstico, após tratamento convencional; b) à irrigação de culturas arbóreas, cerealíferas e forrageiras; c) à dessedentação de animais.
	Classe 4	a) à navegação; b) à harmonia paisagística; c) aos usos menos exigentes.

TIPO	CLASSE	DESTINAÇÃO
ÁGUAS SALINAS	Classe 5	a) à recreação de contato primário; b) à proteção das comunidades aquáticas; c) à criação natural e/ou intensiva (aqüicultura) de espécies destinadas à alimentação humana.
	Classe 6	a) à navegação comercial; b) à harmonia paisagística; c) à recreação de contato secundário.
ÁGUAS SALOBRAS	Classe 7	a) à recreação de contato primário; b) à proteção das comunidades aquáticas; c) à criação natural e/ou intensiva (aqüicultura) de espécies destinadas à alimentação humana.
	Classe 8	a) à navegação comercial; b) à harmonia paisagística; c) à recreação de contato secundário.

Para cada tipo de classe de águas, a Resolução 20/86 fixou vários parâmetros a serem atendidos, definindo características como as seguintes:

Parâmetro		Definição
Físicos	**Temperatura**	A temperatura do corpo d'água influencia a presença de gases dissolvidos na água (quanto maior a temperatura menor a solubilidade de gases)
	Turbidez	A turbidez indica a maior ou menor opacidade do corpo d'água, ou sua capacidade de deixar com que penetrem os raios solares, influenciando diretamente na fotossíntese e na produção de oxigênio
	Cor	É um parâmetro decorrente da existência de material em solução no corpo d'água, podendo ser medido em UH (Unidades Hazen)

Parâmetro		Definição
	Odor e Sabor	Parâmetros relativos à sensibilização dos sentidos olfativo e do paladar, podendo tornar a água imprópria para consumo humano ou uso
Químicos	**Dureza**	Refere-se à dissolução de sais no corpo d'água, o que pode torná-lo impróprio para alguns usos (banho e lavagem), podendo ainda incrustar tubulações de caldeiras ou outros equipamentos
	pH	Diz respeito ao potencial hidrogeniônico da água (concentração de íons H^+), ou seja, à sua acidez (pH < 7) ou alcalinidade (pH > 7)
	Presença de compostos químicos	Tais como ferro, manganês, fenóis, detergentes, agrotóxicos ou radioatividade
	Matéria orgânica	Indicada normalmente pelos índices $DBO_{5,20}$ (Demanda Bioquímica de Oxigênio após 5 dias a 20 °C), DQO (Demanda Química de Oxigênio) e Carbono Orgânico Total (COT)
	Oxigênio dissolvido (OD)	Trata-se de parâmetro essencial ao desenvolvimento de organismos aeróbios, podendo ser afetado pela presença demasiada de matéria orgânica
Biológicos	**Micro-organismos**	São bactérias, fungos, vírus, protozoários, que podem ser prejudiciais aos seres humanos. Considerando a dificuldade de determinação de sua presença, indicam-se normalmente microorganismos que denotam um potencial de contaminação da água, quais sejam os denominados coliformes fecais

Dada a grande quantidade de requisitos elencados para cada tipo de corpo d'água, torna-se aqui impossível sua transcrição integral, devendo o leitor obtê-los diretamente na norma em questão.

Importante salientar os requisitos para os efluentes industriais.

Os efluentes de qualquer fonte poluidora somente poderão ser lançados, direta ou indiretamente, nos corpos de água desde que obedeçam às seguintes condições:

a) pH entre 5 a 9;

b) temperatura : inferior a 40°C, sendo que a elevação de temperatura do corpo receptor não deverá exceder a 3°C;

c) materiais sedimentáveis: até 1 ml/litro em teste de 1 hora em cone Imhoff. Para o lançamento em lagos e lagoas, cuja velocidade de circulação seja praticamente nula, os materiais sedimentáveis deverão estar virtualmente ausentes;

d) regime de lançamento com vazão máxima de até 1,5 vezes a vazão média do período de atividade diária do agente poluidor;

e) óleos e graxas:

- óleos minerais até 20 mg/l;
- óleos vegetais e gorduras animais até 50 mg/l;

f) ausência de materiais flutuantes;

g) valores máximos admissíveis das seguintes substâncias:

Amônia:	5,0 mg/l N
Arsênio total:	0,5 mg/l As
Bário:	5,0 mg/ Ba
Boro:	5,0 mg/l B
Cádmio:	0,2 mg/l Cd
Cianetos:	0,2 mg/l CN
Chumbo:	0,5 mg/l Pb
Cobre:	1,0 mg/l Cu
Cromo hexavelente:	0,5 mg/l Cr
Cromo trivalente:	2,0 mg/l Cr
Estanho:	4,0 mg/l Sn
Índice de fenóis:	0,5 mg/l C_6H_5OH
Ferro solúvel:	15,0 mg/l Fe
Fluoretos:	10,0 mg/l F

Manganês solúvel:	1,0 mg/l Mn
Mercúrio:	0,01 mg/l Hg
Níquel:	2,0 mg/l Ni
Prata:	0,1 mg/l Ag
Selênio:	0,05 mg/l Se
Sulfetos:	1,0 mg/l S
Sulfito:	1,0 mg/l SO_3
Zinco:	5,0 mg/l Zn
Compostos organofosforados e carbonatos totais:	1,0 mg/l em Paration
Sulfeto de carbono:	1,0 mg/l
Tricloroeteno:	1,0 mg/l
Clorofórmio:	1,0 mg/l
Tetracloreto de Carbono:	1,0 mg/l
Dicloroeteno:	1,0 mg/l
Compostos organoclorados não listados acima (pesticidas, solventes, etc):	0,05 mg/l
Outras substâncias em concentrações que poderiam ser prejudiciais: de acordo com limites a serem fixados pelo CONAMA.	

h) tratamento especial, se provierem de hospitais e outros estabelecimentos nos quais haja despejos infectados com microorganismos patogênicos.

Não será permitida a diluição de efluentes industriais com águas não poluídas, tais como água de abastecimento, água de mar e água de refrigeração.

Na hipótese de fonte de poluição geradora de diferentes despejos ou emissões individualizadas, os limites constantes desta regulamentação aplicar-se-ão a cada um deles ou ao conjunto após a mistura, a critério do órgão competente.

Os efluentes não poderão conferir ao corpo receptor características em desacordo com o seu enquadramento nos termos da Resolução em comento.

Resguardados os padrões de qualidade do corpo receptor, demonstrado por estudo de impacto ambiental realizado pela entidade responsável pela emissão, o órgão competente poderá autorizar lançamentos acima dos limites estabelecidos, fixando o tipo de tratamento e as condições para esse lançamento.

Os métodos de coleta e análise das águas devem ser os especificados nas normas aprovadas pelo Instituto Nacional de Metrologia, Normatização e Qualidade Industrial — INMETRO ou, na ausência delas, no *Standard Methods for the Examination of Water and Wastewater* APHA-AWWA-WPCF, última edição, ressalvado o disposto no art. 12. O índice de fenóis deverá ser determinado conforme o método 510 B do *Standard Methods for the Examination of Water and Wastewater*, 16ª edição, de 1985.

Há várias decisões na jurisprudência autorizando a punição das empresas por não darem tratamento adequado aos efluentes, conforme se verifica a seguir.

TRIBUNAL DE JUSTIÇA DE SÃO PAULO

EMENTA

EXECUÇÃO FISCAL — Multa — Autuação pela não apresentação de projeto primário de efluentes à CETESB — Embargos — Improcedência — Acréscimo de 1,5% ao mês devido — Exclusão, todavia, do acréscimo de 20%, eis que já fixada a verba honorária — Recurso parcialmente provido. (Relator: Cezar de Moraes — Apelação Cível n. 168.453-2 — Franca — 28.02.91)

TRIBUNAL DE JUSTIÇA DE SÃO PAULO

EMENTA

MULTA — Poluição ambiental — Lançamento de efluentes líquidos industriais — Alegação de força maior — Inadmissibilidade — Responsabilidade da empresa a precauções técnicas prévias — Recurso não provido. Ainda que não se adote na inteireza a teoria do risco, cumpre admiti-la de maneira razoável, atribuindo responsabilidade à empresa se, anteriormente a resultado danoso ao meio ambiente, não houve com as precauções técnicas exigidas. (Relator: Bueno Magano — Apelação Cível n. 203.897-2 — Descalvado — 5.2.93).

TRIBUNAL DE JUSTIÇA DE SÃO PAULO

EMENTA

POLUIÇÃO — Poder de polícia — Poluição ambiental — Lançamento de efluentes líquidos industriais diretamente na rede de esgoto —

Não cumprindo a impetrante com a obrigação assumida de, no prazo estabelecido, construir sistema de tratamento de efluentes industriais, persistindo no lançamento dos efluentes diretamente na rede de esgoto, com graves danos ambientais, mesmo após reiteradas multas, era de rigor a interdição do estabelecimento industrial — Recurso não provido. (Apelação Cível n. 262.002-1 — São Paulo — 8ª Câmara de Direito Público — Relator: Felipe Ferreira — 18.12.96 — V. U.)

TRIBUNAL DE JUSTIÇA DO PARANÁ

ACÓRDÃO: 16760

DESCRIÇÃO: APELAÇÃO CÍVEL

RELATOR: JUIZ MUNIR KARAM

COMARCA: ARAPONGAS — VARA CÍVEL

ÓRGÃO JULGADOR: SEGUNDA CÂMARA CÍVEL

PUBLICAÇÃO: 29/11/1999

EMENTA

DECISÃO: ACORDAM OS MEMBROS INTEGRANTES DA 2ª CÂMARA CÍVEL DO TRIBUNAL DE JUSTIÇA DO PARANÁ, POR UNANIMIDADE DE VOTOS, EM NEGAR PROVIMENTO AO RECURSO. EMENTA: AÇÃO CIVIL PÚBLICA — MEIO AMBIENTE — DANOS CAUSADOS POR EFLUENTES DE FRIGORÍFICO — SISTEMA ANTIPOLUENTE SENDO TESTADO — PRAZO PARA QUE SE CONCLUA A IMPLANTAÇÃO DO PROJETO, CUJA EFICÁCIA DEVERÁ SER TESTADA PELO IAP — APELO DESPROVIDO. HAVENDO PROVA INEQUÍVOCA DE QUE O DESPEJO DOS FLUENTES LÍQUIDOS DO FRIGORÍFICO ESTAVAM FORA DOS PADRÕES PERMITIDOS E POLUINDO A ATMOSFERA, BEM COMO O CORPO HÍDRICO RECEPTOR, IMPUNHA-SE A EXECUÇÃO DE SISTEMA ANTIPOLUENTE, DENTRO DE PRAZO RAZOÁVEL, COM A EFICÁCIA TESTADA PELO INSTITUTO AMBIENTAL DO PARANÁ.

Vistas as principais questões quanto aos efluentes, passemos à disciplina dos resíduos sólidos.

Segundo a norma ABNT NBR 10004, resíduos sólidos são considerados "Resíduos nos estados sólido ou semi-sólido, que resultam de atividades da comunidade de origem: industrial, doméstica, hospitalar, comercial, agrícola, de serviços e de varrição. Ficam incluídos nesta definição os lodos provenientes de sistemas de tratamento de água, aqueles gerados em equipamentos e instalações de controle de poluição, bem como determinados líquidos cujas particularidades tornem inviável o seu lançamento na rede pública de esgotos ou corpos de água, ou exijam para isso soluções técnica e economicamente inviáveis em face à melhor tecnologia disponível".

A ABNT dispõe de norma a respeito dos resíduos sólidos e seu correto tratamento (NBR10004), classificando-os em três categorias:

I. Perigosos: dotados de inflamabilidade, corrosividade, reatividade ou patogenicidade.

II. Inertes: são os que, submetidos a contato com a água à temperatura ambiente, não têm nenhum de seus componentes solubilizados, p. ex.: rochas, tijolos, vidros, certos plásticos e borrachas que não são decompostos prontamente.

III. Não inertes: são aqueles que não se enquadram em nenhuma das categorias acima.

A Resolução n. 5, de 5.8.93, do CONSELHO NACIONAL DO MEIO AMBIENTE — CONAMA dispõe sobre os resíduos sólidos gerados nos portos, aeroportos, terminais ferroviários, rodoviários e estabelecimentos prestadores de serviços de saúde.

Referida norma determina que os resíduos hospitalares sejam acondicionados em sacos plásticos com a simbologia de substância infectante. Não poderão ser dispostos no meio ambiente sem tratamento prévio que assegure: a) a eliminação das características de periculosidade do resíduo; b) a preservação dos recursos naturais; e, c) o atendimento aos padrões de qualidade ambiental e de saúde pública.

A Resolução 06/91 — CONAMA, estabeleceu estar desobrigada a incineração ou qualquer outro tratamento de queima dos resíduos sólidos provenientes dos estabelecimentos de saúde, portos e aeroportos, ressalvados os casos previstos em lei e acordos internacionais.

Nos Estados e Municípios que optarem por não incinerar os resíduos sólidos mencionados anteriormente, os órgãos estaduais de meio ambiente estabelecerão normas para tratamento especial como condição para licenciar a coleta, o transporte, o acondicionamento e a disposição final.

Já a Resolução 23/96 — CONAMA, estabeleceu normas quanto ao trânsito internacional de resíduos sólidos, proibindo a importação dos resíduos perigosos — Classe I, em todo o território nacional, sob qualquer forma e para qualquer fim.

Caso se configurem situações imprescindíveis de importação de resíduos perigosos, fica tal excepcionalidade condicionada à apreciação e deliberação prévia do CONAMA, mediante avaliação da sua Câmara Técnica de Controle Ambiental.

Nos termos do art. 5º da Resolução 23/96, a importação de itens da categoria Resíduos Não Inertes — Classe II só poderá ser realizada para as finalidades de reciclagem ou reaproveitamento após autorização ambiental do IBAMA, precedida de anuência e parecer técnico do Órgão Estadual de Meio Ambiente, e após o atendimento das seguintes exigências:

a) cadastramento junto ao IBAMA, conforme formulários constantes do Anexo 5 desta Resolução;

b) apresentação pelo Órgão de Meio Ambiente do estado de localização da empresa, mediante solicitação expressa do IBAMA, de documento (Anexo 6) atestando a situação de regularidade do interessado quanto ao atendimento à legislação ambiental e sua capacidade de reciclar ou reaproveitar os respectivos resíduos de forma ambientalmente segura;

c) laudo técnico atestando a composição da carga de resíduos que esteja sendo importada, quando exigido pelo IBAMA;

d) atendimento à melhor técnica e às normas nacionais e internacionais de acondicionamento e transporte, assim como observância dos cuidados especiais de manuseio em trânsito, inclusive interno, além da previsão de ações de emergência para cada tipo de resíduo;

e) cumprimento das condições estabelecidas pelas legislações federal, estadual e municipal de controle ambiental pertinentes quanto à armazenagem, manipulação, utilização e reprocessamento do resíduo importado, bem como de eventuais resíduos gerados nesta operação, inclusive quanto a sua disposição final;

f) encaminhamento ao IBAMA, semestralmente, do(s) formulário(s) de notificação de importação, relacionando os movimentos transfronteiriços de resíduos ocorridos no período, as declarações e as informações especificadas no Anexo 7;

g) apresentação ao IBAMA, até 30 de novembro de cada ano, de formulário de previsão de importação de resíduos para o ano seguinte, de acordo com os dados do Anexo 8.

A Resolução 257/99 — CONAMA estabelece que as pilhas e baterias que contenham em suas composições chumbo, cádmio, mercúrio e seus compostos, necessárias ao funcionamento de quaisquer tipos de aparelhos, veículos ou sistemas, móveis ou fixos, bem como os produtos eletro-eletrônicos que as contenham integradas em sua estrutura de forma não substituível, após seu esgotamento energético, serão entregues pelos usuários aos estabelecimentos que as comercializam ou à rede de assistência técnica autorizada pelas respectivas indústrias, para repasse aos fabricantes ou importadores, para que estes adotem, diretamente ou por meio de terceiros, os procedimentos de reutilização, reciclagem, tratamento ou disposição final ambientalmente adequada.

Os resíduos que apresentam risco potencial à saúde pública e ao meio ambiente devido às suas características químicas deverão ser submetidos a tratamento e disposição final específicos, de acordo com as características de toxicidade, inflamabilidade, corrosividade e reatividade, segundo exigências do órgão ambiental competente.

Já os rejeitos radioativos (enquadram-se neste grupo os materiais radioativos ou contaminados com radionuclídeos, provenientes de laboratórios de análises clínicas, serviços de medicina nuclear e radioterapia, segundo Resolução CNEN 6.05) obedecerão às exigências definidas pela Comissão Nacional de Energia Nuclear — CNEN.

Em relação aos resíduos industriais determina a Resolução CONAMA 06/88 em seu art. 1º que no processo de licenciamento ambiental de atividades industriais, os resíduos gerados ou existentes deverão ser objeto de controle específico.

O tratamento dos resíduos industriais urbanos normalmente é realizado mediante um dos seguintes processos:

- **Deposição:** trata-se do simples despojo do resíduo em espaço ambiental, ocasionando, normalmente, sério risco de dano ambiental.
- **Uso de aterros:** tal mecanismo se constitui na deposição com cobertura do resíduo com camada de terra.
- **Compostagem:** consiste na transformação do material orgânico pela atuação de microorganismos aeróbios e anaeróbios. Trata-se, pois, de uma decomposição biológica do resíduo.

A jurisprudência já se manifestou diversas vezes sobre a deposição irregular de resíduos sólidos, como em áreas de mananciais e congêneres, depósitos a céu aberto, etc.

TRIBUNAL DE JUSTIÇA DE SÃO PAULO

EMENTA

AÇÃO CIVIL PÚBLICA — Depósito de resíduos sólidos domésticos e de resíduos inertes em aterro sanitário, situado em zona de proteção aos mananciais — Mantida a sentença que condenou a Municipalidade em obrigação de não fazer relativamente ao depósito de resíduos sólidos domésticos — Obrigação não extensiva aos resíduos inertes — Embargos infringentes recebidos para prevalência do voto vencido negando-se provimento ao apelo do Ministério Público e ao recurso oficial — Votos vencidos. (Embargos Infringentes n. 268.742-1 — São Paulo — 3ª Câmara de Direito Público — Relator: Ribeiro Machado — 11.11.97 — M. V.)

TRIBUNAL DE JUSTIÇA DE SÃO PAULO

APELAÇÃO CÍVEL — Ação civil pública — Direito ambiental — Área utilizada inadequadamente como depósito de resíduos sólidos urbanos, lixo domiciliar produzido na cidade de Mirassol — Área situada na nascente do córrego do Fartura, próxima de colégio e de bairros residenciais — Presença das condições da ação, legitimação ativa *ad causam* do Ministério Público à regra das disposições constitucionais e infraconstitucionais — Injustificada a ação e a omissão da Municipalidade local em sanar tal grave erronia — Prova do alegado bem produzida — Procedência integral da ação determinada na irretocável sentença atacada — Improvimento. (Apelação Cível n. 53.885-5 — Mirassol — 7ª Câmara de Direito Público — Relator: Prado Pereira — 17.11.99 — V. U.)

TRIBUNAL DE JUSTIÇA DE SÃO PAULO

EMENTA

AÇÃO CIVIL PÚBLICA — Poluição ambiental — Depósito de lixo urbano — "Lixão" — "O depósito de lixo a céu aberto causa grave e sério prejuízo ao meio ambiente, bem como à população, conforme laudo pericial emitido por órgão governamental credenciado para tanto (CETESB)". (Apelação Cível n. 43.275-5 — Jaboticabal — 6ª Câmara de Direito Público — Relator: Vallim Bellocchi — 28.06.99 — V.U.)

26.3. Poluição sonora

Decidimos incluir aqui um item sobre a poluição sonora — assim considerada como a emissão de ruídos além dos limites regulamentares e para o exterior da empresa — haja vista que tal assunto, apesar de semelhante na essência, não guarda pertinência temática e normativa com a disciplina do ruído na NR-15.

De fato, não são aplicáveis à poluição sonora que extravasa os limites territoriais da empresa os patamares máximos de ruído definidos na NR-15, devendo-se aplicar normatização e metodologia diversas.

Isto porque a abordagem do ruído ocupacional (aquele a que se sujeita o trabalhador no interior da empresa), realizada na NR-15 é completamente diferente daquela efetivada para ruído ambiental (aquele que se projeta para o exterior da empresa, afetando a comunidade circunvizinha). As diferenças podem ser visualizadas a seguir.

Ruído ocupacional	Ruído ambiental
Regras definidas na NR-15	Regras definidas na Resolução 01/90 — CONAMA e NBR 10151
Limites visam a evitar que o trabalhador venha a contrair doenças (perda auditiva, estresse, etc)	Limites visam a prevenir o incômodo da população
Medição junto à zona auditiva do trabalhador	Medição envolve a seleção de pontos de amostragem
Níveis de ruído estabelecidos pressupõem receptor preparado ou treinado, fazendo uso de proteções, com limitação da exposição no tempo	Níveis de ruído estabelecidos levam em consideração população em geral, sem limitação da exposição no tempo

Trata-se, portanto, de matéria muito mais ligada ao Direito Ambiental do que ao Direito do Trabalho. E como entendemos que a NR-25 é a Norma Regulamentadora que mais se aproxima do Direito Ambiental, decidimos inserir aqui os comentários a respeito do tema, como faremos a seguir.

26.3.1. Posição topográfica da matéria

A primeira questão que surge ao analisarmos a poluição atmosférica é a posição que ela ocupa dentro das ramificações do Direito em geral.

Tal posicionamento, advirta-se, não é meramente acadêmico, pois dependendo de sua resposta, legitimaremos ou não a fiscalização do tema pelos órgãos de proteção do meio ambiente, bem como o ajuizamento de ações coletivas para a proteção de referido bem jurídico.

Há entendimento que a poluição sonora estaria inserida dentro do Direito Civil, pois ao emitir ruídos além de certos limites, o proprietário de determinado local estaria fazendo mau uso da propriedade, incomodando sobremaneira sua vizinhança, razão pela qual o conflito daí surgido seria um litígio entre vizinhos ou confrontantes, pessoas certas e determinadas.

Para os que defendem essa posição, portanto, o problema da poluição sonora é mero conflito de interesses em vizinhança, derivado do mau uso da propriedade, e não relativo ao Direito Ambiental.

Este entendimento, presente em algumas decisões judiciais, é mais reforçado pelo fato da Lei n. 997/76 e Decreto n. 8.468/76, ambos do Estado de São Paulo, não terem regulamentado a questão.

Veja-se a decisão seguinte, acolhendo a tese:

TRIBUNAL DE JUSTIÇA DE SÃO PAULO

EMENTA

POLUIÇÃO — Sonora — Autuação e imposição de multa pela CETESB — Posterior remessa do processo administrativo ao DAEE, nos termos do art. 100 do Decreto Estadual n. 8.468/76 — Inadmissibilidade — Tipo de poluição não abrangido pelo Sistema de Prevenção e Controle da Poluição do Meio Ambiente criado pela Lei n. 997/76 — Vedada, ademais, a integração do Sistema através de mera Portaria Ministerial — Ausência de embasamento legal para a autuação — Embargos procedentes — Recurso não provido. O Decreto Estadual n. 8.468/76, Regulamento da Lei n. 997/76 instituidora do Sistema de Prevenção e Controle da Poluição, não menciona a poluição sonora dentre seus itens, afastada sua inclusão nesse Sistema via Portaria Ministerial, que só pode ser feita por simples Decreto, em complementação àquele. (Relator: Viana Santos — Apelação Cível n. 202.928-2 — Americana — 10.08.93)

Um segundo entendimento faz inserir o tema da poluição sonora no âmbito do Direito Ambiental, principalmente quando várias são as pessoas atingidas pela emissão de ruído além dos limites, ou haja um número indeterminado de lesados. Referido enquadramento acaba por legitimar em casos tais a ação de órgãos fiscalizadores e o ajuizamento de ações coletivas na defesa do meio ambiente, como se verificam nas decisões seguintes.

TRIBUNAL DE JUSTIÇA DE SÃO PAULO

EMENTA

MANDADO DE SEGURANÇA — Poluição sonora — Declaração da incompetência funcional da autoridade impetrada — Inadmissibilidade — A "CETESB" tem competência na qualidade de órgão delegado do Governo do Estado, para atuar no campo de controle de poluição — O critério adotado, quanto ao limite de ruído tolerável, está amparado em portaria de entidade federal, acompanha o padrão aceito pela União, através de "CONAMA" e que se harmoniza com os padrões internacionais relativos à exposição a ruídos suportados pelo ser humano — Recurso provido. (Apelação Cível n. 34.958-5 — Bauru — 7ª Câmara de Direito Público — Relator: Albano Nogueira — 04.11.98 — V. U.)

TRIBUNAL DE JUSTIÇA DE SÃO PAULO

EMENTA

MULTA — Embargos — CETESB — Poluição sonora — Certidão de dívida ativa válida com requisitos do art. 202 do Código Tributário Nacional. (Relator: Carvalho Viana — Apelação Cível n. 194.927-2 — Franca — 05.08.92)

TRIBUNAL DE JUSTIÇA DE SÃO PAULO

EMENTA

AÇÃO ANULATÓRIA — Autuação por poluição sonora — Alegação de ausência de lei estadual regulando a matéria e de inconstitucionalidade da autuação — Ação julgada improcedente — Existência de lei estadual constitucional regulando a matéria — Poluição sonora é aquela causada pela emissão de energia ao ar em grau superior à permitida pelo regulamento — Recurso não provido. (Apelação Cível n. 17.891-5 — São Paulo — 2ª Câmara de Direito Público — Relator: Paulo Shintate — 28.04.98 — V. U.)

Mesmo acolhendo o último entendimento esposado, o ajuizamento de ações coletivas, ações civis públicas ou congêneres perante o Poder Judiciário na defesa do meio ambiente, tanto pelo Ministério Público como pelos demais legitimados inseridos na Lei n. 7.347/85, terá como condição *sine qua non*, que o dano efetivo ou potencial causado pela poluição sonora tenha como lesados número indeterminado ou grande quantidade de pessoas, sob pena de se configurar apenas problema local, e não de meio ambiente em geral.

Isto se dá em virtude de, com a dispersão ou indeterminação dos lesados pela poluição sonora, caracterizar-se a generalidade do dano causado, que afeta não somente uma pessoa ou um pequeno grupo, mas o meio ambiente de um local como um todo.

Considerando o meio ambiente como bem comum de todos, sem que ninguém possua titularidade exclusiva para sua defesa, constitui-se aí um direito difuso ou coletivo, em cuja proteção pode atuar o Ministério Público.

Referida conclusão é corroborada pelo entendimento do Conselho Superior do Ministério Público do Estado de São Paulo (CSMP) que editou sobre o tema a Súmula n. 14, do seguinte teor:

SÚMULA n. 14: "Em caso de poluição sonora praticada em detrimento de número indeterminado de moradores de uma região da cidade, mais do que meros interesses individuais, há no caso, interesses difusos a zelar, em virtude da indeterminação dos titulares e da indivisibilidade do bem jurídico protegido". **Fundamento:** Se os ruídos urbanos importam lesões que não são restritas do direito de vizinhança, mas atingem a qualidade de vida dos moradores da região ou de toda a coletividade, o Ministério Público estará legitimado à ação civil pública (Pt. n. 35.137/93).

O entendimento da jurisprudência, aliás, não é diverso, uma vez que vem decidindo favoravelmente à propositura de ações envolvendo problemas de poluição sonora quando há dispersão dos lesados, mas vedando esse procedimento quando inexistente mencionada situação, como verificamos a seguir.

SUPERIOR TRIBUNAL DE JUSTIÇA

ACÓRDÃO: RESP 97684/SP (199600357382)

RECURSO ESPECIAL

DECISÃO: POR UNANIMIDADE, CONHECER DO RECURSO E DAR-LHE PROVIMENTO.

DATA DA DECISÃO: 26/11/1996

ÓRGÃO JULGADOR: — QUARTA TURMA

EMENTA

AÇÃO CIVIL PÚBLICA. MEIO AMBIENTE, INTERESSE DIFUSO. MINISTÉRIO PÚBLICO. LEGITIMIDADE *AD CAUSAM*. O MINISTÉRIO PÚBLICO TEM LEGITIMIDADE PARA PROMOVER AÇÃO CIVIL PÚBLICA CONTRA EMPRESA POLUIDORA DO AMBIENTE, EMISSORA DE RUÍDOS ACIMA DOS NÍVEIS PERMITIDOS. RECURSO CONHECIDO E PROVIDO. RELATOR: MINISTRO RUY ROSADO DE AGUIAR.

TRIBUNAL DE JUSTIÇA DE SÃO PAULO

AÇÃO CIVIL PÚBLICA — Ministério Público — Alegação, fundamentada em inquérito civil público, de funcionamento de bares e restaurantes com produção de poluição sonora e deterioração do uso da região, com utilização das calçadas e leito carroçável por freqüentadores, ligando som alto nos carros e promovendo desassossego, desrespeitando, ademais, a legislação municipal — Legitimidade ativa do Ministério Público reconhecida — Sentença julgando extinto o processo por ilegitimidade de parte do Ministério Público — Apelação provida — Legitimidade do Ministério Público reconhecida — Extinção do processo afastada. (Apelação Cível n. 64.055-5 — Barretos — 9ª Câmara de Direito Público — Relator: Sidnei Beneti — 08.09.99 — V. U.)

TRIBUNAL DE JUSTIÇA DE SÃO PAULO

EMENTA

ILEGITIMIDADE DE PARTE — Ativa — Ação Civil Pública — Emissão de sons e ruídos superiores ao limite permitido — Poluição sonora que não ultrapassa os limites da vizinhança do local — Possibilidade da identificação das pessoas atingidas — Inocorrência de interesses difusos ou coletivos — Hipótese, ademais, de não estar evidenciado o interesse social — Processo extinto — Recurso não provido. Não se pode permitir que o Ministério Público tutele interesses genuinamente privados sem qualquer relevância social, sob pena de amesquinhamento da relevância institucional do *parquet.* Na hipótese, a poluição sonora proveniente da sorveteria não constitui efetivo risco à saúde de toda a coletividade local. (Relator: Euclides de Oliveira — Apelação Cível n. 172.205-1 — Campinas — 25.08.92)

TRIBUNAL DE JUSTIÇA DE SÃO PAULO

EMENTA

AÇÃO CIVIL PÚBLICA — Alegação de perturbação do sossego alheio e de poluição ambiental sonora decorrente de ruídos emanados de oficina mecânica — Ausência de interesses difusos ou coletivos — Ilegitimidade ativa do Ministério Público — Embargos infringentes rejeitados. (Embargos Infringentes n. 268.938-1 — Olímpia — 6ª Câmara "Janeiro/98" de Direito Público — Relator: Christiano Kuntz — 8.6.98 — M. V.)

26.3.2. Disciplina legal

A poluição sonora foi regulamentada pela Resolução Conama n. 01 de 08 de março de 1990, nos seguintes termos:

RESOLUÇÃO/Conama/N. 001 de 08 de março de 1990

Publicada no D.O.U, de 02/04/90, Seção I, Pág. 6.408

O CONSELHO NACIONAL DO MEIO AMBIENTE — CONAMA, no uso das atribuições que lhe confere o Inciso I, do § 2º, do Art. 8º do seu Regimento Interno, o Art. 1º da Lei n. 7.804 de 15 de julho de 1989, e

Considerando que os problemas dos níveis excessivos de ruído estão incluídos entre os sujeitos ao Controle da Poluição de Meio Ambiente;

Considerando que a deterioração da qualidade de vida, causada pela poluição, está sendo continuamente agravada nos grandes centros urbanos;

Considerando que os critérios e padrões deverão ser abrangentes e de forma a permitir fácil aplicação em todo o Território Nacional, RESOLVE:

I — A emissão de ruídos, em decorrência de quaisquer atividades industriais, comerciais, sociais ou recreativas, inclusive as de propaganda política, obedecerá, no interesse da saúde, do sossego público, aos padrões, critérios e diretrizes estabelecidos nesta Resolução.

II — São prejudiciais à saúde e ao sossego público, para os fins do item anterior aos ruídos com níveis superiores aos considerados aceitáveis pela norma NBR 10.152 — Avaliação do Ruído em Áreas Habitadas visando ao conforto da comunidade, da Associação Brasileira de Normas Técnicas — ABNT.

III — Na execução dos projetos de construção ou de reformas de edificações para atividades heterogêneas, o nível de som produzido por uma delas não poderá ultrapassar os níveis estabelecidos pela NBR 10.152 — Avaliação do Ruído em Áreas Habitadas visando ao conforto da comunidade, da Associação Brasileira de Normas Técnicas — ABNT.

IV — A emissão de ruídos produzidos por veículos automotores e os produzidos no interior dos ambientes de trabalho, obedecerão às normas expedidas, respectivamente, pelo Conselho Nacional de Trânsito — CONTRAN, e pelo órgão competente do Ministério do Trabalho.

V — As entidades e órgãos públicos (federais, estaduais e municipais) competentes, no uso do respectivo poder de política, disporão de acordo com o estabelecido nesta Resolução, sobre a emissão ou proibição da emissão de ruídos produzidos por quaisquer meios ou de qualquer espécie, considerando sempre os locais, horários e a natureza das atividades emissoras, com vistas a compatibilizar o exercício das atividades com a preservação da saúde e do sossego público.

VI — Para os efeitos desta Resolução, as medições deverão ser efetuadas de acordo com a NBR 10.151 — Avaliação do Ruído em Áreas Habitadas visando ao conforto da comunidade, da ABNT.

VII — Todas as normas reguladoras da poluição sonora, emitidas a partir da presente data, deverão ser compatibilizadas com a presente Resolução.

VIII — Esta Resolução entra em vigor na data de sua publicação.

José Carlos Carvalho Fernando César de Moreira Mesquita

RETIFICAÇÃO

No D.O.U, de 02.04.90, pág. 6.408, Seção I, no item II, da Resolução/Conama/n. 001 de 08.03.90, onde se lê: NBR 10.152, LEIA-SE: NBR 10.151.

No D.O.U. de 02.04.90, pág. 6.408, Seção I, no item III, da Resolução/ Conama/n. 001 de 08.03.90, onde se lê: ... Avaliação do Ruído em Áreas Habitadas visando ao conforto da comunidade..., LEIA-SE: ...níveis de Ruído para conforto acústico...

Verifica-se, diante do texto e retificação acima, que deverão ser observadas quanto à poluição sonora as seguintes normas da Associação Brasileira de Normas Técnicas (ABNT):

• **NBR 10151:** norma geral definidora dos limites de tolerância para ruído, de acordo com o item II da Resolução Conama 01/90, bem como da metodologia de avaliação de ruído;

• **NBR 10152:** que define níveis de ruído para conforto acústico, a ser utilizada no caso de execução dos projetos de construção ou de reformas de edificações para atividades heterogêneas, conforme item III da Resolução Conama 01/90.

Antes de passarmos à análise dos aspectos técnicos das normas citadas, cumpre salientar a existência de decisões jurisprudenciais que, de forma manifestamente contrária à regulamentação da matéria, entendem legais a realização de autos de infração pelos órgãos de fiscalização estaduais baseados estes em critérios próprios e internos, contrariamente à metodologia preconizada nas normas da ABNT.

Nesse sentido:

TRIBUNAL DE JUSTIÇA DE SÃO PAULO

EMENTA

MULTA — CETESB — Poluição sonora — Utilização de critério próprio, contrário a normas da ABNT — Irrelevância — Proteção à comodidade e bem-estar da população — Anulatória improcedente — Recurso não provido. (Relator: Roberto Stucchi — Apelação Cível n. 184.308-2 — São Paulo — 24.03.92).

TRIBUNAL DE JUSTIÇA DE SÃO PAULO

MULTA — Poluição sonora — Imposição pela CETESB — Utilização de critério próprio, contrário às normas da ABNT — Irrelevância — Proteção à comodidade e bem-estar da população — Anulatória improcedente — Recurso não provido JTJ 137/228.

Discordamos flagrantemente de tal orientação. Não é o bem comum e a defesa do meio ambiente que autorizam um órgão fiscalizatório a ignorar completamente a regulamentação da matéria, substituindo-a por critério próprio e contrário aos preceitos técnicos estabelecidos por normatização reconhecida. No exercício da prerrogativa de fiscalização, a Administração Pública tem o dever de seguir a legislação e os regulamentos existentes, sob pena de caracterizar seu procedimento como ilegal e abusivo.

Ademais, já expusemos anteriormente a linha de pensamento da jurisprudência do STJ, segundo a qual mesmo a lei não pode se afastar de critérios técnicos para a verificação de poluição. E se não é facultado ao legislador determinado procedimento, tampouco deve sê-lo ao órgão fiscalizatório.

Assim, fixados os critérios de avaliação pela Resolução CONAMA 01/90 como sendo aqueles constantes das normas da ABNT NBR 10151 e 10152, não pode a fiscalização se afastar de tais parâmetros para multar segundo seus critérios próprios.

26.3.3. Aspectos técnicos

Os níveis de ruído determinados na NBR-10152 já foram devidamente examinados quando da análise da NR-17 (Ergonomia), no que diz respeito ao ruído para fins de conforto acústico. Reiteramos, pois, as considerações feitas então. Lembramos que a NBR-10152 somente se aplica ao ruído ambiental em casos específicos (execução dos projetos de construção ou de reformas de edificações para atividades heterogêneas) diante dos termos da Resolução 01/90 — CONAMA.

Já a NBR-10151 contém toda uma regulamentação própria da matéria com limites máximos e metodologia respectiva de avaliação, conforme veremos a seguir.

Segundo os dizeres da norma, seus objetivos envolvem a fixação de condições exigíveis para avaliação da aceitabilidade do ruído em comunidades.

Especifica ainda um método para a medição de ruído, a aplicação de correções nos níveis medidos se o ruído apresentar características especiais e uma comparação dos níveis corrigidos com um critério que leva em conta vários fatores.

O método de avaliação envolve as medições do nível de pressão sonora equivalente (L_{Aeq}), em decibéis ponderados em "A" (escala de ponderação "A"), comumente chamado dB(A).

Assim, teremos basicamente o seguinte:

• **Medição do nível de ruído equivalente (L_{Aeq}):** fazendo uso de medidor integrador (na ausência de tal equipamento devem-se fazer cálculos específicos indicados na norma);

• **Correção do (L_{Aeq}), obtendo-se o nível de ruído corrigido (Lc):** para alguns tipos de ruído, deve-se corrigir ou compensar o nível equivalente de ruído, obtendo-se o valor corrigido Lc. Caso tal procedimento seja desnecessário L_{Aeq} será igual a Lc;

• **Comparação de Lc com os níveis máximos permitidos (Nível de Critério de Avaliação — NCA):** deve-se comparar Lc e NCA, conforme dados da Tabela 1 da NBR 10151. Conforme o caso, NCA deve ser corrigido.

Veremos a questão com mais profundidade adiante.

Por ora, vejamos as definições da NBR 10151:

• **Nível de pressão sonora equivalente, L_{Aeq}, em dB(A):** é o nível que, na hipótese de poder ser mantido constante durante o período de medição, acumularia a mesma quantidade de energia acústica que os diversos níveis variáveis acumulam no mesmo período;

• **Ruído com caráter impulsivo:** é todo o ruído que contém impulsos, consistente em picos de energia acústica com duração menor do que um segundo e que se repete a intervalos maiores do que um segundo (por exemplo martelagens, bate-estacas, tiros e explosões);

• **Ruído com componentes tonais:** É o ruído que contém tons puros como o som de apitos ou zumbidos;

• **Nível de ruído ambiente:** é o nível de pressão sonora equivalente ponderado em "A", no local e horário considerados, na ausência do ruído gerado pela fonte sonora em questão.

Quanto aos instrumentos de medição, refere-se a NBR 10151 aos seguintes tipos:

• **Medidor de nível de pressão sonora:**[4] o medidor de nível de pressão sonora ou o sistema de medição deve atender às especi-

(4) Note o leitor uma peculiaridade da medição do ruído ambiental, em confronto com o congênere ocupacional. Na medição do ruído ocupacional é muito comum o uso de

ficações da norma IEC 60651 para tipo 0, tipo 1 ou tipo 2. Recomenda-se que o equipamento possua recursos para medição de nível de pressão sonora equivalente ponderado em "A" (L_{Aeq}), conforme IEC 60804;

- **Calibrador acústico:** o calibrador acústico deve atender às especificações da norma IEC 60942, devendo ser classe 2, ou melhor;

- **Calibração e ajuste dos instrumentos:** o medidor de nível de pressão sonora e o calibrador acústico devem ter certificado de calibração da Rede Brasileira de Calibração (RBC) ou do Instituto Nacional de Metrologia, Normalização e Qualidade Industrial (INMETRO), renovado no mínimo a cada dois anos. Uma verificação e eventual ajuste do medidor de nível de pressão sonora, ou do sistema de medição, deve ser realizada pelo operador do equipamento, com o calibrador acústico, imediatamente antes e após cada medição, ou conjunto de medições relativas ao mesmo evento.

Antes de fazer a verificação dos níveis de ruído, o profissional deve realizar alguns procedimentos de medição, para se assegurar da correção da medida a ser realizada.

Tais procedimentos envolvem primeiro algumas condições gerais, a seguir descritas:

- No levantamento de níveis de ruído deve-se medir externamente aos limites da propriedade que contém a fonte, de acordo com 5.2.1 (medições no exterior de edificações — a seguir descritas);

- Na ocorrência de reclamações, as medições devem ser efetuadas nas condições e locais indicados pelo reclamante, de acordo com 5.2.2 e 5.3 (itens a serem vistos a seguir), devendo ser atendidas as demais condições gerais;

- Em alguns casos, para se obter uma melhor avaliação do incômodo à comunidade, são necessárias correções nos valores medidos dos níveis de pressão sonora equivalentes ponderados em A (LAeq), se o ruído apresentar características especiais;

---

equipamentos individuais portados pelo trabalhador (dosímetros), que denotam o nível de ruído equivalente na zona auditiva do obreiro. Para a mensuração do ruído ambiental, entretanto, a utilização de tais aparelhos resta dificultada, pois que não revela corretamente o nível de ruído que afeta a comunidade.

• A aplicação dessas correções ao L_{Aeq}, conforme 5.4, fornece o Nível de Pressão Sonora Equivalente Corrigido (Lc);

• Todos os valores medidos do nível de pressão sonora devem ser aproximados ao valor inteiro mais próximo;

• Não devem ser efetuadas medições na existência de interferências audíveis advindas de fenômenos da natureza (p. ex. trovões, chuvas fortes etc.);

Conforme a medição seja efetuada no exterior da edificação ou em seu interior, os procedimentos para tanto serão sensivelmente modificados (itens 5.1 e 5.2 da NBR 10151 e respectivos subitens), conforme verificamos a seguir.

Item 5.2 — Medições no exterior de edificações

• Deve-se prevenir o efeito de ventos sobre o microfone com o uso de protetor, conforme instruções do fabricante;

• Para evitar reverberação ou outros fenômenos que influenciem na apuração, no exterior das edificações que contêm a fonte, as medições devem ser efetuadas em pontos afastados de aproximadamente 1,2 m do piso e 2 m do limite da propriedade e de quaisquer superfícies refletoras, como muros, paredes etc., salvo alguma impossibilidade que deve constar do relatório de medição (item 5.2.1);

• No exterior da habitação do reclamante, as medições devem ser efetuadas em pontos afastados de aproximadamente 1,2 m do piso e 2 m do limite da propriedade e de quaisquer superfícies refletoras, como muros, paredes etc (item 5.2.2);

• Caso o reclamante indique algum ponto de medição que não atenda às condições acima, o valor medido neste ponto também deve constar do relatório.

Item 5.3 — Medições no interior de edificações

• As medições em ambientes internos devem ser efetuadas a uma distância de no mínimo 1 m de quaisquer superfícies como paredes, teto, pisos e móveis, para evitar reverberação;

• Os níveis de pressão sonora em interiores devem ser o resultado da média aritmética dos valores medidos em pelo menos 3 posições distintas, sempre que possível afastadas entre si de pelo menos 0,5 m;

• Caso o reclamante indique algum ponto de medição que não atenda às condições acima, o valor medido neste ponto também deve constar do relatório;

• As medições devem ser efetuadas nas condições de utilização normal do ambiente, isto é, com as janelas abertas ou fechadas de acordo com a indicação do reclamante.

Após realizadas as medições de acordo com os procedimentos descritos acima, tem-se o valor do nível de pressão sonora (ou nível de ruído) equivalente (L_{Aeq}).

Não havendo qualquer correção a ser feita, o valor de L_{Aeq} corresponde exatamente ao nível de ruído corrigido (Lc), podendo ser comparado imediatamente com os níveis máximos permitidos (NCA).

Essa circunstância é salientada no item 5.4.1, que assevera que o nível corrigido (Lc) para ruído sem caráter impulsivo e sem componentes tonais é determinado pelo Nível de Pressão Sonora Equivalente, L_{Aeq}.

Caso, entretanto, o equipamento não execute medição automática do L_{Aeq} (equipamento não integrador), deve ser utilizado o procedimento contido no anexo A.

O anexo A apresenta um método alternativo no caso do medidor de nível sonoro não ter a função L_{eq}, o nível de pressão sonora equivalente (L_{Aeq}), em dB(A), deve ser calculado pela fórmula:

$$L_{Aeq} = 10 \log \frac{1}{n} \sum_{i=1}^{n} 10^{\frac{Li}{10}}$$

Onde:

L_i — é o nível de pressão sonora, em dB(A), lido em resposta rápida (fast) a cada dez segundos, durante pelo menos cinco minutos;

n — é o número total de leituras.

Um caso concreto, embora simplificado (a norma exige maior número de leituras), tornará o entendimento mais fácil.

Suponhamos que tenham sido feitas nove medições (n = 9) em determinado local, resultando nos seguintes valores (Li) em dB(A): 85, 80, 82, 70, 72, 75, 62, 60, 65.

A partir desses dados teremos que 1/n = 1/9 = 0,111.

Poderemos calcular inicialmente, o valor Li/10, posteriormente verificando o total $10^{Li/10}$, conforme a tabela abaixo.

A partir daí, fazemos a soma dos valores obtidos na operação ($10^{Li/10}$), multiplicando o valor obtido pelo resultado de 1/n (0,111; no presente caso).

Por fim, aplicamos um logaritmo (log) ao resultado final, obtendo o valor de L_{Aeq} em dB(A).

Os cálculos são demonstrados na tabela seguinte.

n	1/n	Li [dB(A)]	Li/10	$10^{Li/10}$	Soma ($\Sigma 10^{Li/10}$)
1		85	8,5	316227766	
2		80	8	100000000	
3		82	8,2	158489319,2	
4		70	7	10000000	
5		72	7,2	15848931,92	
6		75	7,5	31622776,6	
7		62	6,2	1584893,192	
8		60	6	1000000	
9	1/9 = 0,111	65	6,5	3162277,66	637935964,6
				1/n x $\Sigma 10^{Li/10}$	**70881773,85**
				L_{Aeq} [dB(A)] (10 log...)	**79**

No entanto, para alguns tipos de ruído, deve-se proceder a uma correção dos valores obtidos para L_{Aeq}, não havendo correspondência direta entre tal valor e o nível corrigido (Lc).

De acordo com o item 5.4.2 da NBR 10151, o Nível Corrigido (Lc) para ruído com características impulsivas ou de impacto é determinado pelo valor máximo medido com o medidor de nível de pressão sonora ajustado para resposta rápida (*fast*), acrescido de 5 dB(A).

Nos termos do item 5.4.3 da NBR 10151, o Nível Corrigido (Lc) para ruído com componentes tonais é determinado pelo L_{Aeq} acrescido de 5 dB(A).

O Nível Corrigido Lc para ruído que apresente simultaneamente características impulsivas e componentes tonais deve ser determinado aplicando-se os procedimentos de 5.4.2 e 5.4.3, tomando-se como resultado o maior valor (item 5.4.4).

Após ter-se obtido o nível de ruído corrigido (Lc), deve-se compará-lo com o nível de critério de avaliação (NCA), encontrado na Tabela 1 da NBR 10151, descrita adiante, pois o método de avaliação do ruído baseia-se numa comparação entre o Nível de Pressão Sonora Corrigido (Lc) com o Nível Critério de Avaliação NCA, estabelecido conforme a tabela 1.

Os valores de NCA são determinados na tabela seguinte:

Nível Critério de Avaliação NCA para ambientes externos, em dB(A) (Conforme Tabela 1 – NBR 10151)

Tipos de áreas	Diurno	Noturno
Áreas de sítios e fazendas	40	35
Área estritamente residencial urbana ou de hospitais ou de escolas	50	45
Área mista, predominantemente residencial	55	50
Área mista, com vocação comercial e administrativa	60	55
Área mista, com vocação recreacional	65	55
Área predominantemente industrial	70	60

Os limites de horário para o período diurno e noturno da Tabela 1 podem ser definidos pelas autoridades de acordo com os hábitos da população. Porém, o período noturno não deve começar depois das 22 horas e não deve terminar antes das 7 horas do dia seguinte. Se o dia seguinte for domingo ou feriado o término do período noturno não deve ser antes das 9 horas.

Em determinados casos, deve-se fazer uma correção dos valores de NCA, obtidos da tabela 1.

De acordo com o 6.2.3 da NBR 10151, o Nível Critério de Avaliação NCA para ambientes internos é o nível indicado na tabela 1 com a correção de -10 dB(A) para janela aberta e -15 dB(A) para janela fechada.

Assim, corrigindo os valores da tabela 1, teremos os seguintes valores de NCA:

NCA para ambientes internos (janela aberta), em dB(A)

Tipos de áreas	Diurno	Noturno
Áreas de sítios e fazendas	30	25
Área estritamente residencial urbana ou de hospitais ou de escolas	40	35
Área mista, predominantemente residencial	45	40
Área mista, com vocação comercial e administrativa	50	45
Área mista, com vocação recreacional	55	45
Área predominantemente industrial	60	50

NCA para ambientes internos (janela fechada), em dB(A)

Tipos de áreas	Diurno	Noturno
Áreas de sítios e fazendas	25	20
Área estritamente residencial urbana ou de hospitais ou de escolas	35	30
Área mista, predominantemente residencial	40	35
Área mista, com vocação comercial e administrativa	45	40
Área mista, com vocação recreacional	50	40
Área predominantemente industrial	55	45

Para a correta avaliação do valor de NCA, há de se medir o ruído ambiente ou ruído de fundo (assim considerado todo aquele ruído diverso da fonte a ser medida, cuja avaliação não é procurada no procedimento realizado).

Se o nível de ruído ambiente, L_{ra}, for superior ao valor da Tabela 1 para a área e o horário em questão, o NCA assume o valor do L_{ra} (item 6.2.4).

No final do trabalho de avaliação de ruído, deve o profissional emitir relatório do ensaio, no qual constem as seguintes informações:

a) marca, tipo ou classe e número de série de todos os equipamentos de medição utilizados;

b) data e número do último certificado de calibração de cada equipamento de medição;

c) desenho esquemático e/ou descrição detalhada dos pontos da medição;

d) horário e duração das medições do ruído;

e) nível de pressão sonora corrigido Lc; indicando as correções aplicadas,

f) nível de ruído ambiente;

g) valor do nível critério de avaliação de ruído aplicado para a área e o horário da medição; e

h) referência a esta Norma (NBR 10151).

26.3.3.1. Emprego de ferramentas estatísticas na análise de ruído ambiental — Histogramas de ruído

Considerando que o ruído ambiental normalmente ocorre em intensidades variáveis ao longo do tempo, é comum se empregar algumas ferramentas estatísticas no trato da matéria, que facilitam o entendimento das flutuações de ruído em uma determinada localidade.

A apresentação estatística do ruído ambiental normalmente se verifica pela confrontação de intervalos referentes a níveis de pressão sonora (em dBA) e o percentual de tempo correspondente em que determinado nível esteve presente durante os intervalos de medição. A expressão gráfica dos dados estatísticos é expressa através de histogramas.

Dessa forma, muito embora a NBR 10151 não se refira ao tema, o ruído ambiental é muitas vezes expresso em forma de histogramas, contendo o percentual de tempo em que determinado nível de ruído se manteve em um dado patamar.

A importância do histograma na representação do ruído ambiental deriva do fato de que tal tipo de ruído se apresenta normalmente por um nível básico (nível de ruído residual) que está presente na maior parte do tempo de medição, sem que se reduza a patamares inferiores (caso, p.ex., de ruídos oriundos de tráfego de veículos, ventos, etc), e outras variações ou flutuações de ruído que se sobrepõem ao nível residual, com maior ou menor intervalo de tempo (p.ex., latidos de cães, sobrevôos de aeronaves, etc).

Assim, interpretando os dados do histograma, poderemos afirmar, por exemplo, qual foi o nível de ruído residual em determinada comunidade e qual aquele que excedeu determinados padrões em x% do tempo de medição.

Vejamos um exemplo em que o ruído foi medido por 2 horas (120 minutos) em uma determinada localidade:

Intervalos de níveis sonoros (Lp) em dB(A)	Faixa central do intervalo em dB(A)	Tempo de medição do nível sonoro respectivo (min.)	Porcentagem do tempo total em que o nível sonoro foi medido
$45 \leq Lp < 55$	50	12	10%
$55 \leq Lp < 65$	60	72	60%
$65 \leq Lp < 75$	70	24	20%
$75 \leq Lp < 85$	80	12	10%

Com os dados da tabela anterior, podemos montar o histograma de ruído nos seguintes termos:

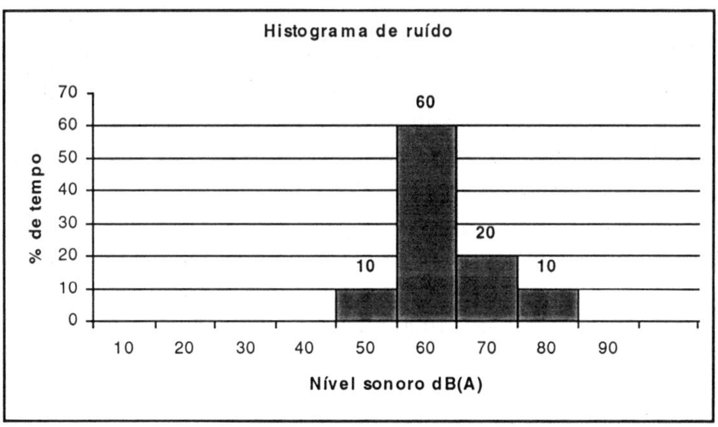

Na análise do ruído ambiental através do histograma anterior, os dados mais utilizados são:

- L_{10} — nível de ruído que é igualado ou excedido em 10% do tempo (níveis de pico de ruído em determinada comunidade);

- L_{50} — nível de ruído que é igualado ou excedido em 50% do tempo (níveis médios de ruído em determinada comunidade);
- L_{90} — nível de ruído que é igualado ou excedido em 90% do tempo (níveis residuais de ruído em determinada comunidade).

Para calcularmos os valores anteriores, temos os seguintes procedimentos:

- **Cálculo da área total:** 10 x (10 + 60 + 20 + 10) = 10 x 100 = 1000;
- **Cálculo do L_{90}:** 10% da área = 1000 x 0,1 = 100. Uma área de 100 unidades é alcançada no nível de 55 dB(A), portanto, este é o nível igualado ou excedido em 90% do tempo;
- **Cálculo do L_{50}:** 50% da área = 1000 x 0,5 = 500. Uma área de 500 unidades é alcançada aproximadamente no nível de 61,6 dB(A), portanto, este é o nível igualado ou excedido em 50% do tempo;
- **Cálculo do L_{10}:** 90% da área = 1000 x 0,9 = 900. Uma área de 900 unidades é alcançada no nível de 75 dB(A), portanto, este é o nível igualado ou excedido em 10% do tempo.

Os percentis de ruído ora referidos também podem ser obtidos por realização de uma interpolação ou proporção matemática. Vejamos, pois, como obter por esse método o $\mathbf{L_{50}}$:

É simples visualizar no histograma anterior que o nível de 50% será atingido entre os intervalos de 55 e 65 dB(A), pois somando-se o percentual do intervalo antecedente (10%) e aquele compreendido entre 55 e 65 dB(A) (60%), teremos um total de 70%, o que denota que o valor 50% está no intervalo mencionado.

Assim, fazemos uma interpolação, utilizando a base e a altura do retângulo respectivo. A base é dada por 65-55 = 10. A altura é igual a 60%. O valor buscado está entre 55 e 65 e corresponde a 40% do intervalo 55-65 (pois somando-se 40% aos 10% do intervalo anterior teremos exatamente 50%);

Daí a seguinte proporção:

$$\frac{65-55}{60\%} = \frac{L_{50}-55}{40\%}$$

$$L_{50} \cong 61{,}6\,dB(\text{A})$$

Veja-se que o L_{90} corresponde à mensuração do ruído residual, sendo o L_{90} correspondente ao nível médio de ruído da comunidade e o L_{10} aos níveis de ruído de pico.

Dessa forma poderemos concluir que no exemplo do histograma anterior, o ruído ambiental na comunidade medida esteve nos seguintes patamares: 1) nível residual = 55 dB(A); 2) nível médio = 61,6 dB(A); 3) níveis de pico = 75 dB(A).

Se quisermos calcular o ruído equivalente, podemos fazê-lo através da seguinte fórmula:

$$Leq = 10\log\left[f_1\ x\left(10^{\frac{L_1}{10}}\right) + f_2\ x\left(10^{\frac{L_2}{10}}\right) + \ldots + f_n\ x\left(10^{\frac{Ln}{10}}\right)\right]$$

Onde:

$f_{1,2,n}$ — fração ou porcentagem do tempo total em que o ruído medido esteve em determinado patamar;

$L_{1,2,n}$ — faixas centrais do histograma.

Portanto, no exemplo anterior teríamos:

$$Leq = 10\log\left[0{,}1\ x\left(10^{\frac{50}{10}}\right) + 0{,}6\ x\left(10^{\frac{60}{10}}\right) + 0{,}2\ x\left(10^{\frac{70}{10}}\right) + 0{,}1\ x\left(10^{\frac{80}{10}}\right)\right]$$

$$Leq = 71\ dB(A)$$

No caso se curvas gaussianas (simétricas), o ruído equivalente pode ser obtido dos valores acima mencionados, fazendo-se uso das seguintes fórmulas:

$$L_{Aeq} \cong L_{50} + \frac{(L_{10} - L_{90})^2}{60}$$

$$L_{Aeq} \cong L_{50} + \frac{(L_{10} - L_{50})^2}{15}$$

27. A Norma Regulamentadora n. 26 — Sinalização de Segurança

Disciplina a NR-26 o emprego de sinalizações de segurança no ambiente do trabalho.

O fundamento legal do tema vem retratado no art. 200 da CLT, quando preceitua:

SEÇÃO VI

DAS EDIFICAÇÕES

Art. 200 — Cabe ao Ministério do Trabalho estabelecer disposições complementares às normas de que trata este Capítulo, tendo em vista as peculiaridades de cada atividade ou setor de trabalho, especialmente sobre:

....

VIII — emprego das cores nos locais de trabalho, inclusive nas sinalizações de perigo.

Trata-se de importante medida para se evitar os acidentes do trabalho, através da identificação dos riscos presentes no ambiente por suas cores respectivas.

A falta de sinalização de segurança poderá, conforme o caso, evidenciar a culpa da empresa por eventual acidente, como ocorrido na decisão que segue.

TRIBUNAL DE JUSTIÇA DE SÃO PAULO

EMENTA

INDENIZAÇÃO — Responsabilidade civil — Acidente de trabalho — Ocorrência por omissão da empresa, uma vez que o local do mesmo não estava devidamente sinalizado — Caracterizada a negligência por parte da empresa-ré, não se podendo cogitar em culpa exclusiva ou concorrente da vítima — Indenização devida — Inaceitável a dedução das verbas percebidas pela vítima, através do INPS ou da FEMCO (Fundação Cosipa de Seguridade Social) — Recurso não provido. (Relator: Álvaro Lazzarini — Apelação Cível n. 151.630-1 — 26.11.91 — Cubatão)

A NR-26, entretanto, não trata completamente da matéria de sinalização de segurança, deixando de fazer qualquer menção a avisos escritos, fixação de advertências através de cartazes, ou outras providências congêneres, referindo-se unicamente às cores de segurança a serem empregadas.

Deste modo, seu objeto é apenas o estabelecimento das cores a serem empregadas no ambiente de trabalho, não a totalidade das sinalizações preventivas.

Tanto assim que em seu primeiro item (26.1.1) fica esclarecido que a NR-26 tem por objetivo tão-somente fixar as cores que devem ser usadas nos locais de trabalho para prevenção de acidentes, identificando os equipamentos de segurança, delimitando áreas, identificando as canalizações empregadas nas indústrias para a condução de líquidos e gases e advertindo contra riscos.

E complementando o que foi dito quanto ao objeto da norma, aduz o item 26.1.3 que a utilização de cores não dispensa o emprego de outras formas de prevenção de acidentes.

A única referência que a NR-26 faz a outros tipos de sinalização de segurança está no item 26.1.5.1 que determina que a indicação em cor, sempre que necessária, especialmente quando em área de trânsito para pessoas estranhas ao trabalho, será acompanhada dos sinais convencionais ou da identificação por palavras.

Quais serão tais palavras, a norma não determina.

O emprego das cores, porém, deve ser feito com moderação. Isto porque o excesso de cores no ambiente de trabalho poderá gerar fadiga visual, distração, além de confusões na identificação dos riscos pelo trabalhador.

É o que preceitua o item 26.1.4, ordenando que o uso de cores deverá ser o mais reduzido possível, a fim de não ocasionar distração, confusão e fadiga ao trabalhador.

27.1. Tipos de cores a serem utilizadas

De acordo com o item 26.1.5, as cores aqui adotadas serão as seguintes:

- vermelho;
- amarelo;

- branco;
- preto;
- azul;
- verde;
- laranja;
- púrpura;
- lilás;
- cinza;
- alumínio;
- marrom.

27.2. Vermelho

O vermelho deverá ser usado para distinguir e indicar equipamentos e aparelhos de proteção e combate a incêndio. Não deverá ser usado na indústria para assinalar perigo, por ser de pouca visibilidade em comparação com o amarelo (de alta visibilidade) e o alaranjado (que significa Alerta).

É empregado para identificar:

- caixa de alarme de incêndio;
- hidrantes;
- bombas de incêndio;
- sirenes de alarme de incêndio;
- caixas com cobertores para abafar chamas;
- extintores e sua localização;
- indicações de extintores (visível a distância, dentro da área de uso do extintor);
- localização de mangueiras de incêndio (a cor deve ser usada no carretel, suporte, moldura da caixa ou nicho);
- baldes de areia ou água, para extinção de incêndio;
- tubulações, válvulas e hastes do sistema de aspersão de água;
- transporte com equipamentos de combate a incêndio;
- portas de saídas de emergência;

• rede de água para incêndio ("sprinklers");

• mangueira de acetileno (solda oxiacetilênica).

Para a melhor compreensão do leitor, exemplificamos a utilização da cor vermelha com as ilustrações seguintes.

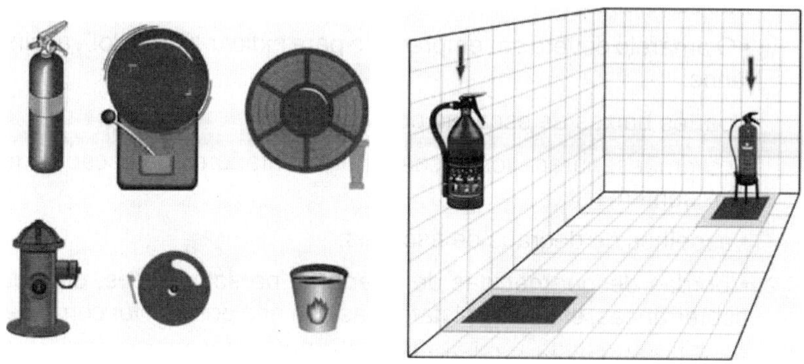

Ilustração 27.2.1: Utilização do vermelho: hidrantes, extintores, baldes, etc.

A cor vermelha será usada excepcionalmente com sentido de advertência de perigo:

• nas luzes a serem colocadas em barricadas, tapumes de construções e quaisquer outras obstruções temporárias;

• em botões interruptores de circuitos elétricos para paradas de emergência.

Ilustração 27.2.2: Utilização anormal do vermelho: botões de parada de emergência.

27.3. Amarelo

Nos termos do item 26.1.5.3, o amarelo deve ser utilizado nas seguintes situações:

• Em canalizações, deve-se utilizar o amarelo para identificar gases não liquefeitos;

• O amarelo deverá ser empregado para indicar "Cuidado!", assinalando:

• partes baixas de escadas portáteis;

• corrimões, parapeitos, pisos e partes inferiores de escadas que apresentem risco;

• espelhos de degraus de escadas;

• bordas desguarnecidas de aberturas no solo (poços, entradas subterrâneas, etc.) e de plataformas que não possam ter corrimões;

• bordas horizontais de portas de elevadores que se fecham verticalmente;

• faixas no piso da entrada de elevadores e plataformas de carregamento;

• meios-fios, onde haja necessidade de chamar a atenção;

• paredes de fundo de corredores sem saída;

• vigas colocadas a baixa altura;

• cabines, caçambas e gatos-de-pontes-rolantes, guindastes, escavadeiras, etc.;

• equipamentos de transporte e manipulação de material, tais como empilhadeiras, tratores industriais, pontes-rolantes, vagonetes, reboques, etc.;

• fundos de letreiros e avisos de advertência;

• pilastras, vigas, postes, colunas e partes salientes de estruturas e equipamentos em que se possa esbarrar;

• cavaletes, porteiras e lanças de cancelas;

• bandeiras como sinal de advertência (combinado ao preto);

• comandos e equipamentos suspensos que ofereçam risco;

• pára-choques para veículos de transporte pesados, com listras pretas.

Listras (verticais ou inclinadas) e quadrados pretos serão usados sobre o amarelo quando houver necessidade de melhorar a visibilidade da sinalização.

A seguir a ilustração de algumas das hipóteses anteriormente citadas:

Ilustração 27.3.1: Utilização normal do amarelo.

27.4. Branco

O branco deve ser utilizado nas seguintes situações (item 26.1.5.4):

• passarelas e corredores de circulação, por meio de faixas (localização e largura);

• direção e circulação, por meio de sinais;

• localização e coletores de resíduos;

• localização de bebedouros;

• áreas em torno dos equipamentos de socorro de urgência, de combate a incêndio ou outros equipamentos de emergência;

- áreas destinadas à armazenagem;
- zonas de segurança.

A ilustração abaixo demonstra a utilização da cor branca.

Ilustração 27.4.1: Utilização do branco nas áreas de corredores, resíduos e bebedouros.

27.5. Preto

De acordo com o item 26.1.5.5, o preto será empregado para indicar as canalizações de inflamáveis e combustíveis de alta viscosidade (ex: óleo lubrificante, asfalto, óleo combustível, alcatrão, piche, etc.), como demonstra a figura seguinte.

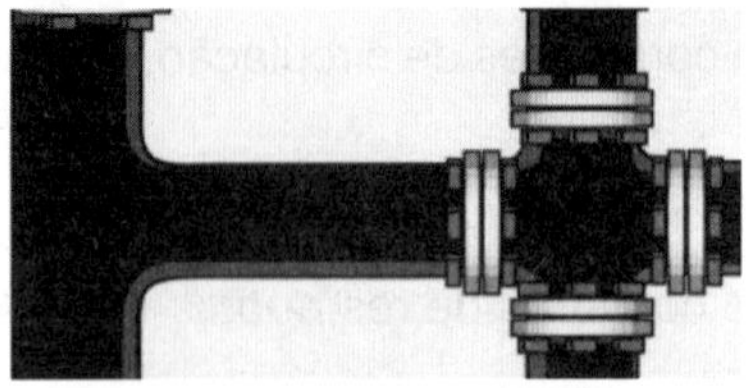

Ilustração 27.5.1: Utilização do preto em tubulações de inflamáveis e combustíveis de alta viscosidade.

O preto poderá ainda ser utilizado em substituição ao branco, ou combinado a este, quando condições especiais o exigirem.

27.6. Azul

Nos termos do item 26.1.5.6, o azul será utilizado para indicar "Cuidado!", ficando o seu emprego limitado a avisos contra uso e movimentação de equipamentos, que deverão permanecer fora de serviço.

Tem ainda emprego nos seguintes casos:

- em barreiras e bandeirolas de advertência a serem localizadas nos pontos de comando, de partida, ou fontes de energia dos equipamentos;
- canalizações de ar comprimido;
- prevenção contra movimento acidental de qualquer equipamento em manutenção;
- avisos colocados no ponto de arranque ou fontes de potência.

Ilustramos a seguir a utilização de referida cor.

Ilustração 27.6.1: Utilização do azul em canalizações de gás comprimido, avisos contra uso e movimentação de equipamentos e prevenção contra movimento acidental de equipamentos.

27.7. Verde

Para o item 26.1.5.7, o verde é a cor que caracteriza "segurança". É utilizado para:

- canalizações de água;
- caixas de equipamento de socorro de urgência;
- caixas contendo máscaras contra gases;
- chuveiros de segurança;
- macas;
- fontes lavadoras de olhos;
- quadros para exposição de cartazes, boletins, avisos de segurança, etc.;
- porta de entrada de salas de curativos de urgência;
- localização de EPI; caixas contendo EPI;
- emblemas de segurança;
- dispositivos de segurança;
- mangueiras de oxigênio (solda oxiacetilênica).

Vejam-se as seguintes ilustrações:

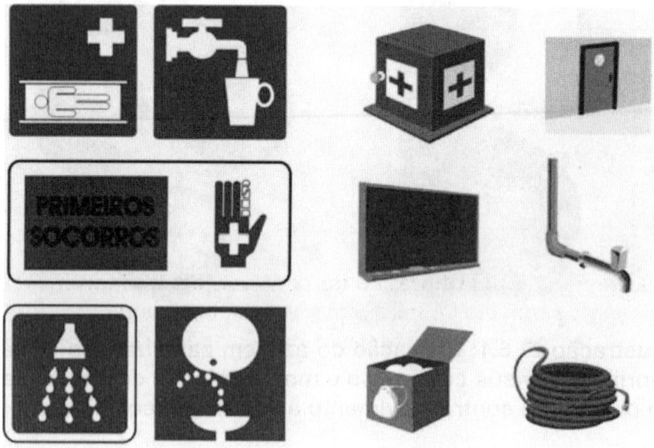

Ilustração 27.7.1: Utilização do verde nos termos da NR-26.

27.8. Laranja

Nos termos do item 26.1.5.8, a cor laranja deverá ser empregada nas seguintes situações:

- canalizações contendo ácidos;
- partes móveis de máquinas e equipamentos;
- partes internas das guardas de máquinas que possam ser removidas ou abertas;
- faces internas de caixas protetoras de dispositivos elétricos;
- faces externas de polias e engrenagens;
- botões de arranque de segurança;
- dispositivos de corte, borda de serras, prensas.

Ilustramos a seguir seu emprego:

Ilustração 27.8.1: Utilização da cor laranja para identificação de partes móveis de máquinas, polias, botões de arranque, quadros de força, serras e canalizações de ácidos.

27.9. Púrpura

A cor púrpura, nos dizeres do item 26.1.5.9, deverá ser usada para indicar os perigos provenientes das radiações eletromagnéticas penetrantes de partículas nucleares.

Deverá ser empregada em:

- portas e aberturas que dão acesso a locais onde se manipulam ou armazenam materiais radioativos ou materiais contaminados pela radioatividade;

- locais onde tenham sido enterrados materiais e equipamentos contaminados;

- recipientes de materiais radioativos ou de refugos de materiais e equipamentos contaminados;

- sinais luminosos para indicar equipamentos produtores de radiações eletromagnéticas penetrantes e partículas nucleares.

Ilustramos a seguir as situações:

Ilustração 27.9.1: Exemplo simplificado da utilização da cor púrpura para identificação de materiais radioativos e ambientes em que sejam utilizados produtos do gênero.

27.10. Lilás

O lilás deverá ser usado para indicar canalizações que contenham álcalis. As refinarias de petróleo poderão utilizar o lilás para a identificação de lubrificantes.

27.11. Cinza

O cinza tem seu emprego de forma dividida:

a) Cinza claro — deverá ser usado para identificar canalizações em vácuo;

b) Cinza escuro — deverá ser usado para identificar eletrodutos.

27.12. Alumínio

O item 26.1.5.12 preceitua que o alumínio será utilizado em canalizações contendo gases liquefeitos, inflamáveis e combustíveis de baixa viscosidade (ex. óleo diesel, gasolina, querosene, óleo lubrificante, etc.).

27.13. Marrom

O marrom, nos termos da NR-26, item 26.1.5.13, é cor subsidiária, podendo ser adotado, a critério da empresa, para identificar qualquer fluído não identificável pelas demais cores.

27.14. Quadro-Resumo da aplicação das cores no ambiente de trabalho

Para facilitar o entendimento do leitor em relação à aplicação de cores, trazemos a seguir quadro sinótico publicado pela FUNDACENTRO.[1]

---

(1) *Curso de Engenharia do Trabalho*. São Paulo: Fundacentro, 1979, p. 188-190.

COR/USO(*)	CANALIZAÇÕES	SINAIS E AVISOS	RISCOS FÍSICOS E MÁQUINAS	EQUIPAMENTOS
VERMELHO	Rede de água contra incêndio. «SPRINKLERS».	Localização de equipamento contra incêndio. Avisos de perigo. Saídas de emergência	Dispositivos de parada de emergência	Extintores. Hidrantes. Recipientes contendo líquidos inflamáveis. Caixa contendo equipamentos de incêndio.Caixas de alarme. Mangueira de acetileno (solda)
AMARELO	Gases não liquefeitos	Precaução contra riscos e práticas inseguras (colisões, quedas e acidentes)	Obstruções (colunas, vigas) parte inferior dos montantes das escadas, bordas das plataformas de carga e descarga; placas de advertências. É aconselhável o uso de faixas alternadas pretas.	Equipamento pesado de construção e de manuseio. Recipiente para transporte e guarda, explosivos (deve-se utilizar a palavra «explosivos», «inflamável» em vermelho sobre o amarelo)
LARANJA	ÁCIDOS		Partes perigosas de máquinas, guardas de máquinas. Interior de caixas elétricas. Botões de arranque de segurança. Bordas expostas de polias, engrenagens, de corte, bordas de serra, prensas, etc.	Partes móveis e perigosas de equipamentos
VERDE	ÁGUA EMBLEMAS(**)	Quadros de Instruções de segurança e caixas de equipamentos de primeiros socorros; saídas que não sejam de emergência, localização de EPI, caixas contendo EPI		Dispositivos de segurança, mangueiras de oxigênio (solda). Conexão a terra de equipamento elétrico. Chuveiro e lava-olhos de segurança
AZUL	AR COMPRIMIDO	Prevenção contra movimento acidental de qualquer equipamento em manutenção; os avisos deverão ser colocados nos pontos de arranque ou fontes de potência	Botões de arranque, elevadores, tanques, caldeiras, controles elétricos, andaimes, móveis, válvulas	

COR/USO (*)	CANALIZAÇÕES	SINAIS E AVISOS	RISCOS FÍSICOS E MÁQUINAS	EQUIPAMENTOS
BRANCO E PRETO	Branco — Vapor. Preto: Inflamáveis e Combustíveis de alta viscosidade. Ex.: óleo combustível, óleo lubrificante, alcatrão, asfalto, piche etc.	Informativos: baseado em procedimentos e normas estabelecidas, usa-se preto e branco. Ex.: elevador somente para carga. Direcionais: indicação de saídas, escadas e outras áreas importantes. Ordem e Limpeza. Trânsito	Os seguintes locais serão pintados de branco para a segurança dos operários: demarcação de corredores, limites de escada, zonas de segurança	Localização de recipientes de lixo. Localização de bebedouros. Recipientes de lixo
PÚRPURA (Lilás)	ÁLCALIS	Radiação (aviso e sinais) áreas de manuseio e de armazenamento desses materiais		Recipientes para guardar materiais radioativos: Equipamento contaminado. Raio-X e luzes que indicam materiais produtores de irradiação
CREME (2)	Produtos Intermediários ou Pesados			
ALUMÍNIO	Gases Liquefeitos e combustíveis de baixa viscosidade. Ex.: Óleo Diesel, gasolina, querosene, varsol, solventes, etc.			
CINZA CLARO	VÁCUO			
CINZA	Eletrodutos			
MARROM	COR VAGA (***)			

(*) Para efeito dessa recomendação consideram-se iguais as cores que, apresentando pequena variação em um ou mais atributos, possam ser, contudo, denominadas pela mesma expressão.

(**) Semelhante ao Munsell 2.5-G-3/4.

(***) Pode ser adotado, a critério da indústria, para identificar qualquer fluido pelas demais cores.

---

(2) A menção à cor creme é feita pela FUNDACENTRO, no entanto, não consta da lista de cores mencionadas especificamente na NR-26.

27.15. Outros empregos de cores no ambiente de trabalho

Além das cores especificadas na NR-26, ressalva ainda a norma algumas aplicações e menções genéricas sobre o uso de cores.

Nos termos do item 26.2, o corpo das máquinas deverá ser pintado em branco, preto ou verde.

Para evitar acidentes, preceitua o item 26.3 que as canalizações industriais, para condução de líquidos e gases, deverão receber a aplicação de cores, em toda sua extensão, devendo a canalização de água potável ser diferente das demais (item 26.3.1).

Quando houver a necessidade de uma identificação mais detalhada (concentração, temperatura, pressões, pureza, etc.), dispõe o item 26.3.2 que a diferenciação far-se-á através de faixas de cores diferentes, aplicadas sobre a cor básica, conforme ilustra a figura seguinte.

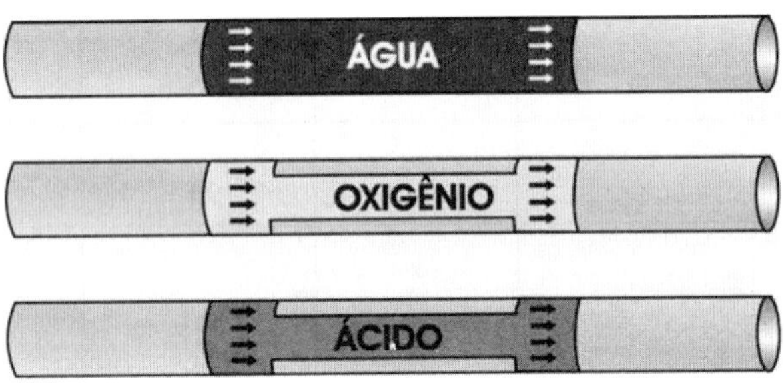

Ilustração 27.15.1: Utilização de faixas de identificação em cores diversas da principal, para melhor identificação.

A identificação por meio de faixas deverá ser feita de modo que possibilite facilmente a sua visualização em qualquer parte da canalização (item 26.3.3).

De acordo com o item 26.3.4, todos os acessórios das tubulações serão pintados nas cores básicas de acordo com a natureza do produto a ser transportado.

O sentido de transporte do fluido, quando necessário, será indicado por meio de seta pintada em cor de contraste sobre a cor básica da tubulação (item 26.3.5), conforme demonstramos na figura anterior.

Mas não só as canalizações devem ser sinalizadas, uma vez que o item 26.3.6 determina que, para fins de segurança, os depósitos ou tanques fixos que armazenem fluidos deverão ser identificados pelo mesmo sistema de cores que as canalizações.

27.16. Sinalização para armazenamento de substâncias perigosas

Em sucinto dispositivo (item 26.4.1), preceitua a NR-26 que o armazenamento de substâncias perigosas deverá seguir padrões internacionais. Para tanto, define-se como substância perigosa todo material que seja, isoladamente ou não, corrosivo, tóxico, radioativo, oxidante, e que, durante o seu manejo, armazenamento, processamento, embalagem, transporte, possa conduzir efeitos prejudiciais sobre trabalhadores, equipamentos, ambiente de trabalho.

27.17. Símbolos para identificação dos recipientes na movimentação de materiais — Rotulagem preventiva

Inicia o capítulo o item 26.5.1, com mera remessa à disciplina das normas técnicas nacionais, dizendo que na movimentação de materiais no transporte terrestre, marítimo, aéreo e intermodal, deverão ser seguidas as normas técnicas sobre simbologia vigentes no País.

Já quanto à rotulagem de produtos perigosos ou nocivos à saúde, diz o item 26.6.2 que todas as instruções dos rótulos deverão ser breves, precisas, redigidas em termos simples e de fácil compreensão.

Nos termos do item 26.6.3, a linguagem deverá ser prática, não se baseando somente nas propriedades inerentes a um produto, mas dirigida de modo a evitar os riscos resultantes do uso, manipulação e armazenagem do produto.

Onde possa ocorrer misturas de 2 (duas) ou mais substâncias químicas, com propriedades que variem em tipo ou grau daquelas dos componentes considerados isoladamente, o rótulo deverá destacar as propriedades perigosas do produto final (item 26.6.4).

Os requisitos do rótulo estão no item 26.6.5:

- nome técnico do produto;
- palavra de advertência, designando o grau de risco;

- indicações de risco;
- medidas preventivas, abrangendo aquelas a serem tomadas;
- primeiros socorros;
- informações para médicos, em casos de acidentes;e instruções especiais em caso de fogo, derrame ou vazamento, quando for o caso.

Na dicção do item 26.6.6, no cumprimento do disposto no item anterior, dever-se-á adotar o seguinte procedimento:

- nome técnico completo, o rótulo especificando a natureza do produto químico. Exemplo: "Ácido Corrosivo", "Composto de Chumbo", etc. Em qualquer situação, a identificação deverá ser adequada, para permitir a escolha do tratamento médico correto, no caso de acidente;
- Palavra de Advertência — as palavras de advertência que devem ser usadas são:

"**PERIGO**", para indicar substâncias que apresentem alto risco;

"**CUIDADO**", para substâncias que apresentem risco médio;

"**ATENÇÃO**", para substâncias que apresentem risco leve.

- Indicações de Risco — As indicações deverão informar sobre os riscos relacionados ao manuseio de uso habitual ou razoavelmente previsível do produto. Exemplos: "EXTREMAMENTE INFLAMÁVEIS", "NOCIVO SE ABSORVIDO ATRAVÉS DA PELE", etc.;
- Medidas Preventivas — Têm por finalidade estabelecer outras medidas a serem tomadas para evitar lesões ou danos decorrentes dos riscos indicados. Exemplos: "MANTENHA AFASTADO DO CALOR, FAÍSCAS E CHAMAS ABERTAS" "EVITE INALAR A POEIRA".
- Primeiros Socorros — medidas específicas que podem ser tomadas antes da chegada do médico.

28. A Norma Regulamentadora n. 27 — Registro do Profissional Técnico de Segurança do Trabalho(1)

Uma das menores normas em termos de conteúdo, a NR-27 disciplina o registro dos técnicos de segurança do trabalho no Ministério do Trabalho.

Referido registro ainda é feito perante o Ministério do Trabalho, em virtude de que, ao contrário de outros profissionais, os técnicos de segurança ainda não obtiveram a consagração legislativa de órgão próprio de fiscalização de sua atividade.(2)

Assim, até o estabelecimento de órgão respectivo de fiscalização, continuam os técnicos de segurança do trabalho a serem registrados perante o MTE.

Para o exercício de tal profissão, prevê a legislação alguns requisitos curriculares mínimos, conforme disciplina o art. 2º da Lei n. 7.410/85(3), *verbis*:

> Art. 2º O exercício da profissão de Técnico de Segurança do Trabalho será permitido, exclusivamente:
>
> I — ao portador de certificado de conclusão de curso Técnico de Segurança do Trabalho, a ser ministrado no País em estabelecimento de ensino de 2º grau;
>
> II — ao portador de certificado de conclusão de curso de Supervisor de Segurança do Trabalho, realizado em caráter prioritário pelo Ministério do Trabalho;
>
> III — ao possuidor de registro de Supervisor de Segurança do Trabalho, expedido pelo Ministério do Trabalho, até data fixada na regulamentação desta lei.

---

(1) Com redação dada pela Portaria n. 13 de 20.12.95.

(2) Anteriormente ao ano de 1985, todos os profissionais de segurança e medicina do trabalho (engenheiros, médicos, enfermeiros, auxiliares de enfermagem e técnicos) eram registrados perante o Ministério do Trabalho. Com o advento da Lei n. 7.410/85 e as posteriores mudanças na NR-27, o registro no MTE foi suprimido para todos os profissionais citados, exceto para os técnicos de segurança.

(3) A regulamentação da Lei n. 7.410/85 foi feita pelo Decreto n. 92.530/86, que em breves dez artigos, praticamente repetiu o texto da lei.

> Parágrafo único. O curso previsto no inciso I deste artigo terá o currículo fixado pelo Ministério da Educação, por proposta do Ministério do Trabalho, e seu funcionamento determinará a extinção dos cursos de que trata o inciso II, na forma da regulamentação a ser expedida.

No mesmo sentido o Decreto n. 92.350/76, regulamentando a legislação citada, que preceitua:

> Art. 2º O exercício da profissão de Técnico de Segurança do Trabalho é permitido, exclusivamente:
>
> I — ao portador de certificado de conclusão de Curso de Técnico de Segurança do Trabalho ministrado no País em estabelecimento de ensino de 2º grau;
>
> II — ao portador de certificado de conclusão de curso de Supervisor de Segurança do Trabalho, realizado em caráter prioritário pelo Ministério do Trabalho;
>
> III — ao possuidor de registro de Supervisor de Segurança do Trabalho, expedido pelo Ministério do Trabalho até 180 dias da extinção do curso referido no item anterior.

O item 27.2 da NR-27 repete a necessidade dos requisitos da Lei n. 7.410/85 e Dec. n. 92.350/86, acrescentando que o registro poderá ser concedido ao portador de certificado de conclusão de curso realizado no exterior e reconhecido no Brasil, de acordo com a legislação em vigor, como a seguir transcrito.

> 27.2 O registro do Técnico de Segurança do Trabalho será efetuado pela Secretaria de Segurança e Saúde no Trabalho — SSST ou pelas Delegacias Regionais do Trabalho — DRT e concedido:
>
> a) ao portador de certificado de conclusão de ensino de segundo grau de Técnico de Segurança do Trabalho, com currículo oficial aprovado pelo Ministério da Educação e Cultura — MEC e realizado em estabelecimento de ensino de segundo grau reconhecido no País;
>
> b) ao portador de certificado de conclusão de ensino em segundo grau e de curso de formação profissionalizante pós-segundo grau de técnico de segurança do trabalho, com currículo oficial aprovado pelo MEC e realizado em estabelecimento de ensino de segundo grau reconhecido no País;
>
> c) ao portador de Registro de Supervisor ou Técnico de Segurança emitido pelo Ministério do Trabalho;
>
> d) ao portador de certificado de conclusão de curso realizado no exterior e reconhecido no Brasil, de acordo com a legislação em vigor.

Questão interessante analisada pela jurisprudência é a relativa à equivalência do diploma obtido em curso supletivo àquele obtido em curso regular. Tal matéria veio a lume em virtude do indeferimento pelo Ministério do Trabalho de registro profissional a pretendente cuja formação se deu nas citadas condições.

Nesse caso, decidiu o Superior Tribunal de Justiça que ambos os certificados possuíam idêntica validade para os fins pretendidos, deferindo o registro de profissional perante o MTE, conforme se vê da seguinte decisão:

SUPERIOR TRIBUNAL DE JUSTIÇA

ACÓRDÃO: RESP 175780/RN (199800391762)

RECURSO ESPECIAL

DECISÃO: Vistos, relatados e discutidos estes autos, acordam os Ministros da Primeira Turma do Superior Tribunal de Justiça, na conformidade dos votos e das notas taquigráficas a seguir, por unanimidade, negar provimento ao recurso. Votaram com o Sr. Ministro Relator os Srs. Ministros Milton Luiz Pereira e Garcia Vieira. Ausentes, justificadamente, os Srs. Ministros José Delgado e Demócrito Reinaldo.

DATA DA DECISÃO: 20.4.1999

ÓRGÃO JULGADOR: — PRIMEIRA TURMA

EMENTA

ADMINISTRATIVO — TÉCNICO DE SEGURANÇA — REGISTRO — CURSO SUPLETIVO — CURSO REGULAR — DIPLOMA — EQUIVALÊNCIA.

Não se pode negar registro profissional como técnico de segurança do trabalho a quem apresenta diploma obtido através de curso supletivo específico, de segundo grau (Lei n. 7.410/85, Art. 2º e Lei n. 5.692/71, Art. 24).

RELATOR: MINISTRO HUMBERTO GOMES DE BARROS

FONTE: DJ DATA: 17.5.1999 PG: 00135

Obtidos os requisitos curriculares mínimos, deverá o profissional, para poder exercer legalmente sua profissão, requerer seu registro ao Ministério do Trabalho, uma vez que, nos termos do item 27.1 da NR-27, o exercício da profissão de Técnico de Segurança do Trabalho depende de prévio registro no Ministério do Trabalho.(4)

---

(4) O registro também é exigido pelo art. 7º do Dec. n. 92.530/86, *verbis*: "Art. 7º. O exercício da profissão de Técnico de Segurança do Trabalho depende do registro no Ministério do Trabalho".

De acordo com o item 27.3, o requerimento para o registro poderá ser encaminhado diretamente pelo interessado ao Ministério do Trabalho, através de seus órgãos regionais ou diretamente no órgão central competente, ou ainda encaminhado através dos Sindicatos de Técnicos de Segurança do Trabalho ou Associações de Técnicos de Segurança do Trabalho.

O requerimento deve ser feito no modelo do Anexo da NR-27, a seguir transcrito, devendo conter, nos termos do item 27.3.1, o nome completo e endereço do requerente e ser acompanhado da seguinte documentação:

a) cópia autenticada do documento comprobatório de formação profissional, constante na alínea "a", "b", "c" ou "d" do item 27.2 desta NR (frente e verso, se for o caso);

b) cópia autenticada da Carteira de Identidade (RG).

Transcrevemos a seguir o modelo de requerimento da NR-27:

Senhor Secretário,

Solicito a V.Sa. o registro de Técnico de Segurança do Trabalho, conforme a Portaria n. 13, de 20/12/95, para o que anexo as cópias autenticadas dos seguintes documentos

☐ CÉDULA DE IDENTIDADE (RG)

☐ CERTIFICADO DE CONCLUSÃO DO CURSO DE TÉCNICO DE SEGURANÇA DO TRABALHO

☐ OUTROS

NOME

IDENTIDADE (RG) ÓRGÃO EMISSOR

ENDEREÇO

BAIRRO

CIDADE UF

CEP FONE

_______________, _______ de ____________ de 199___

____
assinatura

Obs: preencher corretamente, pois estes dados serão utilizados para a confecção de carteira.

Ilustração 27.17.1: Requerimento para registro do profissional técnico de segurança do trabalho conforme a NR-27.

28.1. Atribuições profissionais

As atribuições dos técnicos de segurança do trabalho estão fixadas pela Portaria n. 3.275/89 do Ministério do Trabalho.

Referida norma define as atividades do técnico de segurança como sendo as seguintes:

I — Informar o empregador, através de parecer técnico, sobre os riscos existentes nos ambientes de trabalho, bem como orientá-los sobre as medidas de eliminação e neutralização;

II — Informar os trabalhadores sobre os riscos da sua atividade, bem como as medidas de eliminação e neutralização;

III — Analisar os métodos e os processos de trabalho e identificar os fatores de riscos de acidentes do trabalho, doenças profissionais e do trabalho e a presença de agentes ambientais agressivos ao trabalhador, propondo sua eliminação e seu controle;

IV — Executar os procedimentos de segurança e higiene do trabalho e avaliar os resultados alcançados, adequando-os às estratégias utilizadas de maneira a integrar o processo prevencionista em uma planificação, beneficiando o trabalhador;

V — Executar programas de prevenção de acidentes do trabalho, doenças profissionais e do trabalho nos ambientes de trabalho, com a participação dos trabalhadores, acompanhando e avaliando seus resultados, bem como sugerindo constante atualização dos mesmos e estabelecendo procedimentos a serem seguidos;

VI — Promover debates, encontros, campanhas, seminários, palestras, reuniões, treinamentos, e utilizar outros recursos de ordem didática e pedagógica com o objetivo de divulgar as normas de segurança e higiene do trabalho, assuntos técnicos, administrativos e prevencionistas, visando a evitar acidentes do trabalho, doenças profissionais e do trabalho;

VII — Executar as normas de segurança referentes a projetos de construção, ampliação, reforma, arranjos físicos e de fluxos, com vistas à observância das medidas de segurança e higiene do trabalho, inclusive por terceiros;

VIII — Encaminhar aos setores e áreas competentes normas, regulamentos, documentação, dados estatísticos, resultados de análises e avaliações, materiais de apoio técnico, educacional e outros de divulgação para conhecimento e autodesenvolvimento do trabalhador;

IX — Indicar, solicitar e inspecionar equipamentos de proteção contra incêndio, recursos audiovisuais e didáticos e outros materiais considerados indispensáveis, de acordo com a legislação vigente, dentro das qualidades técnicas recomendadas, avaliando seu desempenho;

X — Cooperar com as atividades do meio ambiente, orientando quanto ao tratamento e destinação dos resíduos industriais, incentivando e conscientizando o trabalhador da sua importância para a vida;

XI — Orientar as atividades desenvolvidas por empresas contratadas, quanto aos procedimentos de segurança e higiene do trabalho previstos na legislação ou constantes em contratos de prestação de serviços;

XII — Executar as atividades ligadas à segurança e higiene do trabalho utilizando métodos e técnicas científicas, observando dispositivos legais e institucionais que objetivem a eliminação, controle ou redução permanente dos riscos de acidentes do trabalho e a melhoria das condições do ambiente, para preservar a integridade física e mental dos trabalhadores;

XIII — Levantar e estudar os dados estatísticos de acidentes do trabalho, doenças profissionais e do trabalho, calcular a freqüência e a gravidade destes para ajustes nas ações prevencionistas, normas, regulamentos e outros dispositivos de ordem técnica, que permitam a proteção coletiva e individual;

XIV — Articular-se e colaborar com os setores responsáveis pelos recursos humanos, fornecendo-lhes resultados de levantamentos técnicos de riscos das áreas e atividades para subsidiar a adoção de medidas de prevenção a nível de pessoal;

XV — Informar os trabalhadores e o empregador sobre as atividades insalubres, perigosas e penosas existentes na empresa, seus riscos específicos, bem como as medidas e alternativas de eliminação ou neutralização dos mesmos;

XVI — Avaliar as condições ambientais de trabalho e emitir parecer técnico que subsidie o planejamento e organização do trabalho de forma segura para o trabalhador;

XVII — Articular-se e colaborar com os órgãos e entidades ligados à prevenção de acidentes do trabalho, doenças profissionais e do trabalho;

XVIII — Participar de seminários, treinamento, congressos e cursos visando ao intercâmbio e aperfeiçoamento profissionais.

Assim sendo, vê-se que o técnico de segurança tem atribuição para a quase totalidade da especialidade, incluindo ações, análises, pareceres técnicos, etc.

Está, pois, habilitado para a elaboração de PPRA (cf. comentários à NR-9), PCMAT, análise ergonômica do trabalho, medições de agentes insalubres, entre outros.

Eventuais dúvidas ou casos omissos com relação às atribuições dos técnicos de segurança deverão ser objeto de análise pelo Ministério do Trabalho (art. 2º da Portaria n. 3.275/89).

29. A Norma Regulamentadora n. 28 — Fiscalização e Penalidades[1]

Todas as finalidades preventivas e de proteção consignadas nas Normas Regulamentadoras estão asseguradas na NR-28. Isto porque referida norma, ao disciplinar as penalidades aplicáveis ao descumprimento das demais NRs, estabelece as garantias de cumprimento dos dispositivos prevencionistas, regulando todo o processo fiscalizatório.

Além disso, determina a NR-28 o meio a ser cumprido pelos agentes da fiscalização trabalhista, ao dispor sobre o procedimento devido quando constatada a infração às normas de segurança e saúde no trabalho.

Assim, não obstante seja relegada muitas vezes a papel secundário pelos estudiosos da matéria, que nela vêem apenas um catálogo de valores de multas, a NR-28 é norma cujo conhecimento é indispensável, pois que muitos equívocos em sua interpretação e aplicação podem levar a uma incorreta autuação por parte da fiscalização, fazendo com que se desperdice totalmente o trabalho de inspeção.

Ademais, um equívoco na aplicação da NR-28 acarreta a possibilidade de incorreto pagamento de multa por parte da empresa.

Cumpre salientar que a NR-28 cuida apenas de uma parcela da inspeção do trabalho, qual seja, a inspeção das normas de segurança e saúde ocupacional.[2] Tratando-se, pois, de parte de um todo maior, aplicam-se à disciplina da inspeção das normas protetivas do trabalho, no que couberem, as regras referentes à inspeção do trabalho em geral.

A matéria relativa à fiscalização do trabalho deve passar por modificações sensíveis nos próximos tempos, uma vez que o tema, antes submetido à apreciação jurisdicional da Justiça Federal comum, passou recentemente a fazer parte da competência da Justiça do Trabalho, por força da Emenda Constitucional n. 45 de 2004, que aprovou a reforma do

---

(1) Referida norma tem sua redação dada pela Portaria n. 3, de 1.7.1992. Alguns itens com redação determinada pela Portaria n. 7, de 5.10.92.

(2) A inspeção e penalidades referentes às normas trabalhistas em geral estão disciplinadas em corpo normativo próprio, hoje consubstanciado na Portaria n. 290/97 — MTE.

Poder Judiciário. Assim, muito embora continuem válidos os entendimentos jurisprudenciais anteriores, que servem de base à compreensão do assunto, é possível o surgimento de novas orientações.

29.1. Inspeção do trabalho: breve histórico

A inspeção do trabalho, sobretudo na parte referente à segurança e medicina do trabalho, marca a intervenção do Estado na disciplina trabalhista, para a verificação do cumprimento das obrigações por parte do empregador, de modo a garantir os direitos assegurados ao empregado, bem como a proteção de sua integridade física e saúde.

Historicamente, seu surgimento se dá ao mesmo tempo em que evolui o Direito do Trabalho como disciplina autônoma, destinada a equilibrar as desigualdades existentes entre patrões e empregados. Referido fenômeno acontece, basicamente, com a Revolução Industrial e com a retomada da intervenção estatal na vida econômica, social e política, contrariando os princípios do liberalismo.

Conforme menciona *Nelson Mannrich* "Abandonando sua tradicional posição, liberal, pregada, entre outros, por Adam Smith, passou o Estado a intervir, nas relações trabalhistas, agravadas pela questão social, em decorrência, inclusive, da pressão dos empresários". Nos dizeres de referido autor "A primeira lei sobre Inspeção do Trabalho, marco histórico de seu surgimento, foi a chamada "Althorp Act" de 1833, da Inglaterra. Coube ao Estado nomear 4 (quatro) inspetores vinculados ao estatuto de juiz de paz, com poderes especiais para impor sanções aos infratores e ingressar nos locais sujeitos ao cumprimento das obrigações de proteção".[(3)]

Nesses moldes seguiu a disciplina da inspeção do trabalho, que, a partir de então, passou a ser regida nos diversos países da Europa por leis específicas e ser efetivada por pessoal cada vez mais especializado.

No Brasil, conta-se que a primeira referência à inspeção do trabalho foi feita pelo Decreto n. 1.313 de 17.1.1891, que se restringia apenas a aspectos relativos ao trabalho infantil.

Hoje, a disciplina da inspeção do trabalho está inserida na CLT, no Título VII, que dispõe sobre o processo de multas administrativas e, dentro deste, nos capítulos I, II e III, que tratam, respectivamente: da fiscalização, autuação e imposição de multas; dos recursos e do depósito, inscrição e cobrança das multas (arts. 626 a 642 da CLT).

---

(3) *Inspeção do Trabalho.* são Paulo: LTr, 1991, pp. 17/18.

Disciplina ainda o instituto diversos atos administrativos editados pelas autoridades competentes, cuja análise faremos no curso do texto.

Um dos principais atos administrativos é o recentemente publicado Decreto n. 4.552, de 27 de dezembro de 2002, que aprova o Regulamento da Inspeção do Trabalho. Referido diploma criou o Sistema Federal de Inspeção do Trabalho, definido conforme a transcrição seguinte:

> Art. 1º O Sistema Federal de Inspeção do Trabalho, a cargo do Ministério do Trabalho e Emprego, tem por finalidade assegurar, em todo o território nacional, a aplicação das disposições legais, incluindo as convenções internacionais ratificadas, os atos e decisões das autoridades competentes e as convenções, acordos e contratos coletivos de trabalho, no que concerne à proteção dos trabalhadores no exercício da atividade laboral.
>
> Art. 2º Compõem o Sistema Federal de Inspeção do Trabalho:
>
> I — autoridades de direção nacional, regional ou local: aquelas indicadas em leis, regulamentos e demais atos atinentes à estrutura administrativa do Ministério do Trabalho e Emprego;
>
> II — Auditores-Fiscais do Trabalho:
>
> a) legislação do trabalho;
>
> b) segurança do trabalho; e
>
> c) saúde no trabalho;
>
> III — Agentes de Higiene e Segurança do Trabalho, em funções auxiliares de inspeção do trabalho.
>
> Art. 3º Os Auditores-Fiscais do Trabalho são subordinados tecnicamente à autoridade nacional competente em matéria de inspeção do trabalho.
>
> Art. 4º Para fins de inspeção, o território de cada unidade federativa será dividido em circunscrições, e fixadas as correspondentes sedes.

29.2. A visão dos profissionais da área sobre a fiscalização de segurança e saúde do trabalho

Antes de iniciarmos a análise da norma, é interessante verificar a opinião dos profissionais que atuam em segurança e saúde ocupacional sobre o modo como opera na prática a fiscalização trabalhista.

Pesquisa formulada pelo Anuário Brasileiro da Revista Proteção[(4)] realizou no ano de 2005 uma amostragem com aproximadamente 1.252

---

(4) *Anuário Brasileiro da Revista Proteção.* Publicação anual da Revista Proteção, 2005.

profissionais do ramo prevencionista sobre diversas questões, dentre as quais duas especificamente voltadas à avaliação da fiscalização de segurança e saúde do trabalho.

Juntamente com as indagações realizadas no ano de 2005, consta a publicação de pesquisas de opinião colhidas pela mesma fonte desde o ano de 1995, o que permite verificar a evolução dos parâmetros pesquisados.

As questões formuladas envolvendo trabalho de fiscalização foram: 1) A atuação da fiscalização do Ministério do Trabalho em relação ao respeito à legislação prevencionista é positiva, regular ou negativa? ; 2) A atuação da Delegacia Regional do Trabalho de seu Estado na prevenção é positiva, regular ou negativa?

Para a primeira pergunta, os dados colhidos dentre os profissionais pesquisados foram os seguintes (em %):

	1995	1996	1997	1998	1999	2000	2001/2	2003	2004	2005
Positiva	8,41	8,91	13,38	14,61	15,02	17,24	19,94	14,83	17,73	18,64
Regular	28,29	34,23	33,20	35,01	36,17	34,85	36,83	47,86	37,75	39,54
Negativa	63,30	56,86	53,42	50,38	48,81	47,91	43,23	37,31	44,52	41,82

Graficamente, temos o seguinte:

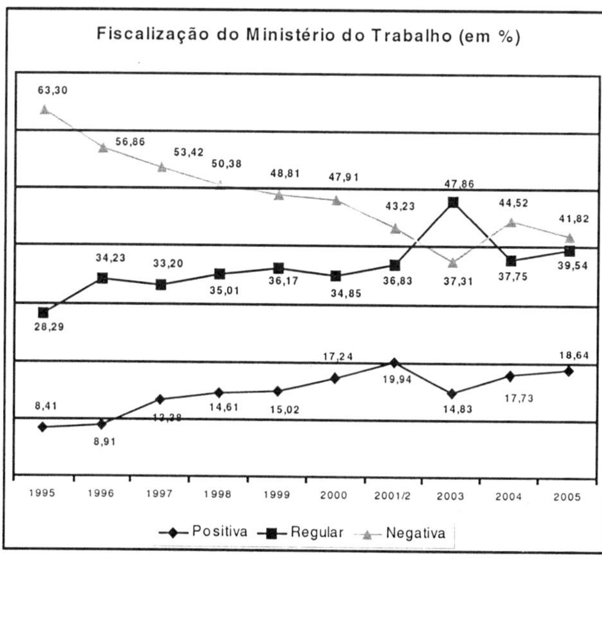

Muito embora se verifique uma ligeira melhora na avaliação da fiscalização trabalhista em 2005, pode-se constatar que as opiniões dos profissionais da área em relação a referido objeto ainda deixam muito a desejar.

Com efeito, a percepção negativa ainda predomina (41,82%), sendo maior que a regular (39,54%), restando a avaliação positiva muito abaixo das demais (18,64%).

À segunda pergunta, referente à atuação da DRT do Estado, a pesquisa obteve os seguintes dados (em %):

	1995	1996	1997	1998	1999	2000	2001/2	2003	2004	2005
Positiva	12,51	14,79	16,95	16,99	19,37	21,84	24,14	17,92	22,50	22,28
Regular	37,33	42,76	44,43	40,50	38,87	38,72	38,53	50,10	41,40	43,25
Negativa	50,16	42,45	38,62	42,51	41,76	39,44	37,33	31,98	36,10	34,47

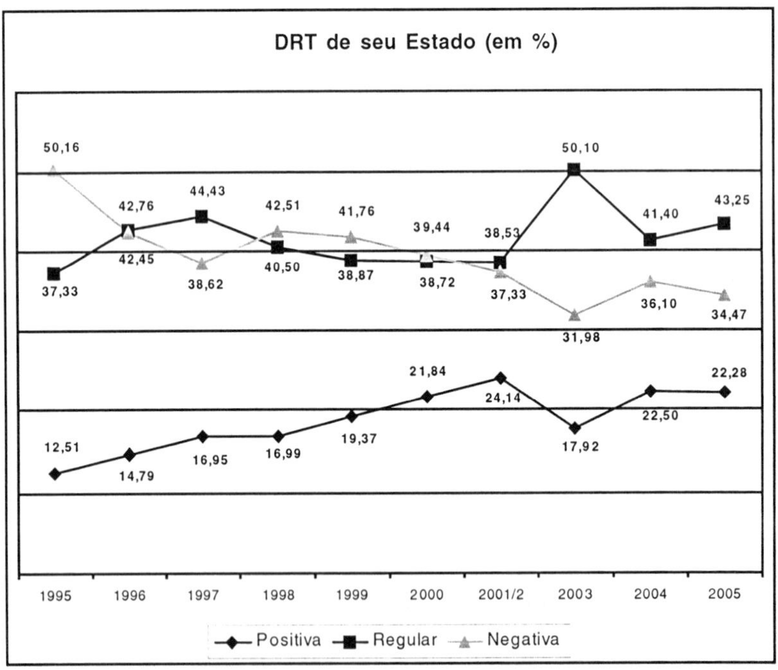

Outra vez, conquanto não se tenha uma grande mudança no panorama nos anos de 2004 e 2005, verifica-se que o padrão geral segue aproximadamente aquele demonstrado na primeira indagação, invertendo-se apenas as posições das avaliações regular (que ocupa o primeiro lugar, com 43,25%) e negativa (em segundo posto, com 34,47%). A avaliação positiva novamente ocupa posição de inferioridade, somente com 22,28%.

Obviamente, maiores dados são necessários para que se tenha um panorama completo da atuação fiscalizatória do Ministério do Trabalho nas questões prevencionistas. No entanto, o panorama demonstrado na pesquisa acima, que ouviu público especialista da área, demonstra que há uma grande expectativa não atendida no que concerne à fiscalização das normas de segurança e saúde ocupacional.

Acreditamos que muitos dos problemas da área sejam relacionados ainda a uma filosofia de trabalho que premia a imposição de multas e sanções e não a orientação e o consenso entre as partes para que se atinja o cumprimento das normas regulamentadoras.

29.3. A inspeção: visita da fiscalização

A fiscalização se inicia, em regra, com a visita do inspetor ou auditor fiscal do trabalho ao estabelecimento respectivo. Essa visita, entretanto, é disciplinada por normas específicas, cujo não atendimento poderá levar à nulidade da autuação.

Primeiramente, o auditor do trabalho, ao chegar a qualquer estabelecimento, deverá se identificar, nos termos do art. 630 da CLT:

> Art. 630 — Nenhum agente da inspeção poderá exercer as atribuições do seu cargo sem exibir a carteira de identidade fiscal, devidamente autenticada, fornecida pela autoridade competente.
>
> § 1º — É proibida a outorga de identidade fiscal a quem não esteja autorizado, em razão do cargo ou função, a exercer ou praticar, no âmbito da legislação trabalhista, atos de fiscalização.
>
> § 2º — A credencial a que se refere este artigo deverá ser devolvida para inutilização, sob as penas da lei, em casos de provimento em outro cargo público, exoneração ou demissão, bem como nos de licenciamento por prazo superior a 60 (sessenta) dias e de suspensão do exercício do cargo.

Assim, ninguém é obrigado a franquear entrada no estabelecimento à autoridade fiscal que não se identifique devidamente, de forma cabal e convincente. Terá o fiscalizado ainda o direito de conferir as credenciais do agente de inspeção, verificando sua procedência.

Caso o agente de inspeção do trabalho não venha a se identificar aos representantes da empresa fiscalizada, lavrando posteriormente auto de infração, poderá tal atitude ensejar sua posterior anulação judicial, conforme se verifica na decisão seguinte.

TRIBUNAL REGIONAL FEDERAL DA QUARTA REGIÃO

Classe: AC — APELAÇÃO CÍVEL

Processo: 9504156130 UF: SC Órgão Julgador: TERCEIRA TURMA

Data da decisão: 8.10.1998 Documento: TRF400066719

Fonte: DJ DATA: 13.1.1999 PÁGINA: 248

Relator(a): JUIZ PAULO AFONSO BRUM VAZ

Decisão: UNÂNIME

EMENTA

ADMINISTRATIVO. AUTO DE INFRAÇÃO. INOBSERVÂNCIA, PELA AUTORIDADE, DOS REQUISITOS PREVISTOS EM LEI. ANULAÇÃO.

1. Correta a decisão que decretou a nulidade da autuação, por vício formal, se o agente da fiscalização não apresentou documento de identificação, conforme previsto no Art-630 da CLT e, diante da recusa dos funcionários em exibir os livros exigidos, não lavrou, incontinenti, o auto de infração na presença dos recalcitrantes, perdendo a oportunidade, por falta da sobriedade necessária ao desempenho do cargo, de documentar, ao mesmo tempo, duas infrações praticadas pela empresa fiscalizada.

2. Apelação e remessa oficial improvidas.

Outra questão importante é a de saber se pode o fiscalizado recusar ao agente inspetor o ingresso na empresa e, se possível, qual será a conseqüência imediata de tal ato.

Em outras palavras: pode o fiscalizado negar-se à fiscalização, não permitindo a entrada do fiscal no estabelecimento? Nesse caso, poderá o fiscal requisitar força policial para possibilitar o exercício de seu dever, mediante coação ao fiscalizado?

A legislação (CLT) parece acenar com a impossibilidade da negativa de entrada, bem como com a possibilidade de requisição policial. De fato, o § 3º do art. 630 da CLT preceitua que o agente da inspeção terá livre acesso a todas as dependências dos estabelecimentos sujeitos ao regime da legislação trabalhista. Por sua vez, seu § 8º determina que as autoridades policiais, quando solicitadas, deverão prestar aos agentes da inspeção a assistência de que necessitarem para o fiel cumprimento de suas atribuições legais.

Não obstante seja irrecusável o direito do agente de inspeção do trabalho ingressar nas dependências da empresa, no caso de recusa desta, não poderá a autoridade fiscalizatória impor sua prerrogativa à força (ainda que policial), ou de maneira auto-executória, sem antes requerer a competente ordem judicial para ingresso no estabelecimento.

Com efeito, preceitua a Constituição da República em seu art. 5º, XI, que a casa é asilo inviolável do indivíduo, ninguém nela podendo penetrar sem consentimento do morador, salvo em caso de flagrante delito ou desastre, ou para prestar socorro, ou, durante o dia, por determinação judicial.

E na interpretação deste artigo, diz o Código Penal (art. 150, § 4º), para efeito do crime de violação de domicílio, que se considera compreendido no conceito de casa (grifos nossos):

§ 4º — A expressão "casa" compreende:

I — qualquer compartimento habitado;

II — aposento ocupado de habitação coletiva;

III — compartimento não aberto ao público, onde alguém exerce profissão ou atividade.

Assim, o ingresso de pessoa não autorizada em estabelecimento comercial ou industrial, sem o consentimento de quem de direito, ainda que o ingressante seja autoridade fiscal, constituirá crime de violação de domicílio, devendo considerar-se, por este fato, ilícita a prova ali obtida.

Nesse sentido a posição do *SUPREMO TRIBUNAL FEDERAL*, no trecho do voto do Min. Celso de Mello, na Ação Penal 370-3-DF, em que se discutiu a possibilidade do ingresso de agente da fiscalização tributária em estabelecimento:

> "[...] Sendo assim, nem a Polícia Judiciária e nem a administração tributária podem, afrontando direitos assegurados pela Constituição da República, invadir domicílio alheio com o objetivo de apreender, durante o período diurno, e sem ordem judicial, quaisquer objetos que possam interessar ao Poder Público. A Constituição prescreve, no art. 145, § 1º, que a administração tributária

está sujeita, na efetivação das medidas e na adoção de providências que repute necessárias, ao respeito incondicional aos direitos individuais, dentre os quais avulta, por sua indiscutível importância, o direito à inviolabilidade domiciliar. Daí a observação de Ives Gandra Martins — reiterada por Sacha Calmon Navarro Coelho — no sentido de que os poderes de investigação do Fisco estão essencialmente limitados pela cláusulas subordinantes da Constituição Federal, cujas prescrições proclamam a necessidade de efetiva submissão do Poder estatal aos direitos individuais assegurados pela Lei Fundamental. Por isso mesmo, assinala Ives Gandra Martins (*Comentários à Constituição do Brasil*, v. 6º, tomo I, p. 64, 1990, Saraiva): De início o direito de fiscalizar é um direito inerente à Administração dentro das regras próprias do direito administrativo. E como a Constituição garante os direitos individuais, à evidência, garante a inviolabilidade do domicílio nos termos do art. 5º, XI, com que o Fisco, pela nova Constituição, não tem mais direitos do que aqueles que tinha com a Constituição pretérita [...]".

Assim, caso seja negado ao inspetor o ingresso no estabelecimento, deverá este, através dos meios próprios requerer à autoridade judiciária o competente mandado judicial, para que, de posse deste — e com eventual auxílio de força policial — possa exercitar seu dever.

A obtenção de qualquer prova ou a autuação da empresa fora de tais circunstâncias poderá ser considerada como ilícita, ante a violação do domicílio, como bem se pode ver na decisão seguinte do STF.

SUPREMO TRIBUNAL FEDERAL

HC 79512 / RJ — RIO DE JANEIRO

HABEAS CORPUS

Relator(a): Min. SEPÚLVEDA PERTENCE

Julgamento: // Órgão Julgador: Tribunal Pleno

Publicação:

EMENTA: Prova: alegação de ilicitude da obtida mediante apreensão de documentos por agentes fiscais, em escritórios de empresa — compreendidos no alcance da garantia constitucional da inviolabilidade do domicílio — e de contaminação das provas daquela derivadas: tese substancialmente correta, prejudicada no caso, entretanto, pela ausência de qualquer prova de resistência dos acusados ou de seus prepostos ao ingresso dos fiscais nas dependências da empresa ou sequer de protesto imediato contra a diligência. 1. Conforme o art. 5º, XI, da Constituição — afora as exceções nele taxativamente previstas ("em caso de flagrante delito ou desastre, ou para prestar socorro") só a "determinação judicial" autoriza, e durante o dia, a entrada de alguém — autoridade ou não — no domicílio de outrem, sem o consentimento do morador. 1.1. Em conseqüência, o poder fiscalizador da administração tributária perdeu, em favor do reforço da garantia constitucional do domicílio, a prerrogativa da auto-executoriedade. 1.2. Daí não se extrai, de logo, a inconstitucionalidade superveniente ou a revogação dos preceitos infraconstitucionais de regimes precedentes que autorizam a agentes fiscais de tributos a proceder à busca domiciliar e à apreensão de papéis; essa legislação, contudo, que, sob a Carta precedente, continha em si a autorização à entrada forçada no domicílio do contribuinte, reduz-se, sob a Constituição vigente, a uma simples norma de competência para, uma vez no interior da dependência domiciliar, efetivar as diligências legalmente permitidas: o ingresso, porém, sempre que necessário vencer a oposição do morador, passou a depender de autorização judicial prévia. 1.3. Mas, é um dado elementar da incidência da garantia constitucional do domicílio o não consentimento do morador ao questionado ingresso de terceiro: malgrado a ausência da autorização judicial, só a entrada *invito domino* a ofende, seja o dissenso presumido, tácito ou expresso, seja a penetração ou a indevida permanência, clandestina, astuciosa ou franca. 1.4. Não supre ausência de prova da falta de autorização ao ingresso dos fiscais nas dependências da empresa o apelo à presunção de a tolerância à entrada ou à permanência dos agentes do Fisco ser fruto do *metus publicae potestatis*, ao menos nas circunstâncias do caso, em que não se trata das famigeradas "batidas" policiais no domicílio de indefesos favelados, nem sequer se demonstra a existência de protesto imediato. 2. Objeção de princípio — em relação à qual houve reserva de Ministros do Tribunal — à tese aventada de que à garantia constitucional da inadmissibilidade da prova ilícita se possa opor, com o fim de dar-lhe prevalência em nome do princípio da proporcionalidade, o interesse público na eficácia da repressão penal em geral ou, em particular, na de determinados crimes: é que, aí, foi a Constituição mesma que ponderou os valores contrapostos e optou — em prejuízo, se necessário da eficácia da persecução criminal — pelos valores fundamentais, da dignidade humana, aos quais serve de salvaguarda a proscrição da prova ilícita: de qualquer sorte — salvo em casos extremos de necessidade inadiável e incontornável — a ponderação de quaisquer interesses constitucionais oponíveis à inviolabilidade do domicílio não compete *a posteriori* ao juiz do processo em que se pretenda introduzir ou valorizar a prova obtida na invasão ilícita, mas sim àquele a quem incumbe autorizar previamente a diligência.

O mesmo entendimento quanto à ilicitude da prova obtida em invasão de fiscalização em ambiente de empresa foi tomado pelo Supremo Tribunal Federal no julgamento do RE 331303 AgR/PR, rel. Min. Sepúlveda Pertence, 10.2.2004, publicado no informativo do STF n. 336, em que se ressaltou o resultado do julgamento: "A Turma manteve decisão do Min. Sepúlveda Pertence, relator, que negara seguimento a recurso extraordinário criminal, em que se alegava ofensa ao princípio da inviolabilidade do domicílio — que abrangeria a empresa do recorrente, a qual fora invadida por fiscais da Receita Federal, sem a existência de mandado judicial —, bem como a violação à garantia da inadmissibilidade de provas obtidas por meios ilícitos, haja vista que a ação penal contra ele instaurada fora instruída com documentos apreendidos na referida invasão (CF, art. 5º, XI e LVI). A Turma, embora reconhecendo que o conceito de "casa" (CF, art. 5º, XI) estende-se ao escritório de empresa comercial, aplicou no caso o entendimento firmado no Enunciado 279 da Súmula do STF, dado que a verificação sobre a ocorrência ou não de resistência do recorrente ao ingresso ou à permanência dos fiscais na empresa ensejaria o reexame de fatos e provas, não bastando, por conseguinte, a mera alegação abstrata, e não demonstrada de tal fato, já que fora apontado pelo acórdão recorrido que durante a diligência realizada, o recorrente, como representante legal da empresa, acompanhara os fiscais".

Há de se consignar, no entanto, que a recusa injustificada da empresa poderá lhe custar maiores ônus, uma vez que a NR-28, em seu item 28.3.1.1 dispõe que em caso de reincidência, *embaraço ou resistência à fiscalização*, emprego de artifício ou simulação com o objetivo de fraudar a lei, a multa será aplicada na forma do art. 201, parágrafo único, da CLT, conforme os seguintes valores (máximos) estabelecidos:

VALOR DA MULTA (EM UFIR)	
Segurança do Trabalho	Medicina do Trabalho
6.304	3.782

Assim, tornar-se-á mais custosa a fiscalização, em caso de autuação.

Outra obrigação do agente fiscalizador quando de sua visita é registrar sua presença no livro de inspeção do trabalho. Isto significa que, em regra, o fiscal do trabalho terá de estar presente no local em que a infração ocorra para que possa lavrar o competente auto de infração.

Por exceção, o art. 629, § 1º da CLT, permite que seja lavrado auto de infração fora do estabelecimento quando, havendo motivo justificado que será declarado no próprio auto, este seja lavrado no prazo de 24 (vinte e quatro) horas, sob pena de responsabilidade.

Há decisões confirmando a validade de auto de infração lavrado fora do estabelecimento fiscalizado, desde que cumprida a condição acima.

Nesse sentido:

TRIBUNAL REGIONAL FEDERAL SEGUNDA REGIÃO

Classe: AC — APELAÇÃO CÍVEL — 65659

Processo: 9402137793 UF: RJ Órgão Julgador: SEXTA TURMA

Data da decisão: 27.2.2002 Documento: TRF200079504

Fonte DJU DATA: 12.3.2002 PÁGINA: 286

Relator(a): JUIZ SERGIO SCHWAITZER

Decisão: A Turma, por unanimidade, negou provimento ao recurso, nos termos do voto do Relator.

EMENTA

ADMINISTRATIVO — AUTO DE INFRAÇÃO — DESCUMPRIMENTO DE NORMAS TRABALHISTAS — LAVRATURA FORA DO LOCAL DA FISCALIZAÇÃO — POSSIBILIDADE — AUMENTO DA JORNADA DE TRABALHO SEM PRÉVIO ACORDO ESCRITO OU CONVENÇÃO COLETIVA — CABIMENTO DA APLICAÇÃO DE MULTA — O art. 629, § 1º, da CLT, autoriza a lavratura de auto de infração fora do estabelecimento fiscalizado, desde que haja justificação para tanto. — O art. 59 da CLT foi recepcionado pela Constituição Federal, inexistindo razão para que se afaste a exigência de que o acréscimo na jornada de trabalho seja precedido de acordo escrito ou convenção coletiva de trabalho.

Nos termos do § 1º do art. 628 da CLT, ficam as empresas obrigadas a possuir o livro intitulado "Inspeção do Trabalho", cujo modelo será aprovado por portaria ministerial.[5]

E nos termos do § 2º do mesmo artigo, diz a lei que nesse livro, registrará o agente da inspeção sua visita ao estabelecimento, declarando a data e a hora do início e término da mesma, bem como o resultado da inspeção, nele consignando, se for o caso, todas as irregu-

---

(5) Referido modelo poderá ser encontrado na Portaria n. 3.158/71 do Ministério do Trabalho, disponível no site *www.mte.gov.br*.

laridades verificadas e as exigências feitas, com os respectivos prazos para seu atendimento, e, ainda, de modo legível, os elementos de sua identificação funcional.

Deve-se consignar que as microempresas (ME) e as empresas de pequeno porte (EPP) estão dispensadas de possuir livro de inspeção do trabalho, por força do art. 11 da Lei n. 9.841/99, conforme transcrevemos a seguir.

> Art. 11. A microempresa e a empresa de pequeno porte são dispensadas do cumprimento das obrigações acessórias a que se referem os arts. 74; 135, § 2º; 360; 429 e 628, § 1º, da Consolidação das Leis do Trabalho — CLT.

Além do livro de inspeção do trabalho, as empresas devem manter à disposição da fiscalização os documentos sujeitos à inspeção, nos termos do art. 630, § 4º, da CLT:

> § 4º — Os documentos sujeitos à inspeção deverão permanecer, sob as penas da lei, nos locais de trabalho, somente se admitindo, por exceção, a critério da autoridade competente, sejam os mesmos apresentados em dia e hora previamente fixados pelo agente da inspeção.

Sobre o tema, a Portaria n. 3.159/71 do Ministério do Trabalho preceitua em seu art. 7º que o auditor-fiscal poderá conceder prazo não inferior a dois dias nem superior a oito dias para a exibição dos documentos pertinentes. No caso de estabelecimentos com menos de onze empregados a concessão do prazo é obrigatória.

Nesse sentido, aliás, já se decidiu:

TRIBUNAL REGIONAL FEDERAL DA PRIMEIRA REGIÃO

Classe: AC — APELAÇÃO CÍVEL — 01000411128

Processo: 199701000411128 UF: MG Órgão Julgador: TERCEIRA TURMA SUPLEMENTAR

Data da decisão: 8.8.2002 Documento: TRF100135139

Fonte DJ DATA: 5.9.2002 PAGINA: 119

Relator(a): JUIZ LEÃO APARECIDO ALVES (CONV.).

Decisão: A Turma, por unanimidade, deu parcial provimento à apelação.

EMENTA CRITÉRIO DA DUPLA VISITA (CLT, ART. 627). CONCESSÃO DE PRAZO PARA APRESENTAÇÃO DE DOCUMENTOS (PORTARIA N. 3.159/71, ART. 7º).

1. Inaplicabilidade à espécie do critério da dupla visita (CLT, art. 627), uma vez que não houve a promulgação de nova legislação, nem se

tratava da primeira inspeção em estabelecimento recentemente inaugurado, pois a embargante foi constituída em 1984 e a inspeção ocorreu em 1990.

2. A inexistência de fixação de prazo, no livro de inspeção do trabalho (que deve ser mantido pela empresa), para a correção da irregularidade constatada pelo fiscal do trabalho não implica a nulidade do auto de infração (CLT, art. 628, § 2º), uma vez que não constitui requisito dele, mas sim norma administrativa destinada a registrar as fiscalizações realizadas na empresa.

3. A embargante contava à época com menos de 11 empregados, bem como o agente da inspeção do trabalho não informou se foi constatada fraude, resistência ou embaraço à fiscalização, caso em que era obrigatória a concessão do prazo não inferior a 2 nem superior a 8 dias para a exibição de documentos (Portaria n. 3.159/71, art. 7º).

4. Apelação provida em parte. Data da Publicação 5.9.2002

Em se tratando de empresas com vários estabelecimentos ou de grande porte, que possuem muitas vezes departamentos de recursos humanos ou similares centralizados em um único local, muitas vezes se afigura impossível a apresentação imediata de todos os documentos à fiscalização. Nesses casos, a jurisprudência tem entendido razoável a concessão de prazo para a apresentação de documentos, desde que a documentação exigida seja apresentada posteriormente pela empresa.

TRIBUNAL REGIONAL FEDERAL DA SEGUNDA REGIÃO

Classe: AMS — APELAÇÃO EM MANDADO DE SEGURANÇA

Processo: 9102005743 UF: RJ Órgão Julgador: PRIMEIRA TURMA

Data da decisão: 10.6.1992 Documento: TRF200010992

Fonte DJ DATA: 16.7.1992 PÁGINA: 21186

Relator(a): JUÍZA TÂNIA HEINE

Decisão: UNANIMIDADE, DESPROVIMENTO.

EMENTA

ADMINISTRATIVO — MULTA CLT

I — TRATANDO-SE DE EMPRESA DE GRANDE PORTE, COM SETOR DE PESSOAL CENTRALIZADO, DEVE SER CONCEDIDO O PRAZO PREVISTO NA PORTARIA MINISTERIAL N. 3159 PARA APRESENTAÇÃO DOS DOCUMENTOS EXIGIDOS PELA FISCALIZAÇÃO TRABALHISTA.

II — DOCUMENTAÇÃO ANEXADA AOS EMBARGOS, COMPROVANDO SUA EXISTÊNCIA.

III — RECURSO E REMESSA NECESSÁRIA IMPROVIDOS.

TRIBUNAL REGIONAL FEDERAL DA SEGUNDA REGIÃO

Classe: AC — APELAÇÃO CÍVEL

Processo: 9102007649 UF: RJ Órgão Julgador: SEGUNDA TURMA

Data da decisão: 8.11.1995 Documento: TRF200037304

Fonte DJ DATA: 13.2.1996 PÁGINA: 6703

Relator(a): JUIZ ALBERTO NOGUEIRA

Decisão: A Turma, por unanimidade, conheceu do conflito para declarar competente o MM. Juízo Federal da 1a. Vara de Niterói/RJ, nos termos do voto do Relator.

EMENTA

CONSOLIDAÇÃO DAS LEIS TRABALHISTAS. PROCESSUAL CIVIL. RECOLHIMENTO DE CONTRIBUIÇÃO SINDICAL E PATRONAL DOS EMPREGADOS. EXIBIÇÃO. ESTABELECE O ART. 630, PAR. 4º, DA CLT, QUE: "OS DOCUMENTOS SUJEITOS À INSPEÇÃO DEVERÃO PERMANECER, SOB AS PENAS DA LEI, NOS LOCAIS DE TRABALHO, SOMENTE SE ADMITINDO, POR EXCEÇÃO, A CRITÉRIO DA AUTORIDADE COMPETENTE, SEJAM OS MESMOS APRESENTADOS EM DIA E HORA PREVIAMENTE FIXADOS PELO AGENTE DA INSPEÇÃO". COMO SE TRATA DE EMPRESA QUE POSSUI MAIS DE UM ESTABELECIMENTO OU FILIAL, COM SETOR DE PESSOAL CENTRALIZADO, NEM SEMPRE É POSSÍVEL AO EMPREGADOR APRESENTAR, DE IMEDIATO, TODA A DOCUMENTAÇÃO EXIGIDA. *IN CASU*, O AUTO DE INFRAÇÃO NÃO TERIA SIDO LAVRADO, SE FOSSE CONCEDIDO O PRAZO (ART. 630, PAR. 4º, DA CLT). POR UNANIMIDADE, NEGADO PROVIMENTO À APELAÇÃO E À REMESSA.

Há entendimento, porém, que o prazo para a apresentação de documentos, concedido pela fiscalização, somente se aplica aos documentos a serem exibidos pela empresa, e não àqueles que devam ser afixados no local de trabalho, como se verifica na decisão seguinte.

TRIBUNAL REGIONAL FEDERAL DA PRIMEIRA REGIÃO

Classe: AMS — APELAÇÃO EM MANDADO DE SEGURANÇA — 01136540 Processo: 199001136540 UF: MG Órgão Julgador: QUARTA TURMA

Data da decisão: 2.10.1991 Documento: TRF100009135

Fonte: DJ DATA: 7.11.1991 PÁGINA: 27950

Relator(a) JUIZ OLINDO MENEZES

Descrição POR UNANIMIDADE, NEGAR PROVIMENTO À APELAÇÃO.

EMENTA

ADMINISTRATIVO. MANDADO DE SEGURANÇA. EXIBIÇÃO DE DOCUMENTOS À INSPEÇÃO DO TRABALHO. PORTARIA N. 3159/71.

1. A CONCESSÃO DE PRAZO À EMPRESA, PARA A EXIBIÇÃO DE DOCUMENTOS, DIZ RESPEITO ÀQUELES QUE DEVEM SER EXIBIDOS AOS INSPETORES DO TRABALHO, E NÃO AOS QUE SÃO DE AFIXAÇÃO OBRIGATÓRIA, COMO O QUADRO DE HORÁRIO E A ESCALA DE REVEZAMENTO, PARA OS ESTABELECIMENTOS QUE TÊM AUTORIZAÇÃO PARA FUNCIONAR AOS DOMINGOS (CONF., ARTS. 67, PARAG. ÚNICO E 74 DA CLT.).

2. A GRADUAÇÃO DA MULTA TEM SUA DISCIPLINA NO ART. 75 DA CLT, DE ACORDO COM AS CIRCUNSTÂNCIAS ADMINISTRATIVAS ALI PREVISTAS, QUE DEVEM SER SOPESADAS PELO APLICADOR. IMPOSIÇÃO DE PENALIDADE EM TORNO DE 20 VALORES-DE-REFERÊNCIA, AJUSTADA AO CASO. APELAÇÃO IMPROVIDA.

Assim, na esteira do que afirmou a decisão anterior, o prazo para a apresentação de documento não seria possível, por exemplo, no caso de necessidade de afixação deste em local público, como ocorre com o edital de convocação para eleição de membros das Comissões Internas de Prevenção de Acidentes (CIPA), estabelecido no item 5.40, "a", da NR-5.

29.4. Exame de livros comerciais — Apreensão de documentos e objetos

A empresa fiscalizada normalmente mantém escrituração contábil de suas operações comerciais, que por força de lei (arts. 17 e 18 do Código Comercial e arts. 1190 e seguintes do novo Código Civil) estão protegidos por sigilo.

Para que se tenha noção do direito ao sigilo dos livros comerciais, transcrevemos o disposto no novo Código Civil (Lei n. 10.406/2002) a seguir.

> Art. 1.190. Ressalvados os casos previstos em lei, nenhuma autoridade, juiz ou tribunal, sob qualquer pretexto, poderá fazer ou ordenar diligência para verificar se o empresário ou a sociedade empresária observam, ou não, em seus livros e fichas, as formalidades prescritas em lei.

> Art. 1.191. O juiz só poderá autorizar a exibição integral dos livros e papéis de escrituração quando necessária para resolver questões relativas à sucessão, comunhão ou sociedade, administração ou gestão à conta de outrem, ou em caso de falência.
>
> § 1º O juiz ou tribunal que conhecer de medida cautelar ou de ação pode, a requerimento ou de ofício, ordenar que os livros de qualquer das partes, ou de ambas, sejam examinados na presença do empresário ou da sociedade empresária a que pertencerem, ou de pessoas por estes nomeadas, para deles se extrair o que interessar à questão.
>
> § 2º Achando-se os livros em outra jurisdição, nela se fará o exame, perante o respectivo juiz.
>
> Art. 1.192. Recusada a apresentação dos livros, nos casos do artigo antecedente, serão apreendidos judicialmente e, no do seu § 1º, ter-se-á como verdadeiro o alegado pela parte contrária para se provar pelos livros.
>
> Parágrafo único. A confissão resultante da recusa pode ser elidida por prova documental em contrário.
>
> Art. 1.193. As restrições estabelecidas neste Capítulo ao exame da escrituração, em parte ou por inteiro, não se aplicam às autoridades fazendárias, no exercício da fiscalização do pagamento de impostos, nos termos estritos das respectivas leis especiais.

A questão que subsiste, diante dos dados acima, é a de se saber se pode a autoridade fiscalizatória trabalhista determinar a exibição dos livros comerciais da empresa.

Verifica-se claramente que o Auditor Fiscal do Trabalho, na inspeção dos aspectos de segurança e saúde do trabalho, não é autoridade fazendária no exercício da fiscalização de impostos, bem como não há autorização em lei (exigida nos termos do art. 1.190, supracitado) para a exigência de exibição de livros.

A Secretaria de Inspeção do Trabalho, entretanto, editou sobre o tema a Instrução Normativa n. 28 de 27 de fevereiro de 2002, que em seu art. 1º, § 1º, estabelece que não se aplica aos Auditores-Fiscais do Trabalho a vedação de acesso aos livros de escrituração contábil e balanços gerais contida nos art. 17 e 18 do Código Comercial.

A legalidade dessa medida, entretanto, é extremamente duvidosa, ante a inexistência de legislação autorizadora de tal exame pelos Auditores Fiscais do Trabalho, bem como pela contrariedade entre o disposto na IN n. 27/2002 e os termos do Código Civil (hierarquicamente superior).

Sobre o tema, existe pronunciamento judicial vedando o exame de livros comerciais pela autoridade fiscalizatória trabalhista, conforme descrevemos a seguir.

TRIBUNAL REGIONAL FEDERAL DA PRIMEIRA REGIÃO

Classe: REO — REMESSA EX-OFFICIO — 01121668

Processo: 199601121668 UF: PA Órgão Julgador: TERCEIRA TURMA

Data da decisão: 16.12.1997 Documento: TRF100058895

Fonte: DJ DATA: 6.2.1998 PAGINA: 193

Relator(a): JUIZ TOURINHO NETO

Decisão: Por unanimidade, negar provimento à remessa.

EMENTA

ADMINISTRATIVO. FISCALIZAÇÃO DO TRABALHO. EXIGÊNCIA DE APRESENTAÇÃO DE LIVROS CONTÁBEIS. ATO ABUSIVO. Afigura-se abusivo o ato do Fiscal do Trabalho, que após examinar os documentos necessários para o exame do recolhimento do FGTS e do pagamento das férias dos empregados da empresa, exige a apresentação dos livros contábeis, estranhos à matéria trabalhista.

E no inteiro teor da decisão acima citada, destaca o relator, referindo-se ao parecer da Procuradoria Geral da República que "a exigência levada a termo pelo delegado do trabalho não encontra amparo legal. Em seu art. 630, §§ 3º e 4º, prevê a CLT a apresentação de 'quaisquer documentos que digam respeito ao fiel cumprimento das normas de proteção ao trabalho'. Ora, da leitura do trecho do artigo transcrito, depreende-se que a abrangência da competência do fiscal do trabalho restringe-se à fiscalização dos documentos relativos às relações laborais, não abrangendo a fiscalização tributária, que deve ser feita pelo órgão competente. Assim, uma vez apresentados os documentos comprobatórios do recebimento das guias do FGTS relativo às férias, bem como do lançamento no caixa do mês do numerário destinado ao pagamento de férias por parte da impetrante, abusiva e especulativa se tornou a requisição do fiscal do trabalho, no tocante à análise dos livros fiscais. Destarte, a infringência de multa por parte do referido fiscal foi praticada com abuso de poder, haja vista a falta de competência deste para fazer análise nos livros contábeis da empresa, sob o pálio de fiscalização de direitos trabalhistas. Os atos administrativos dos agentes públicos têm que observar, como condição de sua validade, a competência. No magistério de Hely Lopes Meirelles, esta é entendida como "o poder atribuído ao agente da

Administração para desempenho específico de suas funções" (MEIRELLES, Hely Lopes. *Direito Administrativo Brasileiro*, Editora Malheiros, 18ª edição, 1993). Vê-se, assim, não ser pertinente às funções do fiscal do trabalho o manuseio dos livros contábeis da empresa."

Permite ainda a Instrução Normativa n. 28, de 27 de fevereiro de 2002, que a autoridade fiscalizatória apreenda qualquer outro material suspeito ou que constitua indício de fraude ou de irregularidade ou que permita sua eventual apuração, tais como: fotos, desenhos, gráficos, tabelas, planilhas, pastas, catálogos, prospectos, agendas, comunicações, avisos, relatórios, atas, arquivos, projetos, memoriais descritivos, amostras de materiais e de substâncias, rótulos, fitas e urnas, bem como o meio magnético ou eletrônico e seu conteúdo, como disquetes, discos de CD-ROM, discos rígidos de computadores e seus respectivos gabinetes.

Deverão ser visados e datados todos os documentos apreendidos, salvo os livros oficiais.

O Auditor Fiscal do Trabalho (AFT) poderá promover o lacre de gavetas, armários e arquivos, bem como de quaisquer volumes que sirvam para a guarda dos objetos, quando não for possível promover a remoção dos objetos ou encerrar o levantamento para apreensão naquela visita fiscal.

O Auto de Apreensão e Guarda será emitido em três vias, com a seguinte destinação:

I — 1ª via: processo administrativo;

II — 2ª via: autuado; e

III — 3ª via: AFT autuante.

O Auto de Apreensão e Guarda conterá os seguintes elementos, conforme modelos dos anexos I e II:

I — nome ou razão social, endereço e CNPJ, CPF ou CEI do autuado;

II — local, data e hora de lavratura;

III — descrição dos objetos apreendidos com indicação de suas características aparentes;

IV — identificação e assinatura do AFT autuante;

V — assinatura e identificação do autuado;

VI — endereço da unidade administrativa do Ministério do Trabalho e Emprego onde serão depositados os objetos apreendidos.

O modelo referido é o seguinte.

Ministério do Trabalho e Emprego
Sistema Federal de Inspeção do Trabalho – SFIT

AUTO DE APREENSÃO E GUARDA

Autuado
Nome/Razão social ______________________________
CNPJ / CEI e CPF ______________________________
Endereço ______________________________
____

Às ______ h ______ min do dia ______ / ______ / ______, no local ____________________ ______________________________, foram APREENDIDOS os objetos abaixo relacionados, sob guarda do Auditor- Fiscal do Trabalho autuante, com base no inciso VI, do art. 11 da Medida Provisória n° 2.175-xx, I dexx de xxxxxxx de 2001, e na Instrução Normativa MTE/SIT de xx de xxxxxxxx de 2001, lavrando-se o presente auto, em três vias. Fica o autuado ciente de que poderá solicitar cópias dos documentos apreendidos na unidade administrativa do MTE abaixo indicada e que os documentos não utilizados para instrução de procedimentos administrativos ou judiciais serão devolvidos no prazo de 90 (noventa) dias a partir desta data

Unidade Administrativa do MTE ______________________________
____
____
____

Recebi a 2ª via deste auto	
Autuado, representante ou preposto	Auditor - Fiscal do Trabalho

O AFT autuante entregará o Auto de Apreensão e Guarda ao seu chefe imediato, acompanhado dos documentos originais apreendidos e de relatório circunstanciado em que exponha as razões da apreensão e outras informações pertinentes.

O chefe imediato receberá os objetos e documentos e emitirá no ato o Termo de Recebimento e Guarda, conforme modelo do anexo II, ficando responsável por sua guarda, proteção e conservação.

O modelo é a seguir apresentado.

Ministério do Trabalho e Emprego
Sistema Federal de Inspeção do Trabalho – SFIT

TERMO DE RECEBIMENTO E GUARDA

Autuado
Nome/Razão social ______________________________
CNPJ / CEI e CPF ______________________________
Endereço ______________________________
____

Nos termos da Instrução Normativa MTE/SIT nº xx de xxxxxxxx de 2001, RECEBO os objetos do empregador acima identificado, apreendidos às _____ h _____ min do dia _____ / _____ / _____, pelo Auditor- Fiscal do Trabalho CIF_______________, conforme auto de apreensão e guarda n.º_______________,ciente de meus deveres de guarda e conservação.

Recebi a 2ª deste termo.	Local, data
	_______________, ___/___/___
______________________ AUDITOR-FISCAL DO TRABALHO - CIF	______________________ Chefia (nome, cargo)

O Termo de Recebimento e Guarda será lavrado em três vias que terão a seguinte destinação:

I — 1ª via: processo administrativo;

II — 2ª via: recebedor dos objetos; e

III — 3ª via: fornecedor dos objetos.

Ao receber a 1º via do Auto de Apreensão e Guarda, os objetos apreendidos e o relatório, o chefe deverá proceder à instauração de procedimento administrativo, protocolizado nos registros daquela unidade.

O processo deverá receber uma cópia de todos os autos e termos lavrados além de registro de outras ocorrências pertinentes ao procedimento de apreensão.

O autuado poderá solicitar, por escrito, cópias dos documentos apreendidos, que serão fornecidos contra recibo.

A ação fiscal será reiniciada pelo AFT autuante no prazo máximo de trinta dias a partir da lavratura do Auto de Apreensão, prorrogável por mais trinta, pelo chefe da fiscalização.

Na hipótese do art. 2º, § 2º, a ação fiscal deverá ser retomada no prazo de setenta e duas horas a partir da efetivação do lacre, cuja abertura será conduzida pelo AFT autuante, podendo dela participar o autuado, seu representante legal ou preposto, devidamente identificados e munidos de instrumento de representação.

O AFT poderá solicitar ao chefe imediato os bens apreendidos e depositados sob sua guarda, que serão disponibilizados mediante Termo de Recebimento e Guarda, emitido na forma do § 2º do art. 5º e firmado pelo AFT no ato do recebimento.

O AFT poderá examinar os objetos apreendidos nas dependências da unidade administrativa do MTE onde estejam eles depositados.

Para o desenvolvimento de sua ação fiscal, o AFT poderá solicitar à chefia imediata a realização de diligências e o fornecimento de laudos técnicos e periciais, a serem elaborados pelas autoridades competentes, inclusive a degravação de arquivos magnéticos, para fins de exame.

Examinados, os objetos considerados inábeis para instrução de processo administrativo ou comunicação às autoridades competentes serão devolvidos ao autuado, que deverá ser intimado via postal para o recebimento, firmando Termo de Devolução, conforme modelo do anexo IV, a seguir transcrito.

Ministério do Trabalho e Emprego
Sistema Federal de Inspeção do Trabalho – SFIT

TERMO DE DEVOLUÇÃO DE OBJETOS APREENDIDOS

Autuado
Nome/Razão social ______________________________
CNPJ / CEI / CPF ______________________________
Endereço ______________________________
____

Pelo presente termo devolvo ao autuado acima identificado os objetos, apreendidos às ______ h ______ min do dia ____/____/____(auto de apreensão guarda nº__________), conforme relação abaixo.

Objetos devolvidos ______________________________
____
____
____
____
____

______________, ___/___/___

Local, data **AUDITOR-FISCAL DO TRABALHO - CIF**

RECEBI os objetos da relação acima, que me foram devolvidos e que, conferindo-os nesta oportunidade, os encontro como quando apreendidos.

____
autuado/ representante/ preposto

A devolução deverá ocorrer no prazo máximo de noventa dias contados da lavratura do Auto de Apreensão e Guarda, podendo ser prorrogado por mais trinta dias pelo chefe da fiscalização, mediante justificativa do AFT.

Encerrada a ação fiscal, os objetos que ensejarem ação penal serão encaminhados às autoridades competentes e os demais serão devolvidos ao autuado, na forma do art. 8º, arquivando-se o processo administrativo de que trata o art. 6º.

Não comparecendo o autuado para recebimento dos objetos dentro de dez dias contados do recebimento da intimação, serão eles enviados via postal, em correspondência registrada e com aviso de recebimento.

29.5. A lavratura de auto de infração

Visitando a empresa e verificando qualquer irregularidade passível de multa, deverá o agente de inspeção lavrar auto de infração.

Essa é a regra geral e necessária, excepcionada, entretanto, em algumas ocasiões.

De fato, prevê a CLT em seu art. 627 casos em que o fiscal deverá se basear, quando da inspeção, no critério de *dupla visita*, é dizer, visualizando o auditor alguma irregularidade, deverá inicialmente notificar a empresa para que a regularize, fixando prazo para tanto. Decorrido o prazo e não sanada a irregularidade, deverá então ser lavrado auto de infração.

Nesses termos é que ensina *Mozart Victor Russomano* "[...] No exercício da inspeção do trabalho, a boa técnica recomenda o sistema da *advertência prévia e dupla visita*. Verificada a infração, o inspetor do trabalho na primeira visita ou nos casos de leis novas, deve prestar ao empregador as informações indispensáveis e, inclusive, sugerir-lhe providências cabíveis. O auto de infração deve, sempre que possível, resultar de nova inspeção, reveladora de que o empregador não cumpriu as recomendações que lhe foram dadas. Esse sistema de *dupla visita* nos parece muito útil, pois cobre as possíveis inadvertências patronais e abre margem a um encaminhamento tranqüilo das tarefas de inspeção do trabalho [...]".[6]

---

(6) *Curso de Direito do Trabalho*. Curitiba: Editora Juruá, p. 408.

Como se disse acima, nem todos os casos ensejarão dupla visita, mas somente nas hipóteses do art. 627 da CLT, a seguir transcrito com grifos nossos.

> Art. 627 — A fim de promover a instrução dos responsáveis no cumprimento das leis de proteção do trabalho, a fiscalização deverá observar o critério de dupla visita nos seguintes casos:
>
> a) quando ocorrer promulgação ou expedição de *novas leis, regulamentos ou instruções ministeriais*, sendo que, com relação exclusivamente a esses atos, será feita apenas a instrução dos responsáveis;
>
> b) em se realizando a *primeira inspeção* dos estabelecimentos ou dos locais de trabalho, *recentemente inaugurados ou empreendidos.*

Vê-se, pois, que o legislador adotou como regra geral para determinar a dupla visita critério *cronológico*, ou seja, determinará tal procedimento a recentidade da publicação das normas aplicáveis ou do estabelecimento inspecionado, não se levando em consideração neste particular a matéria objeto de inspeção.

A interpretação do dispositivo, entretanto, traz algumas dificuldades, pois não precisou o legislador seus termos, ficando sem a devida compreensão o que seriam *novas leis, regulamentos ou instruções ministeriais*, ou ainda o que seriam estabelecimentos *recentemente inaugurados ou empreendidos.*

Assim, poderíamos dizer que um estabelecimento em seu primeiro ano é recentemente inaugurado? Lei no primeiro semestre de vigência é recente? Simplesmente não encontramos resposta para tanto, nem na jurisprudência nem na doutrina, deixando-se a interpretação para os aplicadores da lei.

Recentemente, porém, o Decreto n. 4.552, de 27 de dezembro de 2002 veio esclarecer algumas das questões postas acima, determinando o seguinte (grifos nossos):

> Art. 23. Os Auditores-Fiscais do Trabalho têm o dever de orientar e advertir as pessoas sujeitas à inspeção do trabalho e os trabalhadores quanto ao cumprimento da legislação trabalhista, e observarão o critério da dupla visita nos seguintes casos:
>
> I — quando ocorrer promulgação ou expedição de novas leis, regulamentos ou instruções ministeriais, sendo que, com relação exclusivamente a esses atos, será feita apenas a instrução dos responsáveis;
>
> II — quando se tratar de primeira inspeção nos estabelecimentos ou locais de trabalho recentemente inaugurados ou empreendidos;

III — quando se tratar de estabelecimento ou local de trabalho com até dez trabalhadores, salvo quando for constatada infração por falta de registro de empregado ou de anotação da CTPS, bem como na ocorrência de reincidência, fraude, resistência ou embaraço à fiscalização; e

IV — quando se tratar de microempresa e empresa de pequeno porte, na forma da lei específica.

§ 1º — A autuação pelas infrações não dependerá da dupla visita após o decurso do prazo de noventa dias da vigência das disposições a que se refere o inciso I ou do efetivo funcionamento do novo estabelecimento ou local de trabalho a que se refere o inciso II.

§ 2º — Após obedecido o disposto no inciso III, não será mais observado o critério de dupla visita em relação ao dispositivo infringido.

§ 3º — A dupla visita será formalizada em notificação, que fixará prazo para a visita seguinte, na forma das instruções expedidas pela autoridade nacional competente em matéria de inspeção do trabalho.

Conclui-se, portanto, que os estabelecimentos inaugurados a menos de noventa dias ficam sujeitos à dupla visita e as normas editadas até noventa dias após sua publicação também ficarão sujeitas a tais procedimentos, não podendo ensejar punição imediata.

A jurisprudência já teve oportunidade de se pronunciar sobre a aplicação do critério da dupla visita, em face de nova regulamentação existente, nos termos das decisões a seguir transcritas.

Tribunal Regional Federal — Primeira Região

Classe: AC — APELAÇÃO CÍVEL — 01000005530

Processo: 199801000005530 UF: BA Órgão Julgador: TERCEIRA TURMA

Data da decisão: 5.8.1998 Documento: TRF100070019

Fonte: DJ DATA: 27.11.1998 PÁGINA: 178

Relator(a): JUIZ CÂNDIDO RIBEIRO

Decisão: Por unanimidade, dar provimento à apelação.

EMENTA

ADMINISTRATIVO. EMBARGOS À EXECUÇÃO FISCAL. SUPERMERCADO. ESTABELECIMENTO RECENTEMENTE INAUGURADO. INFRINGÊNCIA AO ART. 627 DA CLT.

I — Nos termos do art. 627 da CLT, a fiscalização, em casos de estabelecimentos recentemente inaugurados, deverá observar o critério de dupla visita.

II — Apelação a que se dá provimento.

Tribunal Regional Federal — Primeira Região

Classe: REO — REMESSA EX-OFFICIO — 01143645

Processo: 199601143645 UF: MG Órgão Julgador: TERCEIRA TURMA

Data da decisão: 18.9.2000 Documento: TRF100103727

Fonte: DJ DATA: 10.11.2000 PAGINA: 36

Relator(a): JUIZ EUSTÁQUIO SILVEIRA

Decisão: À unanimidade, deu provimento parcial à remessa. Participaram do Julgamento os(as) Exmos(as) Sr.(as) Juízes OLINDO MENEZES e CANDIDO RIBEIRO.

EMENTA

PROCESSO CIVIL. EMBARGOS À EXECUÇÃO FISCAL. SUPERMERCADO. ESTABELECIMENTO RECENTEMENTE INAUGURADO. CLT, ARTS. 168, 201 E 627. QUADRO DE HORÁRIO DE TRABALHO. DUPLA VISITAÇÃO. EXAMES MÉDICOS ADMISSIONAIS. MODELO DE ATESTADO. FORMALIDADE EXCESSIVA. NULIDADE DAS AUTUAÇÕES OCORRENTE.

I. Em casos de estabelecimentos recentemente inaugurados, a fiscalização trabalhista deverá observar, nos termos do art. 627, alínea *b*, da CLT, o critério da dupla visita. Precedente da Corte: AC n. 1998.01.00. 00553-0-BA, Rel. Juiz Cândido Reibeiro, DJU/II de 27.11.98.

II. Na hipótese vertente, embora a Administração tenha concedido prazo à embargante, para sanar a irregularidade detectada (ausência de quadro de horário de trabalho), resolveu, na verdade, realizar a autuação, sem a necessária visita complementar. Torna-se, pois, irregular o Auto de infração lavrado.

III. De outra parte, nos termos do art. 168, da CLT, os atestados médicos ocupacionais, fornecidos por médicos das entidades sindicais respectivas, são válidos. Com a nova redação dada pelo § 2º, do art. 3º, da Lei n. 6.514/77, a realização dos exames em tela ficou, inclusive, a cargo do empregador, podendo até mesmo ser realizado por seu departamento médico. Logo, não são imprestáveis tais atestados apenas por terem sido expedidos nos padrões da Associação Médica Estadual (AMMG), escorados, aliás, em orientação legal e do Conselho Federal de Medicina. A formalidade de utilização do modelo (impresso) querido por órgão do Ministério do Trabalho (SSMT) configura, no mínimo, exagero burocrático descabido.

IV. Inválida, portanto, é também a segunda autuação, decorrente dos atestados médicos ocupacionais apresentados, pela empresa inaugurada, à fiscalização trabalhista, ainda mais se restou aplicado, na dosimetria da multa correspondente, o critério da reincidência (CLT, art. 201), inexistente na espécie.

V. Honorários advocatícios reduzidos para 10% sobre o valor da dívida cobrada. Orientação consolidada da Turma.

VI. Remessa oficial provida, em parte.

Tribunal Regional Federal — Quarta Região

Classe: AMS — APELAÇÃO EM MANDADO DE SEGURANÇA

Processo: 9504189865 UF: RS Órgão Julgador: PRIMEIRA TURMA

Data da decisão: 3.11.1997 Documento: TRF400056499

Fonte: DJ DATA: 10.12.1997 PÁGINA: 108221

Relator(a): JUIZ VLADIMIR FREITAS

Decisão unânime

EMENTA

MANDADO DE SEGURANÇA. FISCALIZAÇÃO. ART-627 DA CLT-43. DUPLA VISITA. A dupla visita pelos fiscais da Delegacia Regional do Trabalho tem lugar nas hipóteses do ART-627 da CLT-43. Catálogo Data Publicação: 10.12.1997

Tribunal Regional Federal da Quinta Região

Classe: AC — APELAÇÃO CÍVEL — 20957

Processo: 9305015077

UF: AL

Órgão Julgador: PRIMEIRA TURMA

Data da decisão: 18.3.1993

Documento: TRF500010821

Fonte: DJ DATA: 7.5.1993 PÁGINA:16766

Relator(a): JUIZ FRANCISCO FALCÃO

Decisão: UNÂNIME

EMENTA

TRABALHISTA. AUSÊNCIA DE CIPA. CRITÉRIO DA DUPLA VISITA. CASOS. ARTS. 627 E 628 CLT. EXECUÇÃO VÁLIDA. — QUANDO DO SURGIMENTO DE NOVAS NORMAS OU INAUGURAÇÕES DE NOVOS ESTABELECIMENTOS, FAR-SE-Á NECESSÁRIA A EXIGÊNCIA DE DUPLA VISITA POR PARTE DA DRT, A FIM DE PROMOVER A INSTRUÇÃO DOS RESPONSÁVEIS. — EXCETUADOS ESTES CASOS, A LA-

VRATURA DO AUTO DE INFRAÇÃO SERÁ INDISPENSÁVEL, QUANDO VERIFICADA QUALQUER VIOLAÇÃO DE NORMA PRECEITUADA NA CLT, SOB PENA DE RESPONSABILIDADE. — APELO IMPROVIDO. Catálogo Data da Publicação: 7.5.1993

No caso da empresa fiscalizada ser microempresa (ME) ou empresa de pequeno porte (EPP), dispõe o art. 12, parágrafo único, da Lei n. 9.841/99 que, no que se refere à fiscalização trabalhista, será observado o critério da dupla visita para lavratura de autos de infração, salvo quando for constatada infração por falta de registro de empregado, ou anotação da Carteira de Trabalho e Previdência Social — CTPS, ou ainda na ocorrência de reincidência, fraude, resistência ou embaraço à fiscalização.

Assim, tornou o legislador o critério da dupla visita obrigatório para lavratura de autos de infração contra as microempresas (ME) e empresas de pequeno porte (EPP), ressalvadas as exceções legais acima descritas.

Nos termos do art. 6º, § 3º, da Lei n. 7.855/89, será também observado o critério de dupla visita nas empresas com até dez empregados, salvo quando for constatada infração por falta de registro de empregado, anotação de sua Carteira de Trabalho e Previdência Social e na ocorrência de fraude, resistência ou embaraço à fiscalização.

Ressalte-se que o critério utilizado nesses casos (microempresas e empresas de pequeno porte ou aquelas com menos de 10 empregados) já não é o cronológico, como dispõe a CLT para estabelecimentos ou legislação recentes. Aqui o legislador instituiu a dupla visita como regra, excepcionando-a apenas em alguns casos, conforme a matéria objeto de inspeção.

A não observância da dupla visita nessas hipóteses também ensejará a nulidade do auto de infração, conforme decisões que ora transcrevemos.

Tribunal Regional Federal — Quarta Região

Classe: AC — APELAÇÃO CÍVEL — 402485

Processo: 200104010145969 UF: SC Órgão Julgador: QUARTA TURMA

Data da decisão: 24.4.2001 Documento: TRF400080532

Fonte: DJU DATA: 6.6.2001 PÁGINA: 1690 DJU DATA: 6.6.2001

Relator(a) JUIZ EDGARD A LIPPMANN JUNIOR

Decisão: A TURMA, POR UNANIMIDADE, NEGOU PROVIMENTO À APELAÇÃO E À REMESSA OFICIAL, NOS TERMOS DO VOTO DO RELATOR.

EMENTA

CARÊNCIA DE AÇÃO. AUSÊNCIA DE POSTULAÇÃO ADMINISTRATIVA. CRITÉRIO DA DUPLA VISITA NÃO OBSERVADO. AUTO DE INFRAÇÃO. NULIDADE. A prévia postulação administrativa não constitui condição para a propositura da ação de nulidade de auto de infração, sobretudo se a União contesta o mérito da ação, o que configura pretensão resistida, o que afasta a preliminar de carência de ação por falta de interesse processual. O art. 627 da CLT deve ser interpretado em conjunto com o art. 6º, § 3º, da Lei n. 7.855/89, devendo ser observado pelos agentes fiscais o critério de dupla visita previsto na lei acima para efeito de autuação das empresas com até dez empregados, não se aplicando ao caso as exceções previstas no dispositivo legal. Mantida a sentença que reconheceu a nulidade do auto de infração por inobservância ao critério da dupla visita, nos termos do disposto na Lei n. 7.855/89.

Tribunal Regional Federal — Segunda Região

Classe: AMS — APELAÇÃO EM MANDADO DE SEGURANÇA

Processo: 9202094969 UF: RJ Órgão Julgador: PRIMEIRA TURMA

Data da decisão: 25.4.1994 Documento: TRF200021009

Fonte: DJ DATA: 7.6.1994 PÁGINA: 29340

Relator(a): JUIZ CHALU BARBOSA

Decisão: UNANIMIDADE, DESPROVIMENTO.

EMENTA

ADMINISTRATIVO — AUTO DE INFRAÇÃO — PRINCÍPIO DA DUPLA VISITA — INFRINGÊNCIA.

I — O AGENTE DE INSPEÇÃO AGIU COM OFENSA À LEI, MACULANDO DE NULIDADE SUA AÇÃO FISCALIZADORA, AO INFRINGIR O PRINCÍPIO DA DUPLA VISITA, EXPRESSAMENTE PREVISTO NO ART. 6º, §§ 3º, E 4º, DA LEI N. 7855/89.

II — NOSSOS TRIBUNAIS JÁ PACIFICARAM O ENTENDIMENTO DA INCONSTITUCIONALIDADE DA EXIGÊNCIA DE PRÉVIO DEPOSITO PARA CONHECIMENTO DE RECURSO.

III — RECURSOS E REMESSA NECESSÁRIA IMPROVIDA, PARA MANTER A SENTENÇA.

Em recente inovação, o art. 627-A da CLT faculta à fiscalização a instauração de procedimento especial para a ação fiscal, objetivando a orientação sobre o cumprimento das leis de proteção ao trabalho, bem como a prevenção e o saneamento de infrações à legislação mediante *Termo de Compromisso*, na forma a ser disciplinada no Regulamento da Inspeção do Trabalho.

A instituição de termo de compromisso, em que a empresa fiscalizada assume obrigações perante a autoridade fiscalizadora, já vinha a ser utilizado freqüentemente na legislação ambiental em geral, sendo agora estendido para a legislação trabalhista.

Prevê ainda a NR-28 em seu item 28.1.4, que o agente da inspeção do trabalho, com base em critérios técnicos, poderá notificar os empregadores concedendo prazos para a correção das irregularidades encontradas, antes de lavrar auto de infração.[7]

O prazo para cumprimento dos itens notificados deverá ser limitado a, no máximo, 60 (sessenta) dias, sendo que a autoridade regional competente, diante de solicitação escrita do notificado, acompanhada de exposição de motivos relevantes, apresentada no prazo de 10 (dez) dias do recebimento da notificação, poderá prorrogar por 120 (cento e vinte) dias, contados da data do Termo de Notificação, o prazo para seu cumprimento.

A concessão de prazos superiores a 120 (cento e vinte) dias fica condicionada à prévia negociação entre o notificado e o sindicato representante da categoria dos empregados, com a presença da autoridade regional competente.

A empresa poderá recorrer ou solicitar prorrogação de prazo de cada item notificado até no máximo 10 (dez) dias a contar da data de emissão da notificação.

As prerrogativas de notificação e realização de termo de compromisso são descritas no Decreto n. 4.552, de 27 de dezembro de 2002, como *procedimento especial para a ação fiscal*, que poderá ser melhor compreendido com a transcrição que fazemos a seguir.

> Art. 27 Considera-se procedimento especial para a ação fiscal aquele que objetiva a orientação sobre o cumprimento das leis de proteção ao trabalho, bem como a prevenção e o saneamento de infrações à legislação.
>
> Art. 28 O procedimento especial para a ação fiscal poderá ser instaurado pelo Auditor-Fiscal do Trabalho quando concluir pela ocorrência

(7) Não prevendo as hipóteses em que o agente fiscal fará a notificação previamente à lavratura de auto de infração, deu a norma certa discricionariedade a este, que poderá, segundo o caso concreto, optar por uma das duas condutas.

de motivo grave ou relevante que impossibilite ou dificulte o cumprimento da legislação trabalhista por pessoas ou setor econômico sujeito à inspeção do trabalho, com a anuência da chefia imediata.

§ 1º O procedimento especial para a ação fiscal iniciará com a notificação, pela chefia da fiscalização, para comparecimento das pessoas sujeitas à inspeção do trabalho, à sede da unidade descentralizada do Ministério do Trabalho e Emprego.

§ 2º A notificação deverá explicitar os motivos ensejadores da instauração do procedimento especial.

§ 3º O procedimento especial para a ação fiscal destinado à prevenção ou saneamento de infrações à legislação poderá resultar na lavratura de termo de compromisso que estipule as obrigações assumidas pelo compromissado e os prazos para seu cumprimento.

§ 4º Durante o prazo fixado no termo, o compromissado poderá ser fiscalizado para verificação de seu cumprimento, sem prejuízo da ação fiscal em atributos não contemplados no referido termo.

§ 5º Quando o procedimento especial para a ação fiscal for frustrado pelo não-atendimento da convocação, pela recusa de firmar termo de compromisso ou pelo descumprimento de qualquer cláusula compromissada, serão lavrados, de imediato, os respectivos autos de infração, e poderá ser encaminhando relatório circunstanciado ao Ministério Público do Trabalho.

§ 6º Não se aplica o procedimento especial de saneamento às situações de grave e iminente risco à saúde ou à integridade física do trabalhador.

Art. 29 A chefia de fiscalização poderá, na forma de instruções expedidas pela autoridade nacional competente em matéria de inspeção do trabalho, instaurar o procedimento especial sempre que identificar a ocorrência de:

I — motivo grave ou relevante que impossibilite ou dificulte o cumprimento da legislação trabalhista pelo tomador ou intermediador de serviços;

II — situação reiteradamente irregular em setor econômico.

Parágrafo único. Quando houver ação fiscal em andamento, o procedimento especial de fiscalização deverá observar as instruções expedidas pela autoridade nacional competente em matéria de inspeção do trabalho.

Não ocorrendo quaisquer dos fatos acima narrados, por dever de ofício lavrará a autoridade fiscal o auto de infração. Este, nos termos do art. 9º da Portaria n. 148/96 — MTe deverá conter:

I. Nome, endereço e CEP do autuado;

II. Ramo de atividade (Código Nacional de Atividade Econômica), número de empregados e número de inscrição no CGC ou CPF do Ministério da Fazenda ou Cadastro Específico do INSS — CEI do Ministério da Previdência Social;

III. Ementa da autuação e seu código;

IV. Descrição clara e precisa do fato caracterizado como infração, com referência às circunstâncias pertinentes, relacionando pelo menos um empregado em situação ou atividade irregular, exceto quando a lei cominar multa *per capita*, hipótese em que deverão ser relacionados todos os empregados em situação ou atividade irregular;[8]

V. Capitulação do fato mediante citação expressa do dispositivo legal infringido;

VI. Elementos de convicção;

VII. Ciência do prazo para apresentação de defesa e indicação do local para sua entrega;

VIII. Local, data e hora da lavratura;

IX. Assinatura e carimbo do autuante, contendo nome, cargo e matrícula;

X. Assinatura e identificação do autuado, seu representante ou preposto.

Nos termos do § 2º de referido dispositivo, o auto de infração será lavrado em 3 (três) vias, que terão a seguinte destinação: a 1ª via será entregue no protocolo da DRT, para a instauração do processo administrativo, em 48 (quarenta e oito) horas contadas de sua lavratura; a 2ª via será entregue ao autuado; e a 3ª via ficará com o autuante.

Caso haja recusa no recebimento do auto de infração durante a ação fiscal, será este enviado via correio com aviso de recebimento — AR. Persistindo a recusa, haverá publicação do AI via edital no DOU ou em jornal de circulação local (Portaria n. 148/96 — art. 9º, §§ 5º e 6º).

---

(8) Neste tópico talvez se encontre a maior fonte de irregularidades dos autos de infração lavrados. Com efeito, não raro é a ocorrência de autuações genéricas, de descrição imprecisa, que verdadeiramente impossibilitam a defesa do autuado. Para exemplificar ao leitor o que se encontra na prática, já tivemos oportunidade de visualizar autuações em que o agente de inspeção multava a "ausência de ventilação adequada", encerrando por aí os termos da autuação, sem dizer qual suposta adequação deveria manter o autuado, nem mesmo os motivos da ventilação não estar nos termos da norma. Em outro caso, pudemos observar a lavratura de AI pelo fato de que "não eliminava a empresa seus resíduos de forma regular", sem constatar qual era o prejuízo ao trabalhador daí derivado, qual deveria ser a eliminação "regular", nem mesmo qual a natureza dos resíduos (poeiras, gases, vapores, etc), ou quais os elementos de convicção (realização de medições, análises, etc) em que se baseou a autoridade para a lavratura de AI.

Preceitua a NR-28 em seu item 28.1.2 que aos processos resultantes da ação fiscalizadora é facultado anexar quaisquer documentos, quer de pormenorização de fatos circunstanciais, quer comprobatórios, podendo, no exercício das funções de inspeção do trabalho, o agente de inspeção do trabalho usar de todos os meios, inclusive audiovisuais, necessários à comprovação da infração.

Note-se que a capitulação da infração no auto respectivo deve corresponder a dispositivo ou item específico da NR-28, não bastando a menção genérica do Auditor Fiscal do Trabalho a artigo da CLT. Da mesma forma, o item mencionado no auto do infração deve estar em vigor anteriormente à data de lavratura deste, não podendo ser feita referência à norma futura que venha a alterar a NR-28 ou mesmo a norma em período de *vacatio legis*.

Nesse sentido:

TRIBUNAL REGIONAL DO TRABALHO DA 2ª REGIÃO

Mandado de Segurança. Auto de infração. Capitulação prevista em norma ainda não vigente na data de autuação. Princípio da irretroatividade da lei. Invalidade do ato. Multa fixada com base no Anexo II da NR-28, porém com alteração determinada por Portaria posterior à data da autuação, embora vigente na data da imposição da multa. Ilegalidade manifesta, uma vez que o Anexo II da NR-28, vigente da data da autuação, não continha previsão da infração constatada. A lei (CLT), por si só, não sustenta a sanção, uma vez que ela mesma exige normatização por órgãos e agentes da Administração (art. 155). Recurso a que se nega provimento, para manter a segurança concedida na sentença. TRT/SP — 14053200500002000 — @ — Ac. SDI 2006003028 — Rel. EDUARDO DE AZEVEDO SILVA — DOE 28.3.2006.

29.6. Notificação e defesa do autuado

Lavrado o auto de infração, o autuado deve ser notificado, dando-se ciência a este da possibilidade da apresentação de defesa.

A notificação deve ser feita preferencialmente quando da ação fiscal, junto com o recebimento do auto de infração, sendo que, como salientado acima, em caso de recusa por parte do autuado no recebimento, será o auto de infração enviado via correio com aviso de recebimento — AR. Persistindo a recusa, haverá publicação do auto de infração via edital no DOU ou em jornal de circulação local (Portaria n. 148/96 — art. 9º, §§ 5º e 6º).

Será admissível ainda a notificação por edital se o autuado estiver em local incerto e não sabido (art. 636, § 2º, da CLT).

Fora de tais hipóteses, nula é a notificação feita por edital, sendo a nulidade amplamente reconhecida na jurisprudência, conforme se verifica a seguir.

TRIBUNAL REGIONAL FEDERAL DA SEGUNDA REGIÃO

Classe: AC — APELAÇÃO CÍVEL

Processo: 9102003708 UF: RJ Órgão Julgador: SEGUNDA TURMA

Data da decisão: 27.4.1993 Documento: TRF200025731

Fonte: DJ DATA: 3.11.1994 PÁGINA: 62734

Relator(a): JUIZ ALBERTO NOGUEIRA

Decisão: Unanimidade, desprovimento, apelação.

Descrição VEJA: PROC:REO NUM:0202740 ANO:89 1ª PUBLICAÇÃO EM 24.3.94

EMENTA

LEGISLATIVA TRABALHISTA. VIOLAÇÃO AO ART. 636 E RESPECTIVOS PARÁGRAFOS DA CLT. MANTIDA, NA TOTALIDADE, A RETRO SENTENÇA QUE DECLAROU NULA EXECUÇÃO PROMOVIDA PELA UNIÃO FEDERAL.

1 — Sentença que declarou nula a Execução promovida pela União Federal, por desobediência ao art. 636 e respectivos parágrafos da CLT.

2 — A regra geral é a notificação feita pessoalmente, ao devedor, somente se admitindo por edital nos casos em que o devedor estiver em lugar incerto e não sabido.

3 — Não procede a alegação da Apelante, de que teria a Apelada ciência inequívoca da decisão, pela falta de restituição da correspondência enviada.

4 — Sendo pessoal a notificação, de nenhum valor a efetuada doutro modo, salvo em hipótese expressamente prevista em lei, por edital, quando o devedor estiver em lugar incerto e não sabido.

5 — É a partir da notificação pessoal que se conta o prazo para o devedor recorrer, em sede administrativa (art.636, § 3º da CLT).

6 — Manifestou-se já esta Colenda Turma, em caso semelhante, firmando o entendimento de que a centralização de cadastro e demais documentos referentes a funcionários não constitui irregularidade, não podendo, destarte, sofrer sanção por parte da Administração.

7 — Decisão unânime.

Notificado o sujeito passivo, terá este o prazo de 10 (dez) dias para a apresentação de defesa, contados do recebimento do auto de infração (Portaria n. 148/96, art. 23).[9]

A defesa deverá mencionar, nos termos da Portaria 148/96, art. 24:

I. A autoridade a quem é dirigida;

II. A qualificação do interessado;

III. Os motivos de fato e de direito em que se fundamentar;

IV. As diligências que o interessado pretende que sejam efetuadas.

Se assinada por procurador, a defesa deve acompanhar o respectivo mandato, devendo as provas documentais que acompanharem a defesa serem autenticadas.

29.7. Produção de provas: diligências requeridas pelo autuado

Na defesa administrativa, poderá o autuado requerer a produção de provas e a realização de diligências, tais como oitiva testemunhal, produção de perícia, requisição de documentos a órgãos públicos, etc.

Esse direito é garantido primordialmente na Constituição Federal em seu art. 5º, inciso LV, quando preceitua que aos litigantes, em processo judicial ou *administrativo*, e aos acusados em geral são assegurados o *contraditório* e *ampla defesa*, com os meios e recursos a ela inerentes; bem como quando, no inciso LIV do mesmo artigo, dispõe que ninguém será privado da liberdade ou de seus bens sem o devido processo legal.

Assim, garantida está constitucionalmente a prerrogativa do autuado de ter ciência dos atos e termos do processo, com a possibilidade de contrariá-los, bem como de poder se utilizar de todos os meios para rechaçar a autuação realizada.

Em nível legislativo, o direito de produção de provas vem garantido inicialmente na CLT, quando em seu art. 632 assegura ao autuado o direito de requerer a audiência de testemunhas e as diligências que lhe parecerem necessárias à elucidação do processo, cabendo, porém, à autoridade, julgar da necessidade de tais provas.

No mesmo sentido, a recém editada Lei n. 9.784/99, que atualmente regula o processo administrativo federal, inclusive no âmbito dos

---

(9) Nos termos do art. 17 da Portaria n. 148/96, os prazos são contínuos, e se contam com a exclusão do dia da notificação ou ciência e inclusão do dia do vencimento.

Poderes Legislativo e Judiciário, possui relevante aspecto jurídico e moralizador, pois expressamente obriga a Administração Pública a instruir o processo e a proporcionar a produção de provas, diligências, alegações finais e conseqüente decisão administrativa a ser proferida por autoridade competente de forma motivada e, principalmente, de acordo com a lei e a prova obtida nos autos.

De fato, referido diploma legislativo, plenamente aplicável aos procedimentos de inspeção do trabalho, em várias passagens dispõe sobre o direito do autuado produzir prova.

Se não, vejamos:

Dispõe a Lei n. 9.784/99 em seu art. 29 que as atividades de instrução destinadas a averiguar e comprovar os dados necessários à tomada de decisão realizam-se de ofício ou mediante impulsão do órgão responsável pelo processo, sem prejuízo do direito dos interessados de propor atuações probatórias.

Já em seu art. 38, disciplina que o interessado poderá, na fase instrutória e antes da tomada da decisão, juntar documentos e pareceres, requerer diligências e perícias, bem como aduzir alegações referentes à matéria objeto do processo; sendo que os elementos probatórios deverão ser considerados na motivação do relatório e da decisão.

Dada a relevância do direito de prova, dispõe o art. 38, § 2º, que somente poderão ser recusadas, mediante decisão fundamentada, as provas propostas pelos interessados quando sejam ilícitas, impertinentes, desnecessárias ou protelatórias.

Certamente não bastará à Administração dizer que tal prova é protelatória, ilícita, impertinente ou desnecessária. Para que se recuse a produção de prova, que será a regra no processo administrativo, é necessário que se demonstre cabalmente tal circunstância, através de decisão motivada.

Isso implica na obrigação de analisar o requerimento de prova feito pelo autuado e fundamentar devidamente a recusa de sua produção devidamente requerida, demonstrando pormenorizadamente as razões pelas quais se entende que determinada prova requerida não deve ser produzida.

Não é suficiente, pois, que se tache qualquer prova de impertinente, desnecessária, ilícita, ou protelatória; ou, em outras palavras, não basta rotular a prova como se enquadrando em uma dessas categorias, sendo necessário que se fundamente, ou seja, diga-se o porquê de determinada prova estar assim classificada.

Afinal, entender contrariamente seria dizer que o autuado não tem o direito de produzir prova tempestivamente requerida ou, ainda, que não tem direito de ver tal requerimento devidamente apreciado, ou que e em caso de recusa da prova, não teria direito a uma decisão suficientemente fundamentada.

De se salientar no sentido do texto, que a jurisprudência do *Superior Tribunal de Justiça* já anulou auto de infração lavrado por fiscalização do trabalho, pelo indeferimento não fundamentado de requerimento para oitiva de testemunha, como se verifica a seguir:

Superior Tribunal de Justiça

Classe: RESP — RECURSO ESPECIAL — 209426

Processo: 199900292448 UF: PR Órgão Julgador: SEGUNDA TURMA

Data da decisão: 5.11.2002 Documento: STJ000470140

Fonte: DJ DATA: 10.2.2003 PÁGINA: 176

Relator(a): PAULO MEDINA

Decisão: Vistos, relatados e discutidos os autos em que são partes as acima indicadas, acordam os Ministros da SEGUNDA TURMA do Superior Tribunal de Justiça, por unanimidade, não conhecer do recurso, nos termos do voto do Sr. Ministro-Relator. Os Srs. Ministros Francisco Peçanha Martins, Eliana Calmon, Franciulli Netto e Laurita Vaz votaram com o Sr. Ministro Relator. Presidiu o julgamento a Sra. Ministra Eliana Calmon.

EMENTA ADMINISTRATIVO E TRABALHISTA. MANDADO DE SEGURANÇA. RECURSO ESPECIAL. ART. 632 DA CLT. PRODUÇÃO DE PROVAS. ARTS. 224 E 225 DA CLT. POSSIBILIDADE DE PRORROGAÇÃO DA JORNADA DE TRABALHO, EM CASOS EXCEPCIONAIS. CERCEAMENTO DE DEFESA CONFIGURADO. A tese defendida pela recorrente de que o art. 632 da CLT apenas lhe faculta, não lhe obriga, o deferir do pedido de produção de provas, não se encontra em harmonia com o ordenamento jurídico pátrio. Quando a oitiva de testemunhas é indispensável ao correto analisar dos fatos que redundaram na lavratura do auto de infração, esta há de ser observada, para que não haja afronta aos princípios constitucionais do contraditório e da ampla defesa. O art. 225 da CLT prevê a possibilidade de aumento da jornada de trabalho dos bancários, em casos excepcionais e, objetivando o Banco recorrido demonstrar a sua inserção na hipótese da excepcionalidade, não há como a autoridade coatora, sem violar o art. 632 da CLT, que deve ser interpretado em conformidade com os preceitos maiores da Carta Republicana, negar-lhe o pedido. Recurso especial não conhecido, ante a inexistência de afronta ao dispositivo legal indicado.

Também a Justiça do Trabalho, após o advento da Emenda Constitucional n. 45, tem seguido a mesma linha de raciocínio.

Nesse sentido:

TRIBUNAL REGIONAL DO TRABALHO DA 2ª REGIÃO

Recurso ordinário em mandado de segurança. Produção de prova no processo administrativo. Pedido que deve ser apreciado: correta a concessão de segurança para anular o processo administrativo a partir da imposição da multa, quando a autoridade sequer aprecia o pedido de produção de provas. Recurso ao qual se nega provimento. TRT/SP — 12675200500002003 — @ — Ac. SDI 2006002781 — Rel. WILMA NOGUEIRA DE ARAÚJO VAZ DA SILVA — DOE 28.03.2006.

TRIBUNAL REGIONAL DO TRABALHO DA 2ª REGIÃO

Recurso ordinário em mandado de segurança. Indeferimento de prova no processo administrativo. Motivação necessária: correta a concessão de segurança para anular o processo administrativo a partir da imposição da multa, quando no mesmo ato a autoridade indefere a produção de provas requeridas, sem motivar sua decisão. Recurso ao qual se nega provimento. TRT/SP — 12748200500002007 — @ — Ac. SDI 2006002838 — Rel. WILMA NOGUEIRA DE ARAÚJO VAZ DA SILVA — DOE 28.03.2006.

Em conclusão, entendemos que o direito do autuado em produzir prova, garantido em nível constitucional e legal, é princípio basilar do processo administrativo de inspeção do trabalho, constituindo-se em prerrogativa do particular. O indeferimento de tal faculdade, medida que somente pode ser tomada por exceção, deve ser devidamente justificado, mediante decisão fundamentada, sob pena de se tornar nulo o procedimento, por cerceamento de defesa.[10]

---

(10) Insistimos na questão do direito de produção de prova, haja vista que a conduta prática da Administração, quando do julgamento de autos de infração, tem sido a de literalmente ignorar quaisquer requerimentos nesse sentido, ou ainda alegar que se trata de prova protelatória, sem qualquer fundamentação ulterior. Isso tem ocorrido ainda mesmo que o requerimento seja para oitiva de empregado mencionado no auto de infração lavrado. Assim, por incrível que possa parecer, acaba-se por admitir que o empregado sirva muito bem para fundamentar a autuação quando citado no auto de infração (ocasião em que não há sua oitiva formalizada), mas não seja idôneo para ser ouvido posteriormente. Em suma: nos termos admitidos pela Administração, trata-se de prova que somente pode ser utilizada para autuar, nunca para eventual defesa.

29.8. Alegações finais

O direito de produzir alegações finais, assim entendido como a prerrogativa do particular autuado se manifestar, antes do julgamento do processo administrativo e após a produção de provas, foi garantido na Lei n. 9.784/98, em seu art. 2º, X, e no art. 44, que assim preceituam (grifos nossos):

> Art 2º (...) Parágrafo único. Nos processos administrativos serão observados, entre outros, os critérios de: (...)
>
> X — garantia dos direitos à comunicação, à apresentação de *alegações finais, à produção de provas* e à interposição de recursos, nos processos de que possam resultar sanções e nas situações de litígio".
>
> Art. 44 *Encerrada a instrução, o interessado terá o direito de manifestar-se* no máximo de dez dias, salvo se outro prazo for legalmente fixado.

Assim, mister que a Administração, quando do trâmite processual, garanta ao particular o direito de se manifestar após o encerramento da instrução, facultando-lhe a oportunidade de analisar a prova produzida e sobre ela produzir suas alegações, na tentativa de convencer a autoridade julgadora da razão de seus argumentos.

29.9. Aplicabilidade da Lei n. 9.784/99 aos processos administrativos relativos a autos de infração trabalhistas e de segurança do trabalho

Outro ponto que vem sendo discutido é o relativo à aplicabilidade da Lei n. 9.784/99, que regula o processo administrativo em nível federal, aos processos administrativos derivados de fiscalizações trabalhistas.

Entendemos que a Lei n. 9.784/99 é plenamente aplicável ao processo administrativo instaurado pelos órgãos de inspeção do trabalho, uma vez que traz em seu bojo toda a disciplina do processo administrativo federal, não havendo qualquer vedação ou incompatibilidade com a CLT.

Diga-se ainda que a aplicação dessa legislação, por sua modernidade e agilidade, faz com que o processo administrativo ganhe em celeridade e correção, além de dar maior garantia ao administrado.

Há quem diga ser inaplicável tal legislação, pois o processo administrativo por multas trabalhistas já seria regulamentado pela CLT e a Lei n. 9.784/99 teria somente aplicação subsidiária.

A alegação de subsidiariedade, entretanto, não convence.

De fato, subsidiariedade, nos dizeres de *Plácido e Silva*(11), significa: "Do latim *subsidiarius* (que é de reserva, que é de reforço), na linguagem vulgar designa o que vem em segundo lugar, isto é, é secundário, auxiliar, ou supletivo. Nesta razão, o que se mostra subsidiário, como secundário, revela, ou pressupõe, o principal, a que vem, conforme às circunstâncias, auxiliar, apoiar, ou reforçar. Neste aspecto, pois, as locuções: Responsabilidade subsidiária entende-se a que vem reforçar a responsabilidade principal, desde que não seja esta suficiente para atender aos imperativos da obrigação assumida. É o que ocorre em relação à responsabilidade solidária dos sócios, que se fixa numa responsabilidade subsidiária. E por isso é que, quando a sociedade não tem haveres para cumprir suas obrigações, subsidiariamente vêm os sócios cumpri-las com o produto de seus bens particulares. Prova subsidiária é a que vem completar ou reforçar a prova principal. Assim é a prova testemunhal em relação à documental, ou escrita.

Portanto, subsidiariedade é a qualidade daquilo que vem em complemento, atuando onde o principal não atua.

Se analisarmos, entretanto, os pontos ressaltados e os omissos da CLT (arts. 626 a 642), veremos os seguintes detalhes:

INSTITUTO	CLT	LEI N. 9.784/99
Alegações finais	Não prevê	Prevê (art. 2º, X)
Direito de apresentar documentos após a instrução	Não prevê	Prevê (art. 3º, III)
Direito de se manifestar após a instrução	Não prevê	Prevê (art. 44)
Motivação do ato administrativo	Não prevê	Prevê (art. 2º, "caput")
Direito de produzir prova pericial	Não prevê	Prevê (art.38)
Direito de produzir prova testemunhal	Prevê (art. 632)	Prevê (art.38)

(11) *Vocabulário Jurídico*. Editora Forense. Versão em CD-ROM.

Evidente que, diante de referida omissão da CLT, é plenamente aplicável a Lei n. 9.784/99, mormente nos pontos ora salientados (alegações finais, motivação do indeferimento da prova, competência da autoridade, direito de se manifestar após a instrução e de apresentar documentos).

Se mais não fosse, é de se dizer que o direito ao contraditório e à ampla defesa tem sede constitucional, não podendo ser negados por falta ou contradição de lei ordinária.

29.10. Decisão do processo administrativo

Após todo o trâmite do processo administrativo, deve este receber a devida decisão, que aprecie devidamente a matéria constante dos autos.

Nos termos do art. 27 da Portaria n. 148/96, a decisão será fundamentada, clara, precisa e objetiva, e evitará o uso de expressões vagas, códigos ou siglas, a fim de que o interessado possa, de pronto, dar-lhe cumprimento ou requerer o que couber.[12]

Na decisão, poderá a autoridade optar por três caminhos diversos (art. 28 da Portaria n. 148/96):

I. Pela procedência total;

II. Pela procedência parcial;

III. Pela improcedência .[13]

Da decisão o interessado será notificado pessoalmente, por via postal ou por edital publicado no Diário Oficial da União (DOU) ou jornal local.

Questão interessante é a relativa à competência da autoridade para a decisão do processo administrativo instaurado e conseqüente imposição de multa.

---

(12) Aqui temos outro dispositivo que freqüentemente é desrespeitado. As decisões dos processos administrativos relativos aos autos de infração trabalhistas — neles incluídos os referentes à segurança do trabalho — são por muitas vezes decididos em formulários adrede preparados, nos quais a autoridade julgadora simplesmente completa algumas poucas linhas, normalmente sem sequer analisar os fundamentos invocados na defesa, nem se manifestar sobre a prova nela requerida. Trata-se, em nosso modo de entender, de nulidade de pleno direito, haja vista que além da falta de motivação, tais decisões ferem o direito do contraditório e da ampla defesa.

(13) Normalmente não são utilizadas tais expressões. Emprega-se nas decisões as expressões "subsistência" ou "insubsistência" do auto de infração lavrado.

Diz a Portaria n. 148/96, em seu art. 14, II, que o julgamento do processo compete:

I. Em 1ª instância, aos Delegados Regionais do Trabalho;

II. Em segunda instância, ao Secretário de Fiscalização do Trabalho ou ao Secretário de Segurança e Saúde no Trabalho, conforme a matéria objeto da autuação ou notificação.

Restam, no entanto, as seguintes questões: a competência do Delegado Regional do Trabalho é privativa? Poderá o Delegado Regional do Trabalho delegar sua competência para decidir e impor multa a outros funcionários hierarquicamente inferiores?

A indagação é de grande importância prática, uma vez que é praxe da Administração prolatar tais julgamentos através de funcionários outros que não o Delegado Regional do Trabalho. Desse modo, muito comum a existência de decisões tomadas por Subdelegados, Chefes de Seções de Multas, além de outros funcionários subalternos.

No caso em tela, entendemos tratar-se de competência individualizada, fixada ao executor, qual seja, o Delegado Regional do Trabalho. Ademais, a instituição de tal competência de julgamento à referida autoridade pela Portaria n.148/96 já se constitui em delegação de atribuições do Ministro do Trabalho ao Delegado Regional do Trabalho.(14) Caso este viesse a subdelegá-las, ter-se-ía verdadeira delegação em cascata.

Isso tudo sem contar que para a delegação é mister esteja a autoridade expressamente autorizada em lei, que até o momento não existe.

Nesse sentido é a manifestação da doutrina.

Se não, vejamos.

Sobre a delegação de atribuições, é interessante lembrar a lição de *Hely Lopes Meirelles*: "Delegáveis, portanto, são as atribuições genéricas, não individualizadas, nem fixadas como privativas de certo executor" (15).

E sobre a necessidade de lei para a delegação, a lição de *José Cretella Júnior*: "(a) sem texto expresso de lei é ilegal e arbitrária, configurando abuso de poder, a delegação administrativa; (b) o ato editado com base em delegação ilegal é ilegal, porque emana de agente incompetente, *ratione materiae*." (16)

---

(14) Tanto se trata de subdelegação que, nos termos do art. 638 da CLT ao Ministro do Trabalho é facultado *avocar* ao seu exame e decisão, dentro de 90 (noventa) dias do despacho final do assunto, ou no curso do processo, as questões referentes à fiscalização dos preceitos estabelecidos na Consolidação.

(15) *Direito Administrativo Brasileiro*, 20ª ed. São Paulo: Malheiros, p. 107

(16) *Direito Administrativo perante os Tribunais*, p. 48.

Quanto à delegação em cascata (subdelegação), a lição de *Hely Lopes Meirelles*: "No âmbito administrativo as delegações são freqüentes, e , como emanam do poder hierárquico, não podem ser recusadas pelo inferior, como também não podem ser subdelegadas sem expressa autorização do delegante".[17]

No mesmo sentido, *Sérgio Pinto Martins*: "Pela redação do art. 634 da CLT, a imposição de multas é feita pelo Delegado Regional do Trabalho. O Delegado não pode delegar a imposição de multas a outras pessoas".[18]

Confirmando o que foi dito até agora, a Lei n. 9.784/99 que regula o processo administrativo federal, dispõe que (grifos nossos):

> Art. 11. A competência é *irrenunciável* e se exerce pelos órgãos administrativos a que foi atribuída como própria, salvo os casos de delegação e avocação *legalmente admitidos*.
>
> ....
>
> Art. 13. Não podem ser objeto de delegação:
>
> ....
>
> *II — a decisão de recursos administrativos;*
>
> *III — as matérias de competência exclusiva do órgão ou autoridade.*

Em suma, concluímos que se trata de competência indelegável, pelas seguintes razões: 1) trata-se de atribuição individualizada; 2) não há autorização legislativa para a delegação; 3) tratando-se de competência já delegada, impossível a subdelegação sem prévia autorização da autoridade precedente.

A incompetência da autoridade, sem dúvida, resultará na nulidade da decisão.

Temos que consignar, entretanto, que as primeiras manifestações da jurisprudência sobre o tema são no sentido de não reconhecer como exclusiva a competência do Delegado Regional do Trabalho, podendo referida autoridade delegar atribuições a seus subalternos para a decisão de autos de infração.

Nesse sentido:

TRIBUNAL REGIONAL DO TRABALHO DA 2ª REGIÃO

Mandado de Segurança. Administrativo. Imposição de multa por Subdelegado. Delegação de competência. As autoridades das Sub-

---

(17) *Op. cit.*, p. 107

(18) *Comentários à CLT*. São Paulo: Editora Atlas, 1998, p. 625.

delegacias do Trabalho da Capital, como órgãos desmembrados e descentralizados da Delegacia Regional do Trabalho, têm competência implicitamente delegada para a prática dos atos de fiscalização, dentre os quais o de imposição de multas. A referência às Subdelegacias do "interior", na antiga Portaria 17/93, não é razão suficiente para restringir a competência das Subdelegacias da Capital, notadamente em função da importância dessa atuação, que diz respeito à saúde e segurança de trabalhadores. Recurso a que se dá provimento para cassar a segurança. TRT/SP — 13320200500002001 — @ — Ac. SDI 2006002919 — Rel. EDUARDO DE AZEVEDO SILVA — DOE 28.03.2006.

TRIBUNAL REGIONAL FEDERAL DA QUARTA REGIÃO

Classe: AG — AGRAVO DE INSTRUMENTO — 115618

Processo: 200204010418115 UF: RS Órgão Julgador: TERCEIRA TURMA

Data da decisão: 13.5.2003 Documento: TRF400087604

Fonte: DJU DATA: 28.5.2003 PÁGINA: 368 DJU DATA: 28.5.2003

Relator(a): JUÍZA MARIA DE FÁTIMA FREITAS LABARRÈRE

Decisão: A TURMA, POR UNANIMIDADE, NEGOU PROVIMENTO AO AGRAVO DE INSTRUMENTO.

EMENTA

AGRAVO DE INSTRUMENTO. FISCALIZAÇÃO. AUDITORES DO TRABALHO. AUTUAÇÃO. EMPRESA. COMPETÊNCIA. CHEFE DA SEÇÃO DE FISCALIZAÇÃO DO TRABALHO — DRT/RS. — Inexiste qualquer irregularidade na atividade fiscalizatória desenvolvida pelos auditores do trabalho na autuação da empresa por infração a normas da CLT (art. 74, § 2º c/c art. 9) e, posteriormente, julgada subsistente esta autuação, na imposição de multa. — Não merece acolhida a alegada incompetência do "Chefe da Seção de Fiscalização do Trabalho — DRT/RS" para a imposição da penalidade. A competência indelegável é apenas aquela que atribui privativamente, de forma exclusiva, a capacidade para a prática do ato administrativo a determinada autoridade. A competência para imposição de multa por infração à legislação trabalhista não é privativa do 'Delegado Regional do Trabalho' e, por isso, pode ser delegada, aliás, como foi através da Portaria n. 26, de 06 de novembro de 2000. — Agravo de instrumento desprovido.

Ainda que se entenda como delegável a competência do Delegado Regional do Trabalho, agiria ilegitimamente a autoridade delegada que não mencionasse, quando da prática do ato, que age sob delegação.

Isto porque dispõe a Lei n. 9.784/99 que quando praticado ato por delegação, a autoridade delegada deverá expressamente mencionar tal condição (grifos nossos):

Art. 14, § 3º:

As decisões adotadas por delegação devem mencionar explicitamente esta qualidade e considerar-se-ão editadas pelo delegado.

29.11. Recursos

Na disciplina dos recursos, diz a CLT em seu art. 635 que de toda decisão que impuser multa por infração das leis e disposições reguladoras do trabalho, e não havendo forma especial de processo, caberá recurso para a autoridade superior (hoje o Secretário de Inspeção do Trabalho).

A Consolidação das Leis do Trabalho, entretanto, não estimula a interposição de recurso da decisão sobre auto de infração na primeira instância administrativa. Tanto assim que o art. 636, § 6º, preceitua que a multa será reduzida de 50% (cinqüenta por cento) se o infrator, renunciando ao recurso, a recolher ao Tesouro Nacional dentro do prazo de 10 (dez) dias contados do recebimento da notificação ou da publicação do edital.

Interposto o recurso, entretanto, não haverá mais a redução aludida.

Trata-se aqui de recurso *voluntário*,[19] interposto pela parte autuada, visando à reforma da decisão de primeira instância administrativa.

O recurso deve ser interposto no prazo de 10 (dez) dias, contados do recebimento da notificação, perante a autoridade que houver imposto a multa, a qual, depois de informá-los, encaminha-los-á à autoridade de instância superior (art. 636 da CLT).

Em dispositivo polêmico, diz o § 1º do art. 636 da CLT que o recurso só terá seguimento se o interessado o instruir com a prova do depósito (integral) da multa. Tal exigência foi muito questionada, pois se argumentava que não mais subsistia em face do art. 5º, XXXIV e LV, da Constituição Federal, que asseguram o exercício do direito de petição

---

(19) O recurso voluntário se contrapõe ao recurso de ofício, também denominado de reexame obrigatório, em que o próprio julgador remete os autos à autoridade hierarquicamente superior para nova apreciação, independentemente de qualquer manifestação de vontade da parte interessada.

aos Poderes Públicos, independentemente do pagamento de taxas, e o exercício do contraditório e da ampla defesa.

Houve até, em princípio, jurisprudência favorável à revogação do dispositivo, por incompatibilidade com os dispositivos constitucionais acima mencionados, como se pode ver do acórdão abaixo transcrito:

TRIBUNAL REGIONAL FEDERAL DA 1ª REGIÃO

Administrativo — Recurso Administrativo — Depósito Prévio — CLT. A exigência de depósito prévio para recebimento e conhecimento de recurso, na esfera administrativa incompatibiliza-se com o princípio da ampla defesa, inscrito no art. 5º , LV, da CF. Sentença Confirmada (Ac. un. da 4ª T. do TRF da 1ª Reg., REO 93.01.32707-4/AM, Rel. Juíza Eliana Calmon, j. 25.2.94, DJU 2 14.3.94, p. 9.339).

SUPERIOR TRIBUNAL DE JUSTIÇA

ACÓRDÃO: MS 4652/DF (199600475423)

MANDADO DE SEGURANÇA

DECISÃO: POR UNANIMIDADE, CONCEDER O MANDADO DE SEGURANÇA

DATA DA DECISÃO: 10.9.1997

ÓRGÃO JULGADOR: — PRIMEIRA SEÇÃO

EMENTA

CONSTITUCIONAL. ADMINISTRATIVO. MANDADO DE SEGURANÇA. CONTROLE ADMINISTRATIVO INTERNO. RECURSO ADMINISTRATIVO HIERÁRQUICO. EXIGÊNCIA DE GARANTIA DE INSTÂNCIA: INADMISSIBILIDADE. SEGURANÇA CONCEDIDA.

I — OS RECURSOS ADMINISTRATIVOS "LATO SENSU" VISAM AO REEXAME DOS ATOS DA ADMINISTRAÇÃO, NO CONTROLE INTERNO DA LEGITIMIDADE DE SUAS AÇÕES. A EXIGÊNCIA DE GARANTIA DE INSTÂNCIA PARA POSSIBILITAR O CONHECIMENTO DE RECURSO HIERÁRQUICO VIOLA A GARANTIA CONSTITUCIONAL DO DIREITO DE PETIÇÃO E DA AMPLA DEFESA DOS ADMINISTRADOS (ART. 5º, INCS. XXXIV E LV, DA CF).

II — SEGURANÇA CONCEDIDA.

RELATOR: MINISTRO ADHEMAR MACIEL

FONTE: DJ DATA: 6.10.1997 PG: 49838

No entanto, o *Supremo Tribunal Federal* terminou por sepultar a matéria quando pacificou o entendimento de que a exigência do depósito prévio para a interposição de recurso não viola a ampla defesa, constitucionalmente assegurada, nos termos das decisões seguintes.

SUPREMO TRIBUNAL FEDERAL

EMENTA

EXTRAORDINÁRIO. INFRAÇÃO ÀS NORMAS TRABALHISTAS.

PROCESSO ADMINISTRATIVO. CONTRADITÓRIO E AMPLA DEFESA. PENALIDADE.

NOTIFICAÇÃO. RECURSO PERANTE A DRT. EXIGÊNCIA DO DEPÓSITO PRÉVIO DA MULTA. PRESSUPOSTO DE ADMISSIBILIDADE E GARANTIA RECURSAL. AFRONTA AO ART. 5º, LV, CF. INEXISTÊNCIA.

1. Processo administrativo. Imposição de multa. Prevê a legislação especial que, verificada a infração às normas trabalhistas e lavrado o respectivo auto, o infrator dispõe de dez dias, contados do recebimento da notificação, para apresentar defesa no processo administrativo (art. 629, § 3º, CLT) e, sendo esta insubsistente, exsurge a aplicação da multa mediante decisão fundamentada (art. 635, CLT). Não observância ao princípio do contraditório e ampla defesa: alegação improcedente.

2. Recurso administrativo perante a DRT. Exigência de comprovação do depósito prévio. Pressuposto de admissibilidade e garantia recursal.

2.1. Ao infrator, uma vez notificado da sanção imposta em processo administrativo regular, é facultada a interposição de recurso no prazo de dez dias, instruído com a prova do depósito prévio da multa (art. 636, § 2º, CLT), exigência que se constitui em pressuposto de sua admissibilidade.

2.2. Violação ao art. 5º, LV, CF. Inexistência. Em processo administrativo regular, a legislação pertinente assegurou ao interessado o contraditório e a ampla defesa. A sua instrução com a prova do depósito prévio da multa imposta não constitui óbice ao exercício do direito constitucional do art. 5º, LV, por se tratar de pressuposto de admissibilidade e garantia recursal, visto que a responsabilidade do recorrente, representada pelo auto de infração, está aferida em decisão fundamentada.

Recurso conhecido e provido.

OBSERVAÇÃO: Votação: Unânime.

Resultado: CONHECIDO E PROVIDO.

VEJA ADINMC 1049

ORIGEM: MG — MINAS GERAIS

PUBLICAÇÃO: DJ DATA: 19-12-97 PP-00092 EMENT VOL-01896-10 PP-02060

RELATOR: MAURICIO CORREA

SESSÃO: 02 — Segunda Turma

SUPREMO TRIBUNAL FEDERAL

EMENTA

Não ofende a garantia constitucional da ampla defesa a exigência do valor da multa, como condição de admissibilidade do recurso na esfera administrativa (RE 210.246, Jobim, 12.11.97).

OBSERVAÇÃO: Votação: Unânime.

Resultado: Conhecido e provido.

Veja: RE-210246.

ORIGEM: GO — GOIÁS

PUBLICAÇÃO: DJ DATA-27-11-98 PP-00029 EMENT VOL-01933-09 PP-01910

RELATOR: SEPÚLVEDA PERTENCE

SESSÃO: 01 — Primeira Turma

Recentemente, porém, a matéria voltou ao Supremo Tribunal Federal, composta referida Corte de novos Ministros, vindo a julgar novamente a matéria com voto inicial do Min. Marco Aurélio de maneira contrária à orientação anterior. Tal julgamento, entretanto, foi suspenso por pedido de vista, como se verifica do teor do informativo STF n. 323 (autos: RE-390513):

Título:

Recurso Administrativo e Depósito Prévio

Artigo:

Iniciado o julgamento de dois recursos extraordinários em que se discute, ante a nova composição da Corte, a constitucionalidade da exigência de depósito prévio como condição de admissibilidade do recurso na esfera administrativa. Após o voto do Min. Marco Aurélio, relator, conhecendo e desprovendo os recursos extraordinários, por entender que a exigência de depósito prévio ofende a garantia constitucional da ampla defesa, assegurada inclusive no processo administrativo (CF, art. 5º, LV), o julgamento foi adiado, em face do pedido de vista do Min. Joaquim Barbosa. RE 389.383-SP e RE 390.513-SP, rel. Min. Marco Aurélio, 2.10.2003.(RE-389383)(RE-390513)

Resta, pois, aguardar a orientação final do Pretório Excelso sobre a matéria.

A Justiça Trabalhista, após ter recebido competência para o julgamento da matéria pela Emenda Constitucional n. 45, veio a se pronunciar pela impossibilidade de exigência de depósito prévio recursal.

TRIBUNAL REGIONAL DO TRABALHO DA 2ª REGIÃO

RECURSO EX OFFICIO EM MANDADO DE SEGURANÇA. RECURSO ADMINISTRATIVO. EXIGÊNCIA DE DEPÓSITO PRÉVIO DO VALOR DA MULTA PARA RECORRER. INCONSTITUCIONALIDADE DO § 1º DO ART. 636 DA CLT. A exigência de depósito prévio do valor total ou parcial da multa corresponde a uma indevida antecipação dos efeitos da decisão administrativa ainda em discussão, a qual em nada se assemelha ao simples recolhimento das custas processuais como condição de admissibilidade recursal. Assim, considerando que o duplo grau administrativo está implícito no inciso LV do art. 5º da CF, tem-se que a exigência do depósito prévio do valor total ou parcial da multa como condição ao uso do recurso administrativo inibe o exercício daquele direito fundamental, razão pela qual a referida regra contida no § 1º do art. 636 da CLT não foi recepcionada. Sentença que se mantém. Recurso Ex officio improvido. TRT/SP — 12755200500002009 — @ — Ac. SDI 2006005136 — Rel. MARCELO FREIRE GONÇALVES — DOE 30.05.2006.

TRIBUNAL REGIONAL DO TRABALHO DA 2ª REGIÃO

RECURSO ORDINÁRIO EM MANDADO DE SEGURANÇA DA UNIÃO. RECURSO ADMINISTRATIVO. EXIGÊNCIA DE DEPÓSITO PRÉVIO DO VALOR DA MULTA PARA RECORRER. A exigência de depósito prévio do valor total ou parcial da multa corresponde a uma indevida antecipação dos efeitos da decisão administrativa ainda em discussão, a qual em nada se assemelha ao simples recolhimento das custas processuais como condição de admissibilidade recursal. Assim, considerando que o duplo grau administrativo está implícito no inciso LV do art. 5º da CF, tem-se que a exigência do depósito prévio do valor total ou parcial da multa como condição ao uso do recurso administrativo inibe o exercício daquele direito fundamental, razão pela qual a referida regra contida no § 1º do art. 636 da CLT não foi recepcionada. Por esse motivo a sentença que concede a segurança deve ser mantida íntegra. Recurso a que se nega provimento. TRT/SP — 11414200500002006 — @ — Ac. SDI 2005036607 — Rel. MARCELO FREIRE GONÇALVES — DOE 17.2.2006.

Mesmo com o entendimento supracitado, é necessário ao autuado interpor o recurso administrativo, ainda que sem o recolhimento da multa imposta, pois a perda de prazo poderá levar à ausência de interesse processual em acionar o Poder Judiciário. Nesse sentido:

TRIBUNAL REGIONAL DO TRABALHO DA 2ª REGIÃO

Recurso ordinário em mandado de segurança. Mandamus extinto sem julgamento do mérito por ausência de interesse. Recurso administrativo não interposto no prazo. Impossibilidade de devolução de prazo: Se a impetrante não interpõe no prazo o recurso administrativo que quer ver processado sem o recolhimento integral do débito exigido, resta caracterizada a ausência de interesse no ajuizamento posterior de ação mandamental, visando à liberação de tal recolhimento, porquanto não há utilidade no provimento perseguido, até poque o writ não pode devolver o prazo do qual a parte não se valeu. Recurso ao qual se nega provimento. TRT/SP — 12563200500002002 — @ — Ac. SDI 2006002757 — Rel. WILMA NOGUEIRA DE ARAÚJO VAZ DA SILVA — DOE 28.03.2006.

Havendo recurso e sendo este instruído com prova do recolhimento da totalidade do valor da multa, abrem-se duas possibilidades quando de seu julgamento: 1) em sendo provido o recurso, será devolvido o valor do depósito ao recorrente, que poderá livremente levantá-lo; 2) não sendo dado provimento, o depósito se converterá em pagamento (art. 639 da CLT).

Instituto diferente do recurso voluntário, de que até aqui se tratou, é o inscrito no art. 637 da CLT, que trata do *recurso necessário* ou *reexame obrigatório*, instituído pela lei para o caso de decisões proferidas em processos de infração das leis de proteção ao trabalho, e que impliquem arquivamento destes, ocasião em que deverão as autoridades prolatoras recorrer de ofício para a autoridade competente de instância superior.

Assim, somente há recurso necessário se em primeira instância administrativa for julgada insubsistente a autuação, quando deverá a autoridade prolatora de decisão submetê-la à apreciação de seu superior hierárquico.

O objetivo da lei ao instituir o reexame necessário em tais casos é claro.

Trata-se de instituir uma maior fiscalização sobre as autoridades decisórias, que por interesses menos nobres, podem eventualmente beneficiar ilegalmente o autuado. Terá esta, assim, menores chances de praticar uma ilegalidade, pois que estará sempre sob fiscalização direta de seus superiores quanto ao julgamento proferido.

Não se duvide porém, que aqui também esteja implícita uma forma dos órgãos estatais manterem sua grande margem arrecadatória sobre o particular, impondo o constante reexame daqueles casos em que possa ter havido, mesmo que de modo lícito, alguma renúncia à receita pela decisão de insubsistência da autuação originária.

Enquanto pendente o recurso administrativo, ou até mesmo a defesa em primeiro grau, não pode a empresa ser autuada novamente pelos mesmos fatos, conforme pacífica jurisprudência a seguir transcrita.

TRIBUNAL REGIONAL FEDERAL DA PRIMEIRA REGIÃO

Classe: AMS — APELAÇÃO EM MANDADO DE SEGURANÇA — 01031590

Processo: 198901031590 UF: PA Órgão Julgador: QUARTA TURMA

Data da decisão: 5.8.1991 Documento: TRF100007968

Fonte: DJ DATA: 19.8.1991 PÁGINA: 19166

Relator(a): JUIZ NELSON GOMES DA SILVA

Descrição: POR UNANIMIDADE, NEGAR PROVIMENTO AO RECURSO.

EMENTA

MS. MULTA. CLT, ART. 630, PARAGS. 2, 3 E 6. AUTUAÇÕES SUCESSIVAS PELO MESMO FATO, PENDENTES RECURSO ADMINISTRATIVO E JUDICIAL. IMPOSSIBILIDADE. 1. AUTUADA A EMPRESA E, PENDENTE, NA ÓRBITA ADMINISTRATIVA, RECURSO PRÓPRIO CONTRA A AUTUAÇÃO, NÃO PODE O FISCO VOLTAR A AUTUAR, PELOS MESMOS FATOS, A FIRMA FISCALIZADA. 2. LAVRADO O SEGUNDO AUTO, ENQUANTO NÃO DECIDIDO,DEFINITIVAMENTE, O RECURSO DA AUTUADA, SOBRE O PRIMEIRO, JUSTIFICA-SE A IMPETRAÇÃO DO MS PARA IMPEDI-LO. 3. CONCEDIDO O *WRIT* CONTRA A SEGUNDA AUTUAÇÃO E HAVENDO RECURSO RECEBIDO APENAS NO EFEITO DEVOLUTIVO, NÃO PODE A IMPETRADA AUTUAR, PELA TERCEIRA VEZ, PELOS MESMOS FATOS, A IMPETRANTE. 4. APELO IMPROVIDO. REMESSA PREJUDICADA.

SUPERIOR TRIBUNAL DE JUSTIÇA

Classe: RESP — RECURSO ESPECIAL — 332516

Processo: 200100961798 UF: RS Órgão Julgador: PRIMEIRA TURMA

Data da decisão: 2.10.2001 Documento: STJ000411151

Fonte: DJ DATA: 19.11.2001 PÁGINA: 243

Relator(a): GARCIA VIEIRA

Decisão: Vistos, relatados e discutidos estes autos, acordam os Srs. Ministros da Primeira Turma do Superior Tribunal de Justiça, na conformidade dos votos e das notas taquigráficas a seguir, por unanimidade, negar provimento ao recurso, nos termos do voto do Sr. Ministro Relator. Os Srs. Ministros Humberto Gomes de Barros, José Delgado e Francisco Falcão votaram com o Sr. Ministro Relator.

EMENTA

ADMINISTRATIVO E TRABALHISTA — DOCUMENTOS COMPROBATÓRIOS DO PAGAMENTO DE VERBA RESCISÓRIA TRABALHISTA —

NÃO EXIBIÇÃO — AUTUAÇÃO — MULTA — PENDÊNCIA DE RECURSO ADMINISTRATIVO — NOVO AUTO DE INFRAÇÃO — INADMISSIBILIDADE. I — Às autoridades competentes do Ministério do Trabalho, incumbidas de fiscalizar o cumprimento de normas de proteção ao trabalho, não cabe exigir de empresa empregadora a satisfação de verbas indenizatórias trabalhistas decorrentes do cumprimento de contrato de trabalho. II — Lavrado auto de infração trabalhista, se contra a autuação é interposto recurso administrativo, não é cabível a lavratura de um segundo auto, pelo mesmo fato, senão após decisão definitiva acerca da questão objeto da pretensão recursal. III — Recurso improvido.

Poder-se-ía argumentar que o impedimento à lavratura de novo auto de infração enquanto pendente decisão sobre a procedência do primeiro, nos termos propugnados pela jurisprudência supracitada, acabaria por possibilitar à empresa desidiosa manter-se em situação de ilegalidade por tempo razoável, através da interposição de recursos meramente protelatórios.

O argumento mencionado, entretanto, não chega a convencer.

Isso porque, caso o agente fiscalizador entenda que a irregularidade constatada no local de trabalho é tal que não seja possível a continuação da atividade até a decisão final em eventual recurso, ante a existência de grave e iminente risco ao trabalhador, deve tomar as devidas providências para a interdição ou embargo, nos termos da NR-3, e não meramente lavrar auto de infração.

Assim, se houve por bem somente lavrar auto de infração, a autoridade fiscalizadora acabou por reconhecer que a situação irregular não era dotada de suficiente urgência, gravidade ou iminência, de forma a poder aguardar até a decisão final do processo administrativo ou judicial.

29.12. Das penalidades definidas na NR-28

A NR-28 define as penalidades para as infrações das normas protetivas do trabalho definidas nas demais NRs, determinando os parâmetros para a aplicação das multas pela fiscalização trabalhista.

Necessário que se diga que nem todos os itens das NRs são passíveis de punição com multa, ou seja, nem todos eles têm cominada penalidade pecuniária para o caso de seu descumprimento. Isto não quer dizer, entretanto, que referidos itens não multados sejam nada mais do que recomendações técnicas às empresas, uma vez que desprovidos de sanção.

De fato, ausência de cominação de multa para o descumprimento de item específico não significa que este possa ser descumprido, uma vez que seu não atendimento poderá evidenciar a negligência da empresa na proteção do trabalhador em futuro litígio judicial no caso de ocorrência de acidente do trabalho, com as conseqüências daí advindas.

A mesma negligência, aliás, poderá acarretar a responsabilização penal do empregador, ainda que incidente sobre item não passível de multa.

Ademais, o cumprimento específico poderá ser exigido judicialmente, até mesmo pelo Ministério Público, através de imposição de obrigação de fazer em ação civil pública, com cominação de multa diária.

Desse modo, não deve a empresa pensar que pela falta de cominação de multa para determinado dispositivo simplesmente não necessita cumpri-lo, haja vista que poderão daí advir conseqüências desastrosas sob o ponto de vista de sua responsabilização.

A definição das penalidades é feita na NR-28 de forma a fixar os limites máximo e mínimo da multa aplicável para cada item descrito no Anexo II. No Anexo I são definidos tais parâmetros, através da divisão das infrações conforme a *gravidade* (graus 1, 2, 3 ou 4 — I_1, I_2, I_3 ou I_4), e *porte econômico da empresa autuada* (definido de acordo com seu número de empregados).

Para saber o montante da autuação, portanto, basta verificar o item descumprido no Anexo II da NR-28 e consultar as tabelas do Anexo I de referida norma.

Tem-se ainda a cominação de valor fixo para a imposição da multa (impostas em valores máximos), nos casos de reincidência, embaraço à fiscalização ou fraude, conforme a seguir transcrito.

Definição de multa em valor fixo, para os casos de reincidência, embaraço à fiscalização ou fraude (correspondentes aos valores máximos do Anexo I, seguinte)

VALOR DA MULTA (EM UFIR)	
Segurança do Trabalho	Medicina do Trabalho
6.304	3.782

ANEXO I
(Não havendo reincidência, embaraço à fiscalização ou fraude)
Gradação das Multas (em UFIR)

Número de empregados	Segurança do Trabalho				Medicina do Trabalho			
	I_1	I_2	I_3	I_4	I_1	I_2	I_3	I_4
1-10	630-729	1129-1393	1691-2091	2252-2792	378-428	676-839	1015-1254	1350-1680
11-25	730-830	1394-1664	2092-2495	2793-3334	429-498	840-1002	1255-1500	1681-1998
26-50	831-963	1665-1935	2496-2898	3335-3876	499-580	1003-1166	1501-1746	1999-2320
51-100	964-1104	1936-2200	2899-3302	3877-4418	581-662	1167-1324	1747-1986	2321-2648
101-250	1105-1241	2201-2471	3303-3718	4419-4948	663-744	1325-1482	1987-2225	2649-2976
251-500	1242-1374	2472-2748	3719-4121	4949-5490	745-826	1483-1646	2226-2471	2977-3297
501-1000	1375-1507	2749-3020	4122-4525	5491-6033	827-906	1647-1810	2472-2717	3298-3618
mais de 1000	1508-1646	3021-3284	4526-4929	6034-6304	907-990	1811-1973	2718-2957	3619-3782

Considerando o quadro acima resta a seguinte dúvida: em quais hipóteses teríamos a incidência de multas relativas à Medicina do Trabalho ou à Segurança do Trabalho? Veja-se que a diferença entre as duas hipóteses pode resultar em valores muito díspares, uma vez que as multas cominadas para as infrações inerentes à Medicina do Trabalho são geralmente menores que aquelas cominadas às infrações de Segurança do Trabalho.

Na prática, nem sempre a distinção do que é relativo à Segurança ou à Medicina do Trabalho será simples. De fato, como enquadraremos a extrapolação do limite de exposição para ruído ou outros agentes insalubres? E a existência de resíduos no ambiente acima dos limites de tolerância?

Na verdade, não há critério seguro para definir os casos duvidosos, razão pela qual entendemos deva ser mudado o critério definido no Anexo I da NR-28.

Preciosa sobre o tema a lição de *Eduardo Gabriel Saad*: "Não é fácil saber-se — como pode parecer à primeira vista — quando a violação é de norma sobre medicina ou de segurança do trabalho. Há preceitos que se identificam como partes desta ou da outra área; outros, porém ou interessam a um só tempo a ambos os setores ou se situam num campo indefinido. Vamos dar alguns exemplos do que vimos de dizer. Consoante o art. 157, cabe às empresas 'instruir os empregados através de ordens de serviço quanto às precauções a tomar no sentido de evitar acidentes do trabalho ou doenças profissionais' e ' adotar medidas que lhes sejam determinadas pelo órgão regional competente. No primeiro caso, as instruções versam matéria de medicina e de segurança do trabalho e, no segundo, o mesmo, ou uma coisa ou outra. Entendemos que , quando a infração tem duplo aspecto, a multa deve ser sob o prisma do maior rigor, pelo da segurança do trabalho".[20]

Muito embora o grande respeito pelo autor, discordamos parcialmente do entendimento final, uma vez que, nos casos dúbios deverá ser adotada a norma menos gravosa para o autuado, ou seja, aquela que contenha a cominação de multa em menor valor.

Deve-se consignar ainda que o critério utilizado para a autuação (grau da infração e porte econômico da empresa, definido através de seu número de empregados) já foi objeto de questionamento judicial com

---

(20) *Aspectos jurídicos da Segurança e Medicina do Trabalho*. São Paulo: LTr, 1979, p. 79.

resultado vitorioso para o autuado, em hipótese que apenas um funcionário se encontrava em situação irregular, tendo a empresa sido objeto de autuação que considerou a totalidade de seu quadro funcional, conforme se visualiza da decisão seguinte.

TRIBUNAL REGIONAL FEDERAL — QUARTA REGIÃO

Classe: AC — APELAÇÃO CÍVEL — 342820

Processo: 200004010579916

UF: SC

Órgão Julgador: TERCEIRA TURMA

Data da decisão: 7.12.2000

Documento: TRF400079606

DJU DATA:14.3.2001 PÁGINA: 379

JUÍZA MARIA DE FÁTIMA FREITAS LABARRÈRE

APRESENTADO EM MESA, POR TER SIDO ADIADO O JULGAMENTO NA SESSÃO DE 23.11.2000. A TURMA, POR UNANIMIDADE, DEU PARCIAL PROVIMENTO ÀS APELAÇÕES.

EMENTA

EMBARGOS À EXECUÇÃO FISCAL. MULTA POR INFRAÇÃO AO ART. 166 DA CLT. PARÂMETRO PARA FIXAÇÃO DA MULTA. NORMA REGULAMENTADORA N. 28. NÚMERO DE EMPREGADOS. PEDIDOS SUCESSIVOS. SUCUMBÊNCIA. CERTIDÃO DE DÍVIDA ATIVA.

1. Inaplicável o critério fixado pela NR 28 para fixação do valor da multa considerando o número de empregados da empresa quando se trata de infração à norma de segurança do trabalho se apenas um empregado desatendeu à norma que determina o uso de botinas e não de chinelos na atividade de mecânico.

2. Sendo os pedidos sucessivos e tendo o Juiz afastado o principal para acolher o secundário, a sucumbência é recíproca.

3. Tendo sido alterado somente o valor da multa, a execução deve prosseguir pelo saldo.

4. Apelação do embargante provida em parte. Apelação da União e remessa oficial providas parcialmente.

Questão importante é saber qual critério deverá seguir a autoridade fiscalizadora para a fixação do valor da multa entre os valores mínimo e máximo.

Na lição de *Valentin Carrion*, os seguintes itens devem ser levados em consideração:

"[...] Devem influir no ânimo do julgador:

a) Reincidência específica na prática dessa ou outra infração, apurada pelo prontuário da empresa (são rejeitadas as reincidências genéricas para efeito de julgamento de infrações da legislação trabalhista — Proc. 239.634);

b) O número de empregados prejudicados;

c) A qualidade da infração, violação do direito do empregado ou o não cumprimento da lei;

d) A quantidade da infração: sua relação com um ou vários artigos;

e) Condição econômica do infrator..." (21)

De qualquer forma, a aplicação da penalidade acima do mínimo legal deve ser devidamente motivada pela autoridade competente, que deverá indicar os motivos de fato e de direito que a levam a exasperar a reprimenda. Caso não tenha qualquer elemento para majorar a multa imposta, deverá a autoridade fixá-la em seu valor mínimo.

Ilegal e nula de pleno direito é a majoração desacompanhada da devida fundamentação.

Nesse sentido, os seguintes julgados:

TRIBUNAL REGIONAL FEDERAL DA PRIMEIRA REGIÃO

Classe: REO — REMESSA EX-OFFICIO — 01000280500

Processo: 199701000280500 UF: MG Órgão Julgador: TERCEIRA TURMA SUPLEMENTAR

Data da decisão: 26.9.2001 Documento: TRF100129731

Fonte: DJ DATA: 16.5.2002 PÁGINA: 158

Relator(a): JUIZ EVANDRO REIMÃO DOS REIS (CONV.)

Decisão: A Turma, por unanimidade, negou provimento à remessa oficial. Participaram do Julgamento os(as) Exmos(as) Sr(as) Juízes DANIEL PAES RIBEIRO e LEÃO APARECIDO ALVES (CONV.).

EMENTA EMBARGOS À EXECUÇÃO — MULTA POR DESCUMPRIMENTO DE NORMA TRABALHISTA — CÁLCULO.

1. O art. 201, da Consolidação das Leis do Trabalho, estabelece parâmetros para fixação de multa. Assim, encontrando-se dois em-

(21) *Comentários à CLT, arts. 630/634*, São Paulo: 23ª ed Saraiva, p. 487.

pregados sem cumprir as normas de proteção ao trabalho, a pena pecuniária deve ser imposta no valor mínimo, se não houve reincidência ou embaraço à fiscalização.

2. Remessa desprovida.

TRIBUNAL REGIONAL FEDERAL DA TERCEIRA REGIÃO

Classe: AC — APELAÇÃO CÍVEL — 558026

Processo: 199903991157570 UF: SP Órgão Julgador: TERCEIRA TURMA

Data da decisão: 15.5.2002 Documento: TRF300065153

Fonte: DJU DATA: 13.11.2002 PÁGINA: 765

Relator(a): JUIZ BAPTISTA PEREIRA

Decisão: A Turma, por unanimidade, negou provimento às apelações e à remessa oficial, tida por ocorrida, nos termos do voto do Relator.

EMENTA

EMBARGOS À EXECUÇÃO FISCAL. INFRAÇÃO AO ART. 59, "CAPUT", DA CLT. ART. 75, DA CLT E LEI N. 7.855/89. MULTA FIXADA ALÉM DO VALOR MÍNIMO. PRINCÍPIO DA PROPORCIONALIDADE. AUSÊNCIA DE FUNDAMENTAÇÃO NO AUTO DE INFRAÇÃO. POSSIBILIDADE DA REDUÇÃO DA MULTA PELO PODER JUDICIÁRIO. FIXAÇÃO DO VALOR DA MULTA POR EMPREGADO. INCORREÇÃO. MANTIDA FACE AUSÊNCIA DE RECURSO. LEGALIDADE DA APLICAÇÃO DA TAXA SELIC. § 4º, DO ART. 39, DA LEI N. 9.250/95. VERBA HONORÁRIA. DECRETO-LEI N. 1.025/69.

I. A multa do Art. 75, da CLT, foi aplicada pelo fiscal do trabalho acima do mínimo legal.

II. Não evidenciada a fundamentação para exacerbação da multa, correta sua redução.

III. Possibilidade de redução da multa pelo Poder Judiciário, em respeito ao princípio da proporcionalidade.

IV. Inocorrência de invasão da discricionariedade da esfera administrativa.

V. O magistrado sentenciante entendeu em multiplicar o valor mínimo da multa pelo número de dois empregados, quando o art. 75, da CLT, não estabelece a individualização.

VI. À míngua de devolução da parte interessada, mantém-se o "decisum" como posto.

VII. Aplicação da taxa Selic prevista no § 4º, do art. 39, da Lei n. 9.250/95, em substituição aos juros de mora e à correção monetária a partir da edição da MP n. 1.973/2000, a qual extinguiu a UFIR.

VIII. Inaplicável o disposto no art. 20, § 3º, do CPC, em face dos encargos previstos no Decreto-lei n. 1.025/69, serem instituto distinto dos ônus sucumbenciais da Lei Adjetiva. Data da Publicação: 13.11.2002.

TRIBUNAL REGIONAL FEDERAL DA TERCEIRA REGIÃO

Classe: AC — APELAÇÃO CÍVEL

Processo: 93031092279 UF: SP Órgão Julgador: SEGUNDA TURMA

Data da decisão: 22.9.1998 Documento: TRF300045844

Fonte: DJ DATA:4.11.1998 PÁGINA: 195

Relator(a): JUIZ ARICE AMARAL

Decisão: UNÂNIME, NEGAR PROVIMENTO AO RECURSO.

EMENTA

ADMINISTRATIVO: INFRAÇÃO DO ART. 75 DA CLT. FIXAÇÃO DA MULTA NO MÍNIMO LEGAL. AUSÊNCIA DE PRESSUPOSTOS AUTORIZADORES PARA A MAJORAÇÃO DA MULTA.

I — A MULTA, EM CASO DE INFRAÇÃO LEVE, E NÃO HAVENDO RAZÃO AUTORIZADORA PARA SUA MAJORAÇÃO, DEVE SER FIXADA NO MÍNIMO LEGAL.

II — RECURSO IMPROVIDO.

TRIBUNAL REGIONAL FEDERAL DA TERCEIRA REGIÃO

Classe: REO — REMESSA 'EX-OFICIO'

Processo: 90030465290 UF: SP Órgão Julgador: PRIMEIRA TURMA

Data da decisão: 13.8.1991 Documento: TRF300000566

Fonte: DOE DATA: 2.9.1991 PÁGINA: 100

Relator(a): JUÍZA DIVA MALERBI

Descrição: POR DECISÃO UNÂNIME, NEGAR PROVIMENTO AO RECURSO 'EX OFFICIO'.

EMENTA

EXECUÇÃO FISCAL. MULTA TRABALHISTA. DESNECESSIDADE, NO CASO, DE DUPLA VISITA. REDUÇÃO DA MULTA AO MÍNIMO ESTABELECIDO. — A NECESSIDADE DE DUPLA VISITA PARA A AUTUAÇÃO FISCAL SOMENTE SE APRESENTA SE PREENCHIDOS OS REQUISITOS DO ART. 627 DA CLT. — SENDO PRIMÁRIO O INFRATOR E NÃO TENDO A INFRAÇÃO RESULTADO EM PREJUÍZO PARA OS EMPREGADOS, IMPÕE-SE A REDUÇÃO DA MULTA AO MÍNIMO LEGAL, COMO SE FEZ A SENTENÇA. — RECURSO 'EX OFFICIO' IMPROVIDO.

TRIBUNAL REGIONAL FEDERAL DA QUARTA REGIÃO

Classe: AMS — APELAÇÃO EM MANDADO DE SEGURANÇA — 59573

Processo: 199904010878575 UF: SC Órgão Julgador: QUARTA TURMA

Data da decisão: 15.2.2000 Documento: TRF400074866

Fonte: DJU DATA: 22.3.2000 PÁGINA: 130

Relator(a): JUIZ VALDEMAR CAPELETTI

Decisão: A TURMA, POR UNANIMIDADE, NEGOU PROVIMENTO À APELAÇÃO E À REMESSA OFICIAL, NOS TERMOS DO VOTO DO RELATOR.

EMENTA

ADMINISTRATIVO. INFRAÇÃO ÀS NORMAS SOBRE DURAÇÃO DO TRABALHO. APLICAÇÃO DA MULTA PREVISTA NO ART. 75 DA CLT. INOBSERVÂNCIA DOS PRINCÍPIOS DA RAZOABILIDADE E DA PROPORCIONALIDADE. Inexistindo circunstâncias especialmente desfavoráveis à impetrante enquanto infratora, a apenação deveria aproximar-se muito mais do limite mínimo do que do máximo previsto em lei, ao contrário do que, de modo infundado, agiu a autoridade coatora, inobservando os princípios da razoabilidade e da proporcionalidade.

Nos casos de reincidência, fraude ou embaraço à fiscalização, a multa será imposta em valor fixo, correspondente ao máximo dos valores normalmente fixados, de acordo com a tabela anteriormente transcrita.

Cumpre, no entanto, bem definir tais situações.

Sobre o tema, o art. 5º da Lei n. 7.855/89, preceitua que as multas previstas na legislação trabalhista serão, quando for o caso, e sem prejuízo das demais cominações legais, aumentadas até o grau máximo, nos casos de artifício, ardil, simulação, desacato, embaraço ou resistência à ação fiscal, levando-se em conta, além das circunstâncias atenuantes ou agravantes, a situação econômico-financeira do infrator e os meios a seu alcance para cumprir a lei.

O art. 6º, §1º, de referido diploma diz que não será considerado reincidente o empregador que não for novamente autuado por infração ao mesmo dispositivo, decorridos dois anos da imposição da penalidade. Em outros termos: reincidente será o empregador que, dentro do período de dois anos, for autuado mais de uma vez por infração ao mesmo dispositivo de norma regulamentadora.

A reincidência, portanto, somente existirá se específica, ou seja, se a infração novamente cometida incidir no mesmo item da norma anteriormente violada.

Outrossim, já se decidiu não configurar embaraço ou resistência à fiscalização a atitude de hospital que limita o ingresso em suas dependências de fiscal do trabalho (médico), no intuito de preservar a intimidade de seus pacientes.

TRIBUNAL REGIONAL FEDERAL DA PRIMEIRA REGIÃO

Classe: REO — REMESSA 'EX-OFFICIO' — 01158388

Processo: 198901158388 UF: MG Órgão Julgador: TERCEIRA TURMA

Data da decisão: 23.5.1990 Documento: TRF100003120

Fonte: DJ DATA: 25.6.1990 PÁGINA: 13770

Relator(a): JUIZ VICENTE LEAL

Descrição: POR UNANIMIDADE, NEGAR PROVIMENTO Á REMESSA.

EMENTA

TRABALHISTA. FISCALIZAÇÃO. LIMITAÇÕES. INSPEÇÃO EM HOSPITAL PSIQUIÁTRICO. EXIGÊNCIA DE ACOMPANHAMENTO DO DIRETOR-CLÍNICO. CLT, ART. 630, PAR. 3. NORMA QUE DEVE TER APLICAÇÃO HUMANAMENTE INTERPRETADA. — É LICITO AOS HOSPITAIS, NA PRESERVAÇÃO DA INTIMIDADE DE SEUS PACIENTES, PRINCIPALMENTE EM SETOR SENSÍVEL COMO NOS LOCAIS DESTINADOS A DOENTES PSÍQUICOS, LIMITAR O INGRESSO DE PESSOAS ESTRANHAS, SALVO ACOMPANHADOS PELA AUTORIDADE MÉDICA COMPETENTE, MESMO QUE SE TRATE DE FISCAL DO TRABALHO, COM PROFISSÃO DE MÉDICO. — NÃO CONFIGURA ESTA CONDUTA EMBARAÇO À FISCALIZAÇÃO DO CUMPRIMENTO DAS NORMAS TRABALHISTAS, DESDE QUE NÃO PROIBIDA A INSPEÇÃO PELO FISCAL DO TRABALHO. — REMESSA DESPROVIDA.

29.13. Responsabilidade dos sócios pelo pagamento da multa imposta à pessoa jurídica

Decorrido o prazo para pagamento de multa imposta pela fiscalização trabalhista a determinada pessoa jurídica, após o julgamento de eventual recurso administrativo, ter-se-á a inscrição do débito em dívida ativa e a conseqüente cobrança através de processo de execução fiscal, nos termos da Lei n. 6.830, de 22 de setembro de 1980.

No processo de execução, para o pagamento do valor da multa, juros e correção monetária, haverá a possibilidade de penhora de tantos bens da pessoa jurídica quantos bastem para a satisfação do crédito da Fazenda Pública.

Resta saber, entretanto, se no caso dos bens da pessoa jurídica forem insuficientes para a satisfação do crédito fazendário poderá o sócio gerente da pessoa jurídica responder pelo valor da autuação fiscal com seus bens particulares.

Por outras palavras: poderá o sócio gerente ter seus bens particulares penhorados em execução fiscal redirecionada contra sua pessoa física, para satisfação do crédito da Fazenda Pública, consistente em multa trabalhista acrescida de juros e correção monetária?

Há sérias divergências sobre o assunto.

A resposta à questão formulada está na análise da possibilidade de aplicação do art. 135, III, do Código Tributário Nacional (CTN), que assim preceitua:

> Art. 135. São pessoalmente responsáveis pelos créditos correspondentes a obrigações tributárias resultantes de atos praticados com excesso de poderes ou infração de lei, contrato social ou estatutos:
>
> ....
>
> III — os diretores, gerentes ou representantes de pessoas jurídicas de direito privado.

Aqueles que admitem a possibilidade de aplicação do artigo supracitado argumentam que basta que haja infração à lei ou prática de atos com excesso de poderes (nos quais estariam enquadradas as infrações à legislação trabalhista) para que houvesse a responsabilidade pessoal do sócio pela dívida da pessoa jurídica.

Os que não admitem tal responsabilização, aduzem que o Código Tributário não é aplicável à hipótese de multa por infração à legislação trabalhista, uma vez que tal legislação somente se aplicaria aos tributos e não às multas.

O Superior Tribunal de Justiça (STJ) veio a proferir julgamento sobre o assunto, pronunciando-se no sentido da impossibilidade do redirecionamento contra os sócios da execução ajuizada inicialmente em face da pessoa jurídica, negando a penhora de bens pessoais daqueles.

Nesse sentido:

SUPERIOR TRIBUNAL DE JUSTIÇA

RESP 414602 / PR; RECURSO ESPECIAL

2002/0017111-8

Fonte: DJ DATA: 9.9.2002 PG: 00219

Relator: Min. ELIANA CALMON (1114)

Data da Decisão: 13.8.2002

Orgão Julgador: T2 — SEGUNDA TURMA

EMENTA

PROCESSUAL CIVIL E TRIBUTÁRIO — EXECUÇÃO FISCAL — SÓCIO-GERENTE — AUSÊNCIA DE RESPONSABILIDADE PESSOAL — DÍVIDA NÃO TRIBUTÁRIA (MULTA POR INFRAÇÃO À CLT) — INAPLICABILIDADE DO ART. 135, III DO CTN.

1. Segundo o art. 4º da Lei n. 6.830/80, a execução fiscal pode ser promovida contra o responsável, nos termos da lei, por dívidas tributárias ou não.

2. O art. 135, III do CTN responsabiliza pessoalmente os diretores, gerentes ou representantes de pessoas jurídicas de direito privado apenas pelos créditos correspondentes a obrigações tributárias, não sendo aplicável, portanto, no caso de cobrança de multa por infração à CLT.

3. Recurso especial improvido.

Nos Tribunais Regionais Federais, entretanto, é majoritária a jurisprudência que admite a responsabilização pessoal dos sócios, e a conseqüente penhora de bens particulares para satisfação de créditos oriundos de multas por infração da CLT, conforme se verifica a seguir.

TRIBUNAL REGIONAL FEDERAL DA 1ª REGIÃO

Classe: AG — AGRAVO DE INSTRUMENTO — 01000316025

Processo: 200301000316025 UF: BA Órgão Julgador: SÉTIMA TURMA

Data da decisão: 18.5.2004 Documento: TRF100165922

Fonte: DJ DATA: 4.6.2004 PÁGINA: 148

Relator(a) DESEMBARGADOR FEDERAL TOURINHO NETO

Decisão: A Turma, por unanimidade, deu provimento ao agravo de instrumento.

EMENTA PROCESSO CIVIL. EXECUÇÃO. AGRAVO DE INSTRUMENTO. RESPONSABILIDADE DO SÓCIO-GERENTE. MULTA POR INFRAÇÃO AO ART. 200 DA CLT. SÚMULA 192 DO STF.

1. O descumprimento de obrigação legal relativa a fatos geradores contemporâneos à gerência do sócio, torna-o legitimado passivamente para a execução, ante a configuração de sua responsabilidade pessoal e solidária, decorrente da infração à lei (AC 96.01.11929-9, DJ 19.12.2000, p. 30).

2. Não se inclui no crédito habilitado em falência a multa fiscal com efeito de pena administrativa. Súmula 192 do STF.

3. Agravo de instrumento provido.

TRIBUNAL REGIONAL FEDERAL DA 1ª REGIÃO

Classe: AG — AGRAVO DE INSTRUMENTO — 01000385814

Processo: 200201000385814 UF: MG Órgão Julgador: QUINTA TURMA

Data da decisão: 22.8.2003 Documento: TRF100155568

Fonte: DJ DATA: 26.9.2003 PÁGINA: 224

Relator(a): DESEMBARGADOR FEDERAL FAGUNDES DE DEUS

Decisão: A Turma, por unanimidade, deu provimento ao agravo de instrumento.

EMENTA PROCESSUAL CIVIL. AGRAVO DE INSTRUMENTO. EXECUÇÃO FISCAL. COBRANÇA DE MULTA POR INFRAÇÃO À CLT. NATUREZA NÃO TRIBUTÁRIA. APLICAÇÃO DO ART. 135 DO CTN, POR FORÇA DO ART. 4º, § 2º, DA LEI N. 6.830/80. RESPONSABILIDADE DO SÓCIO-GERENTE DA EMPRESA EXECUTADA. DECISÃO REFORMADA.

1. O art. 135 do CTN, que prevê a responsabilidade pessoal dos diretores, gerentes ou representantes pelas dívidas da empresa, é aplicável, também, às execuções de dívida ativa da Fazenda Pública, de qualquer natureza, a teor do art. 4º, § 2º, da Lei n. 6.830/80.

2. Desnecessária a prévia comprovação da qualidade de sócio-gerente da pessoa jurídica executada e do fato de haver ele atuado com excesso de poderes ou infringência à lei ou ao contrato social da empresa (CTN, art. 135), no caso de a Certidão de Dívida Ativa identificá-lo, expressamente, como coobrigado. Isto porque a dívida ativa, regularmente inscrita, goza de presunção de liquidez e certeza, somente ilidível mediante prova em contrário, a cargo do sujeito passivo.

3. Agravo de Instrumento a que se dá provimento, para determinar o prosseguimento da execução em desfavor do(s) sócio(s) diretor(es), gerente(s) ou representante(s) da empresa executada.

TRIBUNAL REGIONAL FEDERAL DA 4ª REGIÃO

Classe: AG — AGRAVO DE INSTRUMENTO — 98583

Processo: 200204010048890 UF: RS Órgão Julgador: TERCEIRA TURMA

Data da decisão: 11.6.2002 Documento: TRF400084554

Fonte: DJU DATA: 10.7.2002 PÁGINA: 387 DJU DATA: 10.7.2002

Relator(a) JUÍZA MARIA DE FÁTIMA FREITAS LABARRÈRE

Decisão: A TURMA, POR UNANIMIDADE, DEU PARCIAL PROVIMENTO AO AGRAVO DE INSTRUMENTO.

EMENTA EXECUÇÃO FISCAL. MULTAS POR INFRAÇÃO À LEGISLAÇÃO DA CLT. CITAÇÃO DO SÓCIO-GERENTE. ART. 135, III, DO CTN. APLICAÇÃO. — Inobstante a natureza não tributária das multas por infração à legislação da CLT, a execução fiscal de tais valores pode ser redirecionada contra o sócio-gerente da empresa executada. — Incidência, na espécie, do disposto no art. 135, III, do CTN. — Hipótese em que cabe ao julgador, caso a caso, verificar a ocorrência de atos praticados com excesso de poderes ou infração de lei, contrato social ou estatutos. — Agravo parcialmente provido.

29.14. Fiscalização de normas protetivas do trabalho constantes de convenções e acordos coletivos

As normas protetivas do trabalhador não se encontram somente na Lei ou nas Normas Regulamentadoras, mas também em textos de convenções coletivas (acordo entre dois ou mais sindicatos representativos da categoria profissional dos empregados e da categoria econômica dos empregadores) e acordos coletivos (acordos entre sindicato(s) representativo(s) da categoria profissional e empresa(s) respectiva(s).

Por muito tempo reinou polêmica sobre a possibilidade da fiscalização trabalhista inspecionar o cumprimento de normas constantes de convenções e acordos coletivos, uma vez que se entendia que, em se tratando de pacto entre particulares, seu cumprimento deveria apenas ser exigido pelas partes envolvidas no ajuste firmado, não havendo qualquer participação estatal.

Tal entendimento, entretanto, encontra-se superado nos dias de hoje, uma vez que não mais se entende sejam as convenções e acordos coletivos meros pactos privados, à semelhança do que ocorre com um contrato regido pelo Direito Civil ou Comercial, já que acabam por instituir verdadeiras normas trabalhistas. Ademais, os termos de tais ajustes, segundo o art. 614 da CLT, são depositados perante às Delegacias Regionais do Trabalho, justamente para que, além de possibilitar o arquivo e a publicidade de seus termos, viabilize a fiscalização de seu cumprimento.

A jurisprudência, inclusive, admite plenamente a fiscalização de normas constantes de convenções e acordos coletivos do trabalho, como se verifica na decisão seguinte.

TRIBUNAL REGIONAL FEDERAL DA TERCEIRA REGIÃO

Classe: AMS — APELAÇÃO EM MANDADO DE SEGURANÇA

Processo: 95031004209 UF: SP Órgão Julgador: SEGUNDA TURMA

Data da decisão: 17.11.1998 Documento: TRF300046670

Fonte: DJ DATA:7.4.1999 PÁGINA: 286

Relator(a): JUÍZA SYLVIA STEINER

Decisão: UNANIMIDADE, DAR PROVIMENTO À APELAÇÃO E À REMESSA OFICIAL.

EMENTA

ADMINISTRATIVO E TRABALHISTA — MANDADO DE SEGURANÇA — NORMA ESTABELECIDA EM CONVENÇÃO COLETIVA DE TRABALHO — DESCUMPRIMENTO — AUTUAÇÃO PELA FISCALIZAÇÃO DO TRABALHO — POSSIBILIDADE — DERROGAÇÃO POR RESOLUÇÃO DO CONSELHO NACIONAL DO PETRÓLEO — IMPOSSIBILIDADE.

1. A CONVENÇÃO COLETIVA DE TRABALHO NÃO É UM MERO CONTRATO. TRATA-SE DE "ACORDO DE CARÁTER NORMATIVO", SEGUNDO DISPÕE O ART. 611 DA CLT, CONSTITUINDO PORTANTO, *EX VI LEGE*, FONTE FORMAL DE DIREITO DO TRABALHO. A CF/88 ELEVOU À CATEGORIA DE DIREITO FUNDAMENTAL O "RECONHECIMENTO DAS CONVENÇÕES E ACORDOS COLETIVOS DE TRABALHO" (ART. 7, INCISO XXVI).

2. NÃO HÁ DE SE FALAR EM DERROGAÇÃO DE DISPOSIÇÃO DE CONVENÇÃO COLETIVA DE TRABALHO, DETERMINANDO DESCANSO SEMANAL OBRIGATORIAMENTE AOS DOMINGOS, PELO PARÁGRAFO ÚNICO, DO ART. 1º, DA RESOLUÇÃO N. 11 DO CNP, POIS: 1) A RESOLUÇÃO É NORMA HIERARQUICAMENTE INFERIOR À CONVENÇÃO COLETIVA; 2) A RESOLUÇÃO N. 11 É FUNDADA EM DECRETO-LEI (DECRETO-LEI N. 94.179/87), ENTE NORMATIVO QUE, NOS TERMOS DA CF/67 (ART. 55, INCISOS I, II E III), CONTINHA RESTRIÇÕES MATERIAIS INCOMPATÍVEIS COM "FACULDADE CONFERIDA A POSTOS DE GASOLINA PARA FUNCIONAR AOS DOMINGOS" 3) ATÉ POR PREMISSAS DE LÓGICA, NÃO PODERIA SER DERROGADA A OBRIGATORIEDADE DE DESCANSO SEMANAL AOS DOMINGOS POR UMA NORMA POSTERIOR CONCEDENDO FACULDADE DE ABRIR ESTABELECIMENTO AOS DOMINGOS; 4) TRATANDO-SE DE CONVENÇÃO COLETIVA, OS PRÓPRIOS IMPETRANTES OPTARAM PELA OBRIGATORIEDADE.

3. ESTANDO EM PLENA VIGÊNCIA A PROIBIÇÃO DE TRABALHOS AOS DOMINGOS E CONSIDERANDO QUE AS DISPOSIÇÕES DAS CONVENÇÕES COLETIVAS DE TRABALHO POSSUEM FORÇA DE

LEI TRABALHISTA, A FISCALIZAÇÃO DO TRABALHO NÃO SÓ TINHA DIREITO, COMO TAMBÉM POSSUÍA DEVER FUNCIONAL DE AUTUAR AS IMPETRANTES EM CUJOS ESTABELECIMENTOS HAVIA EMPREGADOS TRABALHANDO AOS DOMINGOS, SOB PENA DE RESPONSABILIDADE.

4. APELAÇÃO E REMESSA OFICIAL PROVIDAS.

O Ministério do Trabalho, adotando o último entendimento esposado, veio a editar sobre o tema a Portaria n. 865 de 14 de setembro de 1995, que estabelece critérios para fiscalização de condições de trabalho constantes de convenções ou acordos coletivos de trabalho.

Para tanto, considerou que os direitos dos trabalhadores são aqueles previstos no art. 7º da Constituição Federal, além de outros que visem à melhoria de sua condição social; que a Constituição Federal reconhece as convenções e os acordos coletivos, no inciso XXVI do art. 7º; e o compromisso do Ministério do Trabalho de promover a negociação coletiva como forma de consolidar a modernização das relações do trabalho.

Assim, restou determinado na Portaria n. 865/95 que o Ministério do Trabalho receberá as convenções e acordos coletivos nos termos dos arts. 614 e 615 da CLT, e que seu descumprimento ensejará a lavratura de auto de infração, como se pode verificar do texto ora transcrito.

> Art. 1º As convenções e acordos coletivos de trabalho, bem como seus respectivos aditamentos, nos termos dos arts. 614 e 615 da Consolidação das Leis do Trabalho, serão recebidos pelo Ministério do Trabalho, através de suas unidades competentes, para fins exclusivamente de depósito, vedada a apreciação do mérito e dispensada sua publicação no Diário Oficial.
>
> Art. 2º Os chefes das Divisões ou Seções de Relações do Trabalho dos Órgãos Regionais do Ministério do Trabalho encaminharão, até o 5º (quinto) dia útil de cada mês, às Coordenações, Divisões ou Seções de Fiscalização, Segurança e Saúde no Trabalho, cópias dos instrumentos de convenção ou acordo coletivo de trabalho, e eventuais aditivos depositados, para conhecimento dos Agentes da Inspeção do Trabalho.
>
> Art. 3º O descumprimento de norma referente a condições de trabalho, constante de convenção ou acordo coletivo de trabalho ensejará lavratura de Auto de Infração.

Muitas vezes, entretanto, verifica-se não o descumprimento da convenção ou acordo coletivos, mas o cumprimento pela empresa de pactos que violam flagrantemente a legislação trabalhista, criando, p. ex., condições desfavoráveis de trabalho para o empregado. Em tais casos, não deve haver autuação da empresa, mas sim a comunicação do fato à chefia imediata, que submeterá o caso à autoridade regional (Delegado Regional do Trabalho) que, se for o caso, representará ao Ministério Público do Trabalho (Procuradoria Regional do Trabalho), para o ajuizamento de ação civil pública ou congênere.

> Art. 4º A incompatibilidade entre as cláusulas referentes às condições de trabalho pactuadas em convenção ou acordo coletivo e a legislação ensejará apenas a comunicação do fato à chefia imediata, que o submeterá à consideração da autoridade regional.
>
> Parágrafo único. Recebida a comunicação, a referida autoridade, quando for o caso, apresentará denúncia à Procuradoria Regional do Trabalho, conforme previsto no art. 6º da Lei n. 7.347/85, de 24 de julho de 1985 e art. 83, incisos I, III e IV, da Lei Complementar n. 75 de 20 de maio de 1993.
>
> Art. 5º O Agente da Inspeção, ao verificar condição de trabalho imposta por convenção ou acordo coletivo de trabalho que possa acarretar grave e iminente risco para o trabalhador, adotará as providências previstas nas normas regulamentadoras aprovadas pela Portaria n. 3.214, de 8 de junho de 1978, sem prejuízo da comunicação prevista no artigo anterior.

29.15. Prescrição da ação fiscalizatória

Por prescrição podemos entender a perda de uma pretensão (exigência de subordinação de um interesse alheio a um interesse próprio) ante o decurso do tempo e inércia de seu titular.

Trata-se, pois, de instituto que reflete o efeito do tempo nas relações jurídicas entre os indivíduos ou instituições, impondo que determinadas relações passadas não operem mais efeitos no mundo jurídico. Assim, exemplificativamente, um credor terá de exigir do respectivo devedor seu direito em determinado lapso de tempo, sob pena de não mais poder fazê-lo coativamente; o Estado, v.g., deverá punir um criminoso em determinado tempo após a prática do crime, sob pena da pretensão punitiva restar prescrita.

As raízes do instituto da prescrição vêm de longa data, e já os romanos salientavam que o Direito não socorre aqueles que dormem (*dormentibus non sucurrit jus*).

A prescrição está disciplinada em vários diplomas legislativos entre os diversos ramos jurídicos. No que tange ao assunto aqui tratado, qual seja, a fiscalização trabalhista, vem regulada na Lei n. 9.873, de 23 de novembro de 1999, que estabelece prazo de prescrição para o exercício de ação punitiva pela Administração Pública Federal, direta e indireta, e dá outras providências.

Analisaremos a seguir os principais detalhes da legislação referida.

Primeiramente, a Lei n. 9.873/99 em seu art. 1º disciplina que a prescrição será qüinqüenal (cinco anos), constituindo-se na regra geral.

> Art. 1º Prescreve em cinco anos a ação punitiva da Administração Pública Federal, direta e indireta, no exercício do poder de polícia, objetivando apurar infração à legislação em vigor, contados da data da prática do ato ou, no caso de infração permanente ou continuada, do dia em que tiver cessado.

Dessa forma, não poderá a fiscalização autuar a empresa em relação a fatos ocorridos há mais de cinco anos.

Ocorrida a autuação, apresentando o autuado sua defesa e dando início ao trâmite do procedimento administrativo, caso este venha a ficar parado por mais de três anos pendente de decisão ou despacho, a partir de então começará a ser contada a prescrição, que, se consumada, provocará o arquivamento do processo, nos termos seguintes.

> § 1º Incide a prescrição no procedimento administrativo paralisado por mais de três anos, pendente de julgamento ou despacho, cujos autos serão arquivados de ofício ou mediante requerimento da parte interessada, sem prejuízo da apuração da responsabilidade funcional decorrente da paralisação, se for o caso.

Como vimos anteriormente, algumas infrações administrativas também poderão se constituir em fatos penalmente relevantes ou típicos, ou seja, em crimes definidos no Código Penal ou legislação penal extraordinária. Em casos tais, a prescrição será regida pelas disposições da legislação penal, segundo o art. 1º, § 2º a seguir transcrito.

> § 2º Quando o fato objeto da ação punitiva da Administração também constituir crime, a prescrição reger-se-á pelo prazo previsto na lei penal.

Há de se consignar que esta última disposição visa, em princípio, a tornar mais gravosa a situação do autuado, que além de cometer uma infração administrativa também incidiu em ilícito penal, além de compatibilizar as esferas criminal e administrativa.

Ocorre que, em determinados casos, tal norma poderá vir a ter justamente o efeito contrário, ou seja, beneficiar o autuado.

Se não, vejamos um exemplo.

Imaginemos que o autuado tenha contratado empregado para trabalhar em uma prensa mecânica por engate de chaveta sem as devidas proteções e sem treinamento para tanto. O fato, além de se constituir em uma infração à NR-12 (infração administrativa), também constitui crime de periclitação da vida (art. 132 do CP), pois que o empregador veio a expor a vida ou a saúde do empregado a perigo direto e iminente.

A prescrição da pretensão punitiva estatal para a punição do delito se dá conforme a pena máxima a ele cominada, que no caso concreto (art. 132 do CP) é de 1(um) ano.

Ocorre que, nos termos do art. 109, V, do Código Penal, a prescrição se dá em 4 (quatro) anos, se o máximo da pena é igual a 1 (um) ano ou, sendo superior, não excede a 2 (dois).

Ora, nesse caso, se não houvesse um fato definido como crime, teríamos prescrição em cinco anos, o que seria mais gravoso ao autuado. Pela circunstância de ser definido também como crime teremos a prescrição se operando em quatro anos, o que beneficia o autuado, em verdadeiro contra-senso.

A prescrição admite interrupção, quando voltará a ser contada novamente por inteiro ou, se preferirmos, será contada novamente "do zero". As causas de interrupção vêm descritas no art. 2º a seguir transcrito.

Art. 2º Interrompe-se a prescrição:

I — pela citação do indiciado ou acusado, inclusive por meio de edital;

II — por qualquer ato inequívoco, que importe apuração do fato;

III — pela decisão condenatória recorrível.

Além de interrompida, a prescrição também pode ser suspensa, voltando a correr pelo prazo que restava antes da suspensão.

As causas de suspensão da prescrição são descritas no art. 3º, seguinte.

Art. 3º Suspende-se a prescrição durante a vigência:

I — dos compromissos de cessação ou de desempenho, respectivamente, previstos nos arts. 53 e 58 da Lei n. 8.884, de 11 de junho de 1994;

II — do termo de compromisso de que trata o § 5º do art. 11 da Lei n. 6.385, de 7 de dezembro de 1976, com a redação dada pela Lei n. 9.457, de 5 de maio de 1997.

Em suma: a prescrição interrompida volta a correr novamente pelo prazo total (contar-se-á novamente os cinco anos), enquanto que a prescrição suspensa volta a correr pelo prazo que restava (p.ex., se decorridos dois anos antes da suspensão, terminada a causa, a prescrição voltará a correr por mais três anos).

Para as infrações ocorridas antes de três anos contados de 1º.7.1998, há uma regra especial em seu art. 4º, que determina a aplicação de prazo especial de 2 (dois) anos, contados a partir desta data, ressalvando os casos de interrupção de prescrição.

Transcrevemos a norma a seguir.

> Art. 4º Ressalvadas as hipóteses de interrupção previstas no art. 2º, para as infrações ocorridas há mais de três anos, contados do dia 1º de julho de 1998, a prescrição operará em dois anos, a partir dessa data.

29.16. Competência para a inspeção das normas protetivas do trabalho

A questão da competência para fiscalização ou inspeção do trabalho é matéria que, não obstante possa parecer de grande simplicidade pelo já mencionado até aqui, traz várias divergências teóricas e práticas.

Isto porque, muito embora se tenha definido em nível constitucional os agentes da União como competentes para a inspeção do trabalho (CF, art. 21, XXVI), ente que exerce tais atribuições através do Ministério do Trabalho e Emprego, na prática há diversas autoridades pertencentes a esferas diversas de governo que se julgam competentes para legislar sobre saúde e segurança ocupacional e inspecionar referido tema.

Não se discute aqui a participação de Estados e Municípios nas atividades de inspeção do trabalho, através de convênios entre entidade federal, estaduais e municipais, até mesmo na forma do art. 626 da CLT. Questiona-se a competência autônoma destes últimos entes federativos, independentemente de qualquer autorização da União, sustentada por alguns.

Fundamentam-se as autoridades estaduais e municipais na norma insculpida no art. 200, II e VI da CF, que daria, segundo seu entendimento, competência aos agentes do SUS para a inspeção e fiscalização do meio ambiente do trabalho. E como este se constituiria em rede hierarquizada nos diversos níveis de governo (federal, estadual e municipal), teriam as autoridades em questão competência para a inspeção do trabalho.

Baseiam-se ainda na Norma Operacional Básica dos SUS — NOB-SUS 01/96, que dá algumas diretrizes para o funcionamento de tal sistema.

A questão, entretanto, merece maior aprofundamento, que ora passamos a fazer.

Inicialmente é de se citar o que preceitua o art. 21, XXIV, da Constituição Federal:

> Art. 21. Compete à União:
>
> ....
>
> XXIV — organizar, manter e executar a inspeção do trabalho.

Em seu art. 200, II e VIII, preceitua:

> Art. 200. Ao sistema único de saúde compete, além de outras atribuições, nos termos da lei:
>
> ....
>
> II — executar as ações de vigilância sanitária e epidemiológica, bem como as de saúde do trabalhador;
>
> ....
>
> VIII — colaborar na proteção do meio ambiente, nele compreendido o do trabalho.

Assim sendo, dispõe a Constituição da República sobre a inspeção do trabalho em duas passagens, uma ao definir a competência da União, outra ao definir a competência do SUS (Sistema Único de Saúde).

O SUS, como preceitua o art. 198 da Constituição e seus incisos, se constitui em rede hierarquizada e regionalizada, tendo direção única em cada esfera de governo.

Uma melhor análise, porém, mostrará que a competência das autoridades municipais e estaduais para a inspeção do trabalho não é legal nem constitucional, tratando-se de competência exclusiva e indelegável da União.

Para que se chegue a tal conclusão, é necessário que se analisem dois aspectos: 1) A natureza jurídica da competência atribuída à União em matéria de inspeção do trabalho; 2) O alcance e conteúdo da competência conferida ao SUS.

29.16.1. A natureza jurídica da competência atribuída à União em matéria de inspeção do trabalho

Para melhor discorrermos sobre o tema, mister que se faça um pequeno estudo das competências constitucionais.

Conforme esmerada doutrina, em termos de competência constitucional, deve-se fazer a distinção entre competências *privativas* e *exclusivas*.

A competência *privativa*, não obstante o nome, seria aquela que, conferida a determinado ente federativo prioritariamente, não obsta que o ente beneficiado a delegue a outro, nos limites e forma permitidos na Constituição.

Já a competência *exclusiva*, ao contrário da anterior, não permite ao ente agraciado delegar de qualquer forma sua competência a outro congênere.

Essa a lição de *José Afonso da Silva* para quem: "...A diferença que se faz entre competência *exclusiva* e competência *privativa* é que aquela é indelegável e esta é delegável. Então, quando se quer atribuir competência própria a uma entidade ou a um órgão com possibilidade de delegação de tudo ou de parte, declara-se que compete privativamente a ele a matéria indicada. Assim, no art. 22 se deu competência privativa (não exclusiva) à União para legislar sobre: [...], porque parágrafo único faculta à lei complementar autorizar os Estados a legislar sobre questões específicas das matérias relacionadas nesse artigo. No art. 49, é indicada a competência exclusiva do Congresso Nacional. O art. 84 arrola a matéria de competência privativa do Presidente da República, porque seu parágrafo único permite delegar algumas atribuições ali arroladas..". (22)

Destarte, como se vê, diante de uma competência constitucional, teremos duas possibilidades: será ela privativa ou exclusiva, conforme a Carta Magna possibilite ou não a delegação.

Assim, vejamos o que ocorre no caso concreto da competência para a inspeção do trabalho.

A Constituição, ao contrário do que faz em seu art. 22, parágrafo único, não possibilita, em qualquer passagem de seu art. 21, no qual está definida a competência para a inspeção do trabalho, a delegação de competências.

---

(22) *Curso de Direito Constitucional Positivo*, 16ª ed. São Paulo: Malheiros, p. 480.

Assim pensa *Michel Temer*: "...Dos arts. 21 e 22 se extrai que a União tem competências expressas e enumeradas. São também exaustivas, pois exaurem, pela enumeração, as matérias que lhe cabem".(23)

Não é outro o entendimento de *Ives Gandra da Silva Martins*, ao comentar a Constituição Federal: "..O art. 21 é dedicado à competência de atribuições da União ...".(24)

Assim, temos pela frente claro caso de *competência constitucional exclusiva* sendo vedada a delegação a outros entes que não o originariamente definido como competentes.

Não bastasse o argumento ora expendido, outro ainda existe.

De fato, como se verá a seguir, é competência da União legislar sobre Direito do Trabalho, sendo que a competência legislativa deve necessariamente acompanhar a competência administrativa para atuar no caso concreto.

Destarte, deve-se fixar como conexas e centralizadas em um único ente as competências legislativas e administrativas.

Como se sabe, grande parte da doutrina separa referidas competências, afirmando que a competência legislativa, como o nome diz, dá a prerrogativa de legislar e a administrativa de atuar naquele âmbito específico de competência.

Não obstante, preferimos concordar com *Ives Gandra da Silva Martins*, para quem: "A dificuldade, todavia, que se coloca é que, regido o país pelo princípio da legalidade, nenhuma entidade federativa pode agir sem ter legislação anterior que a autorize, de tal forma que tanto o art. 21 quanto o art. 22 cuidam, em verdade, de competência para legislar sobre aquelas matérias. O mesmo se pode dizer no que concerne à competência comum e/ou concorrente, visto que a ação é sempre precedida de legislação..."(25)

Assim sendo, somente podendo a Administração agir quando previamente autorizada por lei, a diferença entre competência legislativa e administrativa fica muito reduzida de conteúdo, porquanto a ação administrativa sempre será necessariamente precedida de legislação específica do ente político respectivo.

---

(23) *Elementos de Direito Constitucional*, 15ª ed. São Paulo: Malheiros, p. 77.
(24) *Comentários à Constituição do Brasil*, São Paulo: Saraiva, p. 2/3.
(25) *Idem*, p. 2/3.

Portanto, conclui-se corretamente afirmar que a competência para agir deve corresponder igualmente à competência para legislar sobre a matéria.

Desta forma, a conclusão que se extrai é que, em sendo a competência do art. 21 exclusiva, somente a União poderá organizar, manter e inspecionar o trabalho. Em sendo a competência para agir (competência administrativa) corolário lógico e necessário da competência para legislar (competência legislativa), conclui-se que somente a União poderá legislar sobre organização, manutenção e inspeção do trabalho.

E a matéria de organização, segurança e meio ambiente do trabalho *é componente do Direito do Trabalho.*

Esse o pensamento de *Sérgio Pinto Martins*, que, adotando as orientações do Prof. OCTAVIO BUENO MAGANO, preceitua a divisão da disciplina do Direito do Trabalho na seguinte forma: "Preferimos adotar a divisão utilizada pelo Prof. Magano, ao falar de Direito Individual do Trabalho, Direito Tutelar do Trabalho e Direito Coletivo do Trabalho".[26]

E prossegue: "No Direito Tutelar do Trabalho versaremos sobre regras que tratam da proteção do trabalhador, como as normas de segurança e medicina do trabalho, regras sobre a jornada de trabalho, sobre os repousos do trabalhador, sobre a fiscalização trabalhista, etc."

Vê-se, pois que o Direito Tutelar do Trabalho é parte do Direito do Trabalho.

Ora, conforme o art. 22, I , da CF é privativa da União a competência para legislar sobre Direito do Trabalho.

Logo, repita-se: somente a União poderá legislar criando obrigações relativas ao meio ambiente do trabalho, bem como somente ela poderá fiscalizar o cumprimento de tais obrigações.

29.16.2. Âmbito de competência do SUS quanto à matéria de inspeção do trabalho

Em se afirmando a competência exclusiva da União para legislar e agir em matéria de medicina, segurança, inspeção e meio ambiente do trabalho em geral, resta ainda fixar, dentro das normas constitucionais, o âmbito correto de competência do SUS (Sistema Único de Saúde).

---

(26) *Direito do Trabalho*, 3ª ed. São Paulo: Malheiros, p. 43/44.

Diz a Constituição Federal que o SUS, sendo um conjunto hierarquizado e descentralizado de ações mantidas pelo Poder Público, nos diversos níveis de governo, terá as competências de (grifos nossos):

> Art. 200. Ao Sistema Único de Saúde compete, além de outras atribuições, nos termos da lei:
>
> ....
>
> II — executar as *ações* de vigilância sanitária e epidemiológica, bem como as *de saúde* do trabalhador.
>
> VIII — *colaborar na proteção* do meio ambiente, nele compreendido o do trabalho.

Analisemos, pois, tal competência, nos termos postos pela Constituição Federal.

Inicialmente ressalta a interpretação gramatical (27) da Constituição que caberá ao SUS: 1) executar as ações de vigilância sanitária e epidemiológica; 2) executar ações relativas à saúde do trabalhador.

Logo após, diz caber ao SUS *colaborar* na proteção do meio ambiente, nele compreendido o do trabalho.

Assim, tem-se que o SUS deve inicialmente realizar ações diversas relativas à saúde do trabalhador. Ora, nenhuma competência lhe atribuiu a Constituição Federal para inspecionar ou fiscalizar o meio ambiente do trabalho, mas sim para que realize ações diversas em prol da saúde do trabalhador, dentre as quais, v.g., a pesquisa de novas técnicas para a melhoria das condições de saúde do trabalho, a realização de exames médicos periódicos, etc, dentre as quais não está, de forma nenhuma incluída a inspeção do trabalho.

No mesmo sentido, *colaborar* na proteção do meio ambiente não significa dar atribuições ao SUS de inspecioná-lo ou fiscalizá-lo. Ora, quem colabora atua em conjunto, em participação secundária, que obviamente não poderá ser, a inspeção, atividade primordial.

---

(27) Ressalta-se aqui que a interpretação gramatical de tal artigo traz alguma dubiedade para alguns exegetas. Isto porque, em uma leitura rápida, parece dizer o texto que as ações de vigilância sanitária também se referem à saúde do trabalhador, quando se refere a norma constitucional à expressão "as de saúde do trabalhador". Na verdade, o sujeito de referida norma é *ações* e *não vigilância sanitária*, como se poderia imaginar de uma análise perfunctória. Trata-se de competência que não inclui, assim, a inspeção ou vigilância, mas meramente a prática de ações para melhoria da saúde do trabalhador.

Logo, nenhuma atribuição constitucional tem o SUS para inspecionar o meio ambiente do trabalho, sendo inconstitucional qualquer lei que venha a conferir tal atribuição a este órgão.

Mas vejamos ainda o que diz a legislação ordinária.

Dada a descentralização do sistema, o SUS terá direções e atribuições diversas conforme o ente federativo a que pertencer e conforme definir a lei (pois a Carta Magna expressamente delega à lei a fixação das competências do SUS).

É o SUS disciplinado pela Lei n. 8.080, de 19 de setembro de 1990 que dispõe sobre as condições para a promoção, proteção e recuperação da saúde, a organização e o funcionamento dos serviços correspondentes e dá outras providências.

Diz referido diploma em seu art. 9º:

> Art. 9º A direção do Sistema Único de Saúde (SUS) é única, de acordo com o inciso I do art. 198 da Constituição Federal, sendo exercida em cada esfera de governo pelos seguintes órgãos:
>
> I — no âmbito da União, pelo Ministério da Saúde;
>
> II — no âmbito dos Estados e do Distrito Federal, pela respectiva Secretaria de Saúde ou órgão equivalente; e
>
> III — no âmbito dos Municípios, pela respectiva Secretaria de Saúde ou órgão equivalente.

Ficam claras, assim, as atribuições dos órgãos para o exercício das atribuições do SUS. No âmbito federal, será competente o Ministério da Saúde. Nos Estados e Municípios as respectivas secretarias de saúde.

Veja-se, agora, a competência deferida pela lei a cada esfera governamental (grifos nossos).

> Seção II
>
> Da Competência
>
> Art. 16. À *direção nacional do Sistema Único da Saúde* (SUS) compete:
>
> ....
>
> II — participar na formulação e na implementação das *políticas*:
>
> ....
>
> c) relativas às condições e aos ambientes de trabalho;

V — participar da *definição de normas, critérios e padrões para o controle* das condições e dos ambientes de trabalho e coordenar a política de saúde do trabalhador.

Art. 17. À *direção estadual do Sistema Único de Saúde* (SUS) compete:

IV — coordenar e, *em caráter complementar*, executar *ações e serviços*:

a) de vigilância epidemiológica;

b) de vigilância sanitária;

c) de alimentação e nutrição; e

d) *de saúde do trabalhador*;

VII — *participar* das ações de controle e avaliação das condições e dos ambientes de trabalho.

Art. 18. *À direção municipal do Sistema Único de Saúde* (SUS) compete:

III — *participar* da execução, controle e avaliação das ações referentes às condições e aos ambientes de trabalho.

IV — executar *serviços*:

a) de vigilância epidemiológica;

b) vigilância sanitária;

c) de alimentação e nutrição;

d) de saneamento básico; e

e) de saúde do trabalhador.

Percebe-se, pois, que em nenhuma passagem a lei atribuiu ao SUS a inspeção do meio ambiente do trabalho, pois, *participar de políticas, executar serviços ou coordená-los em caráter complementar* não significa poder de polícia fiscalizatório.

Este também foi o entendimento da *Confederação Nacional da Indústria* (CNI), ao propor a ação direta de inconstitucionalidade 1862-RJ, julgada procedente pelo STF: "Ademais, quanto à Inspeção do Trabalho, não se alegue, tampouco, que o Sistema Único de Saúde, organizado de forma descentralizada (Constituição art. 198- I), tenha atribuição para executar ações de vigilância da saúde do trabalhador (Constituição, art. 200-II), porque, em matéria de proteção do meio ambiente do trabalho a função do SUS é de colaboração (Constituição, art. 200-VIII). Colaborar é ajudar, auxiliar, apoiar ações normatizadas e dirigidas pela União, e não agir autonomamente, de acordo com as suas próprias regras, à revelia da atuação do órgão federal competente".

29.16.3. Posição do Supremo Tribunal Federal sobre a matéria de inspeção do trabalho

Note-se, mais uma vez, o que disse o Supremo Tribunal Federal sobre a matéria.

Instado a se manifestar, o plenário do Supremo Tribunal Federal, através do julgamento da liminar na ADIMC-1893/RJ — Rel. Min. Marco Aurélio, fixou, por unanimidade, o posicionamento do Pretório Excelso sobre a matéria.

Por unanimidade, foi conferida liminar na Ação Direta de Inconstitucionalidade, movida pela Confederação Nacional da Indústria, nos seguintes termos:[(28)]

SUPREMO TRIBUNAL FEDERAL

ADIMC-1893 / RJ

AÇÃO DIRETA DE INCONSTITUCIONALIDADE — MEDIDA CAUTELAR

Relator: Ministro MARCO AURÉLIO

Publicação: DJ DATA-23-4-99 PP-00002 EMENT. VOL.-01947-01 PP-00141 Julgamento: 18.12.1998 — Tribunal Pleno

(28) Sobre referida ação, encontramos a seguinte informação no noticiário do STF de 12.5.2004: *Plenário do STF declara inconstitucionalidade de lei fluminense*: O Supremo Tribunal Federal (STF), por decisão unânime, julgou procedente a Ação Direta de Inconstitucionalidade (ADI 1893) ajuizada pela Confederação Nacional da Indústria (CNI), e declarou a inconstitucionalidade da Lei n. 2.702/97, do Estado do Rio de Janeiro. O julgamento foi presidido pelo ministro Nelson Jobim, presidente no exercício da Presidência do Tribunal. A CNI ingressou com uma ADI questionando a Lei fluminense n. 2702/97, que estabelece a política estadual de qualidade ambiental, ocupacional e de proteção da saúde do trabalhador. Argumentou a inconstitucionalidade total da lei, por afrontar competência exclusiva da União para legislar sobre Direito do Trabalho, previsto no art. 22, inciso I, da Constituição Federal (CF). Sustentou, ainda, que a norma, ao ordenar que órgãos estaduais implementem a fiscalização do cumprimento dos padrões estaduais de qualidade ambiental ocupacional estabelecidos, estaria violando o art. 21, inciso XXVI, da CF, que determina ser de competência da União a organização, manutenção e execução de inspeção do trabalho. Ao final, a Confederação argumentou a violação ao art. 200, inciso VIII, da Carta Magna, por ter o Estado do Rio de Janeiro instituído regras próprias, estranhas às estabelecidas pela União, de padrões de qualidade, determinação de infrações e sanções referentes à proteção do meio ambiente de trabalho, excedendo seus limites como integrante do Sistema Único de Saúde (SUS). O relator, ministro Carlos Velloso, destacou parte do entendimento manifestado em parecer da Procuradoria Geral da República, segundo o qual não se poderia falar em competência concorrente do art. 24, inciso VI, da CF, pois a lei objeto da ADI estabelece normas de Direito do Trabalho, da competência privativa da União. Por fim, Velloso declarou a inconstitucionalidade da lei fluminense, sendo acompanhado à unanimidade pelos demais ministros.

EMENTA

SEGURANÇA E HIGIENE DO TRABALHO — COMPETÊNCIA LEGISLATIVA. Ao primeiro exame, cumpre à União legislar sobre parâmetros alusivos à prestação de serviços — arts. 21, inciso XXIV, e 22, inciso I, da Constituição Federal. O gênero "meio ambiente", em relação ao qual é viável a competência em concurso da União, dos Estados e do Distrito Federal, a teor do disposto no art. 24, inciso VI, da Constituição Federal, não abrange o ambiente de trabalho, muito menos a ponto de chegar-se à fiscalização do local por autoridade estadual, com imposição de multa. Suspensão da eficácia da Lei n. 2.702, de 1997, do Estado do Rio de Janeiro.

Observação Votação: Unânime. Resultado: Deferida.

N.PP.:(13). Análise:(RCO). Revisão:(AAF).

Inclusão: 6.5.99, (MLR).

E no mérito do julgamento do feito supracitado, do qual foi relator o Min. Carlos Veloso, o Supremo Tribunal Federal veio a confirmar o entendimento dado na medida cautelar, segundo o qual somente à União é dado o poder de inspecionar o trabalho e legislar sobre Direito do Trabalho (no qual a matéria do meio ambiente do trabalho está inserida).

Destacamos trecho do voto do relator a seguir:

"O entendimento do Supremo Tribunal Federal, manifestado no citado julgamento, foi este: a lei impugnada diz respeito ao Direito do Trabalho, da competência privativa da União: C.F., art. 22, I. Ademais, compete à União organizar, manter e executar a inspeção do trabalho (C.F., art. 21, XXIV), certo que a matéria de que cuida a lei objeto da causa — política de qualidade ambiental ocupacional e de proteção da saúde do trabalhador — não se compreende na competência concorrente, C.F., art. 24, VI.

A decisão é de ser mantida.

Com propriedade, opina a respeito o ilustre Procurador-Geral da República, Prof. Geraldo Brindeiro:

"(...)

7. Por certo, afiguram-se procedentes as alegações de usurpação da competência exclusiva da União, assim como, o excesso do legislador estadual quanto à definição do papel da administração pública em face da proteção do meio ambiente do trabalho.

8. Inicialmente, faz-se oportuno mencionar que a competência concorrente dos Estados e da União, disposta no art. 24 da Carta Federal, compreende a idéia de que ao Estado será assegurada a competência para regulamentar de forma específica o que houver a União normatizado de forma geral. Assim, sendo a saúde, que se busca proteger e defender, considerada de forma genérica para efeitos desse artigo, qualquer regulamentação a ela inerente deveria visar à saúde em geral, o que não ocorreu no caso em questão.

9. Observa-se que o legislador estadual utilizou-se de maneira equivocada de sua competência supletiva para inserir a idéia de 'saúde', abordada no inciso XII, do mencionado art. 24, a saúde no ambiente do trabalho, matéria esta eminentemente trabalhista, prevista no art. 22, § 1º, como de competência privativa da União.

10. A toda evidência, a Lei impugnada viola os arts. 21, XXIV e 22, I, da Carta Federal, pois os temas atinentes à segurança e à saúde do trabalhador estão insertos no conteúdo do Direito do Trabalho, somente podendo ser objeto de legislação estadual em caso de delegação de competência da União para os Estados, por meio de lei complementar devidamente aprovada pelo Congresso Nacional.

11. Quanto à inspeção do trabalho, não há dúvida de que tal atribuição não assiste ao Estado, mesmo sendo este participante do Sistema Único de Saúde — SUS, pois o art. 200, inciso VIII, expõe claramente sua condição de colaborador para a proteção do meio ambiente de trabalho, sendo a regulamentação, a fiscalização e o controle das ações e serviços de saúde reservados à Lei, conforme preceitua o art. 197, da Constituição Federal.

12. Cabe ressaltar que a Lei n. 8.080/90, que regula o art. 197, da Carta Federal, não confere competência aos Estados para legislar sobre a proteção da saúde do trabalhador ou disciplinar a inspeção do Trabalho.

Ante o exposto, o parecer é pela procedência do pedido de declaração de inconstitucionalidade formulado nesta ação.

(...)." (Fl. 112-113)

Correto o entendimento. Não há falar, no caso, na competência concorrente do art. 24, VI, da Constituição, dado que a lei objeto da causa diz respeito, na verdade, ao Direito do Trabalho, da competência privativa da União: C.F., art. 22, I. Ademais, conforme ressaltado quando do julgamento da cautelar, compete à União organizar, manter e executar a inspeção do trabalho: C.F., art. 21, XXIV.

Do exposto, julgo procedente a ação e declaro a inconstitucionalidade da Lei n. 2.702, de 1997, do Estado do Rio de Janeiro.

O mesmo pronunciamento parece ter fundamentado o acórdão noticiado no Informativo 142 do STF:

Informativo 142 — STF

Saúde do Trabalhador e Competência

Por aparente ofensa ao art. 22, I, da CF, que determina a competência privativa da União para legislar sobre Direito do Trabalho, o Tribunal, em ação direta proposta pela Confederação Nacional da Indústria-CNI, por maioria, deferiu, em parte, o pedido de medida cautelar para, dando interpretação conforme a CF, suspender relativamente aos empregados celetistas, sem redução de texto, a alínea *b* do inciso III do art. 3º da Lei n. 2.586/96 do Estado do Rio de Janeiro, que estabelece normas de prevenção das doenças e critérios de defesa da saúde dos trabalhadores em relação às atividades que possam desencadear lesões por esforços repetitivos — LER. Vencido, em parte, o Min. Marco Aurélio que, dando interpretação conforme a CF, suspendia relativamente aos empregados celetistas, sem redução de texto, toda a Lei n. 2.586/96. Vencidos ainda, em parte, os Ministros Néri da Silveira, relator, e Carlos Velloso que indeferiam integralmente o pedido. ADInMC 1.862-RJ, rel. Min. Néri da Silveira, 18.3.99.

Também no mesmo sentido, declarando a incompetência legislativa de outros entes políticos que não a União para legislar sobre Direito do Trabalho e inspecionar o trabalho, o STF declarou inconstitucional lei do Distrito Federal que previa sanções a atos discriminatórios contra a mulher e inspeção do trabalho por autoridades distritais federais.

SUPREMO TRIBUNAL FEDERAL

ADI 953 / AÇÃO DIRETA DE INCONSTITUCIONALIDADE

Relator(a): Min. ELLEN GRACIE

Julgamento: 19.3.2003

Órgão Julgador: Tribunal Pleno

Publicação: DJ DATA 2-5-2003 PP-00025 EMENT VOL-02108-01 PP-00036

EMENTA: AÇÃO DIRETA DE INCONSTITUCIONALIDADE. LEI N. 417, DE 2.3.93, DO DISTRITO FEDERAL. ARTS. 21, XXIV, E 22, I DA CF.

> COMPETÊNCIA PRIVATIVA DA UNIÃO PARA LEGISLAR SOBRE DIREITO DO TRABALHO. COMPETÊNCIA DA UNIÃO PARA IMPLEMENTAR AÇÕES FISCALIZATÓRIAS NO ÂMBITO DAS RELAÇÕES DE TRABALHO. É pacífico o entendimento deste Supremo Tribunal quanto à inconstitucionalidade de normas locais que tenham como objeto matérias de competência legislativa privativa da União. A norma sob exame, ao criar regras e prever sanções administrativas para se coibir atos discriminatórios contra a mulher nas relações de trabalho, dispôs sobre matéria de competência legislativa outorgada à União. Viola, ainda, o diploma impugnado, o art. 21, XXIV, da CF, por atribuir poder de fiscalização, no âmbito do trabalho, a ente da Federação que não a União. Ação direta que se julga procedente, para se declarar a inconstitucionalidade da Lei n. 417/93, do Distrito Federal.

29.17. O Ministério Público e a inspeção do trabalho

Como já salientado, o art. 7º, inciso XXII, da Constituição Federal assegura aos trabalhadores a redução dos riscos inerentes ao trabalho, por meio de normas de saúde, higiene e segurança, que se encontram presentes principalmente na CLT e nas Normas Regulamentadoras inicialmente aprovadas pela Portaria Ministerial n. 3.214/78.

Cabe ao empregador, dessa forma, cumprir e fazer cumprir as disposições legais e regulamentares sobre segurança e medicina do trabalho (NR-1, item 1.7 "a").

Para assegurar o cumprimento desse complexo normativo, além da fiscalização trabalhista, exercida no âmbito administrativo pelos agentes do Ministério do Trabalho, a Lei n. 7.347/85, em conjunto com a Lei n. 8.078/90 (Código de Defesa do Consumidor), instituiu um meio jurídico-processual para a defesa dos denominados interesses difusos, coletivos e individuais homogêneos.

A definição das categorias jurídicas ora tratadas consta do art. 81 da Lei n. 8.078/90, nos seguintes termos:

> Art. 81. A defesa dos interesses e direitos dos consumidores e das vítimas poderá ser exercida em juízo individualmente, ou a título coletivo.
>
> Parágrafo único. A defesa coletiva será exercida quando se tratar de:
>
> I — interesses ou direitos difusos, assim entendidos, para efeitos deste código, os transindividuais, de natureza indivisível, de que sejam titulares pessoas indeterminadas e ligadas por circunstâncias de fato;
>
> II — interesses ou direitos coletivos, assim entendidos, para efeitos deste código, os transindividuais, de natureza indivisível de que seja

titular grupo, categoria ou classe de pessoas ligadas entre si ou com a parte contrária por uma relação jurídica base;

III — interesses ou direitos individuais homogêneos, assim entendidos os decorrentes de origem comum.

Os interesses ou direitos difusos se caracterizam por pertencerem a uma coletividade de pessoas indeterminadas, sem que se possa dividir seu objeto parcialmente, para distribuí-lo entre os diversos titulares. Outrossim, uma decisão judicial a respeito de interesses difusos afeta praticamente toda a sociedade, ou ao menos toda uma coletividade de titulares indeterminados.

Nesse sentido, *Ada Pellegrini Grinover* preleciona que: "[...] o objeto dos interesses difusos (no sentido amplo, que também engloba os coletivos) é sempre um bem coletivo insuscetível de divisão, sendo que a satisfação de um implica na satisfação de todos, ao mesmo tempo em que a lesão de um indica a lesão de toda a coletividade [...]".[(29)]

Tenha o leitor como exemplo o direito à manutenção do meio ambiente (em geral) de forma saudável. Ora, não se pode saber exatamente a quem pertence referido direito, pois ele pertence a toda a sociedade, ou ao menos a uma coletividade local em que não se pode determinar com exatidão seus componentes. Por outro lado, não se pode dividir o direito em questão entre seus titulares para que se determine qual parte dele caberia a qual titular.

Os interesses ou direitos coletivos, por sua vez, entram numa categoria em que os titulares são uma coletividade determinada, ou determinável com maior facilidade. Seu objeto, do mesmo modo que ocorre com os interesses difusos, também é indivisível, não podendo ser separado parcialmente. E as decisões judiciais sobre interesses coletivos afetarão o grupo respectivo.

Como exemplo de direito coletivo lembramos a lição de *Hugo Nigro Mazzili*: "Podemos citar o aumento ilegal das prestações de um consórcio. O interesse em ver reconhecida a ilegalidade do aumento é compartilhado, de forma indivisível e não quantificável, por todos os integrantes do grupo: a ilegalidade do aumento não será maior para quem tenha duas cotas, em relação a quem tenha apenas uma: a ilegalidade será a mesma para todos".[(30)]

---

(29) *A tutela dos interesses difusos*, São Paulo: Max Limonad, 1984.

(30) *A defesa dos interesses difusos em juízo*. 7ª ed. São Paulo: 1995.

Já os interesses individuais homogêneos caracterizam-se por serem, na verdade, direitos individuais, cujo objeto pode claramente ser dividido entre os titulares, mas que permitem a defesa judicial por ações coletivas, uma vez que se originam de uma única circunstância comum.

Mais uma vez, podemos citar *Mazzili*, quando exemplifica: "Como exemplo, suponhamos os compradores de veículos produzidos com o mesmo defeito de série. Há uma relação jurídica comum subjacente entre os consumidores, mas o que liga todos eles é antes o fato de que compraram carros do mesmo lote produzido com o mesmo defeito".[31]

O quadro seguinte resume ao leitor as categorias mencionadas.

Categoria	**Titulares**	**Divisibilidade do objeto**	**Pessoas afetadas pela decisão judicial**
Interesses difusos	Indeterminados ou de difícil determinação	Indivisível	Toda sociedade
Interesses coletivos	Determinados ou determináveis	Indivisível	Grupo afetado
Interesses individuais homogêneos	Determinados	Divisível	Titulares do direito em questão

Até hoje persistem algumas divergências sobre a natureza do interesse ou direito ao meio ambiente de trabalho seguro, ou seja, a prerrogativa dos trabalhadores relativa à segurança e salubridade do ambiente de trabalho.

Alguns o inserem como um interesse coletivo, por entenderem que tocaria a toda a coletividade operária que labora em determinado local.[32]

---

(31) *Op. cit.*, p. 10.

(32) Veja-se a decisão: *Tribunal·Superior do Trabalho (TST)* RECURSO DE REVISTA — AÇÃO CIVIL PÚBLICA — MINISTÉRIO PÚBLICO DO TRABALHO — OBRIGAÇÃO DE FAZER — CUMPRIMENTO DE NORMAS SOBRE MEDICINA ESEGURANÇA DO TRABALHO — COMPETÊNCIA DA JUSTIÇA DO TRABALHO. Diferentemente do entendimento adotado pelo Tribunal Regional do Trabalho de São Paulo, é manifesta a competência da Justiça do Trabalho para instruir e julgar ação civil pública

Outros o inserem como difuso, uma vez que o titular do direito ao meio ambiente do trabalho saudável e seguro não seria tão-somente o conjunto de trabalhadores que trabalham em determinado local, mas toda a sociedade, interessada na diminuição dos infortúnios do trabalho, até mesmo em virtude de ter que custeá-los indiretamente através das contribuições previdenciárias e impostos cobrados de todos.(33)

Por fim, existem ainda aqueles que preferem classificar o direito mencionado como individual homogêneo, posição com a qual não concordamos, dada a clara indivisibilidade do objeto.(34)

---

proposta pelo Ministério Público em defesa da ordem jurídica trabalhista, consubstanciada na tutela coletiva do direito dos empregados da empresa Recorrida ao cumprimento de normas sobre segurança e medicina do trabalho. Regra geral, é pela natureza da relação jurídica substancial litigiosa que se faz a distinção entre as várias Justiças do sistema judiciário nacional, sendo atribuída constitucionalmente à Justiça do Trabalho a competência para julgar, na forma da lei, outras controvérsias decorrentes da relação de trabalho, a teor do art. 114, 2ª parte, da Constituição da República, de 1988. Por sua vez, o art. 129 da Carta Magna estabelece, como função institucional do Ministério Público, promover ação civil pública para a proteção do meio ambiente e de outros interesses difusos e coletivos. E, a Lei Complementar n. 75, de 20 de maio de 1993, atribuiu ao Ministério Público do Trabalho, expressamente, a legitimação ordinária para promover a ação civil pública no âmbito da Justiça do Trabalho, para defesa de interesses coletivos, quando desrespeitados os direitos sociais constitucionalmente garantidos (art. 83, "caput", e inc. III). Trata-se, na espécie, de direito coletivo de índole trabalhista, estando o Ministério Público do Trabalho legitimado à sua defesa por via da ação civil pública, que será proposta em Vara da Justiça do Trabalho (art. 2º da Lei n. 7347, de 24.7.1985 — LACP). Precedentes do TST e do STF. Recurso de Revista conhecido e provido. RR 488652, 1998.

(33) Referida opinião fica clara nos acórdãos seguintes: *Segundo Tribunal de Alçada Civil:* AÇÃO CIVIL PÚBLICA — CUMPRIMENTO DAS NORMAS DE SEGURANÇA DO TRABALHO — DIREITO DIFUSO — RECONHECIMENTO. É difuso o interesse a ser tutelado na ação civil pública ajuizada pelo Ministério Público visando ao cumprimento das normas de segurança do trabalho, pois o impedimento da proliferação de acidentes e doenças laborativas interessam a toda a sociedade e não apenas aos empregados atuais ou futuros da empresa. Ap. s/ Rev. 530.413-00/0 — 1ª Câm. — Rel. Juiz DIOGO DE SALLES — J. 30.11.98.

(34) Nesse sentido: *Segundo Tribunal de Alçada Civil:* MINISTÉRIO PÚBLICO ESTADUAL — LEGITIMIDADE — PROPOSITURA DE INQUÉRITO CIVIL E AÇÃO CIVIL PÚBLICA — DEFESA DO MEIO AMBIENTE DO TRABALHO — OBREIROS SUBMETIDOS A CONDIÇÕES INSALUBRES — RECONHECIMENTO. Ao Ministério Público do Trabalho cabe a defesa dos direitos sociais dos trabalhadores, cabendo ao Ministério Público Estadual a defesa do meio ambiente do trabalho, justificando-se a eventual propositura de ação civil pública para proteção dos direitos individuais homogêneos dos obreiros submetidos a condições insalubres de trabalho. Inteligência do art. 295, II, da Lei Complementar Estadual n. 734/93.Ap. s/ Rev. 557.263-00/1 — 10ª Câm. — Rel. Juiz SOARES LEVADA — J. 20.10.99.

Qualquer que seja o enquadramento, entretanto, sempre será cabível a ação civil pública, lastreada em prévio inquérito civil, para a defesa do direito dos trabalhadores ao meio ambiente do trabalho saudável e seguro, sendo legitimado para tanto o Ministério Público.

Isto porque o art. 129, inciso III, da Constituição Federal, declara expressamente caber ao Ministério Público, como função institucional, promover ação civil pública para proteção do meio ambiente e de outros interesses difusos e coletivos.

Da mesma forma, o art. 3º da Lei n. 7.347/85 estabelece que a ação civil pública poderá ter como objeto a condenação do réu (ora o empregador) ao cumprimento da obrigação de fazer.

Assim, comprovado o descumprimento de Normas Regulamentadoras, omitindo-se a empresa no dever legal de manter ambiente de trabalho salubre, será legítimo ao Ministério Público, por meio da ação civil pública, pleitear em juízo a condenação do empregador a promover a modificação do ambiente de trabalho em questão, eliminando ou neutralizando os riscos à saúde e integridade física de trabalhadores.

A intervenção do Ministério Público se opera no sentido de tutelar em juízo os interesses difusos e coletivos. Para isso, a ação civil pública destinada à defesa dos trabalhadores e do meio ambiente de trabalho seguro possui normalmente caráter condenatório do empregador em obrigação de fazer ou não fazer, com preceito cominatório, postulando-se ao Poder Judiciário que condene a empresa a eliminar as vicissitudes e irregularidades apuradas em inquérito civil.

Com o fim de atingir o objetivo pretendido, o pedido ordinariamente deduzido na ação civil pública ou coletiva inclui a denominada *multa cominatória* ("astreintes"), através da qual é fixada penalidade pecuniária em prazo razoável para que sejam sanadas as irregularidades encontradas no ambiente de trabalho, sob pena de passar o empregador a incidir em multa diária em patamar que se julgue adequado para estimular a execução específica da obrigação.

A jurisprudência, inicialmente, foi relutante em admitir a legitimidade do Ministério Público para referida tarefa, mas hoje se encontra pacificada no sentido de sua possibilidade.

Pode-se verificar o ocorrido nas decisões seguintes:

SUPERIOR TRIBUNAL DE JUSTIÇA

O Ministério Público Estadual não tem legitimidade para instaurar contra sociedade empresária, pessoa jurídica de direito privado, inquérito civil para apurar o descumprimento de normas relativas à higiene e à segurança do trabalho, nem para ajuizar, decorrentemente, ação civil pública (STJ — 1ª Turma, RMS 5.563-9-RS, Rel. Min. César Rocha, j. 21.8.95, deram provimento, v.u. DJU 16.10.95).

SUPERIOR TRIBUNAL DE JUSTIÇA

Acórdão: RESP 315944/SP; RECURSO ESPECIAL (2001/0038562-1) Fonte: DJ DATA:29.10.2001PG:00212

Relator(a): Min. RUY ROSADO DE AGUIAR (1102)

Data da Decisão: 25.9.2001

Órgão Julgador: T4 — QUARTA TURMA

EMENTA

AÇÃO CIVIL PÚBLICA. Acidente no trabalho. Legitimidade do Ministério Público estadual. Meio ambiente. O Ministério Público estadual tem legitimidade para promover ação civil pública destinada a evitar acidentes no trabalho. Precedentes. Recurso conhecido e provido.

Decisão: Vistos, relatados e discutidos estes autos, acordam os Ministros da QUARTA TURMA do Superior Tribunal de Justiça, na conformidade dos votos e das notas taquigráficas a seguir, por unanimidade, conhecer do recurso e dar-lhe provimento, nos termos do voto do Sr. Ministro Relator. Os Srs. Ministros ALDIR PASSARINHO JUNIOR, SÁLVIO DE FIGUEIREDO TEIXEIRA, BARROS MONTEIRO e CÉSAR ASFOR ROCHA votaram com o Sr. Ministro Relator.

SEGUNDO TRIBUNAL DE ALÇADA CIVIL DE SÃO PAULO

MINISTÉRIO PÚBLICO — LEGITIMIDADE — PROPOSITURA DE INQUÉRITO CIVIL E AÇÃO CIVIL PÚBLICA — DEFESA DO MEIO AMBIENTE DO TRABALHO — RECONHECIMENTO

O inquérito civil instaurado sob presidência do Ministério Público, nos termos do art. 8º, § 1º, da Lei n. 7.347/85, tem natureza investigatória pública e inquisitiva, não se encontrando sujeito ao contraditório constitucional, uma vez que só objetiva a colheita de elementos para viabilizar eventual propositura futura de ação civil pública.

AI 511.491 — 10ª Câm. — Rel. Juiz SOARES LEVADA — J. 30.7.98.

SEGUNDO TRIBUNAL DE ALÇADA CIVIL DE SÃO PAULO

MINISTÉRIO PÚBLICO ESTADUAL — LEGITIMIDADE — PROPOSITURA DE INQUÉRITO CIVIL E AÇÃO CIVIL PÚBLICA — DEFESA DO MEIO AMBIENTE DO TRABALHO — OBREIROS SUBMETIDOS A CONDIÇÕES INSALUBRES — RECONHECIMENTO

Ao Ministério Público do Trabalho cabe a defesa dos direitos sociais dos trabalhadores, cabendo ao Ministério Público Estadual a defesa do meio ambiente do trabalho, justificando-se a eventual propositura de ação civil pública para proteção dos direitos individuais homogêneos dos obreiros submetidos a condições insalubres de trabalho. Inteligência do art. 295, II, da Lei Complementar Estadual n. 734/93.

Ap. s/ Rev. 557.263-00/1 — 10ª Câm. — Rel. Juiz SOARES LEVADA — J. 20.10.99.

ANOTAÇÃO No mesmo sentido: AI 511.491 — 10ª Câm. — Rel. Juiz SOARES LEVADA — J. 30.7.98 AI 626.315-00/1 — 10ª Câm. — Rel. Juiz SOARES LEVADA — J. 10.5.2000.

Questão inicialmente questionada, foi a relativa à competência para o processo e julgamento da ação civil pública em que se postulava o cumprimento das normas de segurança e medicina do trabalho.

Por muito tempo prevaleceu na jurisprudência a tese de que tal ação, movida pelo Ministério Público, tratava-se de ação acidentária, com a única diferença que visava a prevenir a ocorrência de acidentes, e não buscar uma indenização para o acidente já ocorrido; ou seja, conceituava-se como uma espécie de "ação acidentária preventiva".

Sendo que a Constituição Federal excluiu da competência da Justiça Federal as causas relativas a acidentes do trabalho (CF, art. 109, II), remetendo-as à competência residual da Justiça Comum Estadual, definia-se na jurisprudência este ramo do Poder Judiciário como competente para o processo e julgamento da ação.

Com essa argumentação, vemos os seguintes acórdãos:

SUPERIOR TRIBUNAL DE JUSTIÇA

ACÓRDÃO: CC 16243/SP (199600042918)

CONFLITO DE COMPETÊNCIA

DECISÃO: POR UNANIMIDADE, CONHECER DO CONFLITO E DECLARAR COMPETENTE O SEGUNDO TRIBUNAL DE ALÇADA CIVIL DO ESTADO DE SÃO PAULO, SUSCITADO.

DATA DA DECISÃO: 22.5.1996

ÓRGÃO JULGADOR: — PRIMEIRA SEÇÃO

EMENTA

CONFLITO DE COMPETÊNCIA. AÇÃO CIVIL PÚBLICA, DE NATUREZA CAUTELAR, VISANDO A PREVENIR ACIDENTES DO TRABALHO. COMPETÊNCIA DA JUSTIÇA ESTADUAL. A CONSTITUIÇÃO FEDERAL EXCLUIU DA COMPETÊNCIA DA JUSTIÇA FEDERAL AS AÇÕES DE ACIDENTES DO TRABALHO (ART. 109, INCISO I), SEM DISTINGUIR

ENTRE AS QUE VISAM A PREVENI-LOS DAQUELAS QUE TÊM O PROPÓSITO DE REPARÁ-LOS; TODAS SÃO PROCESSADAS E JULGADAS PELA JUSTIÇA ESTADUAL. CONFLITO DE COMPETÊNCIA CONHECIDO PARA DECLARAR A COMPETÊNCIA DO EGRÉGIO SEGUNDO TRIBUNAL DE ALÇADA CIVIL DO ESTADO DE SÃO PAULO.

RELATOR: MINISTRO ARI PARGENDLER

FONTE: DJ DATA: 17.6.1996 PG: 21434

SUPERIOR TRIBUNAL DE JUSTIÇA

ACÓRDÃO: CC 14463/MG (199500363844)

CONFLITO DE COMPETÊNCIA

DECISÃO: POR UNANIMIDADE, CONHECER DO CONFLITO E DECLARAR COMPETENTE A JUSTIÇA ESTADUAL.

DATA DA DECISÃO: 14.2.1996

ÓRGÃO JULGADOR: — SEGUNDA SEÇÃO

EMENTA

CONFLITO. AÇÃO CIVIL PÚBLICA. LESÕES POR ESFORÇO REPETITIVO — LER. AÇÃO QUE TEM POR OBJETO A PREVENÇÃO DE LESÕES ORIUNDAS DO TRABALHO. COMPETÊNCIA DA JUSTIÇA COMUM ESTADUAL.

RELATOR: MINISTRO CLÁUDIO SANTOS

FONTE: DJ DATA: 22.4.1996 PG: 12509

Ocorre que, recentemente, o *Supremo Tribunal Federal* definiu tal competência como pertencente à Justiça do Trabalho, e, portanto, ao Ministério Público do Trabalho, no seguinte acórdão:

SUPREMO TRIBUNAL FEDERAL

DESCRIÇÃO: RECURSO EXTRAORDINÁRIO

NÚMERO: 206220

EMENTA

COMPETÊNCIA — AÇÃO CIVIL PÚBLICA — CONDIÇÕES DE TRABALHO. Tendo a ação civil pública como causas de pedir disposições trabalhistas e pedidos voltados à preservação do meio ambiente do trabalho e, portanto, aos interesses dos empregados, a competência para julgá-la é da Justiça do Trabalho.

ORIGEM: MG — MINAS GERAIS

PARTES: RECTE.: BANCO DO ESTADO DE MINAS GERAIS S/A — BEMGE E OUTROS. RECDO.: MINISTÉRIO PÚBLICO ESTADUAL

RELATOR: MARCO AURÉLIO

SESSÃO: 02 — Segunda Turma

Assim, entendeu o Pretório Excelso que tal ação não se configura em ação acidentária preventiva, e que, por estar vinculada às relações trabalhistas, deve ser julgada pela Justiça do Trabalho.

Diz o relator (Ministro Marco Aurélio), em seu pronunciamento, que:

"[...] O acórdão impugnado parte de premissa errônea, ou seja, o envolvimento, na espécie, não de uma controvérsia sobre contornos trabalhistas, em que pesem as causas de pedir e pedidos lançados, mas, em si, de prevenção de lesões oriundas do esforço aplicado no trabalho. Vislumbrou-se, na hipótese, verdadeira ação de acidente do trabalho. Assim não é. Fosse esta ação de acidente do trabalho, como definida na lei própria, estaria dirigida não contra os empregadores, mas contra o Instituto de Previdência Social. Em momento algum, apontou-se o que se poderia ter como acidente do trabalho, nem se reivindicou, relativamente a empregados individualizados, este ou aquele benefício previdenciário. Ao contrário, ante a interesses plurindividuais, buscaram-se providências objetivando o respeito à legislação do trabalho. Ora, a competência, na espécie, é definida no art. 114 da Constituição Federal, valendo notar estar em jogo o meio ambiente do trabalho, direitos coletivos indisponíveis e, portanto, direito substancial dos próprios empregados, tudo a pressupor relação jurídica empregatícia, ou seja, liame regido pela Consolidação das Leis do Trabalho. Nem se diga que da relação processual, na via direta, não participam os empregados. Em última análise, a ação civil pública revela legitimação concorrente e o Ministério Público atua, em si, visando a tornar prevalecentes as normas trabalhistas, no que voltadas à proteção dos prestadores dos serviços. Aliás, esta legitimação concorrente não é estranha ao processo do trabalho, estando presente no mandado de segurança coletivo [...]"

Apesar da decisão do STF, a polêmica sobre a matéria ainda não restava definitivamente concluída. Com efeito, houve ainda aqueles que entenderam não ser referido acórdão aplicável a todas as hipóteses, mas somente àquelas em que o pedido tenha relação direta com a aplicação de alguma norma trabalhista.(35)

No entanto, recentemente o Supremo Tribunal Federal editou a Súmula n. 736, pacificando o entendimento do Pretório Excelso sobre a matéria, nos seguintes termos:

Súmula 736 do STF

Compete à Justiça do Trabalho julgar as ações que tenham como causa de pedir o descumprimento de normas trabalhistas relativas à segurança, higiene e saúde dos trabalhadores.

Verifica-se nos dias de hoje vários exemplos de ações civis públicas ajuizadas pelo Ministério Público do Trabalho perante a Justiça do Trabalho, como se poderá conferir a seguir.

TRIBUNAL REGIONAL DO TRABALHO DA 19ª REGIÃO

DECISÃO: 22 6 2004TIPO: RO NUM: 00092-2003-059-19-00-9 ANO: 2003 REGIÃO: ÚNICA VARA DO TRABALHO DE PENEDO NÚMERO ÚNICO PROC: RO — 00092-2003-059-19-00-9

RECURSO ORDINÁRIO

TURMA: TP — TRIBUNAL PLENO

Inteiro Teor FONTE: DOE/AL DATA: 2-7-2004

RELATOR: JUIZ JOSÉ ABÍLIO

REVISOR(A): JUIZ(a) REVISOR(a) HELENA E MELLO

EMENTA

AÇÃO CIVIL PÚBLICA. MINISTÉRIO PÚBLICO DO TRABALHO. LEGITIMIDADE ATIVA. INTERESSE COLETIVO. Considerando que a ação civil pública proposta pelo MPT tem o objetivo de compelir a ré a fornecer os EPIs a todos os trabalhadores, bem como fiscalizar o efetivo uso dos mesmos, obrigando a ré no cumprimento dos princípios insertos no inciso XXII, do art. 7º e 225 da CF/88 c/c 166 da CLT; resta indiscutível a natureza coletiva do bem litigado, tendo-se, pois, desta forma, como absolutamente legítimo o Ministério Público do Trabalho para acionar esta Especializada, através de Ação Civil Pública. Recurso parcialmente provido.

DECISÃO

ACORDAM os Juízes do Tribunal Regional do Trabalho da Décima Nona Região, por maioria, rejeitar a preliminar de incompetência em

(35) Nesse sentido é o argumento de *José Marcelo Menezes Vigliar* em sua obra *Ação Civil Pública*. 5ª ed. São Paulo: Editora Atlas.

razão da matéria, suscitada pela ré/recorrente, contra o voto do Exmº Sr. Juiz Nova Moreira que a acolhia; por unanimidade, rejeitar as preliminares de incompetência em razão do lugar e de ilegitimidade ativa "ad causam" do Ministério Público do Trabalho, argüidas pela ré/recorrente. Mérito: por unanimidade, negar provimento ao recurso do Ministério Público do Trabalho; por maioria, dar provimento parcial ao recurso da reclamada para excluir do condeno a multa por litigância de má-fé imposta à executada; arbitrar a quantia de R$ 500,00 (quinhentos reais) a título de "astreintes", por trabalhador encontrado em situação irregular, bem como a de R$ 5.000,00 (cinco mil reais) por ano em que não forem promovidos seminários, conscientizando o trabalhador dos riscos da atividade, bem como não forem atualizados o PPRA — Programa de Prevenção de Risco Ambiental e o PCMSO — Programa de Controle Médico de Saúde Ocupacional, valores reversíveis ao FAT — Fundo de Amparo ao Trabalhador; bem como estender o prazo para o cumprimento da sentença para 90 dias, a partir da publicação da sentença, contra o voto, em parte, do Exmº Sr. Juiz Nova Moreira que reduzia a quantia para R$ 50,00 (cinqüenta reais) a título de "astreintes", por trabalhador encontrado em situação irregular. O Exmº Sr. Juiz Nova Moreira pediu justificativa de voto.

TRIBUNAL REGIONAL DO TRABALHO DA 3ª REGIÃO

DECISÃO: 29.11.2004 TIPO: RO NUM: 00575 ANO: 2004 NÚMERO ÚNICO PROC: RO — 00575-2004-109-03-00-3

TURMA: Sexta Turma

Inteiro Teor FONTE: DJMG DATA: 10-12-2004 PG: 07

RELATOR: Juiz João Bosco Pinto Lara

EMENTA: AÇÃO CIVIL PÚBLICA — EQUIPAMENTOS DE SEGURANÇA EM AGÊNCIA BANCÁRIA — INSTALAÇÃO E FORNECIMENTO AOS VIGILANTES — LEGITIMIDADE DO MINISTÉRIO PÚBLICO DO TRABALHO. Detém o Ministério Público do Trabalho legitimidade para ajuizar ação civil pública quando o objeto da demanda diz respeito à defesa do direito social fundamental ao meio ambiente de trabalho seguro, visando a proteger o interesse dos trabalhadores que laboram nas agências bancárias do reclamado, abrangendo tanto os seus empregados quanto os vigilantes das empresas especializadas, tratando-se de interesses que transcendem a individualidade dos atuais empregados e com natureza de indivisibilidade, haja vista o não-cumprimento da norma de segurança atingir todo o grupo e não um ou outro indivíduo isoladamente, o que significa, na verdade, cuidar-se de interesses coletivos em sentido estrito. No caso, ao defender os direitos socialmente garantidos aos trabalhadores, tem-se em mira a defesa da própria ordem jurídica que os assegura, protegendo-se não somente um grupo específico de trabalhadores, mas também aqueles que, no futuro, possam vir a ser contratados e trabalhar como bancários ou vigilantes, beneficiando, outrossim, todas as pessoas que freqüentam as agências bancárias. A segurança é um direito fundamental de todos os cidadãos, conforme reza o art. 5º, "caput", da Carta Magna deste País, a qual preconiza, também, nos arts. 7º, inc. XXII e 200, inc. VIII, que os trabalhadores têm direito ao meio ambiente de trabalho.

TRIBUNAL REGIONAL DO TRABALHO DA 12ª REGIÃO

ACÓRDÃO NUM: 01076 DECISÃO: 12 12 2000TIPO: RO-V NUM: 06935 ANO: 2000NÚMERO ÚNICO PROC: RO-V —

TURMA: 1ª T. — Primeira Turma

FONTE: DJ/SC DATA: 5.2.2001 PG: 87

RELATOR: Juiz IDEMAR ANTÔNIO MARTINI

EMENTA

AÇÃO CIVIL PÚBLICA. LESÃO A DIREITOS DO TRABALHADOR. IRREGULARIDADES PASSÍVEIS DE SANÇÃO ADMINISTRATIVA E JUDICIAL. POSSIBILIDADE DE APRECIAÇÃO PELO PODER JUDICIÁRIO. Ainda que passíveis de fiscalização e sanção pela via administrativa, cujo poder de polícia é exercido pela Delegacia Regional do Trabalho, as irregularidades apontadas pelo representante do Ministério Público do Trabalho, quando representarem lesão a direitos difusos e coletivos, podem ser levadas à apreciação do Poder Judiciário por meio de ação civil pública (Lei Complementar n. 75/93). Nesse sentido, o reconhecimento judicial da procedência desses pedidos, com condenação em *astreintes*, não implica "bis in idem" em relação às multas administrativas aplicadas, porque a primeira, de natureza preventiva, decorre da mora da obrigação de fazer ou de não fazer e a segunda, de natureza discricionária (portanto, não condenatória), da inobservância a determinadas normas trabalhistas.

DECISÃO:

ACORDAM os Juízes da 1ª Turma do Tribunal Regional do Trabalho da 12ª Região, por unanimidade de votos, CONHECER DO RECURSO. No mérito, por maioria de votos, vencido o Exmo. Juiz Estanislau Emílio Bresolin, DAR-LHE PROVIMENTO PARCIAL para determinar à recorrida o cumprimento, no prazo de 20 dias, sob pena de pagamento de *astreintes* fixadas no valor de 250 (duzentos e cinqüenta) UFIRs por dia, as seguintes obrigações de fazer e de não fazer: a) apresentar à

Delegacia Regional do Trabalho toda a documentação solicitada por aquele órgão (fl. 58); b) adequar as instalações da lavanderia e dos vestiários; c) comprovar as anotações das CTPS dos funcionários; d) comprovar o fornecimento e o uso dos EPIs elencados no documento de fl. 77 e, por fim, e) respeitar o intervalo para repouso e alimentação dos funcionários; e para antecipar os efeitos da tutela quanto às obrigações de comprovar o fornecimento e uso dos equipamentos individuais de proteção pelos empregados e adequar as instalações da lavanderia e do vestiário. Custas na forma da lei.

REFERÊNCIAS BIBLIOGRÁFICAS

MATERIAL EM MEIO ELETRÔNICO

BRASIL. Comissão Nacional de Energia Nuclear. http://www2.cnen.gov.br. Acesso em 31 mar. 2004.

_______. *Radioatividade*. disponível em <http://www2.cnen.gov.br/ensino/apostilas/radio.pdf>. Acesso em 12.04.2004.

_______. *Radiações ionizantes e a vida* — disponível em <http://www.2.cnen.gov.br/ensino/apostilas/rad_vida.pdf>. Acesso em 12.04.2004.

BRASIL. Fundação Jorge Duprat Figueiredo (FUNDACENTRO). *http://www.fundacentro.gov.br.* Acesso em 12 jan. 2004.

_______. *http://www.fundacentro.gov.br/silicaesilicose/silica2_1.htm.* Acesso em 31 mar. 2004.

_______. *Recomendação Técnica de Procedimentos (RTP-01):* Medidas de Proteção Contra Quedas de Altura. Disponível em: *<http://www. fundacentro.gov.br/publicacoes/pub_outros_rtp.asp>*. Acesso em 1º de abril 2004.

_______. *Recomendação Técnica de Procedimentos (RTP-02):* Movimentação e Transporte de Materiais e Pessoas — Elevadores de Obra. Disponível em: *<http://www.fundacentro.gov.br/publicacoes/pub_outros_rtp.asp>*. Acesso em 1º de abril 2004.

_______. *Recomendação Técnica de Procedimentos (RTP-03):* Escavações, Fundações e Desmonte de Rochas. Disponível em: *<http://www.fundacentro.gov.br/publicacoes/pub_outros_rtp.asp>*. Acesso em 1º de abril 2004.

_______. *Recomendação Técnica de Procedimentos (RTP-04):* Escadas, Rampas e Passarelas. Disponível em: *<http://www.fundacentro.gov.br/publicacoes/pub_outros_rtp.asp>*. Acesso em 1º de abril 2004.

BRASIL. Indústrias Nucleares do Brasil. *http://www.inb.gov.br.* Acesso em 31 mar 2004.

BRASIL. Ministério do Trabalho e Emprego. *http://www.mte.gov.br.* Acesso em 31 mar. 2004.

_______. *Manual de Aplicação da Norma Regulamentadora N. 17*. Disponível em: <*http://www.mte.gov.br*>. Acesso em 31 mar. 2004.

_______. *Manual de Auditoria em Segurança e Saúde no Setor Mineral*. Disponível em: <*http://www.mte.gov.br*>. Acesso em 31 mar 2004.

_______. *Manual da CIPA*. Disponível em <http://www.mte.gov.br/Temas/SegSau/Legislacao/Normas/Default.asp>. Acesso em 12.4.2004.

BRASIL. Ministério da Previdência Social. *http://www.mpas.gov.br*. Acesso em 15 jan. 2004.

CENTRAL ÚNICA DOS TRABALHADORES. *http://www.instcut.org.br*. Acesso em 31 mar. 2004.

FANTAZZINI, Mário Luiz. *Higiene Ocupacional — Aspectos Históricos*. Disponível em: <*http://www.abho.com.br*>. Acesso em: 10 jan 2004.

FERREIRA, Aurélio Buarque de Holanda. *Dicionário Aurélio Eletrônico — Séc. XXI*. Versão 3.0. São Paulo: Nova Fronteira — Lexikon Informática, 1999. 1 CD-ROM.

FIORILLO, Celso Antônio Pacheco. A Justiça do Trabalho e a aplicação da lei penal ambiental (Lei n. 9.605/98) em face do meio ambiente do trabalho. Disponível em: <http://www.saraivadata.com.br/index.cfm? biblioteca/doutrina/doutrina.cfm?doutrina=282>. Acesso em 02 abr. 2004.

HAVER & BOECKER LATINO-AMERICANA MÁQUINAS LTDA. http://www.haverbrasil.com.br. Acesso em 10 jun. 2004.

LIVINGSTONE RANGE SCHOOL DIVISION. Disponível em <http://www.lrsd.ab.ca/projects/CNP/coal.htm>. Acesso em 10 abr. 2004.

MÁQUINAS E EQUIPAMENTOS FURLAN. *http://www.furlan.com.br*. Acesso em 10 ago. 2004.

MENDES, René. *Máquinas e Acidentes do Trabalho*. Disponível em: <*http://www.mte.gov.br/Temas/SegSau/Publicacoes/default.asp*>. Acesso em 31 mar. 2004.

NATIONAL INSTITUTE FOR OCCUPATIONAL SAFETY AND HEALTH. *Occupational Exposure Sampling Strategy Manual*. Disponível em: <*http://www.cdc.gov/niosh/homepage.html*>. Acesso em 10 dez. 2003.

_______. *Electrical Safety — Safety and Health for eletrical trades (Student Manual)*. Disponível em: <*http://www.cdc.gov/niosh/homepage.html*>. Acesso em 10 dez. 2003.

OBRAS

AMERICAN CONFERENCE OF INDUSTRIAL HYGIENISTS. *TLVs® e BEIs®*. Tradução da Associação Brasileira de Higienistas Ocupacionais (ABHO). São Paulo: s.ed, 2002.

ARAÚJO, Giovanni Morais de. *Normas Regulamentadoras Comentadas*. Rio de Janeiro: s.ed., 2002.

ARAÚJO, Giovanni Morais de; REGAZZI, Rogério Dias. *Perícia e Avaliação de Ruído e Calor, 2002*. Rio de Janeiro: s.ed., 2002.

BASTOS, Celso; MARTINS, Ives Gandra da Silva. *Comentários à Constituição do Brasil*. São Paulo: Saraiva, 1988-1989. v.2, 620p.

BOBBIO, Norberto. Teoria do Ordenamento Jurídico. Brasília: Polis, 1989.

BRAGA, Benedito "et al.". *Introdução à Engenharia Ambiental*. São Paulo: Prentice Hall, 2002.

BRASIL. Fundação Jorge Duprat Figueiredo (FUNDACENTRO). *Benzeno: subsídios técnicos à Secretaria de Segurança e Saúde do Trabalho*. São Paulo: Fundacentro, 1995.

________. DELLA ROSA, Henrique Vicente et alii. *Monitorização Biológica da Exposição Humana a Agentes Químicos*. São Paulo: Fundacentro, 1993.

________. SOBRINHO, Fernando Vieira "et al.". *Ventilação exaustora em galvanoplastia*, São Paulo: Fundacentro, 2002.

________. MAGRINNI, Rui. *Riscos de Acidentes na Operação de Caldeiras*. São Paulo: Fundacentro, 1991.

________. *Manual Técnico de Caldeiras e Vasos de Pressão*. São Paulo: Fundacentro, 2001.

________. *Leitura Radiológica de Pneumoconioses*. São Paulo: Fundacentro, 1994.

________. SERRANO, Ricardo da Costa. *Novo equipamento de medições antropométricas*. São Paulo: Fundacentro, 1996.

________. *Engenharia de Segurança do Trabalho na Indústria de Construção*. São Paulo: Fundacentro, 2001.

________. *Programa de Proteção Respiratória:* recomendações, seleção e uso de respiradores/coordenação de Maurício Torloni. São Paulo: Fundacentro, 2002.

_______. *Norma de Higiene Ocupacional NHO-01*: Avaliação da exposição ocupacional ao ruído. São Paulo: Fundacentro, 2001.

_______. *Norma de Higiene Ocupacional NHO-02:* Análise qualitativa da fração volátil (vapores orgânicos) em colas, tintas e vernizes por cromatografia gasosa/detector de ionização de chama. São Paulo: Fundacentro, 1999.

_______. *Norma de Higiene Ocupacional NHO-03:* Análise gravimétrica de aerodispersóides sólidos coletados sobre filtros de membrana. São Paulo: Fundacentro, 2001.

_______. *Norma de Higiene Ocupacional NHO-04:* Método de coleta e análise de fibras em locais de trabalho. São Paulo: Fundacentro, 2001.

_______. *Norma de Higiene Ocupacional NHO-05:* Avaliação da exposição ocupacional aos raios X nos serviços de radiologia. São Paulo: Fundacentro, 2001.

_______. *Norma de Higiene Ocupacional NHO-06:* Avaliação da exposição ocupacional ao calor. São Paulo: Fundacentro, 2002.

_______. *Norma de Higiene Ocupacional NHO-07:* Calibragem de bombas de amostragem individual pelo método da bolha de sabão. São Paulo: Fundacentro, 2002.

_______. *Curso de Engenharia do Trabalho.* São Paulo: Fundacentro, 1979. 6v.

CARRION, Valentin. *Comentários à CLT.* São Paulo: Saraiva, 2003.

CONTI, José Maurício. *Sistema Constitucional Tributário.* São Paulo: Oliveira Mendes, 1998.

CRETELLA JÚNIOR, José. *Direito Administrativo perante os Tribunais.* São Paulo: Forense Universitária, 1994.

DI PIETRO, Maria Sylvia Zanella. *Direito Administrativo.* São Paulo: Atlas, 1999.

DIAS, José de Aguiar. *Da Responsabilidade Civil.* Rio de Janeiro: Forense, 1994.

GONÇALVES, Carlos Roberto. *Responsabilidade Civil.* São Paulo: Saraiva, 2003.

GONÇALVES, Edwar Abreu. *Segurança e Medicina do Trabalho em 1200 perguntas e respostas.* São Paulo: LTr, 2000.

GRINOVER, Ada Pellegrini. *A tutela dos interesses difusos*. São Paulo: Max Limonad, 1984.

HUNGRIA, Nelson. *Comentários ao Código Penal*. Rio de Janeiro: Revista Forense, 1955.

MACHADO, Hugo de Brito. *Curso de Direito Tributário*. São Paulo: Forense, 1992.

MANRICH, Nelson. *Inspeção do Trabalho*. São Paulo: LTr, 1991.

MARTINS, Sérgio Pinto. *Comentários à CLT*. São Paulo: Atlas, 1998.

MAZZILI, Hugo Nigro. *A defesa dos interesses difusos em juízo*. São Paulo: Saraiva, 1995.

MEIRELLES, Helly Lopes. *Direito Administrativo Brasileiro*. São Paulo: Malheiros, 1999.

MELLO, Celso Antônio Bandeira de. *Curso de Direito Administrativo*. São Paulo: Malheiros, 2000.

MENDES, René. *Patologia do Trabalho*. São Paulo: Ateneu, 2003.

OLIVEIRA, Sebastião Geraldo de. *Proteção Jurídica à Saúde do Trabalhador*. São Paulo: LTr, 2001.

PATNAIK, Pradyot. *Guia Geral — Propriedades Nocivas das Substâncias Químicas*. Tradução de Ricardo Maurício Soares Baptista. Belo Horizonte: Ergo, 2003.

PEDROTTI, Irineu Antônio. *Doenças Profissionais ou do Trabalho*. São Paulo: Leud, 1998.

PEREIRA, Anderson Guimarães. *Segurança contra incêndio*. São Paulo: Manuais Técnicos de Seguros, 2000.

REVISTA ABHO DE HIGIENE OCUPACIONAL. São Paulo, ano II, n. 7, dez 2003.

REVISTA PROTEÇÃO. São Paulo, n. 120, dez 2001.

_______. São Paulo, n. 144, dez 2003.

_______. Anuário Brasileiro de Proteção. São Paulo, 2005.

RUSSOMANO, Mozart Victor. *Curso de Direito do Trabalho*. Curitiba: Juruá, 1997.

SAAD, Eduardo Gabriel. *CLT Comentada*. São Paulo: LTr, 2001.

_______. *Aspectos Jurídicos da Segurança do Trabalho* São Paulo: LTr, 1979.

SALIBA, Tuffi Messias; CORRÊA, Márcia Angelim Chaves. *Insalubridade e periculosidade, aspectos técnicos e práticos.* São Paulo: LTr, 2000.

_______. *Higiene do Trabalho e Programa de Prevenção de Riscos Ambientais.* São Paulo: LTr, 1998.

SÃO PAULO. Escola Politécnica da USP. *eHO-001 — Introdução à Higiene Ocupacional.* s.ed.: São Paulo, 2003.

_______. *eHO-002 Legislação Ocupacional.* s.ed.: São Paulo, 2003.

_______. *eHO-003 Agentes Físicos I.* s.ed.: São Paulo, 2003.

_______. *eHO-004 Agentes Físicos II.* s.ed.: São Paulo, 2003.

_______. eHO-005 *Agentes Químicos I.* s.ed.: São Paulo, 2003.

_______. eHO-006 *Higiene Ocupacional e Ergonomia.* s.ed.: São Paulo, 2003.

_______. eHO-007 *Agentes Químicos II.* s.ed.: São Paulo, 2003.

_______. eHO-008 *Estratégia de Amostragem de Agentes Ambientais.* s.ed.: São Paulo, 2003.

_______. eHO-009 *Instrumentação em Higiene Ocupacional.* s.ed.: São Paulo, 2003.

_______. eHO-010 *Controle de Ruído.* s.ed.: São Paulo, 2003.

_______. eHO-011 *Ventilação Industrial.* s.ed.: São Paulo, 2003.

_______. eHO-012 *Doenças Ocupacionais, Toxicologia e Epidemiologia.* s.ed.: São Paulo, 2003.

_______. eHO-013 *Programa de Prevenção de Riscos Ambientais — PPRA.* s.ed.: São Paulo, 2003.

_______. eHO-014 *Higiene Ocupacional e Meio Ambiente.* s.ed.: São Paulo, 2003.

_______. eHO-015 *Higiene Ocupacional e as Atividades Industriais.* s.ed.: São Paulo, 2003.

SILVA, De Plácido e. *Vocabulário Jurídico.* Forense. Edição eletrônica, 1 CD ROM.

SILVA, José Afonso da. *Curso de Direito Constitucional Positivo.* São Paulo: Malheiros, 2002.

SILVA, Marcos Domingos da. *Matéria publicada na Revista da ABHO (Associação Brasileira de Higienistas Ocupacionais), ano II, n. 7.* São Paulo, dez 2003.

STOCO, Rui. *Tratado de Responsabilidade Civil.* São Paulo: Revista dos Tribunais, 2004.

SÜSSEKIND, Arnaldo "et al.". *Instituições de Direito do Trabalho.* São Paulo: LTr, 1996.

TEMER, Michel. *Elementos de Direito Constitucional,* São Paulo: Malheiros, 1999.

TORLONI, Maurício; VIEIRA, Antônio Vladimir. *Manual de Proteção Respiratória.* São Paulo: s.ed., 2003.

VENDRAME, Antônio Carlos F. *Curso de Introdução à Perícia Judicial.* São Paulo: LTr, 1997.

VIGLIAR, José Marcelo Menezes. *Ação Civil Pública.* São Paulo: Atlas, 2001.

ZARZUELLA, José Lopes; ARAGÃO, Ranvier Feitosa. *Química legal e incêndios.* Porto Alegre: Sagra Luzzato, 1999.

TRATADO DE SEGURANÇA E SAÚDE OCUPACIONAL
Aspectos técnicos e jurídicos

Integram a presente obra os seguintes volumes:

- Volume I — NR-1 a NR-6;
- Volume II — NR-7 a NR-12;
- Volume III — NR-13 a NR-15;
- Volume IV — NR-16 a NR-18;
- Volume V — NR-19 a NR-22;
- Volume VI — NR-23 a NR-28;
- Volume VII — NR-29 a NR-32, adendo especial sobre Lesões por Esforços Repetitivos (LER) e Transporte de produtos perigosos por via terrestre.

Produção Gráfica e Editoração Eletrônica: **IMOS LASER**
Capa: **ELIANA C. COSTA**
Impressão: **HR GRÁFICA E EDITORA**